佛 教 文 學 ②

弘 一 大 師

徐 星 平 · 著

商鼎文化出版社

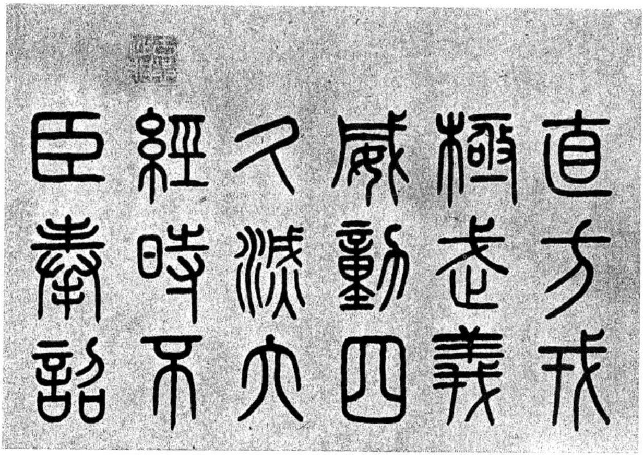

弘一大師手書佛號及在俗
時臨石鼓文、峰山碑墨跡

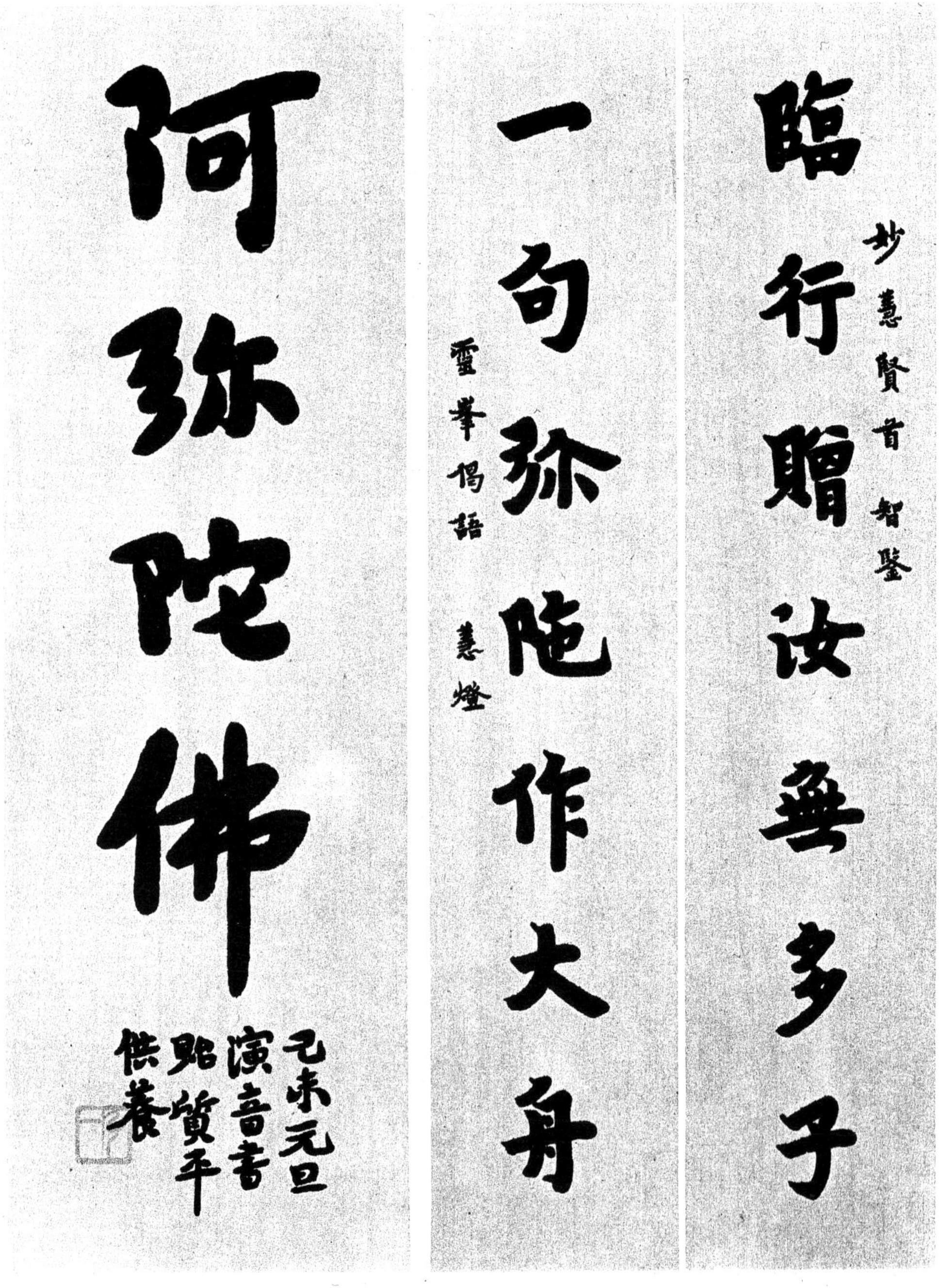

弘一大師手書靈峰偈語及佛號

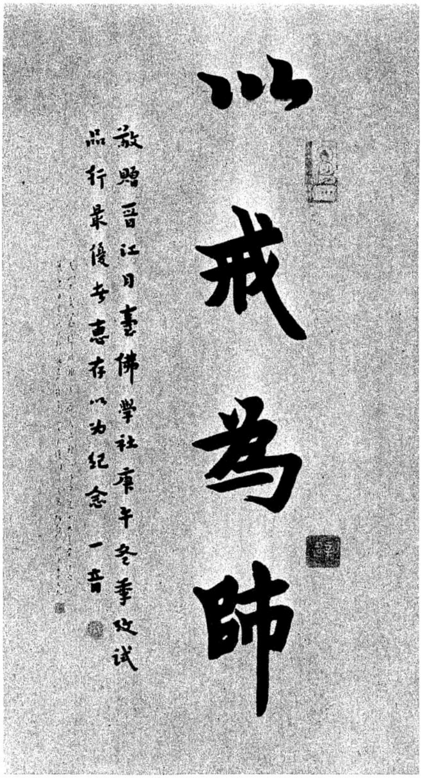

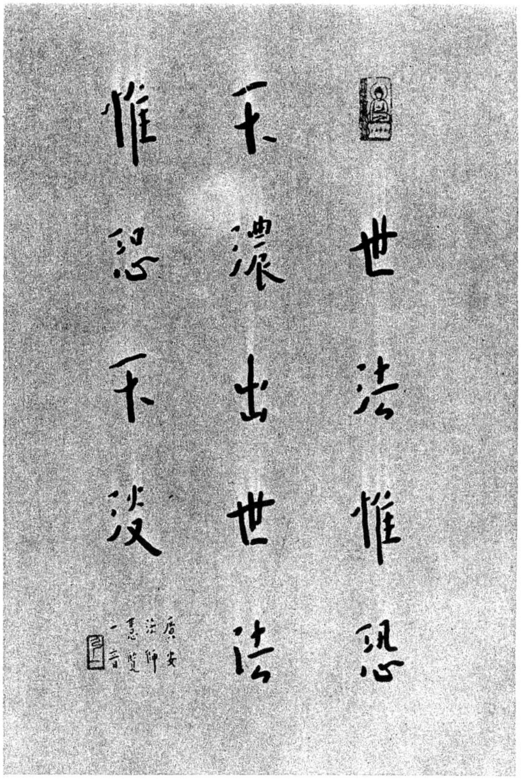

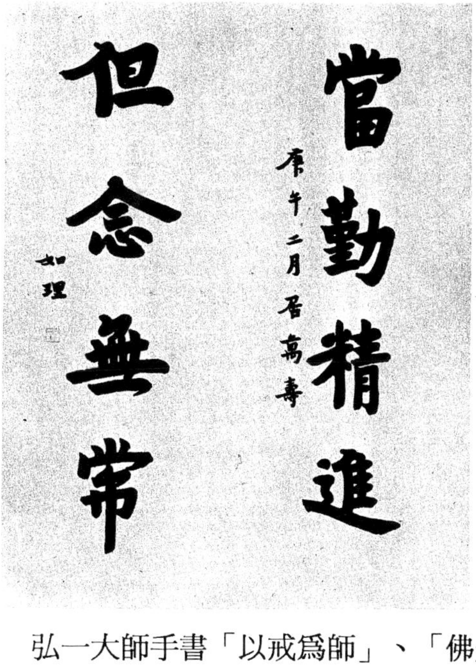

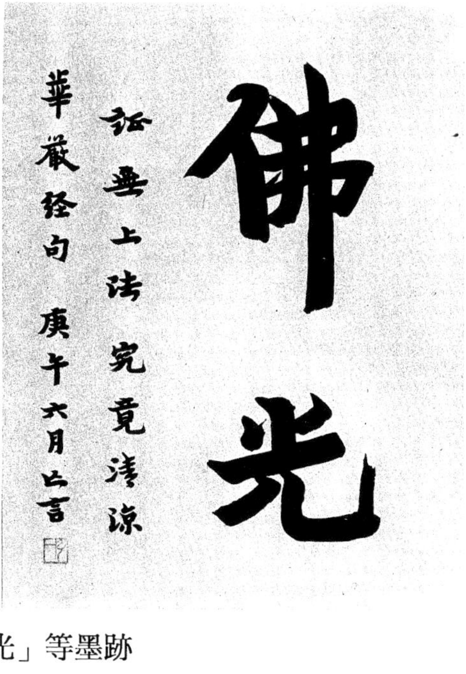

弘一大師手書「以戒爲師」、「佛光」等墨跡

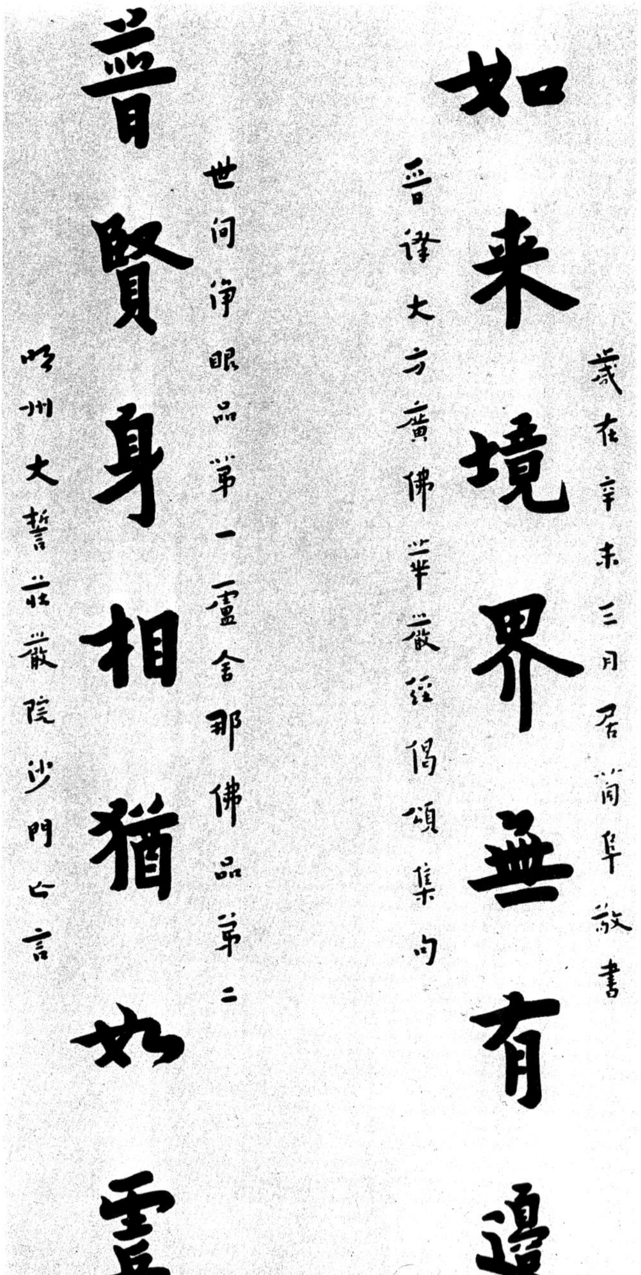
如来境界無有邊際
普賢身相猶如虛空

弘一大師手書華嚴集聯墨跡

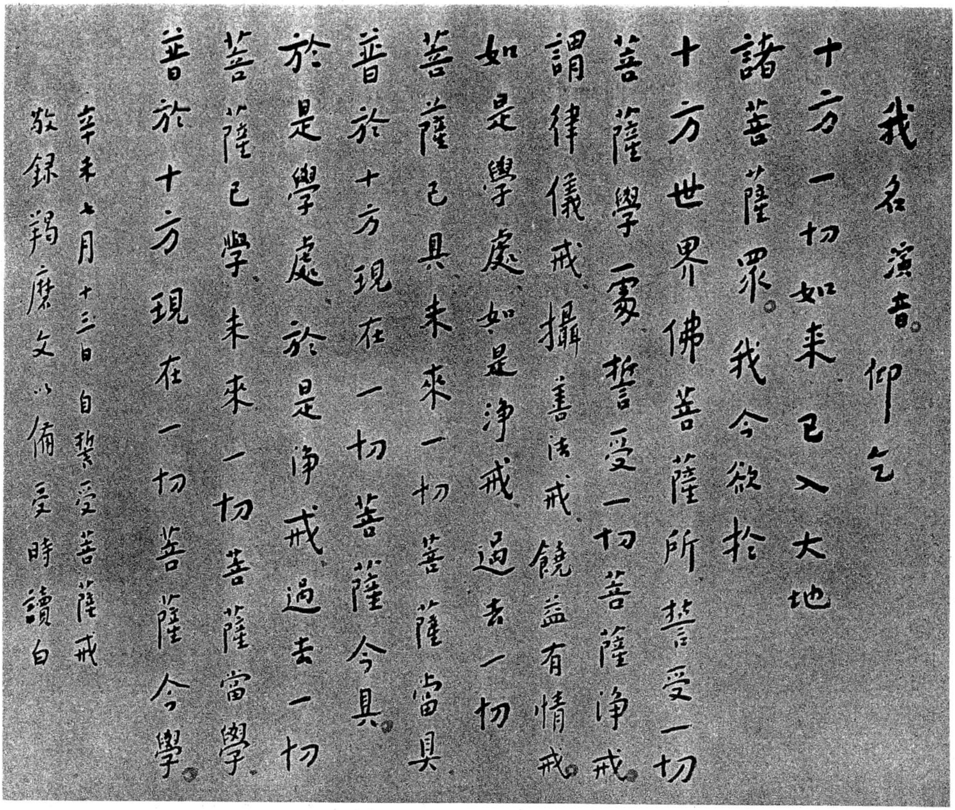

我名演音。仰乞
十方一切如来已入大地
諸菩薩眾。我今欲於
十方世界佛菩薩所誓受一切
菩薩學處誓受一切菩薩淨戒。
謂律儀戒、攝善法戒、饒益有情戒。
如是學處、如是淨戒、過去一切
菩薩已具、未來一切菩薩當具、
普於十方現在一切菩薩今具。
於是學處、於是淨戒、過去一切
菩薩已學、未來一切菩薩當學、
普於十方現在一切菩薩今學。
辛未七月十三日自誓受菩薩戒
敬錄羯磨文以備受時讀白

弘一大師手書自誓受菩薩戒《羯磨文》墨跡

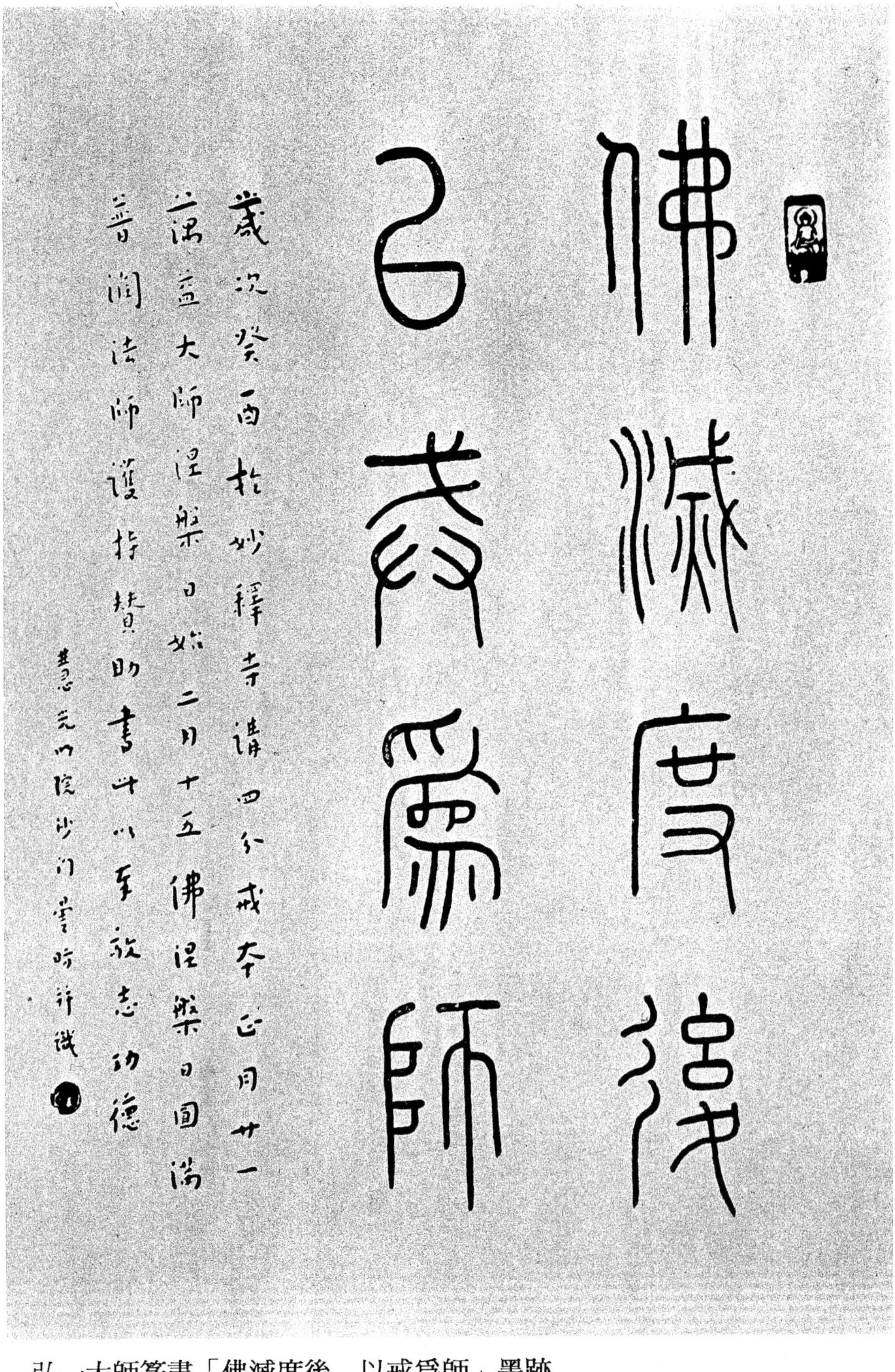

弘一大師篆書「佛滅度後　以戒爲師」墨跡

華嚴經偈
譬如工畫師
不能知自心
而由心故畫
諸法性如是
心如工畫師
能畫諸世間
五蘊悉從生
無法而不造
無著敬書

弘一大師所畫佛像及題偈

般若波羅蜜多心經
唐三藏法師玄奘奉詔譯
觀自在菩薩行深般若波羅蜜多時照見五蘊皆空度一切苦厄舍
利子色不異空空不異色色即是空空即是色受想行識亦復如是
舍利子是諸法空相不生不滅不垢不淨不增不減是故空中無色
無受想行識無眼耳鼻舌身意無色聲香味觸法無眼界乃至無意
識界無無明亦無無明盡乃至無老死亦無老死盡無苦集滅道無
智亦無得以無所得故菩提薩埵依般若波羅蜜多故心無罣礙無
罣礙故無有恐怖遠離顛倒夢想究竟涅槃三世諸佛依般若波羅
蜜多故得阿耨多羅三藐三菩提故知般若波羅蜜多是大神咒是
大明咒是無上咒是無等等咒能除一切苦真實不虛故說般若波
羅蜜多咒即說咒曰揭諦揭諦波羅揭諦波羅僧揭諦菩提薩婆訶
二十六年歲次丁丑四月書奉 伯麟居士供養 晉水南山律苑沙門一音

弘一大師手書《般若波羅蜜多心經》墨跡

李叔同留日時所作
木炭畫與水彩畫

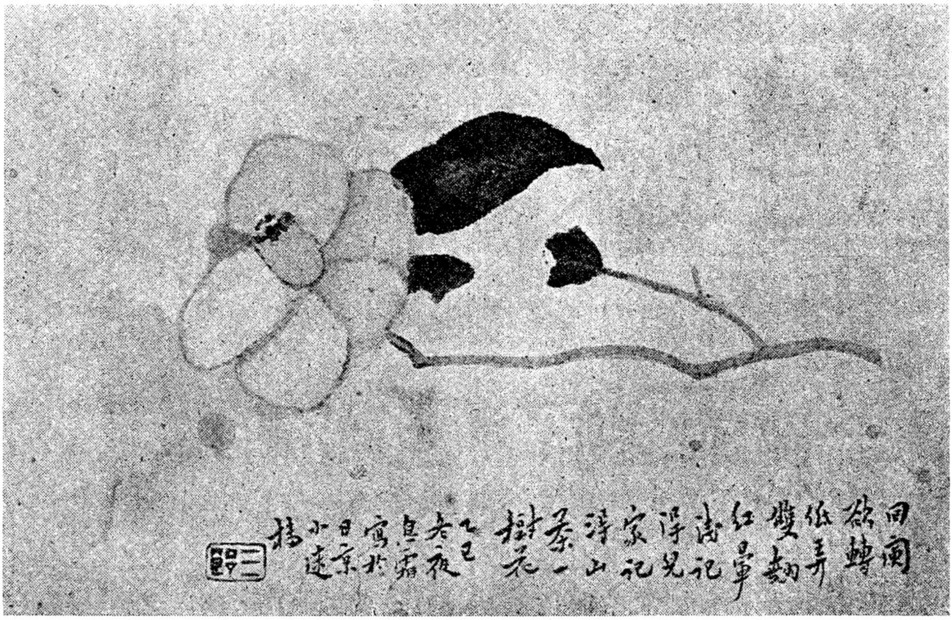

十數年來久疏雕技今老矣離俗
披鬀勤修梵行寧復多暇耽玩
於斯頃以幻緣假立私名及以別
字手製數印為志慶憙後之學
者覽茲殘礫將毋笑其結習未
忘耶　於時歲陽玄默吠舍佉月白分八日
余與丏尊相交久未嘗示其雕技今齎以供
山房清賞
弘裔沙門僧胤並記

弘一大師刻贈夏丏尊五印及其題記

弘一大師故居廈門南普陀寺兜率陀院

弘一大師在南安唐學士韓偓墓道旁留影

弘一大師自青島回閩在滬留影

泉州清源山弘一大師之塔⬇

⬅杭州虎跑定慧寺弘一大師舍利塔

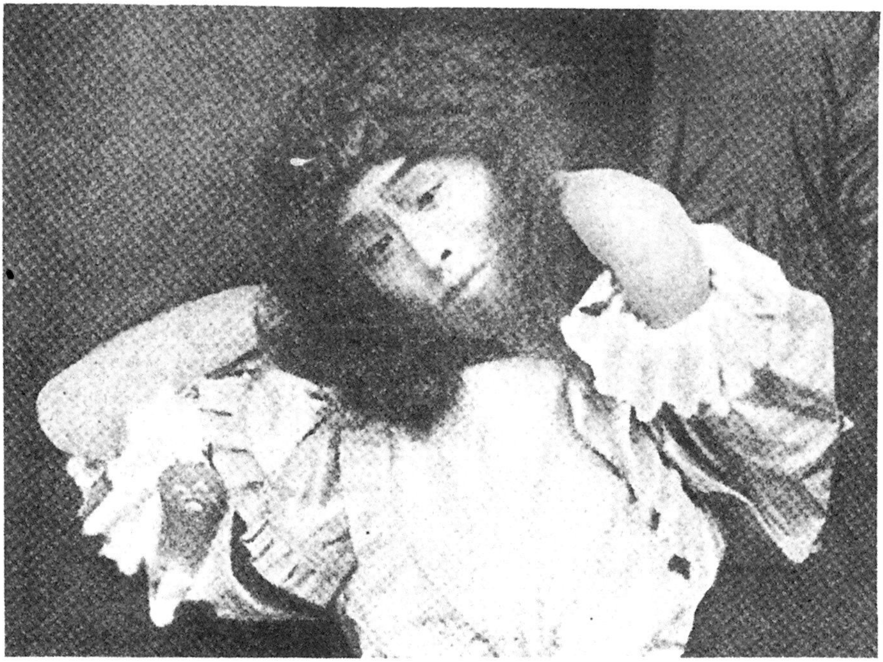

李叔同在東京扮演茶花女

李叔同在滬扮演黃天霸劇照

李叔同在滬扮演褚彪劇照

弘一大師在西湖玉泉寺

李叔同攝於杭州

弘一大師與俗侄李聖章在杭州

台灣版序

弘一大師雖然圓寂了半個世紀，但仍是海內外學術界熱衷研究的重要歷史人物。一位絕代才華的藝術家，新文化運動的哲匠之才，及封建的鼎新之士，忽而一變，竟成爲一代高僧，那曲折多變的一生，不就是寫不完、道不盡，極富傳奇色彩的傳記嗎！

大師出身於進士門第，俗名李叔同，自幼稟賦甚高，多種藝術門類均有其獨特的建樹。在「五四運動」之前，就爲新文化運動打響了「第一槍」，運動中又先後開創了十個「第一」，成爲世人注目的新文化先驅人物，他的業績就像雪後的腳印，一步一步地展示在後人面前。然大師的一生均隨著時代的風雲而變化，忽而閒雲野鶴般的豪門公子爺，忽而東渡扶桑的洋學生，忽而激進救國的革命人，忽而引進西學的藝術家，忽而長袍馬掛的教育家，忽而遁入佛門，走入莊嚴淨地，嚴於律己，心成爲師，在莊嚴生命之路上，追求更高的精神境界，並不斷完善自己的人格，終成爲世人所敬仰的一代高僧。

我崇拜弘一大師——李叔同，想爲大師作傳已醞釀了不少年頭，然其才藝、業績、人格和如海的慈心，並非我這凡夫俗子能完全理解，尤其這支拙筆，唯恐難以描繪大師品格於萬一。老實說，若要完整無遺地展示大師的一生，確是不易，無論在俗與出家；尤其出家的緣由，深藏大師身後的禪機及其偉大的人格，是永遠討論不完的話題。儘管如此，我還是寫了。

我發心撰寫「弘一大師」全在情動於衷而行於言。爲搜集弘一大師李叔同的材料，我五次北上和四赴上海，遍訪李家後裔和大師在俗弟子的後代。染病在身的李孟娟和雙耳失聰的李端、李準兩人，給我提出了不少鮮爲人知的材料，收益頗豐。然而，多次長途採訪，川資耗盡之時，常有露宿車船碼頭之苦，每想弘公之大德，其苦與樂的精神生活，必理亦獲得了相對的平衡，再復閱手中的採訪記錄，也就樂此不疲了。

一九八六年春，中國青年出版社傳記文學編輯室舒元璋、李洋二位來杭州約稿，鼓勵我盡早完成「弘一大師」的創作，這也是「緣」，是我努力完成這部書稿的直接動力。

本書是一部小說體的傳記文學。傳記文學不同於「文學傳」，必須以大量的資料，多側面地完成大師的固有形象。故在已有的材料中加以取捨和集中，力求使傳主及其週圍人物，在作品中站了起來，讓讀者看到形象，聽到聲音，聞到氣息，感到人物的呼吸和心跳，使讀者有「參與」的興味。

「弘一大師」在大陸出版後，我曾收到不少讀者來信，並帶著熾烈的感情，敘說了不同的讀後感，我亦深愛鼓舞。前接北京中國青年出版社李萍女士來信，特告我台灣千華圖書出版公司有意將「弘一大師」重排印刷流通，實爲一大幸事。正如中國佛教協會會長趙樸初居士所說的「弘一大師」一書的問世，確是一大功德啊！

願海內外賢達多多指教，但願弘一大師偉大的精神和高尚的品格，永遠留在讀者心中。

徐星平

一九九三年二月十二日

小引

杜宇啼殘故國愁，
虛名況敢望千秋。
男兒若論收場好，
不是將軍也斷頭。

——李叔同

他，是個才氣橫溢的藝術家，卻又是一代名僧。

在人們心目中，他，實在是個「謎」，一個難以琢磨的謎。的確，一個家資萬貫，室有嬌妻幼子，風流倜儻的濁世佳公子，晚清進士李世珍的後代。從少年時代，即存有「老大中華，非變法無以圖存」的意識，於是他東渡扶桑，成為我國第一個赴日學西洋藝術的留學生，並轉而投身革命，一九〇六年加入了同盟會。由豪門少年而成為維新黨人，由新學才子一躍而成為革命黨人。就在這日本留學期間，他獨自創辦《音樂小雜誌》，成為第一個向我國傳播西方音樂的先驅者。人們沒有忘記，榮獲金鷹獎的電影《城南舊事》，便是採用了他所創作的《送別歌》為主題歌，就連日本電影《啊！野麥嶺》續集，也借用了這首歌的旋律，我國電影《早春二月》裡芙蓉鎮那所鄉村小學的學生唱的也是這首歌，足見其感人之深。在日期間，其所組織的「春柳社」，是中國第一個話劇團體，他主演的《茶花女》等西洋名劇，開中國人演話劇之先河，算得上話劇舞台的鼻祖之一。由日回國後，曾執教於天津、杭州、南京等處達十年之久，又是第一個在我國傳播西洋畫的先驅，也是第一個開創裸體寫生課的教師。因而，為中國美術史、音樂史和話劇史都開闢了一個新紀元，做出了開創性的貢獻。他培養了不少藝術人才，許多著名音樂家、美術家皆得其薪傳，如名畫家豐子愷、音樂家劉質平，均為其得意高足。

然而，這樣一位藝術修養全面的藝術家，詩、詞、書畫、篆刻、音樂、戲劇、文學頗有造詣的才子，居然悄悄皈依佛門，出了「三界火宅」，做了個地地道道的老和尚，而且立志埋名，不務名逐利，甘澹泊，守枯寂，過起了一領衲衣、一根藜杖的苦行生活。在這二十四年的孤燈黃卷和古剎鐘聲中，他研究佛經，使失傳多年的佛教南山律宗再度興起，因而被佛門弟子奉之為律宗第十一代世祖。

在那中華民族改良思潮澎湃的清末時代，帝國主義以炮艦打開了中國門户，並以不平等條約桎梏於中華民族。其時，皇室腐敗無能，內憂外患，萬民塗炭。辛亥革命以後，尤其是袁世凱竊國之後，政局和社會仍然烏煙瘴氣，這對於一些寄望於民國的知識分子來說，無疑是一瓢冷水。

昏昏沌沌的世界，紛紛雜雜的中國，無情的社會現實，加上新老軍閥的混戰，國無寧日，政局動蕩。此刻，中國人民正在醞釀著一場革命的風暴，然而，也有像李叔同這樣的既有改革的願望，又找不到光明的出路，逐漸情緒消極，甚至導致性格裂變了，一下子陷入到無法解脱的苦悶之中，再也無力去追求救國救民之路，成了自我反求的典型人物。就像葉聖陶説的那樣：「是深深嘗了世間味，探了藝術之宮的，卻回過來過那種常以為枯寂的持律念佛的生活。」

不過，話又説回來，對於李叔同的出家，眾説紛紜：有的是「夙根慧因論」；有的是「婚姻不滿論」；有的是「動極思靜論」；有的是「家庭糾紛論」；有的是「經濟破產論」等等。筆者曾帶了這個令人難解之謎，走訪了李叔同的家族後裔，查閱了一些資料，輾轉思索，略有了悟。不禁理出一個故事，算作是弘一大師李叔同的傳記，並以文學的形式獻給青年朋友，以略表筆者對這位先輩藝術家、一代名僧的敬仰之情吧！

第1章

一八八〇年金秋的十月，似乎一反常態，樹上那稀稀拉拉的葉子，乾得像旱煙一樣。黃風不停地搖拽著樹杈，把黃葉捲到空中，轉了幾圈然後送進海河。剛過正午，地上卻沒有一絲陽光，空氣是混濁濁的，地上是黃焦焦的，好像世上的一切生物都提早進入了冬眠。

黃風越刮越大。

天津港口的幾艘掛著英、法國旗的輪船，耀武揚威地在那裡搖搖晃晃。伸進天津衛的海河像一條巨大的天塹，把整個天津衛切割成幾個方塊。幾千年的滄桑變遷，使河東的地勢高於河面，因而歷年水患無恙，人煙稠密，民房十分擁擠，胡同也特別狹窄。

河東靠北的陸家胡同二號，住著一門望户，係天津有名的「李善人」。長者姓李，名世珍，字筱樓，清朝進士，與合肥李鴻章為會試同年，曾官任吏部主事。官位雖並不大，卻在沿海置下了數不盡的鹽田引地，壟斷了天津內外的鹽業，俗話說：「鹽商家財，富可敵國。」其生活之享受，乃一般之富户所不及。然而筱樓的晚年，更喜於興辦錢莊業，其創辦的「桐達銀號」，為商家的經濟流通和民間的借貸，開了方便之門，成了天津早期的銀行業專家。

李筱樓已近古稀之年，看上去不過六十上下，灰白色的鬍鬚，幾根長長的壽眉，儘管後背略有彎曲，也不減他那鶴髮童顏的風韻。這位長者有一妻三妾，原配姜氏，早亡，大姨太太郭氏，二姨太太張氏；去年六十七歲時，又將丫鬟王鳳玲收房為三姨太太。王氏芳齒十八，笑靨如花，舉止文雅，兩頰微微下垂，大有唐朝仕女一般輪廓，是天津衛方圓十幾里有名的美人。儘管王氏做小並非出自本意，但嫁給富豪人家，又處於受寵地位，尤其是封建禮教等道德觀念，像一條無情的鎖鏈，緊緊繫繞著她那被禁錮的意識，使這一妙齡少女漸漸把隱痛丟在一邊，默默地吞嚥著這華麗的苦果。

李家大院坐東朝西，地處地藏庵前。正面懸掛「進士第」三個字的巨幅匾額，繞過二門影壁，徑直可以看到正房，室內香火繚繞，正中供奉如來大佛，諸神兩旁。背後則是李家祖上靈位。南北兩廂平房按輩順排住著諸房姨太太和女佣人。當你走進大院，牆角旮旯到處有貓，黑、白、灰、黃、褐等花貓二十餘隻，飼養工王奶奶每天挎著柳條籃子買些雜魚，把貓餵得腰肥肚圓。另一個大院是黑漆大門，庭園花卉，奇山異石，幽香暗浮，分外別致。一明兩暗的正房住著三姨太太王氏，也是李筱樓守著王氏的養息之所。

十月二十三日，在這間掛滿幔簾、關閉門窗的房子裡，一個嬰兒降在世上。下午，李筱樓聞訊乘了高轎馬車趕回家來。趕車的鄭三爺扶著李筱樓下了車，剛走進大門，佣人們個個迎著李筱樓，為他道喜。李筱樓微笑著點點頭，急匆匆走進王氏屋裡，迎面碰上地藏胡同的接生婆范奶奶。

「哎喲，」范奶奶笑容可掬地壓低了嗓門：「恭喜您了，李爺。你家三奶奶可真是甜和人哪，給您生了一個白白胖胖的大小子。」

「她……？」

「放心，」范奶奶說：「母子平安。那位日本大夫剛走。這不，我剛料理好。」

李筱樓喜孜孜地望著王氏母子，高興得不知如何是好。

「傳我的話，」李筱樓理著鬍鬚，低頭思索了一下，走至外屋對女佣人劉媽媽說：「叫老徐選一個奶母，一要年輕，二要體壯，三要俊俏，四要聰明，五要……」

「稟老爺，」老管家徐月亭在門外聽得明白，掀開門簾進來說道：「早已選好了三名，請老爺挑一個吧。」

「好，」李筱樓回頭對劉媽問道：「小太太的身子……調理得好嗎？」

「放心。」劉媽媽笑嘻嘻地拉著長音說：「小寶貝兒一落地，我就端一碗紅糖雞蛋桂圓湯補上啦，瞧，」說著掀開手上的碗蓋：「等小奶奶醒了，這碗紅參湯再讓她喝下去，您就甭操心啦。」

李筱樓笑著點點頭，隨著管家徐月亭出去了。此刻，上下人等又忙碌開了。

王氏原來就信佛，自被李筱樓「收房」做了小姨太太之後，常到後街地藏庵求拜菩薩，成了地藏庵的大施主。今日得子，不知念了多少遍「阿彌陀佛」。原有虔誠之心，更增敬佛之意。

滿月那天，王氏換了一身新衣裳。因為第一次下地，腳小腿軟，走起路來更似風擺荷葉，嬌媚動人。劉媽媽端了梳頭匣子進來，笑道：

「喲，小奶奶，可別閃著腰啊。」說著便放下手中匣子，順手拉開窗簾，擺好一張凳子：「來，梳梳頭。」

王氏坐在窗前，劉媽媽打開梳頭匣子，拿出梳子走過來，正要卸下王氏的髮髻，王氏把手一擺：

「慢！」

劉媽媽順著王氏的眼神往窗外一望，只見對面房檐上落著一隻麻雀，它口噙一根小松枝，蹦蹦跳跳地正要進窩絮巢，猛地望見一隻鷂子在空中盤旋，麻雀一驚，丟下樹枝倉然離去。事雖偶然，卻被王氏看作非同小可，尤其是孩子「滿月」，佛賜「善根」，從心底裡感謝大慈大悲的菩薩。

「劉媽媽，」王氏目不轉睛地望著房檐上的樹枝，急忙說道：「快叫鄭三爺派人搬梯子，把這條樹枝請下來。」

不一會兒，鄭三爺叫瓦匠拿下了樹枝，劉媽媽捧至王氏面前，王氏驚喜地拿在手中，又小心翼翼地插在鑲著花邊的壁櫥上。此事被虔修禪宗的李筱樓知道了，大喜之餘，急命管家徐月亭選雇能工巧匠為地藏庵修廟宇，敬匾額，為菩薩鍍金身，整整折騰了半個月，把個小小的地藏庵打扮得滿堂生輝，香火不斷，引得善男信女絡繹不絕，一下子使地藏庵熱鬧起來。老和尚紅光滿面，逢人便說：這是李善人家裡的陰德。

臘月初八，李善人家的粥場和往年不同。增加了秫米二十石，大豆五百斤，紅棗五百斤，遠近討粥的窮人像趕廟會似的，把個陸家胡同擠得水洩不通。

李筱樓穿了一件貂皮長袍，禮服呢馬褂，頭戴一頂絲綿風帽，拄著一條柳木文明杖，在徐月亭的攙扶下慢悠悠地來到了粥場。

「老徐，」李筱樓瞇著眼問道：「這裡秫米夠嗎？」

「您放心。」徐月亭笑著說：「四口海鍋沒停過。」

「噢……」李筱樓咳嗽了一陣：「這裡風太大。」用手杖往西一指：「再到施饃場去看看。」說著把風帽往下一拉，只剩下了一對眼睛。

施饃場外的人群擠成了一團，小孩子哭喊著，力氣小的根本不能靠前，哪裡是領饃，簡直是搶饃。饃場裡的熱氣一團團地往上竄著，蒸籠一屜屜地往鍋上架著；剛蒸好的熱饅頭一籠籠地往窗口運著，窮人們恨不得把手變得長點，再長點，以便能接觸到燙手的熱饅頭。

「大家挨個排好！」徐月亭擠進人群，揮著右臂，大聲重覆著「排好隊！……」討饃的人一下子靜下來，聽任徐月亭的指揮，不一會兒，把人群排成了一條長蛇似的隊伍，排頭在窗口，排尾已經到了海河沿。李筱樓眼見窮人領到了饅頭之後的神色，也禁不住微微一笑。

「稟老爺，」二管家鄭三爺跑過來，打了躬，湊到李筱樓耳邊：「稟老爺，總督大人差人送帖子來了。」

李筱樓一怔，急忙接過拜帖，打開一看，愣住了。鄭三爺笑微微地望著李筱樓，等待吩咐。李筱樓提起手杖，往海河一指，命道：

「快架浮橋！」說罷回家換禮服去了。

一聲令下，大小管家各有分工，徐月亭統一指揮，老瓦匠王疙瘩率領修繕隊鋪起木板，加固了浮橋。這時，早有清軍把住海河，截住來往的行人，讓一切車輛迴避，戒備十分森嚴，彷彿整個世界突然凝固了一般，連粥場、施饃場的人們也屏住了呼吸，互相交換著眼神，戰兢兢地不知出了什麼事。

須臾，大隊人馬威然而至，前頭是騎兵，接著是大刀隊，中間是一乘紅頂八抬大轎，尾隨著由洋人訓練出來的洋槍隊，威風凜凜的通過浮橋。岸上早有李筱樓一家功名人等打躬敬候。上岸的先頭騎兵跳下馬來，分八字隊形排開。這時，八個穿著清兵服裝的大漢把轎子穩穩地抬過浮橋。侍衛打開轎簾，李鴻章慢慢地鑽出轎子，李筱樓上前拱手笑道：

「總督大人，何不早些通知舍下，也好有個準備呀。」

「老世兄，」李鴻章哈哈大笑：「今日是臘八，又是賢侄雙滿月，愚弟焉能失禮啊……。」

「啊！」李筱樓有點受寵若驚道：「總督日理萬機，對犬子滿月之喜還勞心掛齒，實不敢當。」

其時，李鴻章已做了直隸總督兼北洋大臣，為洋務派首領，曾先後鎮壓了東、西捻軍。在他主持外交事務中，對洋人奴顏卑膝，一貫採取妥協投降政策。是喪權辱國的《馬關條約》、《煙台條約》、《辛丑條約》的簽訂人。他聽說這裡在辦粥場，順便過去看看。儼然成了一個視察民情、關心粥場的「活菩薩」。

「總──督──大──人──到──。」

這一聲不打緊，知道李鴻章的人，無不膽戰心驚，頓時人們的視線擰在一起，像一把錐子射向海河路口。只見馬隊、大刀隊、洋槍隊一下子堵住了粥場兩頭。孩子們嚇得兩眼發直，老人們哆哆嗦嗦的不敢正視一眼，婦女們在那沉陷的眼窩裡閃著誠惶誠恐的眼神兒。人們連大氣都不敢喘，周圍死一般的寂靜。

李筱樓陪著李鴻章邁著八字步來到粥場，李鴻章倒揣著雙手，裝模作樣的走至大鍋前，望著那些捧著飯碗的瘦得像乾樹枝似的大手，對掌勺的說：

「多給他們盛點，過年啦……啊？」

「是，總督大人。」掌勺的像得了聖旨似的，抖起精神，勺勺把滿，「唰唰」地動作飛快，討粥的人們，也都為大人的「恩典」而鬆了口氣。

「粥場不算小，」李鴻章笑了笑，對李筱樓說：「家大業大，好像停在『粥場』二字，似乎不妥。」

「噢，」李筱樓蹙著眉，不解地問道：「依大人之見？……」

李鴻章晃著腦袋侃侃而談道：「濟貧，乃善人之本，管子曰：『方六里，名之曰社』，想世兄周濟貧民，方圓何止六里。依愚弟之見，此粥場可取名『備濟社』，它可以廣集資財，為窮苦百姓捨衣、捨粥、捨材，不知世兄以為如何？」

「總督高見，我筱樓當然從命。」

二人說著，便在粥場走了一遭。這時，總管徐月亭在主人耳邊說了幾句，李筱樓點點頭，隨即對總督說道：「這裡，您已經視察過了，再待下去，恐有勞貴體。還是請總督到舍下坐坐。」

「請。」

「請。」李筱樓命管家：「讓文武弟兄們休息片刻，用心款待。」

李筱樓陪李鴻章來到黑漆大門，剛踏進門檻李鴻章就喊著要見嫂夫人。此刻，王氏已無法迴避，只見李筱樓紅著臉將李鴻章引了進來。

「鳳玲，快來拜見總督大人！」

王氏見總督駕到，急忙來至堂屋朝李鴻章做了一個揖，口稱「總督大人，愚妹給您請安。」

李鴻章望著這位裊裊婷婷的小姨太太，老眼瞇成了一條縫。只見王氏烏髮密梳蝴蝶妝，兩隻金釵髮中藏；絨花一朵耳鬢戴，耳環熠熠閃著光。大紅緞襖錦緞褲，牡丹繡裙垂腳上；窈窕玉立稱尊貴，雍容文雅又大方。李鴻章正在出神兒，這邊奶娘早把滿月的嬰兒抱在總督面前。

「噢，」李鴻章嘆道：「多俊的胖小子。」說著便在嬰兒嘴巴上輕輕捏了一下：「叫什麼名字？」

「文濤。」王氏搶著回答道。

「好。」李鴻章笑道：「文理濤濤，國之佼佼嘛，哈哈……」回頭對李筱樓問道：「字呢？」

「字叔同。」

「李……叔……同，」李鴻章鎖緊雙眉，反覆吟哦著李叔同三個字。忽地眼睛一亮，笑道：「伯仲叔季，叔者排行第三，又是三夫人所生，正是『叔同』，妙極！妙極！」

這時，廚房劉師傅立在門外，問了一聲：「老爺，是否請李大人入宴？」

「好，」二話沒說，李筱樓陪著李鴻章朝膳堂走去。

待到酒酣飯飽，李筱樓想起李鴻章在視察粥場時曾為粥場取的社名，因說道：

「李大人曾為區區粥場取名『備濟社』，愚兄欣喜之極，我想請大人為本社留下墨寶，然後著人製匾，高懸粥場正門，望大人賞臉。」

李鴻章一聽，正中下懷。於是，笑著客套了兩句，隨著眾人來到書房，這時，管家徐月亭早已備好文房四寶。李鴻章挑了一支雲峰特毫，飽蘸香墨，提氣書寫了「備濟社」三個大字，落款是「光緒六年臘月初八李鴻章」。書畢，丟下雲峰，深深吸了一口氣，眾人無不為其書法之氣度和功力而嘖嘖稱道，李鴻章聽了讚揚話也毫不客氣。只是對身邊使吏說了聲：「回府！」

李筱樓送走了李鴻章，已感筋疲力盡，他回到暖烘烘的王氏房中，靠在那張太師椅上正想閉目養神，只聽老管家鄭三爺在院子裡喊了一聲「下雪啦」，李筱樓瞇著雙眼朝窗外望去，呵！好大的雪。此刻，他想到那些在冰天雪地中討粥的窮人。因他祖上也是貧寒世家，到他這代才考中進士，辦起了鹽業，成了名門望族，但他對窮人之苦，卻一向抱有憐憫之心，儘管自家沒有回天之力，然而他有錢，他願用金錢解救一些窮人的饑寒來換取自己靈魂的安寧。

雪，鋪天蓋地的下著，李筱樓撐起疲憊的身體，穿起那件貂皮長袍，戴上風帽，握住手杖踉蹌奔出門外。王氏一驚：

「上哪去？」

「粥場。」

「外邊雪大，滑倒了可不是玩的。」

「我當心點就是嘍。」

「劉媽媽，」王氏衝到門外，一把拉住李筱樓：「劉媽媽，找幾個人攙著老爺……。」

話剛出口，登時上來好幾個，攙的攙，扶的扶，撐傘的，鏟雪的，開路的，一會兒工夫來到粥場，窮人們擠擠擦擦地貼在房檐下，個個把臉埋在前邊那人的背後，嘴唇似乎都凍僵了，沒有一點聲音。李筱樓順著討粥的隊伍，一直走到海河沿。突然，他發現一輛地排子車，地保正指手畫腳地叫苦力往車上裝屍體，他瞇著乾枯的老眼瞅了瞅，不禁渾身顫抖了一下。這時，他看到大管家徐月亭迎面走過來，於是問道：「這是？……」

「稟老爺，」徐月亭緊上幾步，說道：「請您留步，前邊……在收屍。」

「嗯！哪裡的？」

「討粥的。」

「沒人領嗎？」

「領走了幾個，剩下這七個沒主。」

「拉到哪去？」

「北窯窪。」

李筱樓心裡一顫，隨後搖了搖頭。因為他知道，北窯窪是天津有名的「亂屍崗」，窮人一死，用席子一捲，雇兩個「杠子」便把人送到那裡。有良心的「杠子」還刨個坑把人埋了，缺德的「杠子」把死屍一丟，任它鷹啄野狗噬，全然不管。然而，李筱樓更覺得這些死者都是凍死在自家門口的，豈能忍心刨個大坑埋了，就是祖上有靈，也不答應我這不屑的後生的。

「老徐，」李筱樓對管家說：「這些人都是死在粥場的，用大坑埋，天地不容。」

「那麼，」徐月亭已摸透了主人的心思：「是不是每個『倒臥』捨一口棺材？」

「李家也不在乎這一點。」

常言說：「善材難捨。」但李善人家裡卻有個規矩，每當孝子跪門求「材」時，總要捨給一口「狗碰頭」①。而今，臘月初八，又是幼子雙滿月，捨上幾口棺材又算得了什麼。李筱樓想了想，繼續說道：「跟劉家棺材店說一聲，每個人捨給一口。」

徐月亭應聲而去。李筱樓迎著西北風捲來的雪片，望著討粥的人們，深深地嘆息道：「真是愛莫能助啊……。」

傍晚時分，僅有的微光在西邊停了下來，戀戀不捨地把餘輝灑向討粥的人們，當粥

①「狗碰頭」，指很薄的木板棺材，狗噬死屍時，用頭可以撞開。

場捨到最後一勺時，漆黑的胡同裡又倒下了幾個人。鵝毛大雪把凍僵的屍體覆蓋了一層厚厚的積雪……

李筱樓坐在暖烘烘的書房裡，在幾支紅色大蠟燭的光線下，臨起了碑帖。李筱樓臨帖的習慣，盡人皆知。不論春夏秋冬，心境如何，幾十年如一日，這彷佛是他的養生之道。然而今天，他好像有點心不在焉，那些死在粥場的窮人，猶如在混濁的激流中投了一塊石頭老在腦子裡旋轉著。他放下手中的狼毫長峰，木然地望著李鴻章書寫的「備濟社」三個字，頓時，對人間的不平，人生的善惡，世道的炎涼，像似一個巨大的問號，使他百思不解。是的，他曾有過「改良」和「變革」、「平等」之類的幻想，然而以自己的「官位」，又何以能成大器呢？但唯一能使他有權的，則是行善好施。他又重新拿起毛筆，飽蘸焦墨，攤開兩條宣紙，凝神寫道：

凡事需求恰好處
此心常懔自期時

正待落款，徐月亭進來了，他笑呵呵地看了看這七言絕句，說道：

「老爺，我……可從來沒向您求過墨寶啊。」說著便對這兩句上下聯細細地品味了一番，又說道：「如果我沒說錯，這恐怕是您的律己篇吧。」

「既然你明其理，知其意，那麼，這就送給你吧。」說罷，提筆寫上了上款：「徐月亭先生雅正」，下款是：「李世珍書於光緒六年臘月初八」。

徐月亭拎起對聯，正在高興，忽聽自己的老伴在院裡急喊：「孩子他爸——，」而且推門進了書房。見了徐月亭，沒好氣地說：「你忙嘛啦？還不快回去！弄得王疙瘩帶了一夥人，罵罵咧咧的找到我們門上來了……。」

「嘛事？」徐月亭把心一拎，皺起眉毛，生怕在主人面前失禮。

「你忘啦？」月亭老伴也顧不得男人的面子，直截了當地說道：「這個月的工錢？……」

「啊！」徐月亭吸了口冷氣，笑了笑說道：「老爺的墨寶……，我都看傻了。」說著便放下對聯，掏出帳本，翻出一列名單把帳本在空中一晃，說道：「我正是為了發工錢，才找老爺過目的。」

李筱樓深知王疙瘩的脾氣，把手一擺，笑道：「按時發給他們，不要過月了，去吧。」

當下徐月亭二話沒說，拉著老伴出了黑漆大門，拐到大院，只見王疙瘩正叉著腰，準備吵架的樣子。這王疙瘩一家是李家的『世襲』修繕隊，老少十幾口人，從上一代就在李家做工，諸如修房、搬家、搬運、架橋，都由王家承辦。其中長者王克虎幹活賣力，但脾氣暴躁，右眼角還生了一個肉瘤，日久天長，人們把他的名字忘了，乾脆就叫他「王疙瘩」。他今年六十開外，身子骨挺硬實，他幹活不服輸，嘴巴也不讓人。今天徐月亭忘了發工錢，他晚飯後帶著滿臉的酒氣，拉著修繕隊就來找徐月亭。

王疙瘩一眼望見徐月亭來至帳房，罵道：「好哇，你個狗日的，我們全家都喝西北風啦。」

「您別生氣。」徐月亭耐著性子說：「剛才我正請老爺過目。」

「什麼過木過鐵的，該發工錢的日子不發錢，這是為嘛？別裝蒜！」

「說實話吧。」徐月亭誠懇地賠著笑臉說：「王大爺，我在看字……嘿嘿，耽誤了一會兒……」

「什麼鬼字?!就是李鴻章寫的那塊匾吧？」

「對，對對。」徐月亭順水推舟地應承著。

「哼！你別拿總督嚇唬我，沒有我們王家架橋，他能過河嗎？早就餵了王八啦！」

徐月亭嚇得把食指豎在嘴唇上，用氣聲急忙制止道：「我的爺，你可別再嚷嚷啦！」

「怕嘛！」王疙瘩一拍胸脯：「我一不是太平軍，二不是紅燈罩，怕他個屌！少廢話，快發工錢！」

徐月亭怕王疙瘩的這股蠻橫勁惹出禍來，因而便忍氣吞聲地把王家帶進帳房，一個一個地發了工錢。

當王疙瘩接過錢時，用手一掂，雙眉一擰，「嘩」地一聲摔在了桌上，瞪起一對陷在眸子裡的帶著血絲的老眼罵道：「大過年的就發這幾個錢，你他媽的這不是寒磣人嗎？」

「你瘋啦！」徐月亭忍不住地把眉一豎，火了。

「瘋？你爺爺幾代人都在李善人家裡幹活。三取書館、清真義學、粥場、施饃場、書畫學館，沒有我們王家他蓋得起來嗎？怎麼？過年了，得子了，連個花紅都沒有？」

「那……」

「甭這個那個的，李善人一向都是『得子發材』①、『逢年放債』，可我們幹了一年，撈個什麽？」

其時，早有人稟報了李筱樓，李筱樓對王疙瘩的脾氣也瞭如指掌，生怕他鬧出事來，對李家有失體面。他也沒叫人傳話，還是親自叫人扶到帳房。此刻，王疙瘩正在跳著腳罵帳房徐月亭。

「吵什麽？」李筱樓說著便進了帳房。

「王大爺他……」徐月亭眼看把主人吵來了，很是內疚，然而也感到來的是時候。但話剛出口，王疙瘩接茬了：

「老爺，我王家幾代人給您家修房子，保您家大業大造化大。可是眼下您老生了大胖小子，又逢過年，難道連個酒錢也不賞點？……」

李筱樓哈哈一笑：「就是為了這個？我老來得子，應當同喜。王大爺，別生氣。」回頭對徐月亭吩咐道：「今年每人分別給花紅一石。」

王疙瘩一聽，樂得直拍大腿：「這不結了嘛。」隨後把脖子伸到李筱樓耳邊，煞有其事地說：「老爺，聽說您這位老兒子福氣可不小哪。滿月那天，嘆！說是一個『老家賊』②叼著一根樹枝，『唰』地一下落到您的房檐上，把樹枝一擱，回頭就飛走了。您

①得子發材：是李筱樓的行善慣例，每逢李家添人進口，都要施捨棺材。

②老家賊：是天津土語，指的是小麻雀。

想，這福氣有多大！

李筱樓聽了，微微地一笑，而這一笑並非由於王疙瘩說了一些奉承話。而是對這一個勞累一輩子的老傭人抱有憐憫和同情。是的，他和王疙瘩是同齡人，老來貧富懸殊，自有悲天憫人之情。因而對徐月亭說道：「給王大爺多發十塊銀元，過年打點酒……」

王疙瘩揉了揉耳朵，把眼瞪得很大，咧開大嘴笑了。

第2章

李叔同兩歲時，全家搬進了糧店後街62號，這是李筱樓新置的房子，與原來的舊址只有一巷之隔。走進掛有「進士第」的黑漆大門，是前後兩個住宅、兩個跨院，這四個院落呈「鎖頭式」，整套房子共七十餘間。前東邊是一條紅色欄杆和雕花鑲邊的長廊，直穿箭道。這裡有一片修竹盆花、奇山異石的小花園，李筱樓為它取名為「意園」。在它的旁邊，有一間西式建築的「洋書房」，和東廊這邊的「中書房」，不論從格局還是書種，都形成了鮮明的對比。

初夏，黎明來的特別早，曙光已從南窗悄悄地斜射到屋裡，床腳下那隻大花貓像是辛苦了一夜，還蜷臥在方磚地上，安閑地睡著。剛粉刷的牆壁已開始現出亮光，床頭櫃上的那個由李鴻章派人送來的洋娃娃，正歪著脖子望著窗外，好像正等待著文濤的來臨。牆上那只德國掛鐘「噹噹」地響了六下，李筱樓正想起床，奶母張氏已把文濤領到窗外，甜甜地叫著「爸爸、媽媽」。這年文濤已經五歲了。

文濤胖了，然而李筱樓卻瘦了。他比以往好像遲鈍了許多，走起路來腳後跟總是在地上拖著，拿起茶盅像搖鈴似的，手不自主地抖動。山羊鬍子上常常掛著口水，講話已經連不成句子了。兩年前，他曾想過如何寫出遺囑傳下家業，不幸長子文錦病死，直到今年才把全部家業交給十七歲的次子文熙去管理了。

這天清晨，當文濤在窗外喊著「爸爸、媽媽」時，李筱樓的身體已發生了病變。他對文濤的呼喚聽得十分清楚，然而卻答不出話來，他想掙扎著起身，但已經不能動彈。此刻的王氏，委實慌了。她急忙穿上衣服，沒及梳頭便破門到院裡，命管家鄭三爺快請本家妻妾後代過來。二兒子李文熙聞聲三步變作兩步跑過來連叫了幾聲「爸爸」，而得到的反應，卻是李筱樓那直勾勾的眼神和聽不清的幾句話。本來文熙頗懂醫道，但他從來不敢為自己的進士老子診斷病情。因而，他急忙派人去請醫生，不一會兒，日本大夫山崎，中醫師張道齋先後趕來。山崎診斷為「腦栓」，張道齋診脈為「中風」。王氏忙拉著文濤心急火燎地奔到地藏庵。望著地藏菩薩，「撲通」跪在像前，一邊磕頭，一邊叨咕著「阿彌陀佛」，「求菩薩保佑」。此刻，小文濤學著媽媽那虔誠的樣子也跪在地上，母子不知念了多少遍佛號，也不知磕了多少頭。末了，王氏央求圓妙和尚做佛事，並決心許願求吉。

「大施主，」圓妙和尚望著心急如焚的王氏，口念阿彌陀佛，說道：「請不必急，是否先辦一卷經，超度李家亡靈⋯⋯」

「噯。」王氏虔誠地連連點頭：「只要保佑文濤爸爸平安無事，我什麼願都願意許。」

「李善人向來是普濟眾生，以慈悲為本。」圓妙和尚久知李筱樓常以放生修其德，故而說道：「先放生，慰其心。我這裡籌備經卷，邀請師眾，共作道場就是了⋯⋯」

這時，奶母張氏匆匆來至廟裡，喘了喘氣，笑著說道：「奶奶，老爺說話了！」

「啊?!」王氏眼睛一亮：「說話啦？」

「是啊，」奶母嚥了口唾沫；「他說了兩個字，大伙一猜，是『放生』！」

「二爺知道了嗎？」

「還是二爺先聽出來的呢。現在，鄭三爺已經去辦啦。」

王氏聽了，心裡的疙瘩，像春雷過後的花蕾，一下子綻開了。

「快，」王氏興奮得拉過文濤的手，往蒲團上一按：「乖兒子，快給菩薩磕頭。你爸爸的病好了，多虧菩薩保佑。」

看慣了父母信佛磕頭的文濤，聽媽媽一說，急忙跪下去，小額頭「噔噔」地磕在方磚地上，王氏頓時喜在眼裡疼在心裡。她急忙扶起孩子，並用手揉了揉文濤的前額，親暱地說：「乖兒子，媽媽疼你，啊！」說罷回頭對圓妙和尚作了揖，又說道：「請您準備大經，我先回家看看。」說完，立刻領著兒子，和奶母一起奔到家裡。

按醫生囑咐，李筱樓要絕對臥床，以防腦血管出血。但李筱樓憑藉多年研究禪宗，篤信佛教，自覺佛性的憫世精神，已種下善根，因而他要「放生」，並執意要和往常一樣，親自監督。此刻的親屬，誰能拗得過，只好叫傭人扶出堂屋，半躺在一張細篾的竹椅上，由文熙和女眷們圍著李筱樓說些開心話。

「生靈到——」大門外傳進來的聲音。

頃刻，王疙瘩扛著一個大籠子，走至李筱樓面前，把籠子輕輕放下。活蹦亂跳的麻雀，驚嚇得在籠子裡亂竄亂飛，拂起了地上的縷縷灰塵。這時，從地藏庵回來的王氏，一眼望見李筱樓半躺在院當中，便像個燕子似的急撲過去。

「叔同爸，好點嗎？」

善人已無力回答，只在那無表情的臉上微微現出一絲悅色。似乎單等王氏回來，心中多一絲安慰。這時，他拚了力氣，抬了抬那已經抬不起來的手臂，說出了一個「放」字，聲音是微弱的。

王疙瘩聽到「放」字說出時，立刻掀起籠門，雙手舉籠過頂，頓時群鳥破籠爭逃，霎時間，三百隻麻雀一個沒剩，飛光了。

十月八日，地藏庵擺著李家幾代靈位，做了一場超度亡靈的法事。

兩個月後，李筱樓的病情惡化了。那些嘴裡喊著「專治痰迷心竅、半身不遂、中風不語等疑難雜症」的賣野藥的也想碰碰運氣，甚至徑直闖進李家大院，都被老管家擋住了。親屬們心中明白，此病只不過挨日子而已。

這幾天，傭人丫鬟都不能擅自出入了，只能在堂屋侍候，屋裡只有大姨太太郭氏、二姨太太張氏和三姨太太王氏輪流守著病人，每天只用點參湯吊著生命。

沒幾天，李筱樓已失去了知覺，合上眼只是昏睡。一日清晨，他似乎清醒了些，親眷們圍著他，只聽他說道：「家業……文熙掌管，別忘了給佛爺燒香，還有……放生。」他把視線漸漸移到文濤那恬靜而帶有十足稚氣的小臉上，頓時，老淚縱橫，嘶啞著的聲音，清楚地聽到：「爸，要走了，讀書……做一個像樣的……人。」說罷，又直勾勾地瞪著他那充滿淚水的眼睛。是的，他怎能忍心丟下這嬌小的幼子而閉上眼睛呢。

文濤已悟出爸爸「要走了」的含義，他哭著鬧著「爸爸，不要走……」然而，一棵枯竭的參天大樹已經失去了新陳代謝及光合作用的本能，李筱樓嚥氣了。

在一陣忙亂和痛哭聲中，給李筱樓穿上了進士朝服，使他坦坦然然躺在壽床上。此刻，全家老小無不傷心慟哭，文濤自不必說，站在停屍床前直拉爸爸的袖子，哭了一會兒，便被奶母抱開了。

次子文熙挑起了喪事的擔子。但十七歲的文熙焉能主持這等大事，幸而總管徐月亭有經驗，跑前跑後地張羅著一切。當下派人各處報喪，又命王疙瘩請來棚匠，搭起了遮天席棚，又請來圓妙和尚組織法事。

第二天清早，八位僧人佈好了道壇，吃了開經麵，敲起木魚、鐃、鈸等法器，念了一卷經。文濤站在和尚旁邊，新奇地望著這些打擊樂，神往地聽著這迷人的佛經曲調，久久不肯離去。直到廚師給僧人擺上早齋，他才被奶母領走。

早齋很豐盛，素食美味，香氣撲鼻，八位僧人團團圍了一桌，剛要動筷，只見一個衙役匆匆進了大院，找到文熙遞上了帖子。文熙看了帖子，賞了衙役十塊銀元，回頭對帳房屋裡喊道：

「徐先生，快架浮橋，總督大人就到！」

滿院親友，肅然一愣。僧人眼巴巴地瞪著滿桌的美齋，卻沒敢動筷，急忙合掌隨眾到河岸去迎接李鴻章。王疙瘩也毫不怠慢地帶領一家人，很快架起了浮橋。此刻，身穿重孝的李家男眷，包括五歲的文濤，一齊來到河岸。不一會兒，一頂八抬大轎在侍衛們的簇擁下緩緩而來，家人上下觸景生情，不禁淒然淚下。當李鴻章走出轎子，見到晚輩們披麻戴孝壓壓茬茬跪了滿地。禁不住哀然心酸，連忙扶眾，沒講一句話。

李鴻章隨著孝子來到正廳，對著身穿進士朝服的李筱樓拜了四拜，男女親屬不免全部跪地陪弔，哭聲一片。只聽李鴻章哭道：「我的老世兄……願你在天之靈，恕小弟來遲……」也許是官位在身的原因，他沒流一滴淚，哭了一會，被文熙攙扶著進了「洋書房」。丫鬟獻上素茶，他喝了幾口素茶，便以長輩的身分，問文熙道：

「孩子，這喪事你打算？……」

「打算……」文熙懵了，結結巴巴地說：「先辦兩卷經，然後……」

「傻侄子，」李鴻章已料到善人的後代缺少經驗。他認為，這喪事，如草率辦理，不僅對不起李家世兄，就連自己這同科總督的老臉，也不好看。他眦起老眼輕輕地說道：「李家如果有人傷風了的話，全天津的人都會打涕噴。」他停了停，望著文熙那淒淒哀容，說道：「你父喪事應該隆重，我來幫你們辦吧……」

文熙一聽，心裡樂了，他正愁喪事沒人作主，不料老天爺有眼，派了總督來主持，當下，放下了大半心思，然而他沒敢笑出來。而是尊敬地說：

「伯父，恕小侄進一言，不知大人答應否？」

「請說，孩子。」

「我想，請伯父大人為先父『點主』。」

「可以，當然可以。」李鴻章呷了口素茶。

這時，鄭三爺帶了一位「畫影」的先生進來，文熙吩咐：

「停止弔喪，閑人迴避。」他陪著李鴻章回到了洋書房。

大廳裡只剩下畫影的先生和鄭三爺。其他人不得靠近。畫師托起畫板，拿起細條炭筆，掀開李筱樓的衾單①，認真地端詳了李筱樓的遺容，迅速地在畫紙上勾出了一個頭像的輪廓，再根據眼縫的長短，畫出了一對活人的眼睛。畫師在李筱樓的臉上又仔細地看了一會，把衾單重新蓋上，說道：

「請善人的兒子，對照補容。」

「請哪一位？」鄭三爺問道。

「都來。」畫師說。

須臾，文熙帶著自已的小弟弟文濤進了靈堂。畫師一眼就看中了文濤，高興地說：「小兒子最像，而且，在他的臉上，還可以為他父親補充一些靈秀之光。」

小文濤為父親遺容的準確性，給畫師當了半天「模特兒」。最後，一張又大又準確的李筱樓遺像，鑲在特製的大鏡框裡，懸掛在靈堂正中。

洋書房裡，李鴻章正在和李文熙、徐月亭等交代喪事的規模，末了，他對徐月亭吩咐道：「通知上下，辛苦七七，過後再歇息。關於善人家的喪事，不能草率從事。否則，要重責。」

這時，文熙微笑著望著李鴻章，問道：

①衾單：係喪事用語，指蒙在死者臉上的白布。

「這『銘旌』是否請大人掛銜？……」

李鴻章微微點頭，只是「噢」了一聲。徐月亭急忙把準備好的一條丈長的紅綾攤在鋪了毛氈的畫桌上，早有家人遞上了筆墨端硯，李鴻章站起來，捋起袖口，揮筆寫了十七個大字。

「大清進士吏部主事顯祖李筱樓大人壽奠」。

徐月亭剛要挑起「銘旌」，李鴻章把手一擺：「慢著。」

「是，大人。」徐月亭一愣，心裡毛悚悚的。

「取帖子來。」總督似乎想起了什麼，徐月亭連忙遞上白帖，只見李鴻章用流利的小草寫道：

馬三元賢弟鈞鑒：

世兄李筱樓於昨日不幸逝世。筱樓乃津門赫赫善人，爲念其救世之賢，悼其銀錢業之功，其喪事應爲愼重。尤其筱樓乃吾世兄，又係當朝進士，官職吏部主事，故煩賢弟親自爲其白事祭門，以增其科第之榮。

寫好落款，裝入帖封。封面寫著：「天津衛警察局，馬三元鈞鑒」，下邊寫了一個「李」字。

這馬三元乃天津衛的警察局長，此人目不識丁，乃武夫出身，因一次拚著生命捕捉李鴻章的刺客，而由此騰升。由一個巡捕晉升為警察局長。當下，馬三元接到李鴻章的親筆帖子，樂得像得了聖旨一般，他連忙安排了一下衙裡的事，立刻率領十名親信直奔李家大院。進門見了李鴻章就磕頭，口喊：「總督大人，卑職馬三元奉命前來聽使。」

「免禮，」總督保持矜持的態度，沒立起來，說話很乾脆：「你來得好，李家的白事，就請你祭門，晚上由弟兄們輪流替你。」

「小的明白。」馬三元站起身來，帶著武夫的神氣說道：「請大人放心，有我馬三元，那些小蟊賊子，就別想進來。」馬三元的話，似乎驢唇不對馬嘴，旁邊的人差點笑出來。

「去吧，」李鴻章沒抬頭，瞇合著眼：「去給先人磕個頭。」

馬三元帶著十名弟兄，來至李筱樓壽床前，磕了頭，由鄭三爺安排了住處，馬三元立刻獨自站在大門外，和小石獅子做伴去了。這下，馬局長為李善人祭門之事，當做新聞傳開了。

這麼一來，府道州縣大小官員都知總督在李家主喪，誰敢不來？使這條狹長的糧店後街，像朝廷點卯似的，車水馬龍川流不息，名為李筱樓弔唁，實為見一見總督大人，以示對總督世兄的緬懷。

是夜，五十僧眾做了普濟法事，還做了一場「焰口」。這是佛教念經的一種獨特形式，有道白，有歌唱，像是一場清唱劇，因而使孩子們都聽入了神。為首的主持和尚，坐在幾乎碰了頂棚的高台子上，當唱到「無量聖佛……」時，抓了一把打發小鬼的「買路錢」，往地上撒去，只聽嘩啦一聲，原來是活人用的銅錙，孩子們趴在地上，嘻嘻哈哈的追趕著亂滾的銅鈿，撿完了銅鈿，那一對對的小眼睛直勾勾地望著老和尚，盼望著再撒一些「買路錢」。

翌日，天空微微現出魚肚白，幾隻大花貓正弓著腰懶洋洋地打著呵欠。守靈的孝子文熙正在太師椅上困倦地閉著眼睛。整個大地還未復蘇。突然，馬三元對著大門喊道：

「材到，材到！招財進寶！」

院裡人被這一吆喝，都驚醒了。馬三元接著又喊了一遍。這時，人們才聽明白，原來趕製的棺材抬來了。

「媽的，」鄭三爺罵了一聲：「這是什麼吉利話？」

棺材店送來一口十六「杠」的大棺材。杠夫們吃力地邁著整齊的步子進了院。文熙揉了揉眼睛，抖起了精神，指了一下院中央：「停在這兒！」

好一口棺材：八寸厚，板無痕，蓋無隙，光似銀。色澤陳，五百斤。千年不朽老柏木，幾代能把遺體存。女眷們見了棺材，痛哭欲絕。

文濤被哭聲驚醒了，拉著奶母要看媽媽。當他來到院裡，王氏已哭啞了嗓子。文濤見狀，猛地撲在媽媽懷裡，「哇」地一聲也哭起來了。

王氏摟著文濤，喪夫之痛，憐子之情，彷彿有一隻無情的大手，撕裂著王氏的心。

夜裡，李筱樓的遺體入殮了。不用分說，全家老小，男女傭人，親朋賓客，無不為筱樓的殯殮而嚎啕大哭。這時，文熙捧出先父的靈牌，猛地跪在李鴻章面前。文濤捧著朱紅小碗，學著哥哥的樣子，跪在文熙旁邊。李鴻章看了看這塊靈牌，上寫著：

「王　顯考大清進士李筱樓大人之靈位」。其中除「王」字外，均為黑字。李鴻章接過毛筆，飽蘸朱紅，在紅色的「王」字上方，端端正正地點了一個「、」。然後，兄弟二人磕了孝頭，把靈牌供在棺材之前。

李鴻章為李善人「點主」之後，第二天便打道回府了。

彈指「七七」已到，李鴻章設「送靈棚」十處，馬三元調來大批巡捕護靈。文熙打幡引靈。十六杠的靈柩在孝子身後，接著是五十高僧，五十真尼手執法器，擊樂誦經。後邊五十個道人手執笙、管、笛、簫、雲鑼、鐃、鈸、瞠鼓等樂器，吹吹打打，好一派隆重葬禮。接著便是親朋至友、府道州縣各級官員。其間幾輛馬車，乘坐著王氏等女眷。

靈柩送到天津郊外張新莊李家墳地，和已故的原配夫人姜氏合葬了。

李家大院又恢復了正常。也許是傷心過度、疲勞已極，幾天來沒有什麼聲息，像一潭死水，平靜而沒有生氣。然而王氏的心卻像一面雲鑼，被生活的鑼錘敲擊著。幾天來她寡言少歡，面色清疲。眼前的一切，使她失望、孤獨、渺茫，默默地思忖著日後的苦果何時吃盡。她怨恨自己是個女人，她可憐這叔同尚在年幼，她後悔從命於做了小太太，她抱怨老夫死得太早，她懷疑自己前世作孽……儘管全家上下依然如故，但在二十二歲的王氏，像似墜入了無底深淵，使她淒然無依。

淒風未息，又飄來了苦雨。

兩個月後，奶母張氏笑模悠悠地來到王氏房中，用探求的眼光瞅了瞅王氏。然後靠近王氏耳邊，悄悄地笑道：

「小奶奶，我呀，想跟您說個事兒。」

「說吧。」王氏一邊撥弄著炭火盆，一邊問道：「嘛事？」

「其實，我到善人家當奶媽，是為了養活我的孩子。剛來時，我怕您嫌我不全科①，我就沒敢說我是個寡婦。」王氏一聽，心裡「格登」一下。整個人像被海河冰封了一樣，感到十分壓抑。她苦笑笑，示意讓奶母說下去。

「我……一個年輕輕的寡婦，守，也可以。但我又想，要守到哪一站為止呢？我知道，您待我像姐妹一樣，可我這一輩子，總得有個靠啊……」

「哦……」王氏木然望著奶母，心裡頗不是個滋味。

「您瞧，」奶母指著在炕上讀《百家姓》的文濤：「小公子我也給您養大了……」

王氏見奶母已把話題岔開，急忙問道：

「那，你的孩子呢？」

「在鄉下姥姥家養著呢。這不，昨兒個他姥姥來啦，我們娘倆拉了半天瓜。您猜，他姥姥幹嘛來啦？說起來您別笑話，是勸我走道兒②。她勸我：『年輕輕的守什麼寡呀，你還想立牌坊？媽給你尋了個人，是個莊稼漢，人心不錯。』我也是這麼想，只要人好，窮點怕嘛呀。」

①全科：舊時指一家有夫妻、父母、子女齊全的人家。

②走道兒：天津土語，指寡婦再嫁的俗稱。

王氏的心臟，像被奶母捏了一把，猛地收縮了一下，然後突然地跳著，她竭力不使自己的命運和奶母聯在一起，只是強作笑臉，帶著鼓勵的口吻說：

「這是長輩們開通，老人們見識廣，總是為了你好。」

「您……」奶母激動地哽咽著聲音說：「您也這麼想。」

「嗨，」王氏苦笑著說：「世上寡婦走道兒的多吶，這年月誰笑話？不要顧前思後，孤兒寡母的日子不好過……」王氏沉吟了一會兒，果斷地說道：「那麼，你就收拾一下。」

「不瞞您說，」奶母揩了揩眼淚：「我已經收拾好了。」

「那我就向你道喜了！」

「喲！瞧您說的，爺們兒長得什麼德行還沒見過啦，您就……」奶母破啼為笑，而且笑得很甜蜜。

王氏信手打開首飾盒子，拿出三十塊銀元，遞給張氏：「這點，就算是我送你的陪嫁吧……」張氏捧過錢，猛地跪在王氏面前：

「謝謝小奶奶。」

炕上讀書的小文濤，不知出了什麼事。下炕穿了鞋，走過來問道：

「媽，張媽媽幹嘛要走？」

王氏緊緊摟著文濤，哭了。這淚水包含著多少辛酸、矛盾、思念之情啊！然而，心中卻默默地泛起一個「節」字。因為她感到：寡不守節，焉講婦道。她，甘願忍受一切……

第3章

脫去縞素，換上吉服，眨眼過了三年。

八歲的李叔同，對父親的一切，像是一片無形的幻影，既清楚又模糊，但正廳那張大幅遺像，他永遠認得——這是爸爸。

故人已去，家境依舊，歷歷在目的則是那些父親的遺物，尤其是那間寬敞而鋪滿天津地毯的大書房，文濤在這裡一待就是半天。中間一張大理石鑲面的紫檀木八仙桌，一盆四季如春的玳玳，儼若峻嶺參天，蔚為壯觀。正面掩牆的一片樟木書箱，藏書萬卷。兩旁一對藏古納珍的烏木百寶櫥架，布滿了琳琅剔透的珍貴古董。靠院的兩扇木格子窗前，各有一張鋪滿羊氈的畫桌。左邊桌上，紫鋒、京提，大大小小掛滿了轉盤筆架，龍門古墨、廣東端硯、明代水盂和鼻煙壺式的沙釉顏料碟，排得十分整齊。右側桌上，一隻鍍銀鑲邊的玻璃盒裡，堆積著各地的印章石料、刻刀和一對寶藍色花紋的唐代朱砂印油盒。七層大紙櫥裡，疊疊的安徽宣紙、撒金紅宣紙、大紅紙、毛邊紙和趙、顏、柳、王等十大名家的石碑拓本。這間書房，對小叔同來說，就像他嚮往的「大世界」，使他逛不夠、看不厭。尤其對那些懸掛在白粉牆上的山水、花卉、夜虎、風竹、仕女、書法等名人字畫，更是百看不厭。

他也有一套「文房四寶」①，那是二哥文熙送給他的。四歲學習書法，臨摹了顏、柳書帖頗有長進。五歲即從母親王氏習誦名詩格言。六、七歲時，二哥文熙督教極嚴，不得少越禮貌，每日授以《百孝圖》、《返性篇》、《格言聯璧》等，又攻讀《文選》。這年文熙請來秀才常雲莊來家設館教學。叔同更是如魚得水，授業老師常雲莊常常對這個小學生的天賦和韌勁驚嘆不已，特別對那日誦五百、過目不忘的本領尤為驚異。每當王氏拜謝老師時，常雲莊總是笑著驚呼：「老弟智力過人，吾輩無可教矣！」說得王氏心中像抹了一層蜜糖，感到甜滋滋的。

隨著歲月的消逝，隱藏在王氏心底的孤獨、悲世、渺茫之感，似乎淡漠了，就像瀑布沖激下的那塊石頭，漸漸適應了這無情的世道。在她看來，這是自己命運的必然歷程。唯獨能慰藉著這顆冷卻的心的，就是這個聰明過人的小叔同。這是她勇於走向人生歷程的精神支柱。她依舊虔誠地信佛，常為地藏菩薩塑像鍍金。

臘月初八，李家照例捨粥施饉。這年冬天不同往年，天寒地凍，北風颼颼。地上凍開了寸寬的裂縫，連麻雀都不願出巢，然而討粥的人們仍是人山人海。這年，直隸省出現了稀有的旱災，莊稼人實在活不下去，值此年關，乾脆攜兒帶女逃往天津衛。因此，有點心眼的窮人，除了在「備濟社」討碗熱粥之外，必然要到糧店後街62號，喊一聲：「老爺奶奶……」以討得兩個銅板。

這天，在討飯的人中，一個穿著藍布白花粗布上衣、棉褲腿上紮了一條麻繩的婦女，

①文房四寶：指筆墨紙硯。

三十以下的年紀，在李家大院外邊轉悠了半天，不敢進門。末了，還是壯了壯膽子，理了一下亂髮，拍打了一下褲腳上的灰塵，徑直往裡走去。

「這位大嫂……」打發討飯的王奶奶上前一把拉住說：「別進去呀，我給你就是嘍。」

女人一笑：「喲，五奶奶，您在這裡幹嘛？」

「打發要飯的。」

「您不認識我啦？」

「眼花嘍……」王奶奶眨咕眨咕眼睛，細細地端詳了一下來者：「你這位大嫂，我……我怎麼看不出來呀？」

「王奶奶，」女人苦笑笑，不好意思地說：「我是文濤的奶娘！」

「噢……怪不得好面熟啊。」王奶奶一把拉起奶娘那冰涼的手，上下打量著：「哎！可憐見的，瘦得我都認不出來了。」

奶媽淒然一笑。王奶奶關切地問道：

「這幾年……都在鄉下？」

「嗨，甭提啦。」奶媽嘆了口氣：「百年不遇的大旱，連榆樹皮都吃光了，沒辦法總不能讓孩子餓死啊……。」

「孩子呢？」

「在外邊，他爺倆死活不敢進來。」

二人正說著，只聽大門外一聲震耳的喊叫：

「來——鏢——了！」

這是鏢行老大的聲音。王奶奶急把奶娘拉在門邊。接著，徐月亭出來打開了前門，只見十個挑夫挑著幾十箱財物，在十名身穿短打、手持單刀的保鏢護送下，由塘沽鹽田引地出發來到李家。徐月亭把前院櫃房打開，卸下了財物，鏢老大當面交了帳，領了押鏢錢，帶著弟兄們宿花地去了。這邊，十個挑夫領了賞錢，笑得咧開了大嘴。

院裡的女眷們聽說來鏢，都迴避到自己屋去了。書房裡的李叔同，聽到鏢頭的威喊，跑到前院，好奇地瞅著這些財物，不料被大門邊的奶母張氏發現了。

「哎呀，王奶奶，這不是三公子嗎？」

「是啊。」王奶奶把「是」字加重了語氣：「走，咱們過去，看他能認出你嗎。」說著便拉了張氏來到叔同面前。

「文濤，還認識嗎？」王奶奶笑模悠悠地問道：「你看看，這是誰？」

叔同一抬頭，見是一位面容蠟黃、頭髮蓬亂的鄉下人。仔細一看，不禁「啊？」了一聲，跑過去猛地抱住奶娘的胳膊，不斷地叫著「媽媽」，張氏見此情景，鼻子一酸，眼淚刷地流了下來。此刻，她是多麼想抱一抱這個由自己奶水餵養大的孩子，又是多麼想親一親這張看慣了的小嘴巴。然而，她沒那樣做。

「記住點！」王奶奶忍著淚，笑了笑說：「父母是親，奶媽是恩，再破的廟裡有真神。」

叔同點點頭，把奶媽的胳膊抱得更緊。張氏用棉襖袖子抹了抹淚水，哽咽著說：

「好孩子，別弄髒了你的衣裳。」

叔同哪裡肯聽，拉著張氏說道：

「快，到我娘屋裡暖和暖和去。」說罷，拖著張氏就走。王氏見兒子領進來一個面容癯瘦、衣著襤褸的鄉下窮人，一下子愣住了。

「娘，」小叔同喊著：「這是我張媽媽呀！」

王氏一怔，忙叫張氏坐在靠炭火盆的一張木椅子上，細看了一眼這位形容憔悴的女人，嘖嘖了兩下：「怎麼瘦成這個樣子啦？」張氏苦笑了一下，隨後把農村的年景說了一遍。末了，張氏毫不隱瞞地說：

「為了一家人活命，這次出來，是討飯的。」

「那……孩子他爸爸呢？」

「哎，」張氏無可奈何地搖搖頭說：「打短工沒人要，也出來了。剛才，我讓他進來，他死活不肯來。他說快過年了，窮人走大户，怕您家嫌不吉利。」

「怕嘛呀。」王氏提高了嗓門：「這些日子來的人多著呢。窮，就不串門走親啦？真是。」

半天沒吭聲的小叔同，望著這滿面愁容的奶娘，心裡怪同情的。他一直在為奶娘的「窮」而動腦筋，忽地眼睛一亮，說道：

「娘啊，張媽媽家裡沒錢，我倒想……」

「傻孩子，」王氏不以為然地說：「你有辦法？……」

「娘啊，你別打岔呀。外邊賣『年對』的滿多。」

張氏笑了：「乖孩子，虧你想得出。你大叔是幹粗活兒的，一不會寫字，二沒有本……。」

「錢」字還沒出口，叔同搶著說：「張媽媽，你聽我說呀，昨天，我跟鄭三爺到娘娘宮買年貨時，看到很多人買對聯和大『福』字。您要願意賣，不要本錢，我家裡有大紅紙。」

這兩年來，叔同一直臨摹北魏龍門一派的書體。他每日雞鳴而起，執筆臨池，眼下已到碑帖過眼即能神似的程度。他習用《張猛龍碑》筆法，雖是年幼，像已脫了「稚」氣，稍不留心，哪怕是書家巨子，一下子也很難揣度這是一個只有八歲的孩童所書。而今，他聽了奶娘的一番苦衷，立刻動了惻隱之心，然自度個人的能力，唯一能使奶娘渡過這一苦海的，莫過於「賣字」。這時，他不容別人分說，像個大人似的說道：

「叫大叔擺攤，小哥哥裁紙研墨，我來寫。」

這個決定，似乎沒有誰能有理由反對。王氏只是未置可否地笑了笑，張氏樂得直用舌頭舔嘴唇。末了，就這樣定了。

大書房裡變成了兩個同齡孩子的天下。小狗子研墨，叔同揮毫，半天的工夫，這間大房子變成了「滿堂紅」。桌上、地上、書架上，一條挨一條地擠滿了「招財進寶」、「抬頭見喜」、「福如東海」、「壽比南山」、「詩書繼世」、「忠厚傳家」、「年年有餘」等春聯和大「福」字。一連寫了七天，奶娘張氏的丈夫，一直賣到臘月二十三。

臨走時，奶娘一家捧著賺來的八塊銀元和幾吊銅板來到李家辭謝，王氏又贈送了三塊大洋，張氏激動得合不上嘴，道了半天謝才回鄉下過年。

李叔同寫對聯的消息一下子傳開了。然而越傳越邪乎。

「聽說了嗎？李善人家的『書僮』，善寫對聯，討副對聯連紙錢都不要。」好傢伙！討對聯的人接二連三，都來了，忙得王奶奶連飯都顧不上吃，王氏心裡提心吊膽，生怕兒子累出病來，二哥文熙見此情景，覺得過年討副對聯，也是吉利，因而也就讓弟弟任性去做。

日子一久，人們才知道，所謂的『書僮』，乃是李善人的最小公子李叔同。

冬雪飄飄，寒風朔朔，一連下了幾天大雪。王氏屋裡暖烘烘的，那只鼎式紅銅炭爐，都被炭火燒紅了，和那對蠟燭相比，似乎有些喧賓奪主的樣子。王氏借著火紅的光線，給兒子試穿了一件過年的新皮袍。這皮袍乃叔同的侄媳柳氏親手所做。

柳氏乃是李叔同大哥李文錦的兒媳婦。文錦比叔同長五十年，娶妻聞氏，生一子，名仁章。不幸父子皆在二十五歲時病逝。因而李家長門只剩下聞氏和柳氏兩代寡婦。這柳氏今年二十六歲，為人忠厚，奉婆極孝。她乃清室官宦人家出身，頗通經理，她和文濤母親王氏係同年同月生人，二人相處甚篤。儘管二人同歲，柳氏卻得稱王氏為「奶奶」。尤其筱樓去世，這兩位隔代寡婦更是親密無間，柳氏特別喜愛這個聰明伶俐的小叔叔文濤。因而，她親手做了這件灰鼠小皮袍，表示對三奶奶房裡的一番心意。小叔同穿上了這件古銅緞面的小皮袍，心裡怪滿意的。母子對著鏡子一照，都笑了。這時，從鏡子裡看到王奶奶掀門簾走了進來：

「不好了！」王奶奶喘著粗氣說。

王氏母子一驚：「出了什麼事？」

「聞大奶奶過去了！」

「啊?!」文濤聽說大嫂過世，頗吃了一驚。

「沒災沒病的，」王氏嘆息道：「早上還好好的嘛！」王氏拉著叔同急奔聞氏屋裡。果然，老媽媽們正在七手八腳地料理著。柳氏已經哭死過去。王氏急忙命丫頭們將柳氏抬到自家屋裡，文熙慌忙地來到嫂子屋裡，見嫂子面色青紫，眼往上翻，斷定這是突發心臟病而導致猝死。

李筱樓的大姨太太、七十歲的郭氏，站在長門兒媳的屍體旁邊，只是哭個不止，王奶奶怕她哭壞身子，連拉帶勸地拖開了。

轉眼快到年三十了。然而，漏船偏遇頂頭風。就在這除夕夜裡，李家在闔家拜年的時候又少了一個人。誰？聞氏的兒媳婦柳氏。

有人驚叫一聲：「不好啦，仁章媳婦也死了！」

「啊?!」全家上下大驚失色。文熙第一個衝出佛堂，通過甬道，來至柳氏房間，只見柳氏橫臥在炕上，他上前拉過柳氏一隻手，急急搭脈……已經斷氣了。他又端過蠟燭望了望柳氏面容，只見兩眼微睜，嘴角流出津津鮮血，憑他多年研習中醫的經驗，判定是吞金自殺。在燭光照拂下，牆角下的丫頭小翠，正在嗦嗦發抖。文熙朝她一瞪眼：

「你……怎麼不知道？」文熙真想發火。

「二老爺，」小翠哆嗦著解釋道：「這不怪我，她叫我守在靈堂，還叫我別離開一步。她說要睡一會兒，千萬別驚動她。」小翠「嗚」地一聲哭了。

親屬們都來了。文熙的腦神經負荷量，似乎超重了，他只覺頭上「嗡」了一下，一個趔趄，差點栽倒。這時，他真有些六神無主了，就是見過世面的長者，也經受不起這樣的噩耗。然而，他也知道，在這個家裡，弟弟年幼，這副擔子無論如何也要挑，迴避是不可能的。於是，他定了定神兒，朝死者瞅了瞅，像是自言自語地說：

「我侄媳是有準備的，她已經穿上了出嫁時的衣裳，要尊重她，不穿裝裹了。」回頭對劉大爺說：「快準備鋪金蓋銀，上等的壽枕。通知劉掌櫃，抬壽床來，與我嫂子合靈！」

儘管文熙十分鎮靜地指揮著一切，然而闔家老小仍是驚魂未定，人人心裡結了個疙瘩。

「王奶奶。」文熙又說話了：「快去找幾位媽媽替我侄媳整理乾淨……」

此時，丫鬟們送進來好幾支蠟燭，頓時，屋裡猶如白晝一般。王奶奶帶了兩個女傭人正動手把柳氏放平，突然，一個小鏡框從她身下露出來。王奶奶一怔，不禁「嗯？」了一聲，伸手拿起這尚有人體溫度的小鏡框，朝外屋喊道：

「二爺，你來看，這上邊還寫著字兒呢！」

文熙轉進裡屋，接過來一看，只見是一篇遺書；上寫道：

「我夫亡後，婆母待我如親女。如今她老人家已升天，余念其年老沒人侍候，我陪婆母一起去了，以盡孝道……」

李文熙拿著小鏡框，一連讀了三遍。

「哥，我看看。」小叔同聽了報喪之後，一直在柳氏房中。由於人小怕事，又躲在暗角裡，也沒人注意他。當他聽到「鏡框」二字時，早就想看個究竟，然而哥哥擰眉閱讀時，他沒敢靠前。此刻，他見哥哥臉色蒼白，直愣愣地立在那裡，他才躡手躡腳地走過去，從哥哥手中接過了這面小鏡框，細細地看了幾遍。

「二哥，」小叔同指了指鏡框裡的文字，怯生生地說：「這是一張遺書，也是一篇『盡孝書』，她是節孝雙全呀！」其實，叔同只不過寬寬兄長的心罷了。然而在文熙心上，卻打開了一葉窗扉。

「此話有理！」站在大廳門邊的鄭三爺一拍大腿，威聲粗氣地說：「大少奶奶的死，是該受封的，」話剛出口，人們的表情變了。個個把眼瞪得很大，希望他說下去。「因為，」鄭三爺掃了大家一眼，帶著富有經驗的眼神兒說道：「她的死，完全是為了『盡孝』，節婦盡孝，難道，朝廷不賜封？」

老一輩的郭氏、張氏和王氏聽了這話，感到十分在理兒。一向不肯講話的王氏，也許與柳氏有特殊的感情，講話了。她的聲音很輕，像是對自已講一樣：

「自古皇上恩賜節婦孝女，依我看，要稟奏皇上，恩典賜封。」

郭氏老太太未置可否地苦笑笑，掏出煙袋鍋，一邊裝著煙，一邊自言自語地沉吟著說：

「哎……我們李家也是一本《紅樓夢》喲。」

這時，剛進來的管家徐月亭，已聽明白了在討論什麼。他咳嗽了兩聲，說道：

「這個『節婦盡孝』，是要冊封的。但稟奏皇上，需要縣太爺的奏章。等一會姚品候縣太爺要來拜年，他又是文熙二爺的大舅子，這事，交給他不就結啦？」

幾句話說得大伙直點頭。正在這時，只聽劉大爺在院裡喊道：

「二爺，有客人來啦……」

文熙撩起袍子，離開大廳，只見從甬道走過來大書家趙幼梅、表親王倫閣、縣太爺姚品候、秀才常雲莊……李文熙拱著手，笑容滿面地迎接著親朋。

外邊的爆竹震天，來李家拜年的親朋絡繹不絕。然而，人們只知道李筱樓的大兒媳婦聞氏過世，但誰也沒料到聞氏的兒媳婦柳氏也在年三十吞金自殺了。也許是圖個吉利，就沒對拜年的人張揚此事。但近親們誰不想在大年初一對聞氏弔唁一番呢。可一進靈堂卻嚇得兩腿直哆嗦——兩具女屍。只見一樣的帷帳、一樣的壽床、一樣的衾單、一樣的鋪金蓋銀。唯一不同的，則是柳氏的帷帳上沒挑起「銘旌」、沒掛畫影遺像。

靈堂裡的親友，像走馬燈似的，來來往往，然而卻不能放聲大哭，因為是大年初一。

佛堂裡的親友，像搗蒜錘似的，磕頭拜年，然而卻不能放聲大笑，其時還有喪事。

夜空的星光閃閃，寒氣襲人骨髓。李家大院上上下下累得精疲力盡，都提早鑽進了屋裡和衣而臥。靈堂裡的鄭三爺和王奶奶，把棉被裹在身上，不一會兒，鼾聲呼呼地睡著了。幾十隻花貓有的鑽進廚房，圍著鍋台「喵喵」地直叫喚；有的鑽進靈堂，跳上供桌，吞吃著雪白的大米飯。

是夜，整個大院靜得可怕，只有「意園」裡的一片花草被西北風吹得唰唰作響；除了靈堂裡的四支白蠟燭還搖拽著光亮外，幾十間房子都熄了燈火，周圍顯得格外冷清清、黑洞洞、陰森森的。唯獨王氏屋裡還亮著光。

說也奇怪，二十四小時沒合眼的小叔同，此刻卻一絲睡意都沒有，坐在炕沿上直愣神兒。娘急了：

「快點睡！明天拜年的人來得更早。」

「唔。」叔同心不在焉地說：「您先睡吧。」他的眼睛一直盯在這件合體的皮袍子上，滿腹充滿疑團和悲愴。他懶懶地打了一個呵欠，還是沒有睡意，心裡不停地翻騰著。老實說，對柳氏這種痛苦地盡孝，其價值如何，在他這小小的心靈中始終是一團陰影。不管怎麼說，柳氏死得太慘了。漸漸，他腦海裡現出了柳氏那笑呵呵的面容。這時，他驀地想起靈前還沒有一幅喚起人們懷念的相片。然而這活生生的形象就在他的心裡。

他決定給自己的侄媳婦畫個像。

「娘，我去一下就回來。」說話時，早已把紙筆捏在手裡。

「冰天雪地的，到哪兒去？」王氏直納悶。

叔同沒有回答，掀起棉門簾子就出了屋，豈知剛到院裡，看不到一點燈火，聽不到一點聲息，加上風捲殘葉沙沙作響，再往甬道望去，伸手不見五指，一團漆黑，想想靈堂裡的兩具婆媳屍體，有些毛骨悚然，遲疑間，一陣西風迎面撲來，把手中的白紙吹得呼啦啦直響，像有人要從他手中奪走一般，他委實慌了。

「岸子①，」王氏披上棉襖，推開門簾子衝著院子便喊：「岸子，幹嘛去？快回來！」

小叔同返回屋裡，再看手中的白紙，早被大風給撕碎了。

「兒呀，」王氏對叔同的悲哀之情，已猜透了八九分：「我知道，平時你侄媳婦疼你，你心裡難受，可她已經去啦。平時多給她們婆媳燒點紙錢，就是對得起她們啦。」

「……」叔同只聽著母親的勸說，但他心裡仍然盤桓著這幅畫像。

「快睡吧！」

「您先睡吧，娘。」叔同說著又裁了一張白紙，伏在桌上構思著柳氏的臉形。王氏以為兒子在寫字，也就不再說話了，只是隨便往炕上一躺睡著了。當她一覺醒來，發現岸子還沒睡。

「岸子，幹嘛還不睡？」王氏一翻身坐起來，探著頭往桌上望過去：「喲！你在給侄媳婦畫影啊？」

「嗯。」叔同朝母親望了一眼，信手把畫像一舉：「娘，我按照畫影先生的辦法。您看像嗎？」

王氏披了棉衣，下了炕走近桌前，借著兩支大蠟燭光線，瞇合著眼瞅了半晌，漸漸，

①岸子：是母親取的名。因王氏信佛，曾記「佛法無邊，回頭是岸」而取此名。

嘴角下流溢著母親特有的微笑。是的，她笑得很自然，但也很淒然。她輕輕地撫摸著兒子的頭頂，眼睛不停地在畫像上尋找著柳氏的特徵，啊……，耳邊還是那朵絹花，兩耳垂著一對金耳環，頭髮溜光而秀氣；上身還是那件柳氏平時最愛穿的寬領左大襟的團花絲棉襖，儘管五官的比例不甚準確，然其柳氏嘴角下的那顆美人痣卻點畫得頗具風采。

「岸子，」王氏安慰著說：「這張像畫得真不錯，但是鼻子眼睛和嘴唇之間還不太準確，掛出去恐怕人家說不像。我看，你的心氣兒到了，就行了，啊。睡吧。」

小叔同沒吭聲，也沒看媽一眼，只是盯著這張畫像。這時節，他沒去考慮像與不像，而他眼前的卻是柳氏的音容笑貌和善良而文靜的性格，他彷彿看見柳氏正在笑模悠悠地捧著一件親手縫製的小皮袍進到自己屋裡；他彷彿聽到她正和自己的母親促膝談心……

「娘，」叔同的鼻子一酸，「嗚——」地哭了。

「岸子，別太難過了，啊！」王氏一邊勸著兒子，一邊把岸子的頭摟在自己的胸前，她，也哭了。

「娘，為什麼這麼好的人……願意早死呢？」

「哎！……她也是沒辦法才走這條道啊！」

「難道每個節婦盡孝……都要自殺嗎？」

「不自殺，皇上怎麼封她呢！……」

叔同哭得更痛心了：「娘，我真不懂，為什麼皇上他……一定讓好人去死呢？」

母親無言以對，只是母子抱頭痛哭。但是叔同心中的問號，好像越來越大。

初二，守靈的王奶奶一早就醒了，她朝周圍看了看，見鄭三爺還沒醒，便先到廚房洗了臉，回來正想叫醒鄭三爺，發現供桌上的飯沒了，禁不住驚叫了一聲，只覺得脊背發冷：

「三爺……快！快醒醒！」

「嘛事？」鄭三爺猛地一下坐了起來。

「顯靈啦！」王奶奶驚魂未定，唏噓地說：「大少奶奶把供飯都吃光了。」

鄭三爺一看：「可不是！」他站起來，把被子一捲丟在椅子上，踮腳走至供桌前，看了一眼，不禁打了個寒顫：「這事，先別講出去，不然，大少奶奶要怪我們的。」

「哎！」王奶奶深深吁了口氣：「我想，這碗飯不是她吃的，準是拿著孝敬婆婆去啦。怪可憐的！……」

儘管二人商定不講出去，但「怪事行千里」，還是講出來了。登時，對供飯倍加講究，生怕婆媳二人變成餓鬼，又增添葷菜。

打這天起，花貓伙食就越來越好了。

第4章

翌年，李叔同九歲。

扶喪即畢，但柳氏沒有賜封，也沒立牌坊。原來姚品候寫了一紙請封的奏章，交給了總督大人李鴻章。不料英帝國主義從印度經哲孟雄（錫金）向中國西藏地區發動了侵略戰爭，這一貫賣國求榮的李大人，只顧談判求和，卻把柳氏「節婦盡孝」之事忘到九霄雲外了。然而事過境遷，李家對此事也不計較了。

仲夏過後，氣候宜人。

這些天來，小叔同常在書房裡，一待就是半天。常雲莊面對這個鳳眼寬額、聰敏過人的孩子，授業更是慎重，盡量循循善誘，悠悠以導。引得叔同嗜書成癖，背誦如食。每當常雲莊赴「三取書館」講學，他便尾隨老師身後，悄悄入席，從旁聽講，像個貧婪的牛犢，拚命地吸吮著文化的乳汁。自打常雲莊授業以來，他讀了《孝經》、《毛詩》、《唐詩》、《千家詩》，並能背誦和講解。

然而，九歲的叔同，其癖好又何止於誦詩？一天，文熙處理完當天的銀號工作，用布撣子在院裡撣著鞋上的灰塵，叔同笑嘻嘻地過來。

「二哥，我來替你撣，」接過撣子，踮起腳跟，一邊替哥哥撣著後背，一邊問道：

「我也想學篆刻，行嗎？」

文熙哈哈笑了一陣，回頭貓下腰，摸著叔同頭上那條桃頂小辮，親暱地說：「沒學篆，怎能學刻？」

叔同一聽，咧嘴一笑，感到兄長說得有理。於是把話一轉：「那……我在旁邊看你學，行嗎？」

「行，當然行。不過唐先生夜裡給我授課，你能來嗎？」

「能！」叔同不假思索地說。

唐先生名靜岩，天津著名書畫篆刻家。原是李筱樓的摯友，比筱樓小二十歲。個子不高，端莊大方，常穿那灰色長袍，寬袖大馬褂，一眼望去，頗有威嚴之感。

是夜，月色清幽，庭院寂靜，秋蟲唧唧。唐靜岩來到李家，為文熙授課時，驀地發現桌角下多了一個人。瞇眼細瞅，是文濤。

「啊，小侄。」

「他要求聽講……。」文熙解釋著說。

「年紀還小。」唐靜岩笑著說。

李叔同靦腆地一笑，沒敢講話。紅著小臉趴在桌角，咬著下嘴唇直縮脖子。打這以後，唐靜岩收了一名「旁聽」生。

立秋那天，唐靜岩來給文熙講「篆刻」的刀法。小叔同和往常一樣，靜靜地立在桌角，下巴墊在桌子上，目不轉睛地瞄著唐先生示範的刀法。唐先生講課，歷來是言出刀至，往往使學子目不暇接。他主張實踐，只有對各種石料的用刀實踐，才能領悟其章法刀趣。當夜，唐先生講完了「刀法」，一枚布局得體、章法嚴謹、刀趣橫生的《高山流水》篆刻的作品，一蹴而成。此刻，夜深人靜，蕭瑟秋風，沙沙搖拽著庭院那棵小白楊，像似一首《催眠曲》，使人感到困倦。唐靜岩借著燭光，把作品仔細地看了一下，然後伸了伸懶腰，打著哈欠說：

「還有邊款的部分，下次再講吧。」

文熙小心地把這枚章子放進玻璃匣裡，派了馬車送走唐靜岩，兄弟二人才各回自己的房裡。這天夜裡，叔同滿腦子都是「刀法」，興奮得輾轉反側，難以入眠，在迷茫中，他感到會用刀了。在方寸石料間，他刻了「文濤」二字，人們爭著欣賞這塊作品。忽然，周圍都是石料，他叫不出名堂的石料；又出現一本印譜，一頁一頁地欣賞著，啊，都是自己的刀下作品……

「醒醒，吃早飯啦。」母親拍著叔同的肩膀。

「我還沒看完呢！」叔同翻了個身。

「又做夢啦？」

「夢？」叔同猛地坐起來，定了定神兒，可不是嗎。他穿上了衣服，丫鬟小翠送來洗臉水，漱洗已畢，吃罷早飯，一頭扎進了大書房。

他沒念書，挽起長袍爬上了桌子，在玻璃匣裡取出了唐靜岩昨夜示範刻的那塊石章。當他回到地上時，一不小心，凳子踩空，「叭」地一聲連人帶石章摔在方磚地上。他慌了，猛地爬起來，忙找甩出去的石章，可它已被碎成了幾塊。他趕忙撿起殘石、碎渣，藏在貼身的衣袋裡，站在那裡不知所措。怎麼辦？越想越怕。真是有淚不敢哭，有苦說不出。此種越禮之事，大人知道還得了？他木然望著父親生前為大廳寫的匾額「存樸堂」三個大字，心裡更覺空蕩蕩、寒抖抖的。

「岸子，吃飯了。」

母親的一聲呼喚，倒使他嚇了一跳。他信口應了一聲，佯裝沒事似的走到自家屋內。這時早有丫鬟小翠把飯菜由廚房裡端了過來。他望著桌上的飯菜，心內仍是忐忑不安，儘管有魚有肉，然而卻不知飯菜的味道，一味地盤算著如何應付唐先生。不過，「船到橋頭自然直」，他把眉頭一皺，眼珠一轉，有了主意。他丟下碗筷，衝出門去，直奔大書房。爬上畫桌，從石料匣裡挑選了一塊一模一樣的材料，經過粗磨細磨，再將印樣對著鏡子，一筆不差地描在新的石料上。然後按照「旁聽」得來的知識，就動起刀來，他暗暗笑道：「嘿，照樣刻一個，讓你看不出來。」他一邊想著，一邊照葫蘆畫瓢，一絲不苟地精雕細琢，謝天謝地，總算刻好了。他深深吁了口氣，抹了抹鼻尖上的汗珠，隨即把這塊「新作」蘸勻朱沙印油，在宣紙上打了一個「印樣」，與唐先生範刻的那枚一對照，嘿！還真像。這下他心中彷彿丟下了一塊大石頭，放心了。抬頭看了看牆上的掛鐘，不到五點，頓時臉上露出了得意的笑容。

晚上，唐靜岩先生乘馬車來到李家，李文熙準備好刀具，便從玻璃匣中拿出昨晚唐先生範刻的那枚印章。唐先生接過印章，不禁雙眉一擰，沒看正文已知「調包」了。為什麼？昨日選的是赤峰石，而拿在手中的卻是壽山石，顏色花紋雖是相同，但重量不一、光澤度不一。既然石料在手，也就隨便看了一眼正文，於是更有把握地說道：

「錯了，不是這塊！」

「沒錯，」文熙一怔：「就是您上次範刻的這塊呀。」

「二兄弟，」唐靜岩笑了笑，揑著石頭在文熙眼前一晃：「你跟我開了一個玩笑。」

「玩笑？」文熙真懵了。因他向來在上課時，從不和老師扯閑白。因而，更有禮貌地反問道：「什麼玩笑？」

「不過……」唐先生拿起石章把手一揚，對文熙說：「這塊東西，不論刀法、章法和篆法，都比你以往的作品差。」

文熙更糊塗了。心想，可能唐先生今天酒後胡言，因而也不去計較，只是盼著唐先生講下去。但是，先生緊追不讓。

「我的評語是否過重，該自斟酌。」說完，便笑模悠悠地盯著文熙的臉，一刻也不放過。

文熙拿過印章，一看，不禁吸了口冷氣。「活見鬼，怎麼變成了另外一塊？」文熙知道，儘管自己的刀工欠缺，但也不至於如此幼稚。此時，他那眉宇間的疙瘩越擰越緊。此刻，站在桌角的文濤，心裡很不自在，他生怕二哥把視線移到自己臉上，小臉漲得緋紅。

文熙忽然想到，是否拿錯了？於是他搬過玻璃匣，準備翻箱倒櫃地找一遍。正在這時，小叔同說話了：

「別找了。」他望了望二哥那狐疑的眼神，又朝唐先生瞟了一眼，然後低著頭哭咧咧地說道：「老師，是我摔碎了……我怕您生氣，也怕二哥……我就……」

「你又刻了一枚？」文熙盯著問道。

「嗯。」叔同仍然低著頭。心想，反正錯了，任唐先生發火吧！任二哥訓斥吧！甚至他硬著頭皮準備挨幾個耳光呢。但是，他想錯了，他得到的不是挨打挨罵，而是二哥那不大常見的鍾愛的眼神兒。文熙笑臉含情地走到他的跟前，捧起小臉蛋兒，親暱地說：

「我的小兄弟，原來是你變的戲法呀……」

唐靜岩抿著嘴、瞇著眼，這似笑非笑的表情裡，對小叔同這種掩耳盜鈴的幼稚行為感到可愛，對那聰明過人的天賦暗自讚嘆。

其實，叔同哪裡曉得，「照貓畫虎，形拙神非。」就在這印章的方寸之間，筆畫的縱橫之中，若表現出蒼勁鬱勃的筆情刀趣，以及優美瑰麗的造型，全在於筆法、章法和刀法，這亦決非一日之功。而叔同的「複製品」，恰似剛學步的孩子模仿百米賽跑，他只能是「仿樣」，而絕不是真實功力。雖是一場小小的鬧劇，卻使李叔同在篆刻藝術道路上，邁出了第一步。

這天，唐先生講完篆刻的邊款，已是十點過了。叔同回到母親屋裡，想著白天的事還在發愣。

「怎麼啦？」母親不知岸子出了什麼事，蹙著雙眉，心疼地說：「老師說你啦？」

母親見岸子不吱聲，微微嘆了口氣：「要知道，娘是李家的簉室，你是庶出，不是正室之人。你如習而不端，做娘的就枉為一世……。」這話，自打叔同懂事以來，不知聽了多少遍。這在他小小的心靈上，彷彿打上了一個看不見、摸不著的烙印。尤其，從老媽媽傭人們的嚼舌話語中，常聽到「老夫少妾」、「小寡婦」等隔窗之言，使他漸漸更清楚地知道母親的處境，因而，他常常悶聲不響，但有時又想為母親打抱不平。

「娘，老師沒說我。」叔同朝母親笑了笑：「剛才，二哥和唐老師還誇我呢。」

母親的心放下了。

第二天，叔同真的替母親打抱不平了。

秋天，「意園」裡的石榴紅了，東牆邊的那棵大槐樹上，「知了」躲在樹葉下有節奏地叫著。假山腳下的那棵小楓樹，像一蓬大的紅色花環，遮住了山後那片「鋪地柏」。地上和架上的排排菊花，吐著各色的花蕾，彷彿一群秋天的鬥士，將要在這西風習習的天地裡，爭奇鬥艷，一顯花國雄姿。整個花園，生機盎然。

也許李家連遭喪事、寡樂少歡的原因，李筱樓的大姨太太郭氏，晃晃悠悠地找姐妹們商量，想邀請個盲人來說書，好開開心。話一傳出，王奶奶坐在大門邊，真的等來一個「說書」的盲人。王奶奶雖不識文墨，但那先生報出的「書碼」，倒使她誠服，尤其他腋下的那把大「弦子」，更顯出他的博學多才。王奶奶二話沒問，說了聲「跟我來吧」，便牽起「竹馬」的另一頭，把盲人帶到了書房裡。此時，正在苦讀《唐詩》的文濤，見領進來一位盲人，又見大娘郭氏、二娘張氏、自己的生母王氏以及媽媽、丫鬟們，帶著笑臉都來了。心中已猜出八九分，索性把書本一合，也想樂一樂。

這位先生不僅熟通占卜，且能說書，還能自拉自唱。當他被引到一張椅子旁邊後，便正襟危坐。雖說五十開外的年紀，腰板挺直，毫不苟言嬉笑。此地是望門大户，他心中十分有數，因而增加了一段開場白：

「列位大人、奶奶，公子小姐，在下丁不了，奉召前來獻書。俗話說：『內行看門道，外行看熱鬧』，我丁不了，自幼染疾，雙目失明，從師學藝，無書不曉。學業者，單線一門，透出厚，廣學深究，稱才驕，廣而不厚，叫做淺，厚而不廣，稱單調。在下，丁不了，把絲弦彈拉起來，給眾位唱一段《小寡婦上轎》。」

丁不了把弦子定了定音，拉起了過門。

屋裡的女眷和傭人們一聽「書名」就笑了。郭氏瞇著老花眼，沒聽明白。小丫鬟們拿著手絹直捂嘴，王氏繃著臉，心裡像打翻了五味瓶，不知是什麼滋味。小叔同聽到「小寡婦」三個字一怔，氣就不打一處來。然而，他怕不禮貌，沒嚷嚷，且聽他唱些嘛玩藝兒。只聽丁不了唱道：

二八的小佳人好心焦，
眼望明月掛樹梢。
她淚水撲簌枕邊濕，
一肚的委屈她怎麼睡得著。
只可惜奴家才過門，

俺那小才郎就死去了。
白日裡忙忙碌碌還好過，
夜深人靜實在難熬。
人家說，寡婦命苦，
雪白的小臉蛋給誰瞧，
……

小叔同像是受到了污辱，「叭」地一聲，把小手往書桌上一拍，厲聲問道：「喂，你這是唱的嘛玩藝兒？」接著，在傭人中瞅見了王奶奶：「王奶奶給他錢，讓他出去！」王奶奶一愣，心想，這調門滿好聽的，大概是唱詞兒不吉利。在這院中，叔同儘管人小，但畢竟是「三爺」。王奶奶急忙從椅子上站起來，對著發怔而不服氣的盲人說道：

「先生，三爺說不要唱了，那就出去吧，到外邊，我給你錢。……」

盲人對這個「鬧場」段子，一向認為是「看家戲」，而且受各處歡迎。怎麼？不愛聽！他感到莫名其妙。正在發愣，「竹馬」早被王奶奶牽在手裡。

滿屋子女眷甚感掃興。王氏也感到兒子做得太唐突冒失。然而她心中十分矛盾：如果唱下去，自己精神上怎能承受得住？又一想，兒子這樣做，恐更要引起丫鬟傭人們對自己的誹議。

「哎……」郭氏掃興地嘆道：「我們李家呀，就是一本《紅樓夢》呵！」說著，便磨磨蹭蹭地想站起來。還是王氏機靈，走過去把郭氏輕輕一按：

「大娘，您別不高興，我叫鄭三爺再請一個來。說不定，讓您笑得連晚飯都不想吃了。」

「那好，我就再等一等。」

鄭三爺正要出門去請說書人，只聽門外「噹啷」一聲，馬車來了，走下來的是文熙。鄭三爺打躬作揖地喊著：「二爺——。」

「幹嘛去？」

「大奶奶要聽書，我去……」

「哈哈……」文熙大笑一聲，說：「不要去了，我已經請了京劇班子，明晚聽大戲吧。」鄭三爺「哦」了一聲，轉身回到了大書房：

「回稟奶奶們，二爺說，已經請好了戲班子，明晚在堂前唱戲。」

「點的嘛戲？」郭氏提高了嗓門，搶先問道。

「沒聽說。」

「那，就唱一齣《紅樓夢》吧！」

第二天下午，王疙瘩一家和請來的木匠，把戲台搭好了。戲班子的老板黃小樓帶著全班人馬來到李家大院。內有花旦筱桂芳，老生富連奎，花臉金百瑞，武丑馬金英，刀馬旦筱蘭花，二花臉劉傳奎，小生李妙卿，武生朱小義，加上跟包的、管戲箱的、台上台下和文武場共四十多人。

李家有個規矩，凡是男賓來家，女眷一律迴避。當然，被稱為「戲子」的男伶來家唱大戲，也不例外，除了鄭三爺、徐月亭帶著他們美美地吃了一餐以外，接著便進了正廳「化妝室」，單等開鑼以後，女眷們才能悄悄地坐在後邊。

開鑼之前，小叔同好奇地在後台東瞅瞅、西看看。一切都很新鮮。領班的黃小樓看了看這位相貌清秀、衣著華貴的小叔同，斷定這無疑是李家的小主人了。

「小老弟，貴姓？」

叔同一抬頭，見是一位四十多歲的大漢。生得不凡，體格結實，兩眼炯炯有神，叔同微微一笑：「我姓李。」

「李桐岡是你？……」

「噢，桐岡是他的名，字文熙，是我的二哥。」說著，便把視線投到了一個畫大花臉的演員臉上：「為什麼把臉畫得這個樣啊？」

「嘿嘿，」黃小樓帶著叔同，把每個化妝的演員看了看，說道：「我告訴你，一台戲，要有好人和壞人。你看，這紅臉的，這白臉的……」

「這我知道。」叔同說：「我說，為什麼畫成個大花臉呢？」

「這個？」黃小樓一怔，心想：小小的年紀真能刨根問底。於是笑了笑說：「人的性格，有文靜，有凶殘，有刁鑽，有仗義，有粗暴，有奸詐，有勇猛，有懦弱。這些大都在人們的臉上，可以找到不同的性格紋路。先輩們就總結出一套反映性格的模式，我們管它叫『臉譜』。」說著便向李叔同看了一眼，只見這孩子聽得十分認真，因而又補充著說道：「要說臉譜，還要看唱的嘛戲。如唱公子小姐的家庭戲，何需大花臉呢？如帶著大花臉去說相聲，豈不把人嚇壞。」叔同一聽笑了，正在這時，從旦角化妝的屋裡，傳出微弱的抽泣聲。叔同一皺眉，轉身走了過去。

化了一半妝的筱桂芳，正拿著頭針刺著小翠芳的手心。小翠芳疼痛之極，但又不敢哭出聲來。叔同見此情景，登時嚇了一跳。領班的黃小樓拐進屋裡，急得直求饒：

「算了，筱老板，有什麼不對，看待我身上。」

筱桂芳根本沒理這個茬。相反，抓住小翠芳的手狠刺了一下，只聽「哎喲」一聲，小翠芳的手臂不停地抖動起來。她，仍沒哭出聲來。一旁的小叔同，心在顫抖著，簡直目不忍睹，然而他又不想走開。

女眷們、女傭人都坐下來了。

後台的筱桂芳罵聲不斷，手中的頭針直晃悠，小翠芳跪在地上抽泣著。黃小樓急得直跺腳，口裡不停地央告著：

「我的祖爺，丟人現眼咱們回去說，這可是李善人家呀，有嘛不痛快，你也直說。」

「這個挨千刀的呀，」筱桂芳咬著牙，罵了一頓粗野的話，才說道：「我叫她買一盒鴨蛋粉，可她把一塊『龍洋』給掉啦！」

叔同這才恍然明白，他離開後台，在「觀眾」中找到了徐月亭，從帳房裡借了一塊「龍洋」，又悄悄抄邊門到了後台，蹲在小翠芳旁邊，乘人不備，偷偷把龍洋塞在小翠芳手裡，然後又若無其事地去看行頭去了。

「師傅，」小翠芳哭切切地說：「龍洋沒丟！」

「嗯？」筱桂芳惡狠狠地瞪著她。

小翠芳把手上的「龍洋」在師傅面前一亮：「在我的荷包裡找到了。」

「開鑼！」筱桂芳對老板命令著說，又低頭瞟了一眼小翠芳：「站起來，回去我再扒你的皮。」

鬧「頭通」開始了。小叔同望了一眼哭腫了眼的小翠芳，沒想到，正和小翠芳那感激的目光碰在一起。當小叔同繞到觀眾席時，母親正向他招手，他默默坐在母親身邊，看了看台上吊起的一排風燈，聽了聽鑼鼓的「急急風」，似乎沒喚起他多少快樂，他腦海裡浮現的似乎還是那雙哭腫了的眼睛。

第一齣是墊的一齣小武戲《武松打店》，情節簡練而生動，武打逼真而嫻熟，尤其那武松，演得氣宇不凡，咄咄逼人，引起大伙的喝彩！

第二齣是大旦文戲《玉堂春》。

胡琴拉過西皮倒板，蘇三在幕後唱出「玉堂春——」時，曲調委婉動人，聲音圓潤明亮。倒板過後一亮相，叔同看了個滿眼真。心想，這不是筱桂芳嗎？粉紅的臉蛋兒，輕盈的碎步，面部哀怨楚楚，令人同情，女眷們都看呆了。但小叔同心中卻凝結著一個疑團：領班的說過，好人和壞人，紅臉和白臉，眼前上場的分明是一個心狠手辣的潑婦，臉上卻是紅撲撲、粉嫩嫩的……然而他也知道，這是在演戲。

第三齣是大武戲《八蜡廟》。

花臉金百瑞飾演褚彪。好嗓子，銅鐘聲震梨園宇，鼻腔共鳴天地間。嗓音寬厚，音色洪亮，表演自如，道白清晰。小叔同眨巴著兩隻眼，聽清了那段難以唱好的「流水」：

八蜡廟，好熱鬧，
家家户户把香燒。
也有老來也有少，
還有那深閨女多姣。
……………

一氣呵成，叔同聽了十分過癮。打這天起，京劇像一棵藝壇小苗，栽在了他的心上。尤其那豐富的、不俗的唱腔，像潺潺的溪流，輸進了他的心田。散戲後，他在一陣忙亂中，又溜到了後台，像看戲一樣看著演員們卸妝。

「小老弟，」黃小樓見叔同正在看熱鬧，大聲問道：「好看嗎？」

「好看。」小叔同靦腆地一笑，忽而問道：「你教我唱一段，好嗎？」

「嘿嘿，」黃小樓被這突然的要求給悶住了，不知該如何回答，突然他好像受到了什麼啓發，忙說：「要學唱，得先聽。你去跟你哥哥講，如果連演幾天，你就可以學了嘛。」

叔同笑了：「你等一會兒。」回頭就走。這時，領班的黃小樓笑得像喝醉了酒一樣，喊道：「行頭慢點裝箱。」話一出口，全班演員頓時眉開眼笑。筱桂芳把柳眉一挑：「還要演？」

「可能，」黃小樓說：「現在還沒定。」

「我可不想演了。」筱桂芳故意拿糖地說。

「哎呀，我的祖爺，這裡的包銀多！」

「哼！包銀多，那是你的。」

「有份，大家有份。」黃小樓賠著笑臉央求著：「在李家演戲，包銀以外的大家分。嘿嘿……」

唱花臉的金百瑞一邊卸著妝，一邊插話道：「人家要，我們就演，這總比跑碼頭強吧？」

「有理，」大伙七嘴八舌地說：「當然連演幾天最合算了！」

「你們知道個屁！」筱桂芳「哼」了一聲：「這院裡一年死了好幾口子。難道你們不……」

這話正被叔同聽到。叔同本來對筱桂芳懷有惡感，一聽此話，像傷了自尊心似的，噘著小嘴半天沒吭聲。領班的黃小樓見此情景，尷尬得直搓手。兩眼望著小叔同，強作笑臉，問道：

「怎樣，小兄弟？」

「我哥哥說，再演兩天。」小叔同兩眼瞟了瞟筱桂芳，又說道：「如果……不想演，就由你們。」

「好嘿，小兄弟，」領班高興地說：「你可以學戲啦。」

當夜，鄭三爺帶著大伙到廚房吃了夜宵，又把不能回家的演員，安排在垮院的下房睡了。後台點著一盞「長明燈」，一條麻繩上掛滿了服裝。刀槍棍棒靠在一面牆上。

小叔同回到母親房裡，母親還沒睡。小叔同把筱桂芳的話對媽說了。

那王氏本是虔誠的佛教信徒，一聽此言，也覺得李家連年死人，甚是不祥，因而，她不去考慮筱桂芳的出言善惡，而是竭力思索著「避邪」的辦法：

「岸子，趕明叫徐月亭到楊柳青，請兩張門神爺來。」

岸子聽到「請門神」，像是極為贊成的樣子。因為昨日常老師給他講《漢書・景十三王傳》時，正說到門神。因而，他知道貼門神早在西漢就有。那時，每家正月初一，家家户户貼門神，據說這樣就可以驅鬼鎮邪。叔同想到這裡，欣然答應母親，決定派人去請門神爺，自己也感到踏實。

第二天，李叔同從「清真義學」聽完常先生講授《唐詩・蜀道難》回來，沒進書屋，徑直往垮院走去。這裡已經像「票房」①了，武生朱小義在方磚地上練著空心跟斗；大花臉金百瑞正在練鼻腔共鳴音；老生富連奎正在和著胡琴吊嗓子；武丑馬金英正在三張桌子上，下腰銜繩練盜「九龍杯」。叔同正在目不暇接，只見領班的黃小樓從下房笑著

①票房：舊時代業餘戲曲愛好者集中的地方。

出來：

「三爺，您不是想學唱嘛，來。」黃小樓拉著李叔同喊道：「金老板！」

金百瑞聽到有人叫他，猛回頭，見是昨晚在後台磨蹭的小公子。笑道：「嘛事兒？」

「三爺想學唱。」黃小樓湊過去，耳語道：「收下這個徒弟，李善人的老兒子，這可是個搖錢樹啊……」接著，便對叔同大聲說道：「三爺，您就跟他學，他可是正工花臉。」

李叔同一作揖；恭恭敬敬地叫了聲「老師。」

老實說，梨園界收了一個小「三爺」做徒弟，這還是破天荒的第一個。金百瑞有些茫然，如果說貧民子弟，就要從伺候師傅開始，還要跟班打雜、提壺潤嗓、遞巾打簾、提傘打扇、跑腿提箱，然後才能上口學戲。而眼下這位小「三爺」，究竟聽過幾次戲？一段唱要學多久？他懷疑。但黃小樓既然引見了，真有些騎虎難下，只好順水推舟地敷衍一下。

「好，到屋裡來。」金百瑞的聲音很豁達。

叔同隨師傅進了下房。正巧老更夫孫大爺也在。孫大爺驀地站起來，忙問：「三少爺，嘛事？」

「跟金師傅學唱戲。」小叔同笑嘻嘻地說。

「怎麼？」孫大爺百思不解地想到，「剃頭唱戲，眼裡漏氣。怎麼學起這個玩藝兒來了？」但他沒好意思說出來，硬把話吞回去了。皺著眉頭聽著他們學唱。

事出意料。小叔同的接受能力和記憶力，使金百瑞驚呆了。這《八蜡廟》中褚彪的唱段僅教了三遍，小叔同不僅腔調準確，連京劇唱腔中難以用音符記錄的「神韻」也能表達出來。連打更的孫大爺也愣住了。但那不可克服的童聲，以及唱花臉的丹田氣息和頭腔共鳴，小叔同那是一下難以解決的。

「吃飯了，金老板。」小翠芳托著盤子走進下房來，驀地見「三爺」正在學戲，心中不禁「格登」一下，臉紅了。她把金百瑞的飯菜一放，朝小叔同投去感激的目光，這目光裡像似在說，多虧你這位小少爺，不然……最後，她還是以報答的口吻問叔同道：

「少爺，您的飯是不是也送過來？」

「不要，」叔同望著這個與自己年齡差不多的女孩子，說道：「我在自己屋裡吃。」

這時，徐月亭也來到這裡。叔同忽地想起娘要請門神爺的事，剛要開口，徐月亭笑著說道：「三少爺，你娘叫我來找你。」

叔同見老管家帶著興奮的神情，遂問道：

「門神爺請來啦？」

「不用請，已經來了。」徐月亭詼諧地說。

叔同一怔：「你到底說的是誰呀？」

「你的奶娘。」徐月亭嘆了一聲：「真像個活門神啊。鄉下活不下去，又回來了。」

「小狗子呢？」叔同聯想起去年替他研墨的小伙伴來。「他，來了嗎？」

「死了！」

「啊？」小叔同大吃一驚，他急忙把徐月亭拉到院子裡，叮嚀道：「快到楊柳青，請兩張門神來。」說罷，飛快地回到自己屋裡。只見張媽媽正在向母親哭訴狗子餓死的經過……

第5章

春雪尚未溶化，王疙瘩也死了。

李家大院外邊那對門神，色澤未退，還是手捧虬髯，身披錦袍，虎皮靠背椅，安然高坐的神態。但李家的「有功老臣」王疙瘩之死，在李叔同的心目中，對這兩位門神似乎已失去了「信任」，貼了門神仍沒有一種穩定感，權且把門神當做是一種傳統的文化。那種傳統依賴感、不安全感只是潛在於意識之中，但足能使他精神領域起作用的，仍是去尋求新的，能起作用的保護神。

王疙瘩死後，李家像對待至親一樣，一期一棚經，一日一超度，好不熱鬧。就連街坊鄰居也都念王疙瘩修到了一家好主人。七七那天，李叔同悄悄擠進王家靈堂，觀看眾僧敲打法器，聆聽那迷人的誦經聲。他好似進入了一種超人的境界，目送著老家人王疙瘩「升天」。在這十歲的幼小心靈中，萌生著一種「念經可以超度亡靈升天」的念頭，於是，第二天他把比他小八歲的侄子李聖章領到自家的屋裡，趁著母親不在時，把侄子抱到炕上，給他披上枕頭巾，讓侄子充當小和尚，自己扯起被單當袈裟，扮做主持和尚，頓時叔侄二人念起了「阿彌陀佛……」，儘管沒念出幾句經文，儘管沒唱出韻味，但小叔同的面部是嚴肅的，表情是虔誠的。

「喲！這是幹嘛？」王氏推門進到屋裡，以為叔侄在玩呢，但見兒子的面部表情又十分認真，故笑道：「這像是念經嘛！」

叔同微睜鳳眼，笑笑說：「我們在給王爺爺念經，您不是說過，念經，可以不讓亡人下地獄嗎？」

「傻孩子，」王氏笑了：「你是瞎念！不懂經文念了沒有用。」

「麟玉——麟玉——」聖章的奶母魏氏一邊喊著一邊站在王氏門外問道：「小奶奶，麟玉在這兒嗎？」

「在，進來吧。」

魏氏推門一看，只見聖章坐在炕上，還披了一塊枕頭巾，正笑模悠悠地望著自己。

「嗐！」魏氏瞟了一眼李叔同：「別學這玩藝兒，做和尚？有嘛出息。」接著朝王氏使了個眼色：「小奶奶，您說是嗎？」

「小孩子家，」王氏微微一笑：「喜歡跟老叔玩，就隨他去吧。」

「不行啊，」魏氏抱起聖章，對王氏耳語道：「二爺吩咐過，不准讓孩子學壞樣……」

王氏像吃了顆窩棗，一時說不出話來。

聖章的父親李桐岡，乃李叔同的二哥，自李筱樓離世以後，他便成了李家的「頂樑柱」，他除了繼承祖上的銀行業以外，還學就了一手好中醫。他崇拜華佗、李時珍，喜於百草救世，善於針灸醫人；他反對巫術邪說，更不信仰佛道，因而對神仙廟宇、和尚化緣不屑一瞥。而對先父李筱樓的喪事，他之所以延請高僧真尼，日夜誦經，全在於遵循父輩之信仰、盡其孝道而已。因而，王氏聽了魏氏之言，也不去計較，只是對叔同說道：「以後，可不要再拉著大侄子念經了，啊？」

叔同一笑，扯下身上披的床單，正要穿鞋下地，只聽管家徐月亭在門外喊道：

「小奶奶，三少爺在嗎？」

「在。有事嗎？」

「大奶奶請三少爺去一下。」

叔同急忙穿上鞋子，「媽，我去一下。」說完推開屋門，見老徐正在門外等著：

「嘛事？」

「啊，說不清楚，去了就知道了。」

叔同不顧細問，徑直往大娘郭氏房裡奔去。一進門，禁不住愣了一下，只見一個肥頭大耳的一個胖和尚在堂前正襟危坐。這和尚年紀已有五十上下，滿臉刮得精光，從頭頂到兩鬢微微顯現出一層發青的膚色，可以想像他是一個體格健壯，滿臉絡腮鬍子的彪形大漢。如果沒這身打扮，倒像個鏢局的頭目。

「孩子，」郭氏忙說：「這位師父是從南方普陀山來天津的，過去，是你爸爸的學生。」

「這位是文濤賢弟吧？」老和尚站起身來問道。

「對嘍。」郭氏引見著說：「這孩子就是你老師的小兒子。」

「師父。」叔同朝和尚拱手作了揖，但心中揣了個謎，不知大娘叫我來是為了何事。

「這位師父叫王孝廉，會很多佛經。大娘想學，可惜老了。我又怕記不住，今個想叫你常到無量庵，跟師父學經。你的記性好，回來教給大娘，啊。」

李叔同這年已經學了《史記》、《左傳》、《說文解字》，然而對經典頗有好奇之心，便欣然從命。也許出家人不便在俗家久留，和尚告辭而去。

郭氏和叔同送走老和尚，桐岡進來了。他沉著臉走進大娘跟前，勸說道：

「娘，您怎麼要學念經呢？」

「嗐，你懂嘛呀。你大娘沒生過後代。俗話說：『不肖有三，無後為大』，我學佛經，還不是圖個來世嗎？」

桐岡的臉色，露出了難以掩飾的不快：「娘，俗話說：『和尚進門，不是化緣，就是死了人』，難道還要與和尚建立世交。」

郭氏火了：「你說嘛？」

「您每天燒香拜佛，我不反對，可是，叫弟弟常去學經，怎能詩書繼世呢？」

郭氏沉吟了一會，忍著淚說：「你爸爸念了一輩子佛，可我學經，你倒管。」

「娘，您別誤會，要學經，您自己乘馬車到廟裡去學，可別耽誤文濤的學業呀。」

「哎……」郭氏明知這兄弟倆都不是自己的親生兒子，也就無法施展長輩的威嚴。

儘管桐岡反對大娘郭氏學經，末了，叔同還是陪著七十多歲的大娘到廟裡去了。

說實話，李叔同陪著大娘郭氏去廟裡學經，一半是出自本意。因為對先父研習禪宗、篤信佛教、樂善好施，以及母親如此虔誠於佛門菩薩，在他小小心靈中早已畫上了一個問號，他想解開這個謎，探索一下梵典的學問。

儘管哥哥對叔同的管教甚嚴，然而，有這位全家年齡最高的郭氏出面，他似乎心裡很坦然。

這天，他特地換了一身新袍子，又穿了一件寬袖絲綢馬褂，紅疙瘩瓜皮帽下那條又粗又長的辮子烏光閃閃，顯得格外利索和瀟灑。當郭氏大娘淨身梳洗之後，轎子已經抬進甬道。他與郭氏上了轎子，不一會兒來到了無量庵。叔同攙郭氏下了轎，走在鋪滿方磚的大殿前，兩廂頭佗人人合掌躬身，口稱「大施主」。叔同好奇地左右觀看著菩薩神像，尤其那尊銅佛，塑工精細，面部自然，欣喜之情溢於眉宇，顯露著一種垂目眷憫世人、舉手指頭迷津的神態。這時節，叔同像是進入了另一個世界。漸漸，連那些小和尚在叔同的心目中，也成了非同凡響的小活佛，因為他們與世無爭，別無他求，只是在透明的心境中懷著一個清晰的「佛」字。而那些泥塑菩薩、如來聖佛、天王、羅漢，又似乎在遙遠的天上。

當他攙著大娘見到王孝廉時，和尚們已做完了早課。王孝廉合上經卷，雙手合十，出了佛殿，急忙上前迎接：

「老施主，今日勞神前來鄙庵，是否？……」

「嗨，我不跟你說過了嗎？」

「習經？」

「對呀！」郭氏笑著把「對」字拉得特別長。

王孝廉趕忙把郭氏讓在禪椅上坐定，並讓小叔同坐在蒲團上，自己面對佛祖拜了三拜，回頭對郭氏說道：「我佛傳世經典，多是在俗居士難以領悟，若打開門户，法本從心生，所謂虔誠之至，才能始知此中有無盡的法味。」

「嗨，」郭氏道：「你老師畢生念經，一世行善，為的是修福、修個來世。不像你們出家人，一心修煉成佛。我呀，學點經書，還不是為了卻魔消災……」

「師父。」小叔同望著王孝廉那憨厚的胖臉，解釋道：「我大娘還想學點咒語，是為了修福修壽，免災降魔。」

「阿彌陀佛——」王孝廉雙目下垂，說道：「老人家既然想學咒語，不妨可以先學『大悲咒』。記住，要意守丹田，一切皆空。咒曰……」王孝廉隨即念了一段咒語。

「喲……」郭氏微蹙雙眉，笑笑說：「我可記不住啊！」

「字數不多。」

「大娘，」小叔同「蹭」地一下站起來，理了一下長袍，腼腆地笑了笑：「您甭多說了。」

「為嘛？」

「回家我再教您就是了。」

「噢，兒呀，你記住了？」

「記住了，這有嘛難的！」

王孝廉雙眉一擰，似乎有些驚訝。心想，小小的寵兒，焉能誇此海口，想這四百字的咒語並不易記憶，他如何聽得一遍，就能背誦？王孝廉正在懷疑，小叔同又說道：

「師父，我背給您聽聽！」

「啊……」王孝廉生怕在佛祖面前稍有不誠之意，遂問道：「真的記住啦？」

「不信？我背給您聽。」

王孝廉正在疑惑，只見小叔同學著老和尚的樣子，一口氣把「大悲咒」背出來了。

郭氏夫人望著王孝廉，那眼神兒裡彷佛在問「對嗎？」

「阿彌陀佛！」王孝廉驚呼：「好一個佛門弟子！」

「對嗎？」郭氏見叔同受到誇獎，笑得眼睛只剩下了一條縫，那沒牙的嘴巴張得老大。

「對，對對！」王孝廉連連點頭。

「請問師父，」小叔同望著老和尚，面上顯出不解的愁雲：「這咒語的意思，可以解釋給我聽嗎？」

「啊……」王孝廉頗有為難之色，儘管在普陀山修行多年，而且又是天津一代名僧，又怎能對咒語加以解釋呢？他思索了一下，正色道：「佛家多是梵語譯音，不可多問，願小居士心向佛祖，至虔至誠……」

小叔同聽了此話，不敢再問。於是，轉向郭氏說道：「娘，咒語我已背出了，回家我再教您。」

「好。」郭氏信手掏出幾塊龍洋，算是香錢，放在香案上。告別王孝廉，攜叔同乘輪回到家裡。自此以後，叔同陪著郭氏多次來到無量庵，從師王孝廉，學到了《大悲咒》、《往生咒》。

郭氏老夫人學得了咒語，精神更加矍爍，但叔同的二哥李桐岡，卻憂心忡忡，為此還引得郭氏夫人大為惱火。

一天，秋雨過後，偏西的太陽在昏暗的雲霧中探出頭來，已是下午四點多了。小叔同在書房裡閱讀了常雲莊先生授業的《古文觀止》。此時，郭氏夫人的貼身傭人葛氏來至書房，見到叔同，說道：

「公子，郭夫人請您去一下。」

「噢。」叔同判知是習咒之事，遂隨葛氏來到大娘屋裡。豈知二哥桐岡正巧來至書房，只見《古文觀止》端端正正擺在桌上，而不見弟弟的人影，等了半天仍不見回來，他生怕弟弟貪玩而影響學業，於是匆匆來至小娘王氏門外，喚了幾聲「文濤」，沒人吱聲。正待納悶，忽見叔同的奶娘張氏走來，桐岡問道：

「張媽，見到文濤了嗎？」

「他呀，」張氏把嘴一撇：「還不是在大娘屋裡。」

自從張氏第二次回到李家當傭人之後，似乎變了一個人。她比以前乖覺了，像個久經世故並能順著主人眼色講話的人。當她見到桐岡正為弟弟的學業而著急時，她又湊近桐岡跟前說道：「我這話您可別生氣，氣個好歹的我可是擔待不起呀。」她又把聲音壓低了：「我告訴您，這些日子您不在家，大奶奶可學了不少咒語，這都是文濤陪著學來的！」

「別說了。」桐岡雖是制止了張氏的挑唆話，但每句話卻都像是一根撥火棍，撥燃著他那顆焦灼的心。他瞅了張媽一眼，扭頭奔到大娘房中。此刻的叔同，正在呢呢痴痴地背著《大悲咒》。

「文濤，」桐岡沒看大娘一眼，只是沉著臉對叔同說：「你成天價學佛經、咒語。這……這能進科舉考場嗎？」

「……」

「喲，」郭氏夫人聽得完全明白，臉色刷地一下變了：「桐岡，你弟弟是陪著我學經，你可別衝著我來！」

「娘，」桐岡正色道：「我不能讓叔同荒廢學業呀！」

「荒廢學業？」郭氏反問道：「你大娘膝下無兒，難道你就不讓他疼我嗎？」

「嗨！娘，您說到哪兒去啦？」

「我甭說你也明白。啊……」郭氏夫人哭了。「天哪，我的命啊……你們都不是我的親生兒呀！我前世修行……你這個小孽障啊……！」

世上的事情就是那麼怪，桐岡的一肚子火氣，被這一哭，全消了。

「娘，您別生氣。」桐岡湊近郭氏身邊，坐在炕沿上，撫慰著說：「我們都是您的親生兒子，我是說要讓叔同讀書進取，不是反對您念佛。」

「哥哥，」叔同站起來，尷尬地笑笑說：「這事，你就原諒吧。我一定不耽誤學業。」

「別求你哥哥！」郭氏夫人止住了哭聲，斷斷續續地說道：「自從你們爸爸過世以後，我……也沒人疼了。我也沒給李家生兒育女，這都是前世沒修好……」

郭氏眼淚汪汪，桐岡一籌莫展，叔同左右為難。桐岡眼看事情弄僵了，嘆了口氣，橫掃了弟弟一眼，便退出去了。

「娘，您別生氣，」叔同勸慰道：「哥哥是為了我好……」

「嗨，你不知道，孩子。他，他光相信華佗、李時珍，就是不信菩薩……」

門「吱」的一聲開了，傭人葛氏進來說道：「大奶奶，小奶奶叫文濤回去讀書。」

叔同悄然離開郭氏屋裡，回到了書房，想想剛才那個場面，說不出來是什麼滋味。他信手合上《古文觀止》，忽地想起晚上先生要來講課，書法作業還沒寫呢，於是打開端硯，研起龍門古墨，攤開毛邊紙，擺正漢篆碑帖。他心神不定地望著眼前這一切，思緒就像被漿糊攪拌過一樣，有些混濁濁的。他草草臨摹書寫了四張篆帖作業，自己看了一遍，也說不出個所以然來，反正能「交差」就行了。

常雲莊先生是個四十多歲的窮秀才。瘦長、無鬚，常穿藍布袍，青布鞋，還拎著一個鳥籠子。一條細小的髮辮像豬尾巴似的拖在腦後，人雖潦倒，但在教授學生方面從不含糊。這天夜裡，常先生沒乘馬車，溜溜躂躂地來到李家。到了書房，早有管家徐月亭備好了香茗，點燃了蠟燭。李叔同見了老師，恭恭敬敬地打了一個躬，隨後把下午臨摹的四張篆帖作業，雙手送到常先生面前。此刻，桐岡也帶著自己的幾張書法作業，笑呵呵地來到書房。

常雲莊挽起袖子，把兄弟二人的作業攤在桌前，只看了一眼，眉宇間就擰起了個疙瘩。

「你兄弟二人是何時臨的帖？」

「今天下午。」叔同先回答。桐岡已判知先生有所批評，因而他沒吱聲，只是報以一笑。

「你們學的書體雖然不一，但猶似樂歌之風雅頌。」常先生用筆桿點著幾張作業，嚴肅地說道：「書法和樂歌都是通過情感的表現來體現神形的。這幾篇東西，可以說是形拙神渺，淡而無味。」

兄弟二人一聽，心裡頓然明白，然而誰也不願把今天下午的家庭爭端亮出來。桐岡剛暗暗敬服常先生的審美能力，叔同的心裡像被老師捏了一把，只覺得渾身不自在。

「可能，我的作業沒有認真。」桐岡說。

「我……，」叔同抓了抓頭頂，吸了吸冷氣，吱唔了半晌，最後苦笑笑說：「先生，我寫的草率了。」

「非也。」常先生一擺手，朗朗說道：「俗話說：『文如其人，字如其神。』形者是美的字態，神者乃是書家心靈的律動。從你們今天的作業，何止形拙，而恰恰反映出你們的精神，是散而僵的。」

桐岡有些不好意思，臉色紅一塊白一塊的。小叔同嘴裡不說，心裡直埋怨哥哥：「都怪你。」那對眼睛冷冷地朝哥哥看了看，天真地對老師說：「我今天練字時，走神兒啦。」

「你不講，我也知道。」常先生笑了，笑的又那麼自然。

桐岡也瞞不住了，只好順著弟弟的話說：

「練字前，我……我有些不冷靜。」

「我們可以看到。」常先生站起身來，凝思了片刻，在書房裡踱了幾步，像似對「三取書館」的童生們講課一樣：「王羲之的書法，就是通過那些無生命的點線，有規律的組合和有節奏的變幻，傳達了他在情感上的憂鬱、暢快、不安、恬逸、奔放和興奮，甚至悲哀。可以這樣說，書法，是無聲的樂歌。」常先生說到這裡，眼神露出神秘的笑容，望著桐岡說道：「你們書情筆意，很顯然是凝痴的、僵死的。更明瞭地說：是敷衍的，為寫字而寫字。我說的對嗎？」

兩兄弟被老師說的無言以對，只是默默地點著頭。這時，只聽書房外邊有人喊道：

「雲莊兄在嗎？」

常雲莊應聲望去，見管家徐月亭帶進一個人來。此人身穿一件舊的灰色長袍，兩袖油亮的像是兩塊刮刀布。瘦長的刀條臉上，下巴生著一撮毛。黑色瓜皮帽上掛著一層洗不掉的褐斑。兩眼惺忪，走進來時跌跌撞撞。常雲莊一眼看出，這是幼時同窗學友，叫夏友蘭，畢生精讀詩書，極不得志，連個秀才都沒中，四十多歲，一貧如洗。昨日幫人寫了一張狀紙，賺了幾個銅板，今日便一醉方休。常雲莊素來仰慕他的古詞，更敬服他的書法。今日見他如此潦倒，心情如風雲突變，變得沉悶而壓抑。

「友蘭兄，今日何事到此？」

「來，來來告訴我兄一聲。」夏友蘭醉得晃晃悠悠地說。

「嘛事？」常雲莊一怔，急忙上前扶著友蘭。這時，叔同端來一把椅子，管家獻上一杯茶。

「我……，」夏友蘭捏著拳頭往桌上一拍：「我打發你嫂子回娘家啦。」說話時，帶著顫抖的聲音。「這事，本來不該在李善人家裡丟醜……沒辦法。」夏友蘭說著說著，鼻子一酸，哭了。

常雲莊感到事情突然，桐岡兄弟二人又不知從哪安慰。還是常雲莊先問道：

「嫂夫人現在？……」

「在娘家啦！」

「有何為難之事？先生。」桐岡同情地問道。

「嗨，窮了一輩子，想我夏友蘭苦讀三十年，堂堂七尺之漢，老天哪！生不能養妻，死無人盡孝。我的活路在哪裡？昨日，代人寫了一張狀子，賺了幾個錢，今日買了斤白乾，想和吾兄敘道敘道。到了你家，方知你在這裡……」

桐岡、叔同聽得真切，也深知這位先生是借酒消愁，一股憐憫之心油然而生。然而常雲莊憐憫的卻是夏友蘭的妻子。她生在一户官宦人家，通書達理。和夏友蘭成親以後，常穿著一件舊的印花竹葉花褂子，面前長長的劉海髮倒捲了一柄小牙梳，兩耳吊著一對銅質小耳環。為人忠厚，乃至誠之賢妻，而今，只因窮字便把妻子送回娘家，實在令人痛心。

「仁兄，」常雲莊果斷地說：「明日把嫂夫人接回來，有什麼為難之處，朋友們幫助。」

「嗨，甭接啦！」夏友蘭的酒勁正湧上來，耳根緋紅，背上出汗，心情矛盾著，一肚子苦悶無從說起，只是用食指蘸著碗裡的茶水，不住地在桌上畫圈圈。

這時，門外「刷刷」地陣陣冷風在掃地，眼前的掛鐘發出有節奏的音響。幾支大蠟燭搖晃了幾下，像是不知疲倦的眼睛，把它那僅有的一絲光亮照拂著不平的人間。

又一陣風聲，使夏友蘭打了個寒戰，他一抬頭，驀地發現常雲莊眼前的幾張書法作業，就像獵人盯著獵物一樣，目不轉睛地站了起來，身子一晃差點跌倒。

「常兄，在教課嗎？」

「是的。」常雲莊微微一笑，說道：「望我兄暫把一切煩惱丟下。來，寫幾個字！」

夏友蘭一聽「寫字」，像蜜蜂遇到了鮮花，踉踉蹌蹌奔到畫桌跟前。

小叔同機靈地研起了墨，桐岡鋪上了宣紙。

常言道：「書時需飲一斗酒，醉後掃成龍虎吼。」此時的夏友蘭把袖子一挽，信手從筆架上挑了一支京提，蘸飽濃墨，筆尖傾注了多年胸中之鬱抑，頃刻之間，十六個行草，疾如風雨，嬌如盤龍，轉如墮石，瘦如枯藤，一篇狂書醉墨散在紙上。書道：「醉來把筆猛如虎，粉壁素屏不問主」。

此句乃五代僧人貫休對「醉僧」懷素和尚的生動描繪，今日被友蘭用來表現自己心境，把多年的隱痛和激越的真情實感，傾注於作品的點劃之間，賦予沒有生命的線條以極大的生命力。

夏友蘭題了落款，放下毛筆，深深地吸了口氣，然後「呼」地一聲，像是要把胸中的鬱悶一下子驅散似的。

常雲莊先生望著夏友蘭的書法，一股同情憫人之酸楚，難受得幾乎流出淚來，他竭力控制自己的激動，把這幅含著泣婦簫聲之情的作品，用木夾懸在粉壁牆上，調正了燭台，使整幅作品，深深地感撼著欣賞者的心懷。

此刻，屋裡靜悄悄的，像悶雷之前的一種難以忍受的沉寂。

「你們兩兄弟，可以認真的看看。」常先生看了看叔同那動情的神態，沉吟了一會兒，說道：「明代大書家祝枝山說過：『情之喜怒哀樂，各有分數，喜則氣和而字舒，怒則氣粗而字險，哀則氣鬱而字斂，樂則氣平而字麗。』此幅佳作正是夏先生無聲的歌樂，從點畫八法、動靜剛柔、結構間架，都表現了他的功力。然而調動欣賞者審美感受能力的，則是由書家內心情感的萌發之意，表達了他精神上的憂傷。」

兄弟二人聽得入了神兒，一邊品賞著這篇書法的內涵，一邊瞟著這位不得志的書家夏友蘭。

但是，小叔同的腦海裡還閃著另一件事，他不便當眾說出，只是走近哥哥身邊，悄悄地問道：「哥哥，咱能讓他這樣窮……」

文熙一擺手，示意弟弟不要再說下去了，唯恐讓人聽見，有傷夏友蘭的自尊心。於是他對常雲莊先生說：

「我看夏先生的才識非同一般。」說話間，眼睛一直瞟著夏友蘭：「我想邀請夏先生在本宅創辦的清真義學擔當教書之任，不知當否？」

還沒等夏友蘭開口，常先生一拍桌子，眉宇間流溢著不可抑制的悅色：「好啊。」回頭對夏友蘭說：「趕明日把嫂夫人接回來。」語氣顯然帶著友情的命令。

夏友蘭朝李桐岡一抱拳：「多謝賢弟的厚愛。」說罷，眼淚「唰」地流了出來。其酒氣彷佛也隨著淚水流泄了。

夏友蘭的書法，給李叔同擴大了視野，尤其是通過常雲莊的引導，頗得書情墨趣之道理。此後，除從常雲莊學古文、書法外，又從名士趙幼梅學詩詞，又從唐靜岩習書法，廣採博學，嗜書成癖，頗有長進。

須知，自從清代阮元提出「南帖北碑」之後，並大力倡導北碑，經過包世臣，特別是康有為的積極鼓吹和實踐，此刻，碑學十分盛行，習書者無不從北碑入手，此風猶似一股強大的社會潮流，衝擊和熏陶著李叔同。

不過，每當他臨碑的時候，卻養成了閉門的習慣，不須他人出入，以防亂神。

一日清晨，叔同把硯池用清水洗畢，坐在書房輕輕地磨墨，而眼睛卻在碑帖上全神貫注地琢磨著。當一池香墨研成，鋪開毛邊紙，臨寫著古碑書法時，丫鬟小翠進來了：

「三爺，您喝茶。」

叔同猛地一驚，筆下的字體頓時散了架，他擰起小眉頭，把筆往硯蓋上一丟，信手把紙一團，猛地往地上一擲，雙手抱著腦袋，伏在桌上直憋氣。

小翠怔住了。心想：怎麼啦？平日送茶總是笑嘻嘻的，今日個到底跟誰鬧彆扭？

「三爺，您怎麼一個人生悶氣呀？」

「……」叔同氣得直呼哧。

「您這是跟誰呀？」

「跟你！」叔同的語氣很衝。

小翠有些丈二和尚摸不著頭腦了。她愣了半晌，堆起笑臉問道：「我……怎麼使您生氣啦？」

「以後，」叔同站起來，板著臉：「不許在我寫字的時候進來。」

「喲，」小翠感到有些委屈：「我是給您送茶的呀。」

「送瓊漿、仙桃也不行！」

「為什麼？」

「先生說過：寫字走神，字必僵而散。只有高度清靜的環境，才能有斂神藏鋒的氣韻。」叔同說著便往地上那個紙團一指：「剛才我正寫字時，心神不亂，感到筆筆氣舒、筆筆藏鋒。你一進來……完了。」

「那……」小翠嘟囔著說：「趕明日還給不給您送茶啦？……」

叔同一聽，把剛才的火氣消了一半，他瞅著小翠那不知所措的神態，又念她平時對自己的照顧，心就像一塊冷年糕進了蒸籠一樣，軟下來了。於是他微微一笑說：

「不是不讓你送茶。因為先生再三教導，要閉門習書，不可亂神。」他走進小翠面前，望著她那含淚的秀臉，半勸半指點地說：「下次來時，不妨先在門口望一望，如果我停下了筆，或是讀書，當然可以進來啦。」

「……」小翠垂著頭，兩手拈著辮梢沒說話。

「好了。」叔同打著圓場說：「起初怪你，後來怪我，別生氣啦……」

小翠「噗哧」一笑，微抬眼皮，那雙淚汪汪的眼睛瞟了一下叔同：「誰敢生三爺的氣呀。」

門外，張媽媽正踮著腳朝書房裡窺探著。

第6章

這幾年，常雲莊先生深感文濤「聰明過人」而辭去了家塾先生的職位，專教「書館」去了。但這位一向追求「新奇」的人——李叔同，卻悉心研習起康有為的《書鏡》來了，他贊同康有為的書法學術思想，更加熱中於碑學，從十二歲學習篆書，摹《宣王獵碣》，每天五百字。繼而隨唐靜岩學習繪畫篆刻，始寫《張猛龍碑》、《張遷碑》、《張黑女碑》，又寫《爨寶子碑》及《龍門二十品》。老實說，這位素有追求新奇個性的叔同，確也學什麼，像什麼。這時節他的篆書已經寫得很像樣子了。

一八九五年的冬天，寒氣襲人肌膚。埋頭於書房的李叔同，臨寫了兩篇《張猛龍碑》，手已經凍僵了。他活動了一下身體，撥了撥炭火盆，習慣地爬上書凳，把那些線裝木板書翻了又翻，不時地搓搓手、呵呵氣，恨不得一下子把父親的文化遺產一口氣吞光。這隻五檔階梯的書凳，小叔同已經爬過十個年頭了。尤其是近兩年，他站在書凳上，取下《史記》、《漢書》和《左傳》等史書，喜不自禁地讀著。

這天，當他翻閱著線裝書時，有人進來了。

「三爺。」

「唔？」李叔同一扭頭，見是丫鬟小翠。

「給您，」小翠一抬手，亮出一只紅銅小手爐來：「剛生的炭，正旺著呢。」

李叔同跳下書凳，雙手捧著手爐，像是電流一般，溫了雙手，暖了全身。他高興地盯著這只小手爐，沒有望她一眼，只是說了聲「謝謝。」

「噗哧」一聲，小翠笑了：「光講一句謝謝就行啦？」

「我再作個揖。」李叔同低著頭，彎了彎腰。

「告訴您，三爺，」小翠繃著臉，忍住笑：「這個手爐，我可是落了埋怨啦。」

「真的？」叔同微蹙雙眉，抬頭望著這位與自己年齡相仿的丫鬟。

「可不！」小翠把嘴一撇：「早晨我到大奶奶屋裡，老太太正梳著頭。我說：『您這裡有個手爐，我想借一下。』老太太說：『給誰用？』我說：『小爺在念書，我怕他凍著。』您猜，梳頭的邊婆子怎麼說？」

「她說嘛？」叔同急著問道。

「哼！」小翠學著邊婆子的樣子：「你這個小丫頭子，就知道疼文濤，老太太你倒不疼！」說罷，小翠悄悄瞟了叔同一眼。

叔同微微一笑，眼見小翠那粉團兒似的小臉蛋上，兩頰泛起了兩片紅雲，一條又粗又黑的大辮子在微突的胸脯上往下垂著。小翠被他看得怪不好意思的，兩隻手直捏搓著貼邊棉衣的下擺。

「大奶奶沒說嘛吧？」叔同又問道。

「說啦。」小翠瞟著李叔同那清秀的面容學著郭氏的口吻說道：「拿去吧，就在坑沿上啦，哎！我們李家呀，就是一本《紅樓夢》嗅！」

說罷，二人哈哈大笑。

不料，這笑聲被叔同屋裡的張媽聽到了。她搶上台階，悄悄推開棉門帘子，見是小翠正紅著臉和文濤說笑。於是，她尖聲怪氣地說道：

「喲，我當誰呢！原來是你們倆呀。」說罷，臉色一板，轉身走出了書房。

小翠是個機靈人，她深知張媽這兩年變了，與她做奶娘時判若兩人，變得使人對她敬而遠之。於是她收斂了笑容，朝小手爐一努嘴：「你先暖暖手，待會兒我再給您添點炭。」說罷，瞟了叔同一眼，急忙離開了書房。

叔同捧著小手爐，望著小翠的背影，佇立了許久。是的，他和小翠幾乎是同時長大的，而且同時步入了青年。俗話說：「女大十八變」，小翠已經出落得十分勻稱了，這無疑地使叔同產生了一絲不平常的律動。然而，在這個望門貴族的大家庭裡，主僕之間，又隔著一堵無形的城牆，沒有平等，就連小翠向他討教幾個陌生的字，還要偷偷摸摸的呢。

此刻，叔同捧著手爐，回到書桌前，細細地看了一遍剛才臨寫的字體，頓時那種追求新奇的意願又促使他爬上了書凳。他抽出許慎的《說文解字》回到桌前，一頁一頁地翻閱著。這書，像是浩瀚的文字海洋，蘊藏著取之不盡的瑰寶。然而這在叔同眼裡，又像是古體字的三稜鏡，把漢篆和正楷，通過自己的加工，又折射出一種新的字體。這字體他覺得又熟悉、又陌生、又古樸、又新穎，他急速拿起那支狼鋒，把凍僵了的筆頭在茶杯裡涮了涮，蘸了濃墨，在那兩張臨過《張猛龍碑》的紙上，又一個個地注上了漢篆，繼而又把自已想像的新的變體篆字也寫在邊旁。不一會兒，兩張毛邊紙變成了「大花臉」。他喜不自禁地看著這些變體字，立刻想起唐靜岩先生對篆刻的章法，也曾講到「變形美」的學說。

這時，窗外冷風颼颼地刮著，窗紙嘩嘩地響著，書房裡寒氣襲人，叔同手裡的小手爐已經連點熱氣都沒有了。

這邊熄了火，而王氏屋裡卻點燃了無名火。

「小奶奶，」張媽媽看到小翠與叔同説笑之後，飛快地回到叔同娘王氏屋裡，詭秘地說：「文濤可是您的一塊心頭肉哇。」

王氏一怔，信口笑道：「可不是嘛。」

張媽媽蹲在地上撥了撥炭火盆，續上了幾塊炭，爆了幾下火星子，隨即嘆了口氣，喃喃地說：「我說句話，您可別生氣呀。」

「不生氣，」王氏儘管把「不」字拉得很長，但心裡總不免有些疑惑。

「不生氣就好。」張媽媽站起來，拍打著衣裳說：「小翠這孩子，也出落得像個大閨女啦……。」

「啊。」王氏一聽，早已明白了三分。她微微一笑，搖了搖頭說：「小孩子家，懂嘛呀！」

「喲……」張媽媽嘴角上那顆黑痣都咧到耳根下了：「嘖嘖，您還沒看那個德性啦，瞧那個打扮，那股騷勁兒，就是沒縫的蛋她也叮著不走的。」

「瞧你，說到哪兒去了！」

「您可別大意呀，常言道：『二八佳人一把鈎』啊，她要是常往書房裡跑，可不是鬧著玩的。」

「難道……」王氏真被張媽媽說動了：「她真的常到書房去？」

「哎呀！」張媽媽一拍大腿：「您還沒看見哩。」

王氏心裡「格登」一下，生怕叔同被小翠勾引壞了。她疑慮地探過頭來問道：「你看見啦？」

「您哪，還悶在葫蘆裡哩……。」

「我去說說文濤去。」王氏正要往外走，被張媽媽一把拉住。她瞇著兩眼勸道：「您這是何必呢？吩咐一句就得了唄！」還沒等王氏開口，又說道：「告訴小翠，別到書房去管閒事就行了！」

王氏低著頭思索了一下，忽地一抬頭：

「去，告訴小翠一聲，文濤在書房裡讀書，少去打攪他，啊。」

張媽媽一聽，喜孜孜兒地出去了。

叔同正等著小翠進來添炭，不料門「呀」地一聲，門帘一推，張媽媽進來了。

「張媽媽，小翠呢？」

「在上房侍候大奶奶呢。」

叔同晃搖著手爐：「我還等她來添炭呢。」

張媽媽笑了笑說道：「哎呀，我的小少爺，人家大奶奶房裡的丫頭，侍候您？您也不怕惹出麻煩來？」

「這，有什麼不好？」

「你娘吩咐了，叫小翠少到這邊來，免得人家說閒話。如果你常支使她，她也難做人。」

李叔同雙眉一擰，不禁「嗯？」了一聲，頓時感到心裡沉甸甸、亂糟糟的，沉著臉半天沒說話。

「好孩子，」張媽媽以奶母的身分，笑瞇瞇地望著叔同的臉，說道：「少跟那些丫頭們說閒白的，別忘了，你是李家的三爺！」

「什麼三爺、丫頭的，還不都是人？」叔同雖是嘟囔著說，但字字鏗鏘。

「別說傻話了。」張媽媽伸手拿過手爐：「以後有嘛事兒，儘管跟我說，可別叫你娘生氣。」

叔同還是沉著臉，像罩上了一片不肯離去的烏雲。

張氏剛走，鄭三爺來了：

「三少爺，您可別忘了，票房……」

「噢。」叔同忽地想起晚上要去票房①學戲的事，眼睛一下子閃出青年人特有的神

①清朝初年，嚴禁官宦貴族子弟學唱戲，自乾隆年開禁，但凡學戲者必須從户部領取「龍票」，集三五同好，稱為「票友」，而其聚會之地稱為「票房」。

采：「我，差點給忘了。」

是夜，吃過晚飯，一輛馬車通過冰封的河道往北門里行進著。

春寒料峭，比臘月還冷，好像三九嚴寒沒抖落光的寒流，一股腦兒要在今晚消盡一樣。街上行人稀少，市井蕭條，偶爾聽到幾聲「紫心蘿蔔」的叫賣聲，加上這輛馬車「咯噠咯噠」的馬蹄聲，似乎在為這寂靜之夜填補著一點空白和生機。

趕車的是鄭三爺，他把韁繩套在揣著手的袖子上，兩隻眼睛在風帽底下微睜著，花白鬍鬚上掛了一層冰霜，不時地輕輕吆喝著：

「駕——哦！」

馬車在北門里的一個獨門獨院的外邊停下了。鄭三爺解開門帘，把叔同扶下車，見他走進「票房」，這才回到車廂裡，落下棉帘子，呼呼地睡上了。

這院裡是天津最早成立的票房，票友多半是鹽商、富户子弟，日日弦歌、夜夜高朋滿座，名曰「雅韻國風社」。

票友們早就來了。有的在吊嗓，有的練月琴，有的用板鼓鍵子在自己大腿上練習打「輪子」，還有幾個圍著火爐在聊天。大伙見三公子進來，都恭敬地打著招呼，教戲的張艷青師傅拉著李叔同坐在鋪著狗皮墊子的太師椅上。

開始排戲了。

張艷青給李叔同編在《八蜡廟》的這齣戲裡，和李小俠合作。

《八蜡廟》是京劇「八大拿」之一。以黃天霸為主腳，該戲以開打場面，表現了黃天霸力拿費德功的一齣戲。弱冠倜儻的三公子李叔同，偏偏愛上了黃天霸這一角色。

「小爺，您行嗎？」張艷青捻著幾根山羊鬍子說。

「我能理解這個角色。」

「那好。」張艷青笑笑說：「可是，單武功的場面就……。」

「張師傅，我可以學嘛！」

「哎呀，」張艷青笑著說：「短打戲可不能全靠架子，其中有『走邊』、『鏍子』、『單腿後蹉步』、『旋子』、『小翻』、『倒打虎』、『竄毛』等等。」

「嘿嘿，」李叔同沒等師傅說完，笑了兩聲說道：「我跟武秀才孫菊仙先生學過一點武功，不信，我給您打兩套拳看……。」

「哄」地一聲，連沖茶水的工友也笑了。

這時，李叔同的私人教師金百瑞也來了。

大伙你一句，我一句，最後決定唱功由金百瑞授業，武功由張艷青抄把子。

這天夜裡，李叔同脫掉皮袍，穿著貼身的夾褲襖，單是「走邊」就累得滿頭大汗。

「哎呀，我的小爺，」鄭三爺進門大喊一聲，倒把屋裡人嚇了一跳。鄭三爺目不轉睛地望著小少爺：「您這是幹嘛呀？」

叔同停下練功，微微一笑：

「鄭三爺，您看像嗎？」說著便來了個拉臂起壩，嘴裡還念著鑼鼓經。

「您演嘛角兒？」鄭三爺直著脖子問道。

「黃——天——霸！」叔同用響亮的白口回答著，嘴裡還念著「鏘釆鏘」。連武功教師也樂了。

鄭三爺環視了一下票房，嚄！真闊氣：北京做的蟒靠，蘇州的繡活，「鬍子周」的髯口，「把子許」的盔頭，「靴子高」的厚底，單這點排場的開支就可觀的了，何況，出出進進的一些「票混子」，還要靠這批少爺們養活著。「哎——」鄭三爺嘆了口氣，心想：「真會花錢哪！」

叔同正在亮相，忽聽「票混子」喊了一聲：

「著名坤伶楊翠喜女士駕到——。」

這聲吆喝把票友們的視線一下子集中到門口了。只見這位名伶年齡不過十四五歲，生得不凡，其容貌勝似西子王嬙，像是一澈清泉，給人以甜美的感覺。她身穿玫瑰紅貢緞繡花禮服，下繫元青色繡金大花裙。宮額齊眉，杏眼含情，身後披著粉紅色絲棉斗篷，步履輕盈，笑容可掬。她是專被特邀為八旗子弟王佩卿說戲的「私功」。

「文濤，」王佩卿第一個為李叔同引見：「認識嗎？十歲紅楊翠喜。」

叔同一拱手：「聞其聲未見其面，久仰大名。」叔同說著，兩眼都看直了。楊翠喜微露銀齒，一作揖：「喲，早就聽說了，您就是河東李家的三少爺吧？」

「噢，鄙人就是。」

「您可是位多才多藝的人哪！」

「哪裡。」叔同聽慣了讚揚話，只是淡淡一笑。

「您，現在喜唱哪一派？」

「不行，」叔同臉色紅了：「現在正在『倒嗆』，唱工還沒學派。只是跟百瑞先生學了幾段唱腔，以後，還要請您多指教啊。」

楊翠喜望著這位才子「咯咯」一笑：「以後，我還要向您學點詩詞呢。」

「豈敢，」叔同謙虛地說：「您若喜歡，可以共同受業於趙幼梅先生。」

二人說了一會兒，楊翠喜便說戲去了。李叔同揩了揩汗，披上皮袍，跟著金百瑞先生來到另一間暖烘烘的房子裡。從《八蜡廟》的人物、情節和故事說起，直到主要唱段，又學了四句定場詩，又學了一段崑腔，這才離開票房。

馬車「格登登」地往河東奔去。路上漆黑，此時，李叔同想急於回家，生怕母親怪罪，誰料，馬車戛然打住了。

「怎麼啦？」車棚裡的李叔同吃了一驚。

「有個小女子攔路！」鄭三爺說。

叔同掀起車帘，往馬前一望。似乎是一個小女子跪在當道。也許天黑的緣故，看不清面孔。心想：我也不是包青天，何有攔路告狀之理？遂問道：

「下跪何人？」

「小翠芳。求見李叔同先生。」

李叔同一聽，心裡「格登」一下。是她？想起她隨師來家唱堂會時，自己曾經資助過的小女子。他輕輕一跳，下得車來，走至前邊，把小翠芳扶起來。

小翠芳直勾勾地望著李家的小公子，半晌沒説話。她那散亂的頭髮灰谁谁的，過膝的棉上衣死板板的，眸子裡的淚水亮晶晶的。猛地「撲通」一聲，又跪在硬邦邦的凍烈的冰地上，「哇」地哭了起來……

「怎麼啦？」叔同不解地問道。

「把我賣了……！」小翠芳泣不成聲地哭訴著：「師傅把我賣到南市寶慶里啦……」

「為什麼？」叔同眉頭一擰。

「她說，我的嗓子倒嗆了，別讓她賠本。前天晌午，老鴇子來看我……」

叔同一驚，那寶慶里乃下流妓院，賣到那裡必然淪為娼妓，想到這裡，一股憤懣、同情、憐憫、憂傷之情頓然而生。他急忙扶起小翠芳，遂問道：

「你……你出來，師傅知道嗎？」

「不知道，」小翠芳用袖管抹了一下眼淚，說道：「我把賣我的事跟金百瑞先生說了，是他指點我，我才在這兒等著您的。」

叔同一時不知所措。心裡只是揣摩著，感到給幾個錢是無濟於事的。買下來，又如何向母親、哥哥交代？正在猶豫間，忽聽遠處有說話的聲音。小翠芳吃驚地幾乎把心都跳出來了。

「快點！」這是筱桂芳的聲音：「小丫頭片子，賣不了我也扒了她的皮！」

喊喊喳喳的腳步聲正往這邊走來。

小翠芳痙攣似地在發抖。

「上車！」鄭三爺非常果斷地說：「追上來，我來對付他。」

這句話，倒給李叔同解決了燃眉之急。

鄭三爺趕忙把小翠芳扶上車子，李叔同也隨著上去，信手把棉帘往下一拉，二人並排擠在一條車椅上。鄭三爺跳上馬車，把長鞭子一搖，發出清脆的聲響。

「駕！哦——駕！」鄭三爺一聲吆喝，馬車飛快地向前奔去！三爺一躍身，坐在車轅上了。

馬車剛到北馬路，突然，在黑燈瞎火的路邊竄出兩個人來。鄭三爺心中暗想：狗日的，不閃開就叫你做輪下鬼！

「老把式，」其中一個人試探著問道：「車裡有客嗎？」

鄭三爺一見來者先動「軟」的，順手一拉韁繩，嘴裡「吁」地一聲，馬車停了。

「嘛事？」鄭三爺那粗大的嗓門，把對方嚇了一跳。

來者把車子仔細地一瞧，慌了。這分明是大户人家的馬車，怎能盤問？

「我們想，借個光，去追一個人。」

「追什麼人？」

「嗨，其實也沒嘛大事，就是……逃了一個丫鬟。」

「那好，」鄭三爺不慌不忙地下了車，用鞭梢往車裡一指：「上去吧，叫我們小爺陪著你們一道去追吧！」

其中一個帶著風帽的傢伙，湊近鄭三爺的耳邊，輕輕地問道：

「哪位小爺？」

「大清政府吏部主事李大人的小公子！」

「不敢！不敢！」

車子裡的小翠芳，聽得十分真切。心像拉線葫蘆似的，緊一陣，鬆一陣。這時，只聽鄭三爺又喊道：

「上來吧！」那銅鐘般的聲音振動了一條街。

「不敢，不敢。望小公子恕罪！」二人一邊賠罪，一邊急忙後退。

鄭三爺蹭地跳到車上，罵了一聲「混帳！」一搖馬鞭，大搖大擺地往河沿駛去。

車廂裡的小叔同，對如何救這個可憐的小女子一直琢磨不定。然而唯能使他獲得主心骨的，則是這位可靠的老管家鄭三爺，他久經世故，飽嘗過世態的炎涼，歷盡人間的滄桑，想必他已經有了好主意。

馬車在「咯噠咯噠」地前進著。颼颼的西北風像要撕裂一切，捲起灰沙無情地抽打在鄭三爺臉上，他微閉雙眼，自信「老馬識途」，約摸一袋煙工夫，車到了海河沿。鄭三爺跳下車來，活動了一下凍僵了的雙腿，拉住馬嚼子小心地把車引過浮橋，到了對岸。

「小爺，」鄭三爺把車一停，喊了一聲：「下車啦。」

叔同掀開車帘，和小翠芳一齊下了車。

「三爺，」叔同說：「您給出個主意，救她一下。」

「我想過了，」三爺不慌不忙地裝了一袋煙，擦著火鐮點著了，吱吱地吸了兩口，於是胸有成竹地說：「帶回大院，桐岡不會答應，你娘也會怪你。我看，讓她逃到上海，找我的侄孫女，她在孚華絲廠做童工，先混口飯吃。」接著便對小翠芳說出了上海的地址和侄孫女的名字。

叔同掏盡了身上的銀兩，交給小翠芳。小翠芳捧著一摞沉甸甸的龍洋，「撲通」一聲，雙膝跪在冰涼繃硬的河邊，忍泣說道：

「今生不能報答，來世做牛做馬……。」

「不要說這些話啦。」叔同連忙扶起小翠芳。

「上車！」鄭三爺對小翠芳說：「我送你上火車，事不宜遲，早早離開天津！」

「委屈您了，小爺！」鄭三爺扶著小翠芳上了車，回頭對叔同說：「您，我就不送了。」

李叔同目送馬車向車站駛去，這才走進糧店後街這條曲曲彎彎伸手不見五指的黑胡同。

送走了一片烏雲，又捲來一陣寒風。

徐月亭被劫了。

原來，叔同在唐靜岩先生指點下，習篆成癖，嗜刻甚篤。眼看石料用光了，便派管家徐月亭四處收買壽山石、青田石。當他背著一皮箱沉甸甸的石料返津時，不料被打劫的誤認為銀兩，於無人處被兩人搶走了，並扒掉了徐月亭過年穿的新袍子。

徐月亭正垂頭喪氣地敘述著被劫的經過，叔同進來了。他望著大廳裡的傭人們，聽了聽情況，對徐月亭安慰道：

「徐大爺，丟點錢算什麼！別難過。」

徐月亭難受的直捶腦袋：「丟了一百塊呀！」

李叔同聽了，只是苦笑笑。老實說，一百銀兩在他眼裡視如糞土。而劫走的這批石料，才是真正的銀子、金子。因為他在為研求藝術的大腦中，彷彿比別人多了幾條深深的縐紋，對一切藝術材料的佔有慾，像是填不滿的溝壑，吃不飽的牛犢。他知道，就在這一塊塊方寸的「地盤」中，他有使不盡的才華，若有一方成功的作品，又何能以金錢去衡量，一塊傾注著強烈情感的印章，又怎能用其他之俗物作為歷史的見證？

遠處，幾隻大狗小狗，汪汪地叫了幾聲。「咯嗒咯嗒」的馬蹄聲劃破了沉寂的夜空。鄭三爺趕著馬車回來了。

叔同見鄭三爺笑呵呵進來，已知小翠芳被救走了。於是他望著鄭三爺會心地一笑：

「三爺，您今天辛苦啦！」

「苦嘛呀！」鄭三爺大大咧咧地拉過凳子，一屁股坐下了：「事兒辦得痛快，就不覺得辛苦，您說對嗎？三少爺。」

叔同全明白了。只是傻笑笑，頭點點。

「你痛快，」徐月亭懊喪地說：「我可不痛快！」

「來！」鄭三爺從懷裡掏出一瓶老白乾：「咱們老哥們喝兩盅。」

文濤回到屋裡，已是打過了一更，他坐在那張鋪著毛毯的太師椅上，回想起剛才發生過的事情，思緒萬千。

小翠芳被剝奪了做人的權利！他想，人應該是平等的，人人都應該是這世間的受尊敬的一個成員。但是世間卻是不平的。有人家財萬貫，有人卻一貧如洗。然而，錢與人格卻並不相干。人，總是要死的。而人在這歷史長河的暫短的一生，末了，還是人死財空，而他的一生，難道就是為了爭奪家資？

「哎呀，小爺，」張媽望著打愣神兒的文濤，嗔怪地說：「水都涼啦！還不快洗臉。」

「啊？」文濤茫然一笑。

張媽又去換了一盆熱水：「快洗臉！」

文濤雙眉緊縮了一會。猛地戴上風帽，掀起門帘，往書房奔去。

「哎呀，我的小爺，你又幹嘛去？」

張媽一邊埋怨著，一邊替文濤點上蠟燭。

文濤攤開宣紙，張媽幫他研了墨，他選了一支羊毫京提，飽蘸濃墨，用張猛龍筆法，書寫了一副對聯，書曰：

人生猶似西山日
富貴終如草上霜

書罷，回到自己房間，深深吁了口氣。再看那盆洗臉水，和室外的溫度相等了。張媽搖搖頭，心想：這孩子越大越怪了！

第7章

文濤像個小伙子了。不過在青年中，他不算魁梧。高條的身材，長長的兩條腿，走起路來飄逸瀟灑，好一派翩翩美公子。那雙鳳眼始終保持著和善的笑容。不過，他的內心深處，彷彿有一片驅不散的陰雲，因為，母親是小妾，自己又是庶出。然而這片陰雲又像是他性格的外套，使他不曾發過火，也從不哈哈大笑，更不多言，給人一種含蓄內秀的印象。

就在這空蕩而帶點憂鬱的心靈深處，也蘊藏了足以結交天津藝林名士的經史子集、詩詞歌賦、金石書畫，以及戲曲音樂等廣博知識。如大文豪孟廣慧、大書家王吟笙、大畫家陳詈洲、大書家趙幼梅等，皆為李氏兄弟的上等門客，其中趙幼梅、王吟笙又以書畫之緣，和李家結成了遠親。

早晨，一抹霞光像給正廳「存樸堂」這塊匾額鍍上了一層金色的光彩；堂前那片庭院花園，伏地柏又探出蠟黃的新芽，「伊麗沙白」月季傲然挺立，像是要再次奪魁的神態，伸出草綠色的新芽。尤其那一排撒金碧桃，爛漫芳菲，妖艷媚人，猛地望去，紅雨塞途，令人陶醉，可稱「桃之夭夭，灼灼其華」，顯出一片生機。

書房裡，叔同放下了《詩經》，伸了伸懶腰，接著寫了三篇蠅頭小楷，又用寸楷狼毫臨摹了一張漢篆，放下筆，端起張媽送來的釅茶，呷了一口，水已涼了。他拎起紫沙茶壺，離開書房，往廚房走去，不料在箭道裡碰上了小翠。

「小爺，您……幹嘛去？」她見叔同拎著茶壺，正想說：「我給您沏去。」但她沒說出來。只是望著叔同，眼神兒裡像是在說：「不是我不侍候您，而是……。」

「小翠，」叔同很理解她的處境，因而同情地說道：「我去沏茶，這點小事就……」

小翠十八歲了。論人品，待人厚道；論長相，李家丫鬟哪個也比不上；論文化，悄悄地學完了《百家姓》、《論語》、《女兒經》。十歲那年因父親去世，抵債來到李善人家裡做丫鬟，與同歲的小主人李叔同，青梅竹馬，兩相無猜，儘管主僕有別，然而叔同對貧富這條鴻溝，似乎早就在心中填平。

「您要幹嘛，儘管吩咐。」

小翠說罷，那雙杏核似的大眼睛朝文濤瞟了一下，漸漸把頭低下，咬著下嘴唇，習慣地揉搓起辮梢來。說真話，文濤在母親眼裡，還是個乳毛未乾的「小毛孩子」，然而在小翠心中，他已是一個富有血氣的男子漢了。儘管主僕有別，男女授受不親，但她對這位滿腹經綸、風逸飄灑的美少年，心中總是有著異樣的感覺，這種感覺就像春天的野草，自然地萌發著。

也許是叔同對母親的出身懷有不可言喻的同情，因而他把小翠看成是一家人。他認為，做丫鬟的不是「罪人」，富貴終似草上霜。

「不要怕，有嘛事儘管說。」

「沒嘛事。」小翠抬頭望著叔同那雙鳳眼，莞爾一笑：「不過，《伐檀》和《碩鼠

》，您還沒給我講完呢。」

「啊，你來，我去沏茶，回頭……」

「不，」小翠一把接過茶壺：「我給您沏去！」

文濤回到書房，翻出《詩經》，正待為小翠準備講課，門「呀」地一聲，張媽進來了：

「喲，還在讀書，不歇會兒？」

叔同抬頭，見奶娘張媽。微微一笑，然後把眼睛盯住《詩經》，淡淡地說了聲：「不累。」

「茶，涼了吧？」

「不涼。」叔同心不在焉地隨口答著。

「噢，壺呢？」

「壺！什麼壺？」叔同驀地想起：「噢，小翠去沏茶去啦。」

張媽把臉夻拉得老長：「怎麼又……？」

「小翠也是好心。」

「哎！」張媽像似抓住了話題，接著說：「找個好心的媳婦，才是真格的。」

叔同搖搖頭、冷笑笑。就在這節骨眼兒上，小翠拎著茶壺，滿面春風地進來了。她一見張氏，心裡像吃了個蒼蠅一樣，感到吐不出、忍不下，只好硬著頭皮，朝張媽笑了笑：

「少爺，茶沏好了。」放下茶壺退出去了。

「文濤，」張媽又以長輩的口吻說道：「哎，孩子，別學《紅樓夢》裡的賈寶玉，專門在脂粉堆裡打轉轉。」說著倒了一杯茶水，往書桌上一擱，笑道：「讀完書早點回到屋裡，你媽正找你呢！」

「媽找我？」

「是呀，」張媽神秘地笑了笑，附在叔同耳邊，說道：「見到你娘，就知道啦。」

叔同滿腹狐疑地回到西院自家屋裡，正巧母親送客回來。王氏那臉上帶著令人琢磨不透的笑容，拉著叔同坐下：

「我，正想跟你說一件大事。」

「大事？嘛大事？娘，您老說吧！」

「你呀，也老大不小的啦。」

一句話，觸到了叔同最敏感的神經部位。老實說，不論從叔同那微微突出的前額，還是詩詞歌賦、琴棋書畫等藝事，以及他那野鶴般的飄逸神態和瘦長的個子，都標誌著他的成熟期，然而，他不願觸及自己的婚事：

「娘，」叔同臉色緋紅，乾脆地說：「您有嘛吩咐？」

王氏瞟著兒子那狐疑的眼神兒，捕捉著他那微小的反映：「娘想給你成個家。」

沒出叔同所料。他望著娘，只是微微一笑。但眼前像是佈滿了霧障，朦朦的一片，使他撥不開、驅不散、趕不走、看不透。為不使娘失望，還是開口問道：

「娘，是什麼人家？」

「噢，挺好的。」王氏微微一笑，趕忙說道：「你大表嫂說，閨女很不錯，不論人品長相，都屬上乘。你記得嗎？芥園俞家茶莊的閨女？」

「沒見過。」

「只比你大兩歲！」

「嗯？」叔同微蹙雙眉，半晌沒說話。然而，他又是個奉母至孝的人，生怕母親不快，於是勉強笑著說道：「成家的事，娘您做主吧！」

娘從叔同的眉峰中看到了他的心思，因說道：「咱天津有句俗話：『女大三，抱金磚』，何況閨女只大兩歲。兒呀，娘總要給你找個知疼著熱的大閨女。再說，娘總要老的……。」

「娘，」叔同急忙捂住娘的嘴：「您別再說喪氣的話了。有您的兒子，就有人孝敬您！」

娘笑了。閃著淚花笑著。三十五歲的王氏似乎感到自己很老了。

「只要我贊成這門親事，娘就有人做伴了。」

「娘，」叔同望著母親那滿眸淚花的笑容，不假思索地說：「只要娘看著好，兒子哪有不贊成的！」

娘摸摸文濤的長辮子，陶醉了。

此刻的叔同，其大腦中的婚姻這塊地盤，像似一張白紙，任憑母親去塗抹。他忽然想像起妻子的模樣來。他想到了一個理想的人：這是一個奉婆至孝的善良媳婦；她善讀唐詩宋詞、喜書樂石；像小翠一樣的身材，亭亭玉立，楚楚動人；又像小翠芳一樣，眉清目秀，令人憐愛；……

「岸子，你在想什麼呢？」

「哦……」文濤從遐想中回到了現實：「您就做主吧，讓她陪著您……。」

「嗨！」王氏拍拍叔同的肩膀：「哪有娶了媳婦陪婆婆的？總是陪著自己的爺們兒呀。」

叔同紅著臉，朝母親那興奮的眼神望了望，心裡說不出是什麼滋味。

「那就告訴你大表嫂，就訂下這門親吧。」

叔同沉默了半天。

「趕臘月，」母親見兒子沒提反對意見，湊近兒子耳邊笑著說：「兒呀，過年以前就娶過來。」

當天就把親事定了。

老實說，此時的叔同，心已懸在半空了，他彷彿置身於十里雲霧之中，眼前的一切迷迷茫茫，神志像是懵懵懂懂，今後的日子還是個未知數，唯獨使他清清楚楚的，則是「母命」。

下午，他和往常一樣，一頭扎進書房，去研究他的學問去了。不過，這天的篆刻作業內容變了，他沒按照唐靜岩先生留下的「天地君親師」的幾個字去布置章法。他撿了一方大得像官印一樣的壽山石，磨了又磨，直到沒有一絲痕跡，這才動筆布局，他寫道：

母兮生我，欲報以德

寫罷，對著小鏡反照了一下，自己甚覺滿意，他把自己的真情實感，傾注於篆書的字裡行間，賦予沒生命的線條以極大的生命力。接著，用刀在這一石質材料上，傾注著奉母之情感，經過特殊的刀法處理，使這一方印章在雕塑美中增加了特殊的「金石韻味」。他勻好印泥，在宣紙上打了一個印樣，頗使這一篆刻作品「朱霞散彩，石琢生輝」。

叔同細看著自己的成功之作，心中十分痛快。還沒等加工，便攜著它往西院送給母親過目。豈知，還沒跨出書房，小翠就進來了：

「小爺，」小翠的聲音比平時低了兩個「P」，她那恍恍惚惚的眼神裡像是有許多話，然而她沒說，只是低著頭，淡淡地說了一聲：「我給您換茶去。」

「等等，」叔同似乎忘記了自己的身分，他走到小翠面前，溫和地問道：「看樣子，身體不舒服？」

「沒有，我很好。」小翠沒抬頭。

「要麼，有什麼不愉快的事？」

「沒嘛，小爺。」小翠沉默了半晌，像似自言自語地輕聲說道：「聽說，有人侍候您了……」說話間，像飛來兩片紅雲，貼在她的臉上。

「你聽誰瞎說的？」

「哼。」小翠揚起秀臉，笑道：「你還瞞著呢，張媽媽早就在下房裡敲起鑼嘍。」

叔同苦笑笑，沒言語。

「聽說，人很俊。打著燈籠難找的大美人，瓜子兒臉，雪白粉嫩的；小腳真好看……」

「哈哈……」叔同忍不住笑了：「還不是和你們一樣。」

「我們怎能比得上呢？」小翠像是提高了二個音：「醜八怪，大腳丫子。」說罷，拎起茶壺要走。

「慢點走，」叔同微皺雙眉：「這件事，上下都知道啦？」

「嗨，」小翠瞪大眼睛，笑道：「大喜事，還不知道？」

「噢……」叔同立刻感到這是多嘴多舌的張媽媽所為，心中很是不快，遂說道：「事情八字還沒一撇呢，她怎麼就嚷嚷出去了？」

「定了。」小翠愣愣地看著桌上的那塊印章，她面色蒼然，毫無表情。須臾，拎起壺喃喃地說：「那我……最後再侍候您一天。」

「不要亂說……」叔同心中也不知是什麼滋味。

「不是我亂說，少爺。因為……張媽媽對我說了：叫我不要再到您這兒來了。」

這時，忽聽鄭三爺大喊一聲：

「鏢—來—嘍！」

小翠急忙走出書房，至下房迴避了。因二哥文熙不在家裡，叔同漫步走出西院，來到前廳。只見正門大開，挑夫們在鏢局伙計們押送下，十幾只大箱子抬至了前廳。帳房管家徐月亭接過鏢帖，驗收了鹽業的進款。打發了鏢局和挑夫。李叔同像例行公事一樣，代替了哥哥文熙的角色，在清單上蓋個章子，讓徐月亭好有個交代而已。

晚飯後，文熙沒有去出診，文濤又沒課，兄弟二人在書房下起圍棋來。其時，文濤驀地想起母親「提親」之事。當他「坐眼」子兒下去之後，笑模悠悠地說：

「哥，我娘上午把我叫了去，對我提了件很大的事……。」

「我知道。」文熙漫不經心地說著，順手「嗒」地一聲，出了一只黑子兒。

文濤捏著白子兒，懷疑地望著哥哥：「你……知道啦？」

「哥哥怎能不知道呢？」

「那麼，你看呢？」

「要尊重你娘的意見。」

叔同一聽，正和自己的想法一樣，隨之他抓住了圍棋的戰機，一出手「嗒」地聲，甩出了白子兒。

「人生大事，」文熙捏著黑子兒，眼盯著棋盤，接著說道：「成家了。哥哥也想過，要成家就要獨立開支，我給你撥過三十萬塊龍洋，隨時可以在咱銀號支用。」

「這……？」

「不要急，文濤。咱們哥倆不分家。這三十萬是留給你小家庭用的。咱父輩留下的銀號、鹽田、房產，始終不變，大家所有。」

叔同聽了桐岡「不分家」的主張，心裡像吃了顆定心丸。因為他的大半個腦子用於書畫、詩詞、篆刻，豈肯棄藝謀生，何況自古文人不理財，他巴不得把全部家業由哥哥去掌管。但是，家事不管，卻偏偏關心起國家大事來了。

甲午中日海戰之後，腐敗的清政府接二連三地與外國侵略者簽定了喪權辱國的「馬關條約」、「遼南條約」、「中俄密約」、「膠澳租界條約」、「旅大租地條約」等等。紙老虎的本相徹底暴露，民族危機空前嚴重。叔同面對這種形勢，一股憂國憂民的情緒油然而生。

「怎麼，三爺的性子變啦？」傭人們直納悶。是的，以往都說：「瞧這三爺，一看就厚道。」而今不同了，不僅少言，而且眉峰緊鎖。數日來他很少去書房，常常乘著馬車外出，廣交文友議論國事。

正在這時，康有為、梁啟超上書光緒皇帝。要求維新變法，提出了改良主義的主張。這種思想，猶似破閘的洪水，在社會上很快匯成了一種思潮。

眾所周知，當時康、梁的新思想和文章才華，冠絕一時，贏得了許多文學青年的崇拜。李六如、柳亞子，包括李叔同都對康、梁表示欽佩。尤其康有為所著《書鏡》一書，其學術觀點早被李叔同所敬佩。

一天夜裡，李叔同來至書房，洗淨硯池，細研了一池香墨。又點燃四支大蠟燭，攤開宣紙，一口氣寫了四張條幅。文曰：

老大中華，非變法無以圖存
邊款詩曰：
杜宇啼殘故國愁，
虛名況敢望千秋。
男兒若論收場好，
不是將軍也斷頭。

戊戌　李叔同

第二天，命管家徐月亭找裱家進行裝裱。自己書房懸掛一幅，其他三幅分送師友王仁安、嚴修和唐靜岩。自此以後，對李叔同贊成變法、崇拜康梁之思想，不脛而走。

誠然，叔同把挽救民族之危機，完全寄希望於康梁變法。在他看來，似乎成為水到渠成的事，只待皇上詔書一下，救國便可有望，因而，這幾天他那緊鎖著的眉舒展了，走起路來好像也輕鬆多了。此時，他決定在生活上要「洋化」起來。立夏那天，他特地從租界地裡買來一套白色貼身衣褲。穿起來挺神氣。腳腕上紮了兩條黑色絲織寬帶，腰間束了一條漂亮的穗帶，走起路來猶似仙鶴般地傲然挺拔，如果沒有腦後那條又粗又長的辮子，真像個西方的騎士哩！

彈指之間到了臘月，個人的婚事在即，合家上下，都在為婚事忙碌著：一邊大修房屋，一邊請來十位裁縫師傅趕製衣服，僅這些已經耗資十萬。

臘月初八，李家和往年一樣，打開了粥場，救濟貧民。李叔同信步來到粥場，一頭鑽進窮人堆裡。僅從他這身打扮，彷彿羊群裡出了個駱駝，非常惹人注目。

「老爺……」一個顫巍巍的聲音送至李叔同耳邊，他一回頭，見是一位雙腿殘疾的老太婆，「老爺，」她伸著端著破碗的手臂：「我擠不進去，可憐可憐我這殘廢的人吧……。」

叔同一怔，看看這可憐的老人，心裡怪難過的，他朝老人微微點頭，示意讓她跟來。叔同撥開人群，她，磨磨蹭蹭地跟在後邊，當走近「備濟社」時，正望見管家徐月亭在這裡盤帳，叔同高聲喊道：

「徐大爺，是否給殘疾人單獨開幾鍋？」

「可以，」徐月亭給殘廢老太婆盛了滿滿的一碗，又對大師傅吩咐了幾句，接著便對人群喊道：

「殘廢的老鄉們，到這邊來排隊！」

這一聲不要緊，窮人們立刻奔走相告，不大一會兒，來了一批盲人、斷臂少腿的、禿頭豁嘴的、痴呆的、斜眼歪嘴的擠滿了糧店後街，嚇得左右鄰居、婦孺子女不敢出屋。

叔同在這些人中轉了一圈，心中蒙上了一層灰暗暗的陰影。啊，經濟壓倒了人性的尊嚴；侵略者又何嘗不是侵壓著民族的尊嚴。別說一個「李善人」，就是百個、千個、萬個，也難能解救民族貧困之萬一。啊，中華，非變法不可！

他想到這裡，禁不住嘆了口氣。

他正在思忖著，不料有人擠過來了。

「哎呀，小少爺，還不趕快回去！人家閨女家送陪嫁來啦！」

叔同見是奶母張氏喊他，轉過身來默默地跟她來到大院，還沒進門便聽到吹吹打打的鼓樂聲，小嗩吶吹得震天響，喇叭聲忽高忽低，好像不吹出點賞錢決不罷休的樣子。

只見紅氈鋪地，十幾箱嫁妝通過紅氈抬到了新房。叔同母親笑吟吟地迎接著親家的「使者」。鄭三爺招待了挑夫；貓工王奶奶唱起了「喜歌」，只有李叔同那「平淡」的臉上，顯得更「平淡」。好像是旁人娶媳婦，此事與他無關一樣。

不過，世界上的母親了解兒子，就像通過了透明的血肉看到了兒子心臟的跳動；然而，兒子了解母親，就像天才的心理學專家，摸透了母親脈搏的起伏。

叔同對嫁妝的淡漠，說穿了，是對世俗觀念的包辦婚姻的淡漠。不是嗎？妻子的性格、模樣、脾氣、癖好、習性、人品等，啥樣？他全然不知，只不過是順著母親心氣兒，讓年輕的寡母臉上漾出一絲笑容。除此之外，「孝順」二字就是一句空話。

「岸子。」母親呼喚著叔同的小名：「來，見見你舅母。」

叔同急忙走進娘的屋裡，對這位剛下轎子的婦人深深打了一躬。

舅母見了外甥女婿，越看越歡喜。

「啊！多俊的女婿！這是我那個傻外甥女前世修來的福啊。嘖嘖！」

舅母左右歪著脖子來看叔同，像看稀罕貨一樣，品評個沒完。

叔同被看得坐立不安，感到很窘。

幸虧外邊王奶奶喊了一聲：「請小奶奶過目。」才算解脫了這種不自然的局面。王氏陪著舅母步出了門外，早有王奶奶遞上一個大紅「帖子」。上邊寫明陪嫁的珠寶首飾、四季服裝、綢緞被子，以及馬桶腳盆等等。

王氏也顧不得細看「帖子」，只被眼前琳琅滿目的嫁妝緊緊地吸引著。她樂了，樂得合不上嘴。是的，她將要做「婆婆」了，她將要擺脫「小寡婦」、「小老婆」等等一切並非自願、而又無力扳過來的世俗責難。

就在這殘冬臘月，雪漫北國的寒冬日子裡，李家大院的喜事，像火燒了半邊天一樣，熱熱鬧鬧地轟動了半個天津衛。就連皇室太子娶親，也沒有這樣的排場。

一頂娶親的新轎，在李家「亮」了三天，紅色轎子繡著「龍鳳呈祥」、「百子圖」。迎親這天，著名的天津「大樂」，足足吹打了二十四個小時。當俞家女兒乘著這頂八抬大轎進門時，拜了天地，入了洞房，客走席散，才停止吹奏。

俞氏長得還端莊，長方臉盤上嵌著一對濃眉，那雙烏黑的眼睛裡透著靈氣，小腳三寸，走起路來扭著纖細的腰肢，恰如風擺柳枝，婀娜動人。

雖說人生大事，但在叔同的心上，大到如何程度，似乎還沒這種分量。他，只不過是個男人。他和一切有靈性的動物一樣，也享受著天倫之樂、夫妻之性愛。因為，他成熟了，完全是一個男子漢了。但是，他心目中的真正地滿足，其飽和的指針，還在母親的臉上，只要母親喜歡，他就算盡了「孝道」。

叔同結婚的家具，一切都是母親操辦的。只有一件，他動了腦筋，就是那件用了一千塊龍洋買來的德國鋼琴，這種「奇貨」，在李家大院似乎有些格格不入，不過只要母親不反對就行。隨琴還買了拜爾的《鋼琴基本教材》和車爾尼的《鋼琴初步教程》。

他沒有鋼琴老師。也許在藝術上的「觸類旁通」和「一通百通」的觀點是正確的，因而他能自學，他要下決心探索這件「洋」樂器的奧秘，為此，他請了「維新」派的先生教授英語，漸漸，他能把鋼琴教材的英語術語全部翻成漢文，並且一課課地練下去。儘管指法、雙手的配合、手勢的力度並不正規，然而，這件「洋」玩藝兒，就像藝術迷宮裡的奇貨，他非要探個虛實不可！

鋼琴的練習曲是枯燥的、乏味的、艱難的，但它不是「八股」文。一旦鋼琴練就，便可以展開音樂家的奇想，就像「萬花筒」一樣，變化著多采多姿的藝術形象。它不像「八股文」那樣的死板，那樣千篇一律的「代聖賢立言」。

翌年，清光緒帝頒布了決定變法大計的詔書，把維新變法運動推向了高潮。同時，號召大小諸臣「各宜努力向上，發憤為雄」，「以聖賢義理之學，植其根本，又須博採西學之切於事務者，實力講求，以救空疏迂謬之弊。」

詔書一下，像一陣旋風，把所有的人都捲進去了，叔同像所有的愛國知識分子一樣，深感「老大中華，非變法無以圖存。」他暗暗為自己所書的條幅而興奮，為「詔書」而狂喜，那雙細長的鳳眼，忽地像湛藍的天空那樣明澈，心中燃起了「變法圖強」的希望之火。他以極大的熱情奔走師友，探聽朝廷新政，研習變法維新的五六十條綱目。心中喃喃驚嘆：報國有門矣！

豈知，變法維新觸怒了「太后老佛爺」。她一邊聽著榮祿讀的變法條文，一邊從牙縫裡迸出「嘿嘿」的冷笑。

母子兩黨之爭，叔同還蒙在鼓裡。他只知道「維新」，似乎對過去所學的東西，已悟出了新義，新的思想。他做好了打算，辦學堂，廢八股，傳播愛國思想。從六月九日到九月二十一日，每當談到變法，就像靈敏的手指撥動著歡樂的心弦，使他激動、興奮，連聲調也提高了八度。

一陣秋雨，涼了半邊天。

突然，叔同那歡樂的心弦，撥出了無限惆悵的哀音。他的面色驚變了：

——光緒帝因染病不能視政

——緝捕康有為、梁啓超及其餘黨

——問斬「六君子」

接二連三的消息，像幾聲悶雷，震撼了他的心。然而他對康梁「變法圖強」的救國之路，絲毫沒有懷疑，曾幾何時，他還孜孜不倦地讀過「公車上書」的傳抄本，使他暗自讚服康有為。

戊戌變法失敗了。康有為、梁啓超由北京逃來天津，避於六國飯店，他得知此消息，對康有為仍然敬佩之至，然而他幾次試圖去六國飯店見康梁，都被鄭三爺制止了：

「我的小少爺，你不怕受連累？連太后老佛爺都找不到他，他能見你？」

一句話說得李叔同啞口無言，鄭三爺進而說道：「我的小少爺，這可是有著殺頭的危險啊！」

叔同垂下眼帘思索著，霎時間，他的眼前彷彿現出著各種賣國條約，然而他又目擊時艱，一股憂國之情令他流淌著熱淚……

「怕……？」他抹掉了淚水，像是橫下了一條心，繼而喃喃地說：「不要怕，就連影子都會嚇死你。」說著便奔至書房，挑了一塊長方青田石料，鐫刻了七個魏碑變體字，文曰：

南海康君是吾師

這七個字，不論其書法、章法與刀法，都在那剛健鏗鏘、酣暢淋漓的線條中，洋溢著救國的熱情，傾灑著變法的心聲。

「文濤，」文熙匆匆來至書房：「不好啦！」

「什麼事，哥哥？」

「西太后政變了！」

「我知道了。」

「朝廷還殺了譚嗣同、康廣仁、楊深秀、楊銳、劉光第、林旭六個人。」

叔同聽了二哥的話語，證實了「六君子」被殺的真實性，他捏著這塊石章，幾乎要捏出血來。就在這天夜裡，西太后為了政變的勝利，又一次臨朝「訓政」，要舉國歡慶。叔同回到母親屋裡，悄悄紮了一個小花圈，端端正正地寫了「六君子」姓名，利用母親的佛堂代替了靈堂，帶了母親、妻子為「六君子」開了一次追悼會。只聽叔同說道：「師長六賢君，肝膽照人心，今為變法死，浩氣今古存，今生不報國，永世離俗塵。」

第二天的下午，剛刮了一陣秋風，又飄來一團烏雲，黑壓壓的雲層像一張大網，停在河東糧店後街的上空不肯散去。街上是亂糟糟的，商店是冷清清的，地上是灰茫茫的，天上是烏沉沉的。

叔同一天沒讀書，他在書房裡翻閱著變法以來的所有報刊，正在琢磨著日本的「維新」……

「文濤，」鄭三爺臉色煞白，驚慌地來到書房：「糟了！外邊傳說……傳說你是康梁餘黨……！」

叔同心裡「格登」一下，臉色變了：

「真的？」

「可不是嘛，說你也在名單裡啦！」

「豈有此理！」叔同咬著牙齒，眉宇間的疙瘩越擰越緊。

「事不宜遲，文濤。」

說話間，文熙也來了，他瞅了瞅文濤和鄭三爺，低沉地說：「市面上的事兒，知道啦？」

「鄭三爺告訴我了。」文濤望著膽小的哥哥，親切地說：「不怕，二哥。老大中華，還沒我的去處？」

「事到如今，哥哥也無能為力呀！」文熙稍微鎮靜了一下，問道：「你準備到哪兒？」

「上海！那裡的局勢要比北方好。」

文熙一聽，放心了一大半：「這麼辦。」文熙說：「我把你這三十萬塊錢，轉到上海分莊。你隨時用就是了。」

晚上，叔同與母親、妻子商量去上海的事，誰知很痛快，一講就通了。母親的南下，像是船上的掌舵人，只要離了岸，我便是「老大」。那種「小寡婦、小妾」等等一連串「小」字鑄成的自卑感，一下子溶化了，心情自然是極為興奮的。

臨走時，母親和媳婦打好了包裹，帶上細軟之物。這時，母親說了：

「傭人只帶一個張媽媽，其他丫鬟、女僕留給你二哥使喚吧。」

叔同聽著母親的調度，沒吱聲，他只顧手中這塊「南海康君是吾師」的石章。待一切準備就緒之後，他悄悄把章子塞在石料堆裡，通過托運，也帶到了上海。

第8章

一八九八年十月，李叔同——這位北方公子爺突然攜眷避禍闖進了以紙醉金迷、火樹銀花睥睨當世的不夜城和冒險家的樂園——上海，投入了大江以南人文集粹的新文化搖籃。

上海有桐達銀號的分莊，他有足夠的經濟條件。只是舉目無親，人生地疏。他托銀號代理人在上海法租界卜鄰里租賃了一樓一底，算是把家安頓下來。隨行者只有一個奶母張媽。然而，儘管到了這塊陌生的十里洋場，他感到一切都很新鮮，離開了天津河東糧店後街那座掛有「進士第」的大院，在這塊具有反帝反封建歷史的繁都，就像污水池裡的那條小金魚，突然跳進了大河塘一樣，感到大有可為，故改名李漱筒。

一天，叔同乘坐自己新製的皮篷馬車，蕩遊滬上，領略著繁華的市面，欣賞著江南的人文景觀。當馬車行至城南青龍橋下時，見一些人正在圍觀著一張「徵文告示」，叔同腳蹬車鈴，車把式勒韁停車，眾人回頭，見一美少年跳下馬車，看那打扮，決非滬上「小爺」，一件古銅色花緞袍子，曲襟背心，瓜皮帽正中綴著一塊寶玉，腦後拖著一條又粗又長的辮子，腳穿一雙魚幫粉靴，一副俏帶紮著褲腳管。

叔同跳下馬車，走近「告示」，瞇眼一瞧，是上海文壇著名的新學派組織「滬學會」的懸賞徵文。內容《擬宋玉小言賦》以題為韻，寫詞一首，限期交稿。叔同心中竊笑，暗道：「一試無妨，成則以文會友，共同商討藝事救國；不成，則乃圖進矣。」想罷跳上馬車，兜了一圈又回到了卜鄰里。

叔同這些日子，精神生活異常豐富，確有「海闊任魚躍」之勢，他黎明即起，撰文度勢，並以漢篆魏碑趙正狂草各種書體揮灑數篇，末了，把「南海康君是吾師」之印稿，一併捲疊成信札，交傭人送至「滬學會」。

原來，叔同在天津已了解上海「滬學會」在青年學者中的聲望。他也知道：「滬學會」的許幻園為新學界的領袖人物，家中極為富有，為人慷慨。他的文友袁希濂就是借用許幻園這片房子成立了「城南文社」，該社成立於一八九七年（光緒二十三年）秋，顏所居曰「城南草堂」。為此，叔同毫不猶豫地將稿件送到了這裡。

評卷人係張友蒲，字孝廉，他精研宋儒性理之學，旁及詩賦，為人公正廉潔。世界上的事情是難猜測的，偌大個上海灘，文人集中，人才倍出。但偏偏叔同的課卷三獲冠絕，均為首獎。

忽一日，許幻園派了專人，躍馬揚鞭來至法租界卜鄰里，見到叔同躬禮道：「恭喜！恭喜！」說罷便呈上了「拜帖」。

叔同展開帖子，只見工整楷書寫道：

漱筒先生均鑒：

君之大作，吾輩師友均已拜讀，甚感先生年少才盛，舊學新知，文章華國，宏才

大略，尤是篆刻，輒冠其曹，實乃北國嬌子，江南奇才。今特遣人送上拜帖，擬邀先生加入「城南文社」，以資長期切磋，並定於明日晚五時，敬請光臨青龍橋城南草堂，聊表景仰之意。

許幻園頓首

叔同看罷帖子，悠然一笑，抬頭對來人說道：「請轉告許先生，鄙人定來討擾。」

翌日下午，叔同沒乘馬車，他雇了一輛膠皮軲轆的黃包車，到了城南草堂只花了十四個銅板。這是一片極富江南色彩的幽靜之處，金洞橋下，流淌著清澈見底的溪水，拱橋兩旁蒼古石獅，像個頑皮的小衛士，通送著草堂的主客。橋洞苔痕陰絨，令人留連忘返。橋畔交錯著兩棵兩抱的老槐樹。穿過樹蔭遮蔽的綠色長廊，迎面一堵灰色圍牆，正面是一對黑漆大門。整個輪廓，像是一幅天然的風景畫，給人以幽靜清雅的感覺。

叔同剛下車，早有傭人進內通報。這時，有四人來到門外，拱手笑道：

「漱筒先生嗎？」

「豈敢，在下就是學友李漱筒。」

「請！」

四人齊聲把李叔同讓至客廳，通過「自報家門」方知李叔同乃清朝進士李筱樓之幼子，因受康梁餘黨之嫌，故改名漱筒；再看其相貌，毫無北方彪形大漢的樣子，人雖修長，但從寬闊的前額、細長的鳳眼、隆正的鼻梁，帶點矜持風度的微笑，焉然是一位文學、藝術家的風姿。說真話，這四人見到叔同，都認為江南奇才，大有相見恨晚之情。於是，酒肉之間話語投機，暢懷痛飲，直至酒酣飯飽。

這四人是誰？他們是上海寶山名士袁希濂、婁山詩人、草堂主人許幻園、婦科儒醫蔡小香、江陰書家張小樓。許幻園還是一位用錢捐來的「道台」，只不過是徒有其名不任其職而已。這四位皆年長於叔同，但最大者乃袁希濂，其時也不過二十六歲。

叔同參加了「城南文社」，並成了「滬學會」的主要成員。文社每月會課一次，叔同以弱冠之年，所做詩文詞賦，接二連三地奪冠；書法深得漢魏六朝之秘；金石之作，皆名列前茅，不幾日一下子名震上海灘，報紙以醒目的通欄標題寫著：「二十文章驚海內，古今奇才李漱筒」。

這天，剛下過一場暴雨，老天爺就像發過一頓脾氣，又露出了一張笑臉。地上儘管濕漉漉的，但天上卻晴朗朗的，上海灘上又是車如流水馬如龍。

叔同在金洞橋前下了馬車，自己便悠然自得地翻過小橋，走進城南草堂。

「李公子到——」門房迅速傳進話去。

此刻，只見袁、許、蔡、張四人走出客廳，拱手作揖，滿面春風，把李叔同迎到客廳。僕人獻上龍井，遞過毛巾。須臾，六十多歲的張友蒲老先生，把五位青年領到草堂前，說道：

「今日五友，摯心結拜金蘭之交，在城南草堂之月下花前，祭告天地，雖是天涯異姓人，誓願結為五兄弟。此後，應齊心協力，互相救助。皇天后土，實鑒其心。吾願承其盟主之責，察其行，觀其心，佐證天涯五友人！」

說罷，焚香於堂前，率五青年跪倒天地之間，命五人各敘「金蘭家譜」，排好行次，焚香互拜，並各自說誓。只見李叔同流下雙行熱淚，對天一拜，說道：

「小弟不才，蒙導師盟兄厚愛，結成金蘭，真是三生有幸。本來，小弟在津追隨康梁變法，以求維新、變法，圖救中國。不料，將愚弟當做康梁餘黨而追捕，故而攜眷南下，以尋良機盡忠報國。而今，我等『天涯五友』既結金蘭之交，不求同生死，但願齊救國。如能同心，請受小弟一拜。」說著便磕起頭來。

四兄長急忙跪下，各敘誓言，團拜之後，相互攙扶而起。盟誓之後張友蒲告辭而去，五兄弟便進了客廳。

這客廳原是大家所熟悉的「接官廳」。然而今日卻裝點一新。名人字畫賞心悅目，燈火通明照拂人心。不一會兒，酒宴擺齊，五友就坐，堂主祝酒，有四個妙齡女子走進，她們個個俏裝脂粉，笑靨如花，她們笑吟吟地就坐於五友中間，叔同呆了。他哪裡知道，這四位兄長乃上海風流倜儻的人物，常有走馬章台①、拈柳平康等放蕩行為，也許這是文人學士的時代韻事，但在叔同眼裡，似乎是件怪事。

「我來引見一下，」許幻園笑著說：「這是我天涯五友的小兄弟，北國才子李漱筒先生。」

①章台：街名。舊時用為妓院等地的代稱。

四女郎起身微笑，忙道萬福。

叔同欠身還禮，羞得幾乎沒敢抬頭。

「老弟弟，」袁希濂拿起酒杯咕咚一下，喝下一大口，說道：「這四位我來介紹：這位是金喉女郎金娃娃；這位是梨園台柱楊翠喜；」叔同一聽楊翠喜，眼睛瞪得老大，忙說：「早就認識了。」楊翠喜頻頻一笑：「噢，是李公子啊。」這時，袁希濂繼續指著一位女郎說：「這位是秦樓書寓李蘋香；這位是……」袁希濂指著對面的女郎說道：「上海灘多才多藝又多情的秦樓小姐謝秋雲。」

謝秋雲微送秋波，顯出青樓絕色。但她並沒正面望一眼叔同，只是低著頭，抿著嘴，沒說一句話。待輪到謝秋雲把盞祝酒時，叔同才悄悄瞄了一眼，只見她生得不凡，只用美麗二字似乎不能概括她的全貌，她美而不嬌，艷而不俗，一雙眼睛透出聰慧的靈氣。不過，這一瞄不打緊，倒把李叔同怔住了。「啊？多麼熟悉的面孔啊！」這時，他那發愣的眼神兒，正和謝秋雲那愁絲不解的目光碰在一起。謝秋雲慌忙避開了叔同的凝視，低聲說道：

「李公子，敬儂一杯酒。」

「請，請請。」李叔同眼望酒杯，懵里懵懂地一揚脖子，喝光了。

滿屋的人直喝彩，鼓掌，熱鬧極了。只有李叔同的面孔是冷的，彷彿他在思索著什麼。

席後餘興是即席表演。輪到謝秋雲表演時，她懷抱琵琶，撥動琴弦，一曲江南評彈開篇，隨著細腕纖指，彈出玉珠落盤似的過門，她沉著、動情，嗓音清亮，句句動人肺腑：

美酒佳肴伴香蓮，
有一北國美少年。
繫馬金洞垂柳旁，
豈知相逢在江南。
今夜陪君一杯酒，
半句鄉音逗春寒。
龍洋若有靈性在，
送我夢遊月兒圓。
望穿秋水天也老，
何時伴君白髮殘？

叔同一聽，頓然明瞭。是她？真的是小翠芳。他的心像是被繩子紮住了，而且越勒越緊。他知道，這是小翠芳的即席之作，詞語儘管粗俗，但還是觸動了心魄，道出了一片真情。

他聽得入了神兒，直勾勾地望著她，想從她那臉上找到六年前的特徵。不可能，最後見到她，那是一個風雪交加的茫茫夜晚。啊，十年前了！這一幕一幕的往事，歷歷在目：被師傅毒打、頭針刺膚、跪地求饒、偷送龍洋、深夜攔車、護送車站。然而，又如何墜入妓院的呢？又如何改名謝秋雲呢？

一陣掌聲，驚醒了叔同的遐想，也表示了對滿臉淚痕的謝秋雲的謝意。

深夜，幾位少年男女有說不盡的綿綿細語，大家對不擅走馬章台的李叔同並不在意，只對謝秋雲的反常現象，感到掃興。可是，誰能猜到她的心思？

大家分手時，在忙亂中謝秋雲湊近叔同耳邊低聲說道：

「小爺，這是我的地址。」同時，一張紙條塞在叔同手裡。

叔同拱手告別了四位兄長，跳上馬車，回到家裡，牆上的自鳴鐘「噹噹」兩下，已是凌晨兩點鐘了。

「岸子，」母親披著衣服出來，把叔同叫到自己屋裡：「告訴媽，上哪去啦？」

「……」叔同笑笑，沒說話。

「到下流場所去啦？」

「沒有。我和幻園、希濂、小樓、小香結拜了金蘭之交。席上，聽了一會評彈。」

「噢……」母親思索了一下，說道：「金蘭兄弟固然是好，可是，前程還是靠自己啊。你記得你爸爸寫的一副對聯嗎？」

「記得，娘。」叔同對這副對聯早已背得滾瓜爛熟，那上寫的是：「惜衣惜食，非是惜財緣惜福；求名求利，須知求己勝求人」。此刻，他完全理解母親的意思，因說道：

「開春要進行科舉考試，我一定求得功名，立志報國。」

「噯！」母親高興得直抹眼淚。

次日，叔同登上馬車，按照小翠芳的地址來到南市「秋雲書寓」。一看牌子，已知這是一處高等妓院。他跳下馬車，打發車把式回去，隻身走進弄堂，大步奔到「秋雲書寓」樓上。當他左右顧盼時，只見一位身穿綠襖、頭戴紅花的中年婦女來至他的跟前，笑容可掬，甜甜地說道：

「少爺，對不起啦，姑娘生病，不陪客了。」

「陪！」謝秋雲撩起門帘，衝著鴇母飛了一眼：「別的客不見……」說著挽起叔同的胳膊：「這位嘛……我就是要陪！」

叔同明知她的嬌態是裝給老鴇子看的，因此也就笑嘻嘻地隨她進了房間。這房間的正中是一張琴桌，桌上有一張七弦古琴，兩旁是梳妝台和書櫥。正中牆上掛了一幅唐伯虎的膺品《仕女圖》，兩邊配了一副對聯：「不俗即仙骨，多情乃佛心」。右側凹壁處是一張大床，左側牆上掛了琵琶、胡琴、月琴、三弦、二胡等樂器。叔同正在出神，鴇母送來水果、茶點，又對姑娘叮囑了幾句：

「別板著臉，公子爺可不喜歡，嘿嘿……」轉臉對叔同嘻皮笑臉地說：「閨女不懂事，就包涵著點。嘿嘿，瞧你這位公子爺，長得多俏啊，嘻嘻……好啦，閨女快倒茶。」一轉身走出去了。

「李公子，」小翠芳拉著叔同坐在那張木椅上，隨手倒了杯旗槍茶，又拉了一張凳子坐在叔同對面，她呆呆地望著叔同：「李公子，我是在做夢吧？」

「幾年啦。」李叔同微笑道：「你還認出我？」

「恩人，恩人！」小翠芳火辣辣的眼睛，流出了兩行熱淚：「今生只有一個恩人，怎能忘呵？」她微笑著瞅瞅叔同，淚泉像似悲喜交加的混合物，流淌著，微笑著。

「你……，怎麼改成秋雲的名字呢？」

「哎，不是一句話能講清楚的。」她掏出香帕揩乾了眼淚，甩了一下頭髮，眼帘微微垂下，說道：「其實，我姓什麼，自己也不知道。自從李公子叫鄭三爺把我送上火車，到了上海，就被一個姓謝的流氓騙了。他一轉手，就把我賣給了這個『媽媽』。當時我雖然很小，但我知道，逃出了虎口也難逃火坑。但我死活不從，潔身來，清白去。後來她知道我學過京戲，就叫我學藝，做了一個賣笑不賣身的下流……人。」講到這裡，「哇」地一聲痛哭起來。

叔同茫然地望著這個可憐的弱女子。無可奈何地嘆息著，彷彿在她的身世中悟到了社會的陰影，看到了人間的不平。

「秋雲，不必傷心。」叔同的心雖然被錯綜複雜的情緒擠滿了，但這句安慰的話是頂真的。老實說，他真找不到一句更合適的話來安慰她。

她哭得更傷心了，彷彿這許多年的隱痛要在叔同面前一股腦兒地流洩出來不可。

「別哭了，」叔同笑笑：「咱們談點正經的吧。」

謝秋雲猛抬起頭，忍著淚，喃喃地反覆著「談點正經的。」她猛地撲進叔同懷裡，泣道：

「我早就發過誓了，今世不報來世報。既然公子來了，我情願為你縫洗漿補、送茶燒飯，以報救我之恩。」說罷，仰起臉來望著叔同，希望能得到一絲反應，哪怕是一點點……。

叔同看著這張哭紅了眼的秀臉，甚是憐愛。她的確長得很俊，一對酒窩嵌在她那白嫩的臉龐上，一雙秋波撩人的大眼睛，露出女人特有的媚色，她，確是令人神魂飛散。

叔同在這謝秋雲的青春氣息和脂粉氣息的瀰漫中怔住了。半晌，他才回過神來對她安慰道：

「這裡不是你久留之地，我全然知道。可是世上多多少少個謝秋雲啊……」他沉思了一下說：「我只有求得功名，奏上朝廷，繼續實行變法維新……。」

「那我……」謝秋雲急切地問道。

「那好辦。」叔同把帶來的五十大洋交給了秋雲，說道：「等明年科舉之後，再做商量。」

這天，叔同離開「秋雲書寓」已是日落西山了。天還是晴朗朗的，叔同的心卻是沉甸甸的，當他走進自家的牆門時，許幻園正在這裡等他。

「快，進屋坐。」叔同拉著幻園往娘屋裡走去。

幻園見到王氏口稱「媽媽」，然後跪地就是磕頭，弄得王氏怪不好意思的。許幻園磕完了頭，坐在藤椅上，接過張媽媽送來的龍井，呷了二口，直截了當地笑著說道：

「此處房屋狹窄，友人不便往來，何況，李家門第不俗，我弟漱筒早已是江南才子而為人稱道。說真的，愚兄不忍心你們在此居住。我已經吩咐管家，把鄙舍東院五間房子讓給你們。不過，兄弟之情，說話算數，說搬就搬。」

叔同母子相視一笑，這笑裡彷彿在說：好一個金蘭兄長，說出話來不留縫隙，看來非要喬遷不可了。

「那好，」叔同望著母親：「娘，我們情同手足，既然如此盛情，我看……就不必推辭了！」

王氏笑了：

「那就搬唄！」

幾天之後，李叔同攜眷遷到許幻園家的「城南草堂」的東院。此處不僅房屋寬敞，而且很是幽靜，門前是一條清澈見底的小溪，跨水有苔痕蒼古的金洞橋，橋畔有兩株蔥蔥鬱鬱的大槐樹，真是一處鬧中取靜，並帶點花泥野味的中國式的別墅。

此後，叔同和幻園情同手足，眷屬之間情同姐妹；五友往來更加密切，朋友中又增加了文壇名將毛子鹽、李方園和劉泯松。

眨眼之間，已至深秋，儘管南方氣候宜人，但叔同一家已感秋風淒淒，寒意蕭瑟。不久，母親病了。叔同心急如焚，急忙與五友商量。幸好蔡小香是著名婦科醫生，遂即為之診斷。他見了王氏，瞅了一眼她那焦黃而枯瘦的面容，再一診脈，只覺脈弱、氣虛、早跳、心血失調，診畢方知，此病並非一般症狀，乃係婦女「雜症」。

蔡小香雙眉緊蹙，走出王氏房間時，叔同忙問：「病重嗎？」

蔡小香沉吟了一會：「看來，伯母乃是多年積累的雜症。」

「雜症？」叔同慌了。

儘管蔡小香使了全身解數，開了幾貼藥，吃完了還不見好轉。

屋漏偏遇連雨天，張媽媽又湊上了一份兒。

「我說，小奶奶，」張媽媽把煎好的藥送到床邊：「您的病啊，八成是星相的緣故。」

「啊？」王氏撐起身子：「張媽媽，你說什麼？」

「我說呀，您可別往心上去。」

王氏擰起眉毛，瞪大無神的眼睛：「你說吧，有什麼往心上去、不往心上去的。」

「您想，」張媽媽神秘地湊近王氏床邊說道：「小少爺屬龍，少奶奶大二歲，屬虎。他們兩小夫妻是『龍虎鬥』的命相。」張媽媽說到這裡煞住了，再往下說就是「龍虎相鬥、必有一傷」了，雖然沒說，王氏心中像是被蝎子蜇了一下，猛地疼痛之極，接著便突突地跳著。不容分說，張媽媽的幾句話，又給王氏的病添了一份「雜」字。

王氏不斷地吃藥，每當天氣晴朗，精神好些，便被叔同扶上馬車，到上海城隍廟、地藏庵、臥佛寺去燒香，求得消災去病。說也奇怪，王氏的病情又慢慢好轉了。

剛刮了一陣寒風，又降了一場小雪。

叔同的母親病情剛穩定，叔同的媳婦要生產了。這下可把叔同忙煞了。還是張媽媽有經驗，她不慌不忙地對叔同說：

「少爺，這事您就甭操心。您的把兄弟蔡先生雖然是婦女病專家，但咱天津有句老話：『寧穿朋友衣，不沾朋友妻』，不能讓他接生。」說罷她叫來車把式。

「老劉，套上車，我去接大夫。」

其實，俞氏懷孕時，她就注意了上海的產科大夫。果真，大夫被她請來了。這是一位日本留學回來的女大夫，張媽幫她拎著產包，直接來到俞氏的房間，片刻工夫，她出來了：

「胎位不正，手術已經來不及了。」

「那……」李叔同臉色刷地變了：「您看如何是好？」

「力爭保全大人和小孩，如果情況危急，只能保大人。」

叔同怔住了，腦袋嗡地一下變空了。末了，他無可奈何地點點頭。

大夫回到產婦屋裡，張媽媽也跟著進去了。須臾，張媽媽出來燒水、拿毛巾，忙碌了一陣，叔同的心像懸在半空一樣，緊張、擔心、同情、害怕、著急，真像熱鍋上的螞蟻，連手心都捏出一把汗來。

「啊，實在無能為力，」大夫走至外屋，對叔同說：「孩子在沒出世之前，已經窒息了！」

這句話，差點使叔同昏倒。

「孩子沒救了？」叔同乞求著說。

「所有的辦法都用過了。」

「是男是女？」

「男孩。」

叔同默然垂下了頭，兩行熱淚刷地滾了下來。他，痛苦極了。孩子還未來到人世，就離開了人間。

不過，頭生兒的喪事，辦得還算體面。儘管沒有吹吹打打，但他的心也算得到了一絲慰藉，可是叔同母親王氏，卻大哭了一場。

就在這一家人悶悶不樂的日子，天津家鄉來了一位管家。誰？鄭三爺。

鄭三爺穿了一件春綢長袍，外套一件砍肩，一條灰白色的長辮子，垂在瓜皮帽的後頭。如果不看那雙長滿老繭的大手，真像個鄉下老財呢！

叔同母子見到鄭三爺，分外親切，但又不知大老遠來到南方有何要事。當鄭三爺坐定，張媽媽送上了一杯熱茶，叔同才開口問道：

「三爺這次來……？」

「嗨，」鄭三爺放下茶杯，笑道：「本來，文熙二爺要寫信來，說是兵荒馬亂，怕耽誤事，所以叫我來一趟。」說著，在內衣裡掏出一封家信遞給了叔同。

叔同急忙拆信一看，笑了。上邊寫道：

文濤弟如晤：

信悉，知你遷「城南草堂」，一切如意，兄放心矣。屈指前科至今三年，開春將在河南開封舉行北方正科考試。兄深知吾弟宏才，早存功名報國之心，故特飛鴻告之，勿延良期，切切。

兄文熙　十月二十一日

當下，叔同寫了回信，大意是開科之事，弟已掛心，望兄保重。寫畢交給了鄭三爺，並給鄭三爺安排了食宿。第二天，鄭三爺逛了一天大上海，臨走時，叔同送了他二十塊銀元。

南方的冬天，雖然沒有冰封三尺，但室內也是相當寒冷。叔同為迎接科舉，日夜攻讀，連天準備，也不知燒掉了幾百斤炭。

翌年開春，他隻身一人，拎著那只柳條書箱，到了河南開封，找了一家乾淨的客棧。也許先付了小二的酒錢，因而小二十分殷勤地給叔同開了一間清靜的單人客房。

過了幾天，縣裡果然出了告示，外地童生們圍了一層又一層，看了一遍又一遍。叔同看罷，拔腿進了縣衙門，填了姓名、年齡和籍貫，又買了卷紙，待縣太爺坐堂後，不一會兒就點了他的名。

叔同進了大堂，深深地作了一揖。

「叫什麼名字？」

「學生姓李，名文濤、字叔同。」

「多大年紀？」

「二十歲。」

「父親的名字？」

「李世珍、字筱樓。」

「嗯？」縣太爺眼睛一亮：「功名……？」

「大清進士。」

「噢……」

當下，叔同磕了頭，領卷下去。

考試那天，叔同和童生們按號進了考場，俗話說：藝高膽大，他不慌不忙，十分從容地寫了一篇「八股文」。自己校閱了三遍，然後交給了監考老爺。

十天之後，第二場複試，出了長案，李叔同考取了第三名。

叔同看到了榜上的題名，激動得直流淚。然而，他也知道，複試出了榜，還不算考中，必須通過「府試」才能奪取功名。此刻，他的心境像是起伏的丘陵，跌宕不平。老實說，他的精神緊張了。要報國，要維新，平俗之輩何以救國？若要為國盡忠，功名不能少、不能低。此時的「功名」二字，已經佔據了他的大半個腦子，爭取「功名」的熱情像燒紅的鐵塊，火辣辣的。

他自信府試能中，也有把握奪冠。

離府試尚有數月，他決定回津，請名師補課，也許更有把握。於是，他整理了行囊，付了店錢，搭上火車回到了天津。

這天，李家上下見小爺回來，個個驚喜萬分，再看看手裡的行裝，似乎又感到驚奇。

末了，還是鄭三爺把話挑明了，大伙才問長問短。

傍晚，文熙回來了。兄弟二人相見，談不完的別後話，述不完的兄弟情。最後把話題拉到科舉上。叔同向哥哥講了複試的科第，又將回津請名人補習的打算說了一遍。文熙聽罷，興奮得張大了嘴巴。

「我實在高興。這樣吧，」文熙說：「請趙元禮（趙幼梅）幫助你，他們的弟子，可以說個個及第，人人是材。何況，你自小的啓蒙、受業，全靠這位拔貢的教導，他對你是了解的。」

叔同一聽，正合自己心意。於是，第二天，叔同就去登門求師。當然，弟子上門，老師自然承擔了補習的責任。幾個月間，趙幼梅給他補講了四書（《大學》、《中庸》、《論語》、《孟子》），五經（《易經》、《詩經》、《書經》、《禮記》、《春秋》）。之後，命叔同根據宋代朱熹的《四書集注》，寫了數篇「八股文」，篇篇文理清秀，句句「代聖賢立言」。老師閱後，不禁嘖嘖稱讚，連說：「及第可望。」

叔同胸有成竹，只待開科府試。

第9章

甲午海戰之後，帝國主義列強像一群餓瘋了的野狼，對中國這塊「肥肉」，你爭我奪，企圖瓜分。正當中華民族面臨亡國的危機時刻。我國民間秘密結社組織義和團，高舉「扶清滅洋」的旗幟，先後在華北東北殺洋人、燒教堂，尤其在京、津一帶，更顯示出中國人的骨氣。為了撲滅這股反帝的勢力，英、俄、美、法、德、日、意、奧八個帝國主義國家組成了侵華聯盟，一九〇〇年七月四日攻陷了天津，八月十四日攻陷了北京，太后老佛爺化裝逃出京城。此刻的中原地帶，已駐紮了十萬聯軍；東三省也駐紮了十七萬沙俄軍隊。

天津城裡亂糟糟的，市井商店冷清清的，衙門的官吏逃得精光光的，百姓人心是驚慌慌的，車船碼頭的洋人都是惡狠狠的。

眼看「府試」時期已到，但四處敵兵把守。叔同幾次試圖通過僻徑，前往開封赴試，可是，都被阻攔了。

時間迫在眉睫，叔同的心火燒火燎的。直至開科「府試」這天，他還在天津周旋，不能如期應試。心，像燒紅的鐵塊一下掉在水缸裡。他茫茫然、昏沉沉。完了，理想破滅了。

儘管二哥文熙百般勸說，叔同仍然像得了痴呆症，整天悶聲不響，真把家裡人嚇壞了。

當他通過水路來到上海時，已是夏天了。叔同陷入炎熱的氣候、沉悶的心緒包圍之中，母親王氏和妻子俞氏似乎再也擠不出更好的語言來安慰他了。

草堂主人許幻園見了叔同，竭力迴避談科舉之事，生怕傷了他的心。他通知了傭人，邀請「天涯五友」以及上海名妓李蘋香、謝秋雲、金娃娃，女演員楊翠喜，藝妓朱慧百、高翠娥等，舉行了一次「歡迎瘦桐茶話會」。其實，搞了一場酒色茶會，是想為叔同消愁解悶，使之像唐六如一樣，寄情於「九秋香滿鏡台前」的環境，沉湎於「青樓艷妓」之間。說真話，憂國的叔同，面對這腐敗的清廷，志在何方？就在這聲色酒酣之間，當場揮毫寫了十個大字：

世界魚龍混
天心何不平

字跡渾厚，蒼苦遒勁，筆下點墨揮灑著他那憂國憂民的心情。落款是「庚子仲夏瘦桐」。

席間的人們被這十個字怔住了，又像聽了一首無聲的悲歌，又像是欣賞著一幅滿目瘡痍的「國破圖」。

一旁的謝秋雲，望著李叔同那憂傷的面容，一頭撲在他的懷裡，同情地叫著「瘦桐、瘦桐。」

的確，他瘦了。他那高條的身材，清秀的面容，經過温課、趕考、補習，特別是外敵的入侵、理想的破滅，顯得憔悴不堪了。

「瘦桐先生，」李蘋香放下酒杯，扭動著纖腰輕步走至叔同面前，把手中的絹扇一伸：「給我留下你的墨寶，使我日夜如晤，賞個臉吧。」說罷微送秋波，嬌媚地一笑。

謝秋雲欠身接過絹扇，對叔同微微一笑，嬌嗔道：「給蘋香姐寫詩，可不能寫歪詩。」

「當然。」叔同輕輕地推開謝秋雲，把雪白的絹扇往桌上鋪開，稍一思索，便揮毫寫就一首詞：

楊柳無情，
絲絲化作愁千縷；
惺忪如許，
縈起心頭緒。
誰道銷魂，
盡是無憑據，
離亭外，
一帆風雨，
只有人歸去……

「蘋香，」謝秋雲瞇起媚眼，笑道：「你是女詩人，回敬他一首。」

李蘋香毫不推辭，也許是為了表現她的文采，她略一思索，信手挑了一張宣紙，蘸飽香墨，寫道：

如君青眼幾曾經，
欲和佳章久未成，
回首兒家身世感，
不堪樽酒話生平。

在場的人見此詩句，拍手，叫好，賞酒聲鬧成一團。半天沒講話的袁希濂，早看出李叔同的沉鬱心情，似乎非讓他發洩一頓不可，他起身說道：

「我的小弟漱筒，實乃當今才子，無奈懷才不遇，我等忿然不平，我提議：請小弟漱筒以詩言志，如何？」

話音未落，蘋香、秋雲搶著研墨，朱慧百、金娃娃裁紙潤筆。叔同被老大哥袁希濂一啓發，頓時思潮翻滾，一種難以抑制的忿懣之情，像攔河壩前的怒濤，一旦打開閘門，便以不可阻擋之勢滾滾而來。只見他緊鎖著兩道濃眉，提筆寫道：

故國三千里，深宮二十年，一聲河滿子，雙淚落君前。世界魚龍混，天心何不平？豈因時事感，偏作怒號聲。燭盡難尋夢，書寒況五更？馬嘶殘月墜，金鼓萬軍營。

不過，這次茶會以後，叔同變了。他把憂時憤世之情，寄託於風情瀟灑間，嬉戲於情樓脂粉之中。他的報國熱情，像出爐的鐵水，漸漸地冷卻了。他寄情聲色，走馬章台，廝磨金粉，奔走於梨園名旦楊翠喜、歌唱女郎金娃娃、藝妓謝秋雲、李蘋香、朱慧百、高翠娥等秦樓香榻，常以詩酒酬唱，藉以抒發內心之情。

一天，他閑蕩到朱慧百的書寓。「媽媽」見到公子爺上門，笑得像拾到珠寶一般。轉身捧來一只西瓜，一邊切開，一邊笑道：

「李公子先吃點瓜。姑娘正在洗澡，我去通知她一下，就來、就來。」

叔同剛坐定，朱慧百進來了。她穿了一件粉紅色閃緞睡衣，像是大開叉的沒袖旗袍，對叔同抿嘴一笑，嬌聲說道：

「喲，李少爺，好幾天不見面啦。」說著挨到叔同身邊一坐：「我知道，你是不想我的。」

叔同感到一種刺鼻的香味，忙說道：

「女人只知道情愛，可男人……。」

「你又是老夫子一套！」慧百把頭往叔同肩上一歪：「不要老是憂民憤世吧，是否……能講點快樂的事兒？」

叔同搖頭，一絲苦笑。

慧百偎得更近些，一種女人的溫馨使他陶醉，喚起他的情愛……

「瘦桐……我是理解你的。你上次送我的七言絕句，我也寫了一首，本想和你的原作，可是，你的詩句是無以倫比的。」說罷，離開叔同懷裡，從撣瓶裡取出一把絹扇：「這把扇子，儘管在你面前獻醜，還是請你收下。」

叔同接過扇子，瞅了瞅畫面，感到俗了些，再看這七絕和詩，更覺陳詞濫調。可是瞧到附加的識語，卻興奮得直撓耳朵。原來上面寫道：

漱筒先生，當湖名士，過談累日，知其抱負非常，感事憤時，溢於言表。蒙貽佳作，並索畫箑，勉以原韻，率成三截，以答瓊琚，敬乞方家均政。

「誰說妓女只賣笑，感時憤世她全曉，若非出於無奈，實乃女流之驕。」叔同看了「識語」，心中暗暗思忖了半晌。

月上柳梢，路上乘涼的人已漸漸稀少了，叔同帶了一身香汗，走回自己的家裡。他習慣地在母親的窗下停了一會兒，只聽母親輕輕咳了兩聲：

「岸子，」母親還沒睡，打開電燈：「來，到娘這來。」

母親從蚊帳裡挪動出來，望著自己的兒子問道：「哪兒去了？」

「到慧百家裡去了。」

「慧百？就是那個野雞？」

「娘，」叔同解釋道：「她，可不是一般的女人。」

「孩子，」母親深情地嘆了一聲：「娘知道你的苦悶，可是再苦悶也不能往下流地方跑啊！」

叔同不敢和母親爭辯，只是默默地聽著。

「孩子，你是讀書人，和妓女廝混，可不是你幹的事啊！」

「娘，」叔同幾乎哭出來：「妓女，固然下流，可她們沒罪。相反，我們這些讀書的人，有的是報國無門，有的是偽君子，有的是朝廷的奸黨，出賣民族土地的亂臣賊子。想想這些人，又與妓女有什麼兩樣？」

母親再沒說下去，像是被兒子說服了似的，只是自言自語地說道：「哎，自古以來，如果是亂臣賊子當道，英雄必然報國無門哪……。」

「娘，您早點睡吧。」叔同瞅了一眼母親那身夏布褲褂，似有汗漬滲出：「窗户打開，好嗎？」

「我不熱。你現在快當爸爸啦，快到媳婦那裡看看去！」

「噯。」叔同應著便回到了自己的房間。

俞氏又懷孕了，而且臨產期很近。自打叔同回滬以後，她深知丈夫的心境，然而，她畢竟是女人、妻子，眼巴巴瞅著丈夫扎在脂粉堆裡，而又常常出沒於妓院，心中不免有幾分醋意。今晚見叔同深夜歸來，微嗔道：

「光知道跟她們混，幾乎每天等你到半夜。」

「啊……實不瞞你。」他愛撫地伏在躺著的妻子面前：「我只是和她們填填詞、寫寫字。」

「哼，金蘭兄弟也不要啦？」

「噢……我們只是每月集會一次。」

俞氏嬌嗔地把嘴一撇：「你就是不疼我。」

「疼啊！」叔同笑著親了一下自己的妻子，然後沉吟道：「不過，光在家裡，都快悶死了，你就讓我散散心吧，我太痛苦了！」

妻子何嘗不了解丈夫的痛楚呢。她覺得，只要丈夫潔身自愛，不遺棄自己，那就讓他去吧。她撫摸著丈夫漸漸瘦下來的面頰，深情地說：

「我知道你的痛苦，讀了那麼多書，一心想報國，可時局如此，又有什麼辦法呢？想開點吧，瞧你，瘦成這個樣子……。」

妻子的聲音，像是一曲溫情的旋律，深深地感染著他。他瞅了瞅妻子那懷孕的身軀，嘆道：「孩子長大，問起父親的作為，怎能對得起後代子孫？就是祖上知道，也會在九泉之下嚎啕大哭的……。」

這一夜，叔同沒合眼，俞氏也沒睡著，但她一動也不動地躺著，偎依在丈夫身旁。

第二天，叔同沒去李蘋香家裡，晚飯是在謝秋雲家裡吃的，不用細說，鴇母殷勤、公子出錢。叔同對秋雲，似乎不如對蘋香那麼動情，然而對她的愛，始終有著一種憐憫的疼愛，這種情感、緣分，像是老天爺故意安排的。

晚飯後，謝秋雲洗漱之後，又重新打扮了一番，來到叔同面前，緊靠在一起坐下。叔同抓住她一隻手，她趁勢躺在叔同的胸前。仰望著叔同的笑臉，斷斷續續地說：

「瘦桐……我，我如果能伺候你一生……。」她說著便把頭埋在叔同的懷裡。

這天夜裡，謝秋雲又一番柔情蜜意，使這一代著名才子留宿在這裡了。

由憐愛到情愛，他並沒感到生活的充實，他對謝秋雲的「愛」可以說是破碎的、痛苦的，甚至覺得是對自身的一種犯罪。因為他在極端痛苦中才尋求感官的刺激，從而代替他精神上的折磨。他深深感到她們生得那樣的美，能詩善詞，唱得沁人心肺，得到過那麼多男人的「愛」。然而，又是那樣地被人瞧不起，被人認為是下賤之輩，到頭來，沒有一個有其圓滿的歸宿，而是一批終生被污辱被損害者。

清晨，已經驅散了昨夜的悶熱，從紗窗裡透進絲絲涼意。叔同披起白色夏布上衣，在謝秋雲的臥房裡欣賞著她的詩作，又撥弄了一下牆上掛著的月琴。坐在梳妝台前的謝秋雲，回首莞爾一笑：

「會彈嗎？」

「沒學過。不過在票房學戲時，隨便彈彈而已。」

正說著，門外的老鴇咳了一聲：「大少爺，起來了？」她笑著端進來一盤豐盛的早餐。

叔同簡單地吃了幾口，立起身來在屋裡轉模了一圈。謝秋雲也放下筷子：

「大少爺，要嘛？」

「紙筆！」

「有，有。」秋雲從書櫥上拿下上等的徽宣，笑呵呵地說道：「大少爺的墨寶，我從來沒敢求過。今日有幸，那，就賞一副吧。」

叔同攤開宣紙，秋雲急忙研起龍門香墨。叔同略思片刻，提筆寫道：

風風雨雨憶前塵，
悔煞歡場色相因，
十日黃花愁見影，
一彎眉月懶窺人；
冰蠶絲盡心先死，
故國天寒夢不春，
眼界大千皆淚海，
爲誰惆悵爲誰顰？

謝秋雲看了這首詩，琢磨半天，不解其意。她抬頭望著叔同：「大少爺，您，能給我解釋一下嗎？」

「哈哈，」叔同發出了一陣令人難以理解的大笑，謝秋雲抿嘴一笑，然後嬌嗔道：「是……？嗯，是歪詩！」

「不！」叔同微微一笑，接著便收斂了笑容，像是疾呼的聲調說道：「在這個世界，有誰是真正的笑？我們，在這塊有八國聯軍的自己的土地上，只不過以笑解愁而已！」

「是呀，」謝秋雲恍然大悟地嘆道：「我自己明瞭，我的一生，只是一場悲劇。」

說罷，猛撲在叔同肩上，哭了。

午飯前，叔同離開了這裡。他沒乘車，頂著火辣辣的太陽，往家裡走去。路上的行人，儘管熙熙攘攘，但那些人的面孔像是一批剛翻出來的石膏像一樣，死板板的毫無生氣。只有幾個法國巡捕，拎著警棍，耀武揚威地走在大街上，不時地對那些討飯娃們呵斥著。

當他回到「城南草堂」已是正午十二點了。

母親見孩子回來，擔心地問道：

「又到謝秋雲那裡去啦？」

「是的，娘。」

「哎！可要守住自己。」

「娘，」叔同坐在娘身邊：「我想，龔自珍有一首七絕。他說：『滑蕩離愁白日斜，吟鞭東指即天涯，落紅不是無情物，化作春泥更護花。』這首詩，不正是為這些好人正名了嗎？」

「反正娘也不懂，只不過勸你別毀了自己呀。」

叔同不願讓娘為自己擔憂，故而振作了一下精神，說道：「也可能，柳暗花明的時節會來的。」

說話間，張媽媽端來了飯菜。同時，把許幻園的一張帖子也交給了叔同：

「許公子說，晚宴是從杭州天香樓、樓外樓請來的名師燒菜……。」

叔同沒聽進去，看了看帖子才知道是「迎中秋茶會」，只是對張媽媽淡淡地應了一聲「知道了」。

是夜，城南草堂的前院，滿地茉莉，幾棵薔薇爬滿了圍牆，正面那塊用水泥砌成的養水池，潺潺有聲，青翠的假山腳下，草木扶疏，鮮花點點，一圈石桌和瓷磚，這是「城南文社」社友們筆會和歡談的地方，今天的晚宴就設在這裡。

月兒從柳梢背後慢慢爬上來了，它像窺視著人間的奧秘，不時地躲進雲層，當它最後出現的時候，賓客早已齊濟一堂，這種闊綽的場面，像是一塊磁鐵，使這滾圓的月亮不肯離去。

整個前庭花園燈火輝煌。

幾位風姿秀美的藝妓像一串歡舞的彩蝶，在「五友」的間隙中出沒不定，敬酒、歡笑。不一會兒，草堂主人許幻園，笑道：

「金娃兒的歌喉，上海人稱金嗓子。我們請她唱一首，不過，月亮之下，就要月琴伴奏，這樣，才有秋思之情。」

金娃兒一舉杯：

「我最愛聽許公子唱詩。你如果唱一段，我情願罰這杯酒，再獻上一首歌。」

「金娃最調皮。」許幻園紅著臉，一想：「好，你聽著。」他學著老學究的聲調，而且五音不全地搖頭晃腦唱道：

中庭地白樹棲鴉，
冷露無聲濕桂花。
今夜月明人盡望，
不知秋思落誰家？

「好！」大家齊聲叫道，彷彿金娃的聲音更響些。這時，金娃兒把杯一舉，「咕咚」一口喝光了。

「秋雲姐，帶我伴奏一曲《秋思》。」說話間把一支月琴交到謝秋雲手中。

謝秋雲接過月琴，看著金娃兒問道：

「用什麼曲兒？」

「《月兒彎》。」

謝秋雲輕撥琴弦，從容地彈出了過門。金娃兒望著「五友」，深情地唱道：

月上柳梢頭，
心兒淒然愁，
淚光滴玉珠，
宛如星光流。
望君子，
何消瘦，

奴怨一彎月，
窺現眾君憂。

金娃娃唱得淒楚動情，不僅五友聽了動了心魄，就連楊翠喜、朱慧百、李蘋香聽了，也直淌淚。

袁希濂舉杯說道：「金娃兒的歌，可以與月兒比美：明澈、動人，我敬酒一杯。」停了一下，接著說：「還有，老弟漱筒一篇新作，我已經發現。」

話音剛落，像是天降珍寶一樣，大伙高興地齊聲喊著：「請漱筒自己唱！」

叔同笑吟吟地站起來，端起酒杯先是「咕咚」喝了一口，然後收起笑容，感慨地說道：

「今晚月兒雖圓，但是，我的心已破碎了，剛才金娃兒的小曲兒，引出了我的一段拙詞，如不嫌棄，我就讀給諸友們聽聽。」他清了清喉嚨，讀道：

秋老江南矣！太（忒）匆匆，
春餘夢影，樽前眉底，
陶寫中年絲竹耳，走馬胭脂隊裡，
怎到眼都成餘子？
片玉昆山神朗朗，
紫櫻桃，慢把紅情繫，

愁萬斛，來收起！

泥他粉墨登場地，
領略那英雄器宇，秋娘情味。
雛鳳聲清幾許，銷盡塡胸蕩氣，
笑我也布衣而已。
奔走天涯無一事，
問何如聲色將情寄？
休怒罵，且遊戲！

大伙聽罷，怔住了。細品詞意皆感叔同滿腹憤世之情，藉著酒勁一古腦兒把真話說穿了。老大袁希濂心中更清楚。他想：小弟潄筒近來沉湎於聲色，實乃滿腔憤慨無處發洩，滿腹文才被混沌的社會所淹沒。儘管寄情於風情柳巷，實是「奔走天涯無一事」而彷徨苦悶，他的內心是何等的壓抑與痛苦啊！把「聲色」視為「兒戲」，表面似乎在脂濃粉艷的境地放浪形骸，實乃是充分地流露出滄桑幻滅之感。

「小弟，」袁希濂伸出拿著酒杯的手：「我們兄弟近日來肝膽相照，心脈相通。自打受阻不能赴開封，吾弟心情抑鬱苦悶，我看，應把『奔走天涯無一事』，換成『君子奔走又一春』。想開點！來，大哥敬你一杯酒！」

叔同凝望著希濂，又喝下了一杯。眾人望著他這不快的神情，個個臉上像蒙上了一層薄霧，失去了興奮的光彩。

「我……，」叔同一見大伙被自己的心情影響了，於是微微一笑：「我也敬大家一杯。」

「李公子，」謝秋雲兩眼淚汪汪地說：「我們畢竟是女流之輩，不懂政事。公子的詩詞慷慨激昂，不過，我勸您且息怒，再往前看……。」

「哈哈哈……」叔同笑道：「女流？女子也是人。可現在，我們中國人在自己的國家裡，對外國人卑躬屈膝。國與國不平等，人與人又何談平等？來，讓我們和那些腐朽的舊勢力去抗爭！抗爭！幹！」

叔同的眼睛火燙一般地望著大家，又「咕咚」一聲，喝下了一杯。

「大少爺，向您道喜啦！」張媽媽笑著闖進來道：「喜事……快，快！」

滿堂的人都被她說糊塗了。

叔同一怔：「什麼事？」

「快，快生啦！」

眾人恍然大悟，叔同被張媽媽一說，酒勁早溜掉了一大半。於是抱拳向大家說道：

「失陪了，我屋裡的要臨產了。」

「慢點！」蔡小香說：「我，雖是婦科大夫，可我不能親自助產。這樣，你去照料夫人。我去請大夫。」

說罷，許幻園把草堂馬車全部用上了。請大夫，送女友。留下三兄弟，與杭州請來的廚師商量了一番，做了一碗「桂圓八寶粥」。

片刻工夫，日本女大夫帶了兩位助產士和一個產包來到城南草堂。一切都很順利。俞氏生了一個男孩。

「喂，」袁希濂對叔同笑著打趣道：「做爸爸的，可要會做。先取個名吧。」

「嘿嘿……」叔同雖然笑了笑，但心中委實不是個滋味，他感到做「爸爸」了，忽覺得自已老了。是的，壯志未酬人先老，何以報國？他面對現實，說道：「上次長子降生時即離開人間，他乳名叫『葫蘆』，也是我妻愛子心切，隨之以寶為名，叫『葫蘆哥』。這個，就算長子。記得《文心雕龍．熔裁》有『草創鴻筆，先標三準』。讓他做個標準的人，我想給他取名叫李準。」

說話間，王氏從兒媳產房裡正走出來。眾兄弟見王氏，躬身：「給媽媽賀喜。」

「同喜，同喜！」王氏笑得合不上嘴。

「娘！」

「嘛事？」娘笑吟吟地望著叔同。

「您看，孩子的名字叫『準』，好嗎？」

「由你，一切由你。」王氏得了孫子，心裡像抹了一層蜜糖，甜滋滋、笑呵呵的：「叫李準也好。」忽地一回頭：「你們兄弟大伙，看這個名字好嗎？」

「好，」許幻園搶先說道：「叫孩子做個標準的人，《晉書．良吏傳序》中說『斯并惇史播其徽音，良能以為準的』，就是希望人準。」

「不過，」袁希濂逗笑道：「《漢書．高帝紀》中說『高祖為人，隆準而龍顏』。這準字，是指著皇上鼻子而言，將來漱筒得志，孩子可要爬到皇帝鼻子上去啦。」

「哄」地一聲，滿屋子人都笑了。

不覺天已微露熹光，兄弟們各回自己的家裡，只有叔同還留在外間大廳。高興、心焦、慚愧、失意等等，像一堆亂麻，理不清、放不下。他認為：當自己在慈母膝下時，仍是個孩子；而今有了兒子，自己便成了「老子」。啊！可怕的「老子」。他後悔，悔不該娶妻生子，而今，「老」字加冕，深感自己已經變成了一個地地道道的「老少年」了。每想至此，感嘆不已。於是他摸黑走進書房，研了墨，提筆寫了一闋《老少年曲》：

梧桐樹，西風黃葉飄，
夕日疏林杪，
花事匆匆，零落憑誰弔。
朱顏鏡裡凋，
白髮愁邊繞，
一宵光陰底是催人老，
有千金也難買韶華好。
……

第10章

金洞橋上已有三個月沒走過皮篷馬車了。趕車的老把式袁阿大沒事幹，一天到晚揣著一瓶黃酒和門房劉老頭坐在一塊談天說地。有時喝得臉上發燒，背上出汗，直到杯乾瓶空才醉醺醺地走到跨院，在叔同的書房門外輕輕問一聲「大少爺，今晚還出去不？」叔同三個月沒走出城南草堂。每當回答說「不出去了。」阿大便回到門房，悄悄笑道：

「到底做爸爸了。哎！可憐的野雞們又少了一個財神爺。」

「嗨！」劉老頭笑著說：「真是看『三國』掉眼淚，替古人擔憂。你也不想想，李少爺三年不出門，照樣有人把錢送到野雞手裡。」

說真話，叔同得子之後，每天看看兒子，像是例行公事，盡盡義務。然而他更多的時間是在書房裡，發發筆墨牢騷，舒舒胸中之鬱悶。

十二月七日，他翻閱著自己在城南文社奪冠的《二十自述詩》的序言，一連讀了三四遍，那種沉鬱的心情，就像頭頂那團烏雲，使他壓抑、心煩。尤其那「俯仰之間，歲已弱冠……欣戚無端，抑鬱誰語」的詞句，令他心寒。他木然地伏在案上，兩手托著下巴。人總是那麼怪，越是逆境，越易回憶往事，他也不知聽了多少遍「江南才子」的美稱，而今又是如何呢！這篇《序言》至今已有一個年頭了，但在他心中像是經歷了一個世紀。這一年的變幻，國事的日衰，科舉的失意，民族的悲劇，以致小翠芳的被騙……想著想著，他突然感到自己與這個垂危的清政府是處在陰陽兩界似的。

過了一會兒，冥冥中他有一種感覺，彷彿在大沙漠迷失方向的人，憑著日出的方位，總會走出這可怕的境地的。他不相信命運。他要任性的走下去。儘管沒事可做，他要整理自己的舊作，決定編選一部《李廬詩鐘》，他在《序》文中寫道：「索居無俚，久不託音。短檠夜明，遂多羈緒。又值變亂，家園淪陷……庚子嘉平月。」

他放下筆，正想推敲一番，只聽門「呀」地一聲進來一個人。一抬頭，見是大哥袁希濂：

「小弟，」袁希濂進門把皮帽一脫，笑呵呵地說道：「小弟啊，別老悶在家裡。做爸爸啦，難道就這樣做？」

「大哥，」叔同苦笑道：「我真感到變成一個老少年啦。」他把袁希濂拉到一把太師椅上：「你瞧，孩子都有了，可，我這做爸爸的，卻一事無成！」

「嗨！天下這樣的人太多了！」袁希濂把皮帽往桌上一丢：「就憑咱這幾個書生，能治天下？」

「不！」叔同微蹙雙眉：「中國非變法、維新不可。我們讀書的人，不去報國，實難相安。」

「你呀，少操這份心吧！」袁希濂感到這句話似乎過重了，於是又勸慰道：「下次科舉，小弟中個舉人、進士，再談維新變法也不遲呀。」

「時光催人老啊……。」叔同拉長了音調說。

「太消極！」

此時，張媽送茶進了書房，對袁希濂笑道：

「你們可要好好勸勸我們公子爺，這些日子，他大門不出二門不邁。剛才，他娘叫我告訴大哥，說要請您帶他出去散散心，可別在家憋壞了身子。」

「請告訴姆媽，讓她放心。」

張媽走後，袁希濂才把話拉入正題：

「漱筒，楊翠喜的班子有個十萬火急的事，叫我來當個說客。」話還沒說完，叔同把眼瞪得老大。急問道：

「什麼事，大哥？」

「楊翠喜最近由天津到上海，這個班子已經和新舞台定了合同，拿了包銀。可楊世鉞那小子非要對半分。不分，他就給你亮台。」袁希濂喝了一口濃茶，微微一笑：「楊翠喜知道你學過京劇，說你唱做念打都行。嘿嘿……小弟弟，你什麼都沒瞞我，可是這一條，我還是第一次聽說。」

叔同忍不住笑了：「那還是在天津的事啦。當時，我在國風社當票友，有人對我引見她，我才一睹風姿，並且還聽她說過戲。」

「怪不得她對你那麼了解。」袁希濂把凳子往前一拉，湊近叔同，笑問道：「怎麼樣？幫她個忙吧。」

「楊翠喜的意思是……？」

「請你下海！」

「下海？」叔同嚇了一跳：「這可不行。玩票嘛，還可以湊合湊合。」

「下海也好，玩票也好，反正，你要給她補台！」希濂那個講話語氣，真像個兄長。

「哪天開鑼？」

「後天。」

「唷！」

「其他不必多思了。」袁希濂比楊翠喜還急：「明天、後天請你去排戲、走場子。怎麼樣？」

叔同皺了皺眉頭，然後一拍大腿：「行！」事情說定了。

翌晨，前庭花園覆蓋了一層薄薄的積雪，冷風捲著幾片枯葉在雪地上翻著跟斗。幾對雨點鴿子在屋檐下縮著脖子，連最愛咕嚕嚕地追趕雌鴿的那隻鐵膀老雄鴿也聳著羽毛在閉目養神，只有幾株水中育蕾、雪裡開花的綠梅，在挺著枝桿，顯著「眾芳搖落獨暄妍，占盡風情向小園」的獨特風韻。

叔同穿了一件白絨衣，燈籠褲，在走廊裡壓壓腿、彎彎腰、拉拉膀、走走邊、亮亮相，眉毛一豎，頗有英雄器宇。接著就是用母音吊吊嗓子。這幾聲不打緊，可大大驚動了城南草堂的上上下下。不一會兒，張媽披著棉大袍順著聲音就來了：

「哎呀，我的公子爺，你這是幹嘛？」

「沒嘛！我練練嗓子。」

叔同回到房間，合家已被他吵醒了。他匆匆吃罷早飯，向娘和妻子說了聲「出去走走，」便來到下房，找到了袁阿大，笑笑說：

「阿大，套車，送我到新舞台。」

「嗯？」阿大一愣，心想：三個月沒出屋，怎麼一下子到新舞台。嘴裡不說，心裡直嘀咕。儘管亂猜想，但還是手腳不停地套上了馬車。

叔同一進新舞台後門，楊翠喜高興地直作揖，然後嬌媚地說道：

「真是有勞大少爺……。」隨後把叔同請進化妝室：「跟您說吧，您要是不來呀，我可真要上吊啦。」接著便把架子花臉楊世鉞「拿糖」的事說了一遍。

「說吧。」叔同很乾脆：「差幾齣戲？」

「喲！」楊翠喜朝叔同瞟了一眼：「您的口氣可真不小啊。我先問您，您學過哪幾齣戲？」

叔同眯起鳳眼，微笑著說：「你還真的看不起我呢？」

「誰敢喲！」楊翠喜笑著把嘴撇了撇。

「說實話吧。我學過《八蜡廟》還有《白水灘》……。」

楊翠喜兩手一拍：「夠了！就要這兩齣。」

當下，楊翠喜把場面上的和說戲的請來，開始「過戲」。第一齣戲是《八大拿》中的《八蜡廟》，李叔同扮演黃天霸，演費德功的是朱麟童。正反兩個角色「雙起霸」一開始，楊翠喜樂了，就像一陣春風吹散了胸中的疑雲。不禁暗自嘆道：「真夠味！」然而，使她納悶的是：這麼一個風流倜儻的文弱書生，居然還有這麼一套表演功夫。尤其那刀花，既根據性格的需要，又發揮自己的特長，有程式、有功力、有章法，楊翠喜高興的直搓手。

兩天排完了兩齣戲。當天在新舞台劇場外邊海報上，增加了一條醒目的大字：

特邀天津著名票友李漱筒先生客串演出（夜戲《白水灘》中飾許起英）

這天，戲園子裡全場爆滿。單是叔同的金蘭四位兄長就包了半個場子。

《白水灘》是壓軸戲，武場打過之後，堂鼓咚咚的單調音響和陰鑼的慢節奏，伴著俠士青面虎許起英憤世的醉步一上場，便來了個「碰頭彩」，接著，一個花槍亮相，滿堂喝彩，連連大聲叫「好！」袁希濂、許幻園、蔡小香、張小樓等一批捧場的把手都拍疼了。

許起英醉臥在白水灘之後，一陣「急急風」鑼鼓點，上來了龍套官兵，生擒了俠士許起英。這時，只聽幕側大喝一聲：

「賊人，哪裡走……！」

在一陣「亂錘」的鑼鼓聲中，俠士之妹佩珠率眾上場，救回許起英，並在追趕押解官兵中，兄妹又與莫遇奇一番交戰。對打有術，活而不亂。一個亮相，許幻園等四人這才認出來，原來扮演佩英的武旦就是楊翠喜。好傢伙，雷鳴般地掌聲幾乎要把房蓋掀起來。

散了戲，「天涯五友」和楊翠喜、金娃娃、謝秋雲、朱慧百等人，乘上馬車直奔「北京老鄉親」飯館，吃著、笑著、評論著。半天沒吭聲的許幻園，正在撰寫揄揚票友李叔同的文章。

吃完了夜餐，各自回家，只有許幻園、袁希濂二人直奔《申報》館。

第二天，報紙以「江南才子李漱筒票演京劇《白水灘》」為題，對叔同的演出，大大地褒揚了一番。

夜場戲是《八蜡廟》。甭說，李叔同這位黃天霸一上場，就給了個碰頭彩。觀眾情緒十分熱烈。只有一個人卻引起了大伙的注意。此人身穿灰布棉袍、黑布坎肩。他沒鼓掌，左手的拇指和食指直捻著山羊鬍子，冷靜地觀察著黃天霸的手眼身法步，像似對叔同的一招一式、一步一行都在琢磨著。

演完了戲，叔同正在卸裝，他來到了後台，從容地走至叔同的身邊。

「太好了，李先生。」

叔同從鏡子裡一瞧，是位陌生人，趕忙站起來，笑道：

「過獎了，過獎了。」一邊謙虛著，一邊打量著來人：「請問，尊姓大名？」

「在下姓任，名伯年。」

「任伯年先生，」叔同猛地拉著這位參加過太平軍起義的畫家的手：「請坐，請坐！有勞大畫家前來賞光，實在有愧。」

任伯年看了看手上被叔同沾上的化妝顏料，笑道：「人家是聽戲，我是看戲。不過，賢弟的一招一式，決不僅是一般程式，而是帶有刀筆書法之功力……。」

「小弟不才，實想請您多多指教。」

「恕我冒昧地提個要求。」

「請說。」

「有閒之日，請到寒舍一敘，不知能否光臨。」

叔同一聽大畫家邀請，馬上答道：

「蒙先生垂愛，定當登門拜訪。」

正說著，蔡小香闖進了後台：「小弟，快上車吧。」

叔同一擺手，隨即給蔡小香引見了任伯年。直到任伯年給叔同留下地址，才離開後台。叔同送走了畫家，匆忙揩了揩臉，拔腿隨著蔡小香上了馬車，又在「老鄉親」歡聚了一次。

第二天，叔同來到任伯年家。任伯年把叔同讓到客室，此時，房裡還有兩個人，也笑著迎接叔同。任伯年介紹著說：

「這位是常熟烏目山僧黃仰宗；這位是書法名家高邕之。」

叔同聽到這兩個名字，高興得瞪大了眼睛，心想：都是仰慕已久的書畫名家，不料在此相會，幸甚、幸甚。

等傭人獻上茶來，大家坐定，任伯年笑道：

「我們久仰叔同大名，讀了您的詩文詞賦，看了您的篆刻佳作，尤其書法，深得漢魏六朝之秘，我等深感相見恨晚……。」

「啊……」叔同覺得評價過高，臉一下子紅到耳根：「均屬技類雕蟲，何足掛齒。」

「聽說……」胖大個子黃仰宗關切地問道：「上海都在傳說，您到開封參加鄉試啦……？」

叔同一下子很尷尬，苦笑笑。沉吟了半晌，才說道：

「說來確實使人痛心。第一次中了，第二場還沒到開封，八國聯軍入侵進了京、津，眼見他們燒殺搶掠，踐踏京、津，我真想二榜能中，這樣，我可以求得功名，闖入宮中，上書皇上，改革政體，維新求存。可是這一切，都成了泡影。」

「小兄弟，論你的雄才，毋庸置疑，完全可以參政定國安邦。可是，你就是考中了狀元，沒人推舉，也是白搭。」說話的人是高邕之。他講話乾脆。叔同很早知道他是上海藝壇的一名梟將。他能畫，取八大、石濤，山水花卉均不同凡響。尤以草書法入畫，頗具格體。由於他是一位享有盛名的書家，畫名遂被書名所掩。叔同對這位較自己年長三十歲的老書家，十分尊敬：

「老師之言甚是。」叔同說罷，仰天長嘯一聲：「偌大個中國，清政府賣國求榮，奴顏婢膝，中華民族正處在存亡絕續之間，啊……奈何！」

「治表易，治本難。」黃仰宗聲音寬厚而洪亮，他像開導小弟弟似的，把頭伸過來說道：「要從根本上救國救民，你我之輩，談何容易。我看，書畫友人，必須尋求一條切實可行的路。」

「可行的路？」

「是啊，」老書家高邕之說：「書畫篆刻是心靈的再現。我們的作品，正是懷著對大自然美的追求，對祖國河山的眷戀，啓發人們對國家的深切的愛。這條路，不正是我們可行的路嗎？」

叔同沉吟了一會兒，微微一笑：

「師長懷有如此愛國之心，弟子當然願從吾師之命。」

「不必客氣。」任伯年說：「你雖年輕，但在上海已是不可多得的人才。我們想組成一個『上海書畫公會』，薈萃賢人志士，把祖國的傳統書畫發揚光大，為此，請與吾弟商量，未知願參加否？」

叔同一聽，感到益友好交，知音難尋。頓時，像一泓清潭抛入一塊石頭，激起胸中的層層漣漪。他答應願為該會活動獻身。

自此，叔同參與「上海書畫公會」的活動，每月編輯出版書畫報一張。然而，印刷出版中國書畫，哪來的條件？這種「出版」只不過是集中會員優秀作品，裱於插頁宣紙本裡，每月會員傳閱一次而已。

沒幾個月，叔同把過去的篆刻作品，以及最近的新作，編纂了一部《李廬印譜》。當他把這個印譜送到任伯年面前時，自己還把握不定，而任伯年翻閱了幾篇，就大聲讚道：

「筆趣盎然，刀味雋永！」

是的，他自從受業於天津名士唐靜岩門下，精學篆書和金石以來，駸駸日上，正如明代篆刻理論家說的「使刀如使筆，不易之法也。」叔同的篆刻藝術，巧妙地使用了刀切法、衝刀法，對石章上的線條進行過勁疾或淹留的加工，體現了既流亦留等等耐人尋味的加工。很顯然，他的刀是服務於筆，刻的結果是體現了篆寫的精神，確是「方寸之間，氣象萬千。」因而，任伯年看了幾頁，兩個手指又捻起了山羊鬍子，繼續說道：

「真乃縮龍成寸，而且鱗甲無損，風雲相副，精妙地再現了線條的固有特徵。同時，置陣佈勢也不錯。啊……小弟，你真是一個書法家呀！」

《李廬印譜》出版了。

「上海書畫公會」像一陣春風，為三月的上海，增添了無限的春色，來訪者、求畫者、求學者、要求入會者甚多。然而，最迫切者算是求學者最多。蔡小香、許幻園、袁希濂和張小樓都參加了這個公會。

一天，上海書畫公會在法租界貼了一張海報，內容是舉辦「書畫講習班」，免費聽講。是夜，任伯年家裡像個美術學校。左側那間畫室擠滿了聽課的青年、店員、工人、教員和小職員。書法由高邕之授課，花鳥由任伯年授課，山水由黃仰宗授課，篆書與篆刻由李叔同授課。

但是，不論誰授課，叔同總是乘著皮篷馬車穿過幾條繁華的大街，來到任伯年家裡，不是聽課，便是講課。這裡像一塊巨大的磁場，緊緊吸引著他。

一天夜裡，陰森森的天空飄落著霧一般的濛濛細雨。叔同跳上馬車，袁阿大搖了一圈鞭梢，接著便「叭」地一聲，馬車猶如穿雲駕霧，風馳電掣般，不一會兒，收韁下車。當叔同走進畫室時，任伯年正在講授水墨畫的「水與色之墨趣」。他悄悄坐在屋角那張固定的木靠椅上，悉心地聽起課來。

儘管叔同用功求學和以精湛的刀筆傳授技藝，但他也有「走神兒」的時候。他常以那深邃的目光瞟著課堂角落裡的一位美少年，那少年生著一雙秀氣的星眼，文靜得像一尊石雕，他從不東張西望，出入課堂從不昂首走路。進了課堂總是羞怯地躲在背光的角落，他從不和同學們交頭接耳，也從不向先生提問，只是默默地、異常細心地聽講。每當叔同講篆刻的刀法時，那少年從不正視先生一眼，偶爾兩對目光交織在一起時，他便急速地避開先生的視線，悄悄地垂下眼簾。

這天，任伯年講完了水墨課，宣布「下次再會」時，叔同立即搶至門邊，望著學生一個個離開課堂，當那位少年走到門邊時，叔同朝他有意地看了幾眼，正當他垂首而過時，叔同問道：

「小同學，家遠嗎？」

「……」他沒講話，也沒走開。

「這次，帶來了什麼書畫？能否讓我看看？」

他默默地搖搖頭，眼睛一直盯著門檻。

此刻，同樣對這位少年有懷疑的任伯年也笑著走過來了：

「噢，這是那位老實得連話也不敢說的小學生吧？」

少年把頭垂得更低。

「十幾歲啦？」任伯年拍了拍少年的瓜皮帽。

少年摘下了瓜皮帽，緩緩地把頭一抬，一雙水汪汪的大眼睛正和叔同的鳳眼交織在一起。

「啊！是你？」

任伯年一愣，心想：啊！原來是個女子。遂問道：

「女子也可以學畫嘛！為啥要穿上長袍馬褂呢？」

她是誰？是藝妓謝秋雲。這時，她淌著眼淚望著任伯年，沒講一句話。

「別哭，有話好說。」任伯年望著這位秀美的女子，說道：「女子和男子一樣，何必女扮男裝？」

謝秋雲抽泣了兩聲，猛地跪倒在地：

「先生，別人家的女子有權學畫。可我……，是個被人瞧不起的女人，我沒權進這個上等人的課堂……。」

叔同的心被撕裂了。一個被人稱作「下九流」的人如此追求畫藝，他做夢也沒想到。頓時，那種同情、憐憫、情愛、尊敬之情交織在一起，心裡說不出是什麼滋味。他急忙把她扶起來，順著任伯年的話茬說道：

「是呀，就是不化裝，也能學畫呀！」

謝秋雲咬了咬下嘴唇，竭力控制著自己的痛楚，緩緩說道：

「按理，我的身分，是不能進出聖人學府的，可我，從小沒有讀過詩書，自從被人騙賣之後，才叫我跟一個「畫影」的師父學點書畫，那，只不過是應付才子貴客的粗俗之作。但是從此以後，我愛上了書畫……。」

伯年一聽，全然明白。他覺得面前的女子是個被污辱、被蹂躪的女性。然而，一個妓女進入此地……

「老師，」叔同早已看出任伯年的複雜心情，於是，以懇求的口吻說道：「她，是我救助過的同鄉——天津人。不幸落得如此境況，我看，她既然如此愛好書畫，那就……要不，請老師對她特別對待，單獨授業。」

這一提醒，給伯年的思緒理出了一個頭緒，彷彿一把鑰匙，打開了他的心竅。他習慣地捻著稀疏的幾根山羊鬍子，喃喃說道：

「老天哪……大逆不道。一個好端端的女子居然求學無門？」他鎖緊了雙眉，而且越擰越緊，他突然把手一揚：

「好吧！我收下你這個學生。」

秋雲一聽，彷彿墜入霧海之中，他的雙膝像似被壓彎的彈簧，慢慢地跪在地上，眼神直巴巴地望著任伯年：

「大師……大師。」這話語夾雜著哭聲：「我做夢也沒想到哇。老師在上，請受女弟子一拜。」說罷「咚咚咚」磕了三個頭。

任伯年趕忙扶起謝秋雲。

謝秋雲告別了任伯年，乘上李叔同的馬車，叔同交代了去處，放下車帘，馬車慢悠悠地向前行駛著。

車上的謝秋雲一邊哭著，一邊一聲接一聲地喚著「瘦桐」。不知是過於激動、感激，還是感到幸運或自悲。她，一頭扎在叔同懷裡，半晌，沒說一句話。只在這漆黑的車棚裡抽泣著。

叔同似乎胸中有了個譜，他輕輕扶起謝秋雲，二人並肩坐著。

「秋雲，」叔同想了想，輕輕說道：「受業於任伯年先生門下，確實不易。我考慮再三，還是把你贖出來，專習你的書畫。今後，找個安身立命的工作……。」

「不。」秋雲抹了抹淚水，央求著說：「我要在你家做個使喚丫頭，伺候您一輩子……。」

「講的是傻話。」叔同勸慰著說：「你還年輕，只不過和我同年，我把你贖出來，決不是讓你伺候我，而是讓你求一條應走的路。」

「難道，我伺候您？……」

「不，秋雲。我是個奉母至孝的人，不能讓母親生氣。」說到這裡，叔同深表歉意地掠過一絲苦笑。

秋雲是個機靈人，她馬上意識到，一個藝妓，被人看作下九流的女人，怎能在維護道德的李母面前做丫鬟呢。

「那麼，我只好向公子借點錢。」

「幹嘛？」

「贖身。」

「不必，」叔同說：「這點錢何必談借。如果我有回天之力，寧願傾家蕩產，把被別人污辱、沒有人權的女性，全部贖出來！」說罷深深嘆了口氣。眼前，彷彿有多少被污辱的女性在他面前張開乞憐的雙臂，有多少被迫出賣靈魂的婦女在祈禱蒼天。

馬車把謝秋雲送回書寓後繼續前進著，片刻工夫，只聽袁阿大「吁」地一聲，車停了。門房劉老頭披衣開了大門，叔同回到了自己的跨院。剛要進屋，只聽母親喊道：

「岸子，岸子。」

「哎，娘。」叔同進了母親的房間，見母親正在「打坐」。他躡手躡腳地立在母親身邊：「娘，您還沒睡？」

王氏微睜雙目，關心地問道：

「又聽課去啦？」

「是的，娘。」說著，從蒲團上把母親扶在床邊：「今天聽的是水墨畫的畫法。」

「娘一向願你上進。」母親咳嗽了兩聲：「這些日子，天津你二哥那裡，把三十萬兩銀子寄到上海分莊來了。」

「娘，」叔同笑了笑：「我跟您說了，這錢還是請您掌管。」

「也好，」母親說：「不過，你要花錢，就到分莊去拿，啊？聽說，光利息就夠咱用的了。」

「哎。」叔同正和母親嘮嗑，門外有人輕輕問道：

「老兄弟回來啦？」

叔同聽是許幻園的聲音，急忙推開房門，讓許幻園進到屋裡。

「這麼晚了還沒睡？」叔同一邊問著，一邊讓張媽沏上茶來。

「睡不著。」許幻園笑了笑，繼而對叔同母子說道：「聽說了吧？南洋公學要招考學生。」

叔同一聽，樂了。王氏疑惑地望著許幻園。

「老三，這是個什麼書館？」

「新派兒的學校，校方主講人是著名教育家蔡元培先生。」

「噢……。」王氏彷彿對這個名字很熟悉，她瞅了瞅兒子那舒展的眉宇，心裡已猜到了八九分，笑著說：「我記得蔡元培是取得功名的人，是個熱心育人的先生。岸子，你看……？」

「娘，您就做主吧。」

「岸子，娘是這麼想：儘管你參加『文化』和『書畫公會』，但它畢竟不是你的職業。要做一番事業，就要學一些救國的本事。我也相信你是願意學的……。」王氏剛要說出開封二榜之遭遇，生怕傷了兒子的心。於是，像似自言自語地說：「求點正式學問，不怕沒有報國的機會。」

老實說，叔同對這個「公學」並不了解，只知是一般新式的學堂，尤恐師資不濟，反而影響自己的長進。而今，聽母親一說，更有把握地說：

「娘，我去試試！」

「試試？」許幻園嘿嘿一笑：「可不能疏忽大意，聽說，百裡挑一。這還不算，而且專門招考江南的後生。」

叔同聽了「江南」二字，心裡頓時冷了一半。他覺得事在渺茫，心想：身在北方長大，祖籍又是山西，拒收我這個江南異客、北國遊子，又咋辦？

須臾，他忽地眼睛一亮，大腿一拍：

「有了，我虛報一個祖籍！如果說是上海人，那是瞞不過的。要是信口開河，報個浙江平湖人，偌大個平湖，是無法查的！」

還沒等母親和幻園笑出聲來，叔同又笑著補充了一句：

「這是我半生以來的第一句假話。」

第11章

南洋公學剛鬧過一場風波。

這所公學原是大官僚買辦盛宣懷於光緒二十二年（一八九六年）四月八日創建的。經費均來自電報、招商兩局。是一所頗有名氣的學校，吸引了江、浙兩省秀才，然而，師資水平不高，就像缺少奶汁的母親養育著嬰兒一般，生員們「吃不飽」。試想：舉人給舉人授課，甚至秀才給舉人講學，這豈不成了笑話。

一天，全校同學湧至公學辦公室，直接與盛宣懷交涉，要求提高師資水平，聘請賢人講學。這下可把盛宣懷難住了。但是這小小的風潮倒把學校當局吹醒了。沒幾天，公學大門的公告欄上貼出了一張醒目的告示：

根據本公學同學要求，現已聘請大清進士蔡元培先生任特科教司，特此周知。

光緒二十七年九月

蔡元培二十二歲中進士，甲午戰爭以後，潛心研究西方資產階級政治學說，同情康梁變法，支持維新派。來校這天，盛宣懷舉行了一次隆重的晚宴，他舉起酒杯，開口笑道：

「鄙人十分高興地敬您一杯……」他把杯子與這位三十三歲的教師蔡元培的杯子一

碰，笑嘻嘻地補了一句：「請來進士講學，舉人就沒話說了。」說完，一陣哈哈大笑，倒把蔡元培弄得很沒味兒。

蔡元培只是淡淡地說了一句：「可不能小看這些年輕的學員，將來的報國人才，全都在這些人中產生啊……。」

第二天，蔡元培要親自招考新生。作文題目是《路》。

才子李叔同把個人之「路」與國家之「路」緊緊聯繫在一起，洋洋灑灑二千字，觀點明確，立意頗新，文理清秀，書法遒勁，段落分明，把腐朽的「八股」格式一掃而光。蔡元培接了考卷，全文一看，不禁嘖嘖稱讚，立即在姓名旁邊批了一個「取」字。

蔡元培來「南洋公學」任教之後，便把李叔同和邵力子、謝無量、項驤等二十名舉人、才子編成一個班，稱經濟特科（班）。

《路》的專題給李叔同以莫大的啓發，「路」就像一顆火種，把他那消沉的理想又點燃了。他想起《史記．李將軍列傳贊》中的一條諺語，曰「桃李不言，下自成蹊」。「一條新路啊。」叔同想著諺語中之內涵，與自己的境遇又是何等的相似。從這天起，李叔同改名叫李成蹊，字廣平。

南洋公學（後來改為南洋大學、交通大學——特班），在上海徐家匯（現上海交通大學舊址）的東頭，教室、設備、師資皆仿效西洋學堂。分四個院，即師範院、外院（附屬小學）、中院（即二等學堂）和上院（即頭等大學堂）。叔同所讀的經濟特科，歸屬於大學堂。

經濟特科以自學為主，蔡元培先生規定書目，每日寫學習札記，每月命題作文一篇。札記與作文均由先生親自批改。蔡先生最喜找學生個別授課，往往令其學生自述學習心得或時事感想。過了三個月，李成蹊的名字在大學堂裡又「冒尖」了。老實說，哪個老師不愛高材生？就在這時，蔡元培看中了這個才子。

寒假之前，蔡元培在一間辦公室為李成蹊授課。成蹊照例坐在先生對面那張竹椅子上。他似乎第一次正視蔡先生那端正的方臉龐，這是一張戴著圓鏡片眼鏡、有短而濃的眉毛、鬍鬚幾乎遮住了上唇的嚴肅的面容。

「多大年齡了？」

「二十二歲。」李成蹊講到年齡，臉上有些潮紅。正因為年齡，他寫過《老少年》；正因為年齡，他對比自己小一歲的邵力子已取得「舉人」功名而有些自悲；正因為年齡，他與眼前這位在二十二歲取得「進士」功名的先生，更感慚愧。

「先生，」成蹊的眼神暗淡，低聲嘆道：「弟子虛度二十二年。」最後幾個字異常輕微。

「噢，既然這樣，就更要發奮讀書嘍！」

「是的，先生。」

「本來，」蔡先生說：「今年有鄉試，可是取消啦！」先生望著李成蹊那憤世的眼神兒，想聽聽他的看法。

成蹊深知這位具有維新觀點的老師，是胸懷大略的，並常以啓發式的誘導讓學生獨立思考，因而他就毫不隱晦地說道：「是的，今年的鄉試取消了。但政府投降的腐敗政策、喪權辱國的無恥勾當，卻一刻也未停止過。今年的『庚子賠款』，僅白銀就四億五千萬兩，加上各省地方賠款二千多萬兩，共有十億之多。可以想像，清政府忙於道歉賠款，哪裡來的精力去開科考生。再說，逃到西安的太后老佛爺又挾著光緒，帶著浩浩蕩蕩的三千輛行李車，出潼關，到直隸，返京城。一路之上修路，徵稅，民財搜刮殆盡，皇室誠恐誠惶，我等後生，憂國憂民。然而生路在哪兒，還請先生示下。」李成蹊越說越激動，他抹去眼淚，用急切的目光望著蔡先生。

蔡先生像聽著學生答辯一樣的認真而嚴肅，不時地微微點著頭。過了一會，他若有所思地嘆道：

「賠款，割壤，對國家來說是死亡的凶兆。現在，八國聯軍在我國十餘處屯兵，就像一個巨人有十餘處創傷，如果不去醫治，就會導致不可收拾。然而，也有些人認為這是他發財致富的天意。哈哈……天意。」蔡先生冷笑了兩聲，繼而指了指窗外：「可想而知，這些常駐平、津至山海關這十幾個地區的侵略軍，把那些本來就乾枯、焦黃的災荒地帶，變得更加光禿禿、瘦嶙嶙的，像幾塊風乾了的僵屍，淒涼、可怕、悲慘。可是，就在這國破家亡的年代，有些人則甘願聽憑命運的擺布，躲在自家屋裡苟延殘喘，偃仰待斃。你說，我等應如何處之？」

「我想……應尋求救國之路，決不能甘伏敵寇之下。」

話語投機，一談就是大半天。儘管這年因庚子事變沒有開科鄉試，叔同卻獲得了一位恩師。

第二天下午，叔同捧著一本嚴復的《天演論》在校園裡閱讀著。忽地在林蔭道上聽到唱歌的聲音，他順著聲音來到「中院」。

啊，這裡正在上音樂課。

李叔同好奇地站在窗口，瞅著一位女先生教唱歌。先生彈著風琴，一句一句地教唱。聽說話才知是日本女先生，而且又是日本歌。幸而叔同在蔡元培先生的授業下，學會了幾百個日語單詞，因而對這位穿著翻皮大衣的女先生的教唱，大體上能翻譯個八九不離十。歌詞大意是：

富士山　海島之鷹
國旗中央紅
我們都是天皇種
問大同……

叔同像是受了污辱。他知道，這是一首日本國歌，是的，他受到了污辱，臉色紅一塊白一塊的，嘴唇也在顫抖著，腦袋「嗡」地一下漲得老大。他悄然離開窗口，撒開兩條腿，奔到蔡先生辦公室：

「先生，」他胸脯大幅度地起伏著：「我弄不明白，為什麼中院的唱歌課，教唱日本國歌？」叔同喘了喘氣，瞅著先生的反應。

「你這問題提得對。」蔡先生說：「本來，在這個新式的學堂裡，是應該設樂歌課的。可是，我國的現狀，還找不到一個樂歌先生，只好由公學高價聘請日本人，權代教授『學堂樂歌』。再者，我國又沒有創作出一首自己的歌，只好由她教唱日本歌。至於唱什麼內容，校方並沒有檢查。」

「我覺得我們民族的尊嚴受到了屈辱。」

蔡元培先生笑了，而這笑聲包含著豐富的內涵。

「你還不知道哩！」蔡先生說：「上兩個月，慈禧太后逃難回京時，張勳在天津火車站開了一次歡迎會。他叫軍樂隊吹打一番，好叫老佛爺定定心，表示他維護皇室的一片忠心，誰知吹出了一段法國國歌《馬賽曲》……。」

叔同聽了，不禁毛骨悚然。因為他知道這首《馬賽曲》是一七九二年法國工程師魯賽德利爾在法國革命時期的應征作品，原名《萊茵戰歌》，一八七九年法國政府頒定為法蘭西共和國國歌。叔同心想：用法國國歌在中國的土地上歡迎中國的太上皇，豈非咄咄怪事？

「這……難道『老佛爺』不發怒？」

「她聽軍樂，就像在皇宮裡玩鳥籠子一樣，不問什麼鳥，只要會叫就行。不是嗎？有一隻鸚鵡學叫『太后老佛爺』，結果學歪了，叫成『太后老破鞋』。她沒聽出來，還賞了太監二百兩白銀，你說可笑不？」蔡先生說到這裡，禁不住嘆了口氣：「所以，不反對腐敗的清廷，想解除我同胞項頸之枷鎖，提倡維新，開設自己的音樂師範，難啊…

……難！」

叔同回到自修課堂，琢磨著蔡先生的啓發，聯想著方才的日本《國歌》，心中十分紊亂。他拿起毛筆，蘸了蘸濃墨，擰眉思索了片刻，奮筆寫了一首歌詞，題目是《祖國歌》。

上下數千年，一脈延，文明莫與肩。
縱橫數萬里，膏腴地，獨享天然利。
國是世界最大國，
民是亞洲大國民，嗚呼大國民！
嗚呼，唯我大國民！
幸生珍世界，
琳琅十倍增聲價。
我將騎獅越崑崙，
駕鶴飛渡太平洋，誰與我仗劍揮刀？
嗚呼大國民，
誰與我鼓吹慶升平！

叔同放下筆，連讀了兩遍，似乎感到一腔愛國之情躍然紙上，不禁濃眉一展，微露笑容。旁邊的邵力子拿眼一瞟，見到李成蹊臉上突然現出幾個月來少有的笑容，於是湊過來朝歌詞看了看，一把搶在手中，一連讀了好幾遍。

「啊……成蹊，器宇不凡。」

「隨便塗抹塗抹。」

「嗨，別瞞著我，」邵力子晃了晃手上的歌詞，輕輕笑道：「這是對日本《國歌》的一首和詩，對嗎？」

叔同一抬頭，那火辣辣的眼神正和邵力子那富有男兒血性的目光碰在一起，他萬沒想到邵力子竟有如此敏感程度，也萬沒想到他的知識竟是如此淵博：

「力子，你聽過日本《國歌》？」

「怎麼沒聽過！中院的日本先生教的就是日本歌。」

「難道……我們的學堂樂歌課，用日本的《國歌》教導學生，豈不有辱我國的民族尊嚴？」

「這好辦。」邵力子說：「創辦音樂師範，傳播自己民族的樂歌，將來的樂歌先生，都是中國人，那不就解決啦！」

叔同默默地點點頭。

轉眼之間，公學放了寒假。假期中他出入書店，來往公學圖書館，尋覓有關學堂樂歌的書籍，然而他失望了，偌大個上海，竟然找不到一本中國的樂歌書籍。有一次，他回到家裡，疲憊不堪地倒在床上，似睡非睡地想著教室裡的樂歌先生。恍惚中，他彷彿是一位中國先生，穿著長袍，一條粗大的辮子拖在腦後，十個手指在風琴的鍵盤上像碧波漣漪，靈活地閃動著，歌喉洪亮得可以波及十里；漸漸整個教室、整個公學回響起一首振興中華的歌：

上下數千年，一脈延，
文明莫與肩。
縱橫數萬里，膏腴地，
獨享天然利。
……

「文濤，」俞氏推了推睡著的叔同：「快起來吃晚飯了。」

叔同猛地醒過來，朦朦朧朧的一首《祖國歌》還在他耳邊蕩漾著，他披上棉袍走到正房，打開琴蓋時，這首歌的調子已經溜走了。他坐在琴凳上，縮緊雙眉，再也想不起曲調來了。當他回到母親屋裡吃飯時，仍是愁眉不展，家裡人不知是出了什麼事，誰也沒敢吭聲，生怕惹得他煩惱。

不過，煩惱的事真來了。

一九〇二年二月，殘陽西墜的時候，天津李家大院老管家鄭三爺來了。看來他很辛苦，他那本來泛著紅潤的寬大的臉龐消瘦了；兩頰留下了幾道深溝，那雙閃光的眼睛變得深陷而乾枯了，白眼珠子佈滿了血絲，他，顯然為李家的事務操勞得精疲力盡，簡直不能令人置信，這就是當年聲音洪亮、辦事利索、嘛都會幹的老管家鄭三爺。叔同見了鄭三爺，親切而憐憫地喊了一聲「鄭三爺」，拉著他那瘦骨嶙峋的大手，把他領到母親屋裡：

「喲！」王氏驚喜地喊著：「這不是鄭三爺嗎？」

「是我呀，小奶奶。」

「快坐下。張媽媽，快給鄭三爺準備飯。」

「我這次來，」鄭三爺抹了抹乾枯的眼角，望著叔同說：「是二少爺叫我把一張稟帖給三少爺看看，說是三少爺文筆強，能改的就改改。」說著便從貼身衣服裡掏出一張稟貼的草稿：「喏，就是這個。」

叔同接過稟帖，擰眉細讀，一連看了三遍，只見稟帖寫道：

津郡錢商環請維持銀市稟

縣稟：津郡錢商通益號、和盛益、恒隆號、桐達號、德昌厚、中裕厚、德信厚等稟爲市面過滯，瀝陳危岌情形，環叩恩准，設法補救，以維商務事。竊津郡市面自亂後，銀錢兩空，各行鋪商大有不能謀生之勢。……

叔同看到這裡，已知全部內容。心想：八國聯軍占了北京之後，剛剛訂約賠款講和，還成個國家嗎？現在，各銀號聯合要求「恩准」撥款……？其實，叔同的心思哪裡想去修改稟貼？哪裡想到天津的市面過滯……？他想的是這個滿目瘡痍的民族，腐敗的清廷。此刻，他的臉色刷地變了，手上的稟帖在顫抖著，他把這稟帖往鄭三爺手上一塞，說了一聲：「甭改了，就這樣稟報吧。」

鄭三爺疑惑地望著李叔同，不知說什麼是好。

「岸子，」王氏納悶地問道：「嘛事？」

「天津的銀根吃緊。」

王氏把心一拎，問鄭三爺道：「天津的銀行業……不行啦？」

鄭三爺舉了舉手上的稟帖：「這不正在想辦法。」說罷，嘆了口氣，一屁股坐在椅子上，眼神死盯在一個牆角上，不停地拍大腿，不住地唉聲嘆氣。

叔同的心更亂了，彷彿一切景象都擺在了他的眼前。不是嗎？天津的銀號業的衰蔽、商賈的壅滯、民族的危難、政局的混亂、人心的不安，這一切的一切，像一幅凝固的、灰暗的、毫無生氣的畫面擺在他的眼前。

「本來，」鄭三爺冷靜了一下，接著說：「本來是二爺親自來上海和他三弟商量自家『桐達銀號』的事。可是，老太爺在世的時候，是銀行業公會會長。所以各個銀號倒楣的時候都來了，說是一定叫二爺出面，二爺無奈才寫了這張聯合稟帖。我來上海的時候，二爺進京了。」

老實說，叔同對銀號、稟帖等等並沒有掛在心上。為了鄭三爺回去好交差，抽出信紙寫了幾句話，書道：

文熙兄長鈞安：

鄭三爺來滬，知津郡一切，然稟帖稿擬很妥，不必刪動，今著三爺帶回，遙慰塵勞，特上。

弟文濤

三月的季節，儘管文人雅士不厭其煩地用「三月的桃花」、「春光明媚，百草吐翠」之類的美詞描寫它，但上海灘的市井繁街此時像被霜打過似的，一片枯萎沉寂，蕭條冷落。

一輛皮篷馬車通過了金洞橋，直奔南洋公學。

一張告示貼在公學的影壁牆上。叔同下了車湊在人群裡一看，是一張「補行庚子鄉試」的告示，這消息成了整個公學的主要議論中心。

叔同到了班上，謝忱笑著走過來，問道：

「成蹊，去嗎？」

「讓我想一想。」

「嗨！想什麼？去年庚子事變，鄉試停考，今夫補行庚子鄉試，是個機會，為啥不去？」

「成蹊，」王永海走過來笑笑說：「我問過蔡先生，他的打算，是讓我倆赴杭州應試。」

「是嗎？」

「誰騙你！」

正説著，蔡元培先生走進來了。這天，他沒穿馬褂，顯然是沒想走出去。嘴角上流溢著興奮的微笑，頗有春風拂面之感。他走至講台，説道：

「請坐好，今年參加補行考試的，就要啓程了。去年庚子事變，雖説耽擱了一年，但是也帶來了好處……。」同學們聽到這裡，恨不得多長幾隻耳朵，以便聽清帶來什麼好處。尤其是李叔同，這位滿口天津話的小伙子，聽起蔡先生那濃重的浙江紹興話還真是有些吃力哩。

「這個好處……」蔡先生把手一揚：「廢除了『八股文』！」

這掌聲真是如雷貫耳。

「當然，中過秀才的，這次就不去了。」講到這裡，班上同學自然把目光集中到李叔同和王永海身上。

四月的杭州，正是鶯歌燕舞柳成蔭的季節。

李叔同和王永海二人乘火車來到杭州，在西湖旅館找了一間房子住下，第二天到「貢院」，看了開科日期，辦了買卷手續。

第一場考試，仍然是「代聖賢立言」，不過，免掉了八股套式。結果李、王二人皆中，而且名列前茅。

第二場考試，題目是「論政」，可自由發揮。這下，叔同的文思猶如魚得水、鳥入林，從康梁變法、八國聯軍，一直寫到改革政體、振興中華。思路像是衝破閘門的滔滔江河，文筆流暢、文理清秀，好一篇維新論文。

天哪！哪個縣太爺敢劃個「取」字？其實，縣太爺只不過讓後生們粉飾一下太平，宣揚一下現政，大家有飯吃，沒有滋事生非，多寫幾句「太后老佛爺萬歲」而已。

第二榜，李叔同、王永海二人被刷掉了。

不過，他倆並沒有垂頭喪氣，更沒有消極。俗話說「有失必有得」，他們所得到的卻是清洗了一次眼睛，更清楚地看到了這腐敗朝綱的不可救藥。

他倆回到上海公學時，已是夏日炎炎的季節了。蔡元培對他倆的「落榜」，似乎沒有料到，當他把李成蹊叫到辦公室，並讓成蹊「複述」了一遍《論政》的文稿之後，才悟到落榜的原因。於是他撫慰了幾句，臉上浮現出嚴峻的神態，一字一頓地說：

「科舉選才是為了什麼？」此刻，蔡先生眼睛閃著焦灼的神情，繼而喃喃地說道：

「要救國，要維新……」

打這天起，蔡先生對清政府的政事，已完全失望，他感到不維新便難以救中國於帝國主義的強食之中。課堂上，他經常講時事、政治，講日本明治維新，並介紹《民報》、《革命軍》等進步書刊讓同學們閱讀。很快，南洋公學經濟特科變成了「愛國班」。學監賈士貴對「愛國班」如臨大敵，恨不得把全班師生「連窩端」，免得「傳染」給安分守己的低班學生。於是，他下令特科班只准研讀《大清會典》、《四書集注》和《申報》一類的書刊，禁讀《民報》一類的進步書刊。然而，適得其反，看進步書籍、要求開放維新變法書籍的學生，像烽火燎原，一下子蔓延開來。就連下院的小學生們，也產生著逆反心理：「你越不讓看的，我越要看！」好傢伙，上下四院到處可見傳閱進步書刊的現象。

總學監賈士貴歇斯底里的喊著：

「娘的，誰再看這類書刊，開除、開除……。」

蔡元培看見這種情況，認為無必要爭辯。於是回到自己創辦並任事務長（會長）的「中國教育會」，並動筆為這個「會」寫了一個宗旨：

以教育中國男女青年，開發其智識而增進其國家觀念，以爲他日恢復國權之基礎爲目的。

這個「中國教育會」自四月二十七日創辦以來，蔡元培還是第一次在辦公室裡坐坐。為了抗議公學當局開除閱讀進步書刊的學生，他寫了一份辭呈，批評了公學，辭去了特科教習之職務。

群龍無首，怨聲載道。有的找學監辯論，有的到各班演説。此刻的李叔同卻悶聲不響地想念著他的老師——蔡元培。

十一月初的一個下午，特科班的高材生湊在一起，討論起如何反對公學當局壓制言論自由和無理開除同學的問題，情緒十分激昂。坐在旁邊半天沒響的李叔同，彷彿比平時更冷靜，他聽了大家的議論之後，不慌不忙地説道：

「我雖從師蔡先生門下僅一年多，但對我的思想影響，確是個轉折點。我想，大家都有共同的體會。中國人民要覺醒，沒有相當的文化基礎不行。我建議大家退學，到中國教育會，請師長們另辦公學……。」

這一提議，大伙怔住了。心想：行嗎？

「我第一個退學！」叔同說。

「我也退……。」

「我也退……。」

第五班全體同學「起義」了。

「起義」學生來到蔡元培的中國教育會辦公室，要求建立一個能體現該會宗旨的公學。蔡先生笑呵呵的接待了這批同學，感到事情來得棘手。

「好吧，」蔡先生正色道：「我個人非常同情你們，容我和教育會的同仁們商量之後，後天給你們一個答覆。」

蔡先生送走這批學生，心裡頗翻騰了一陣子。他同情這批愛國青年，也感到自己責任之重大，更痛恨反對新政的皇太后。

當夜，他邀請了教育家以及有識之士，在自己家裡開了一個會。會議決定設立「愛國學社」。同時，推舉了蔡元培任總理，吳稚暉任學監。並將二十幾名退學的學生全部吸收至「愛國學社。」

學制分尋常、高等兩級，均以兩年為畢業期限。學務工作決定由學生聯合會自治。學校設在泥城橋福源里，教習有黃炎培、章炳麟、蔣維喬等人。

十一月十六日「愛國學社」開學了。

李叔同這天打扮得十分應時，步行來到「愛國學社」。見到蔡元培先生，他極有禮貌地鞠了一躬：

「先生，同學們都感謝您。」

「啊……不必。」蔡元培親切地笑笑，隨即把叔同叫到他的辦公室，說道：「你是南洋公學的高材生，是個很有思想的青年，我想請你協助我做點工作。」

「您說吧。」叔同望著老師，不知老師給他什麼工作做。

「中國教育會分了三個部分：即教育、出版、實業。同時，我們支持把《蘇報》辦好，這個報紙是傳播革命思想、報導各地學生的愛國運動，發表愛國文章的報紙。我想，你在課餘時間，協助他們編輯一些文稿和搞搞美術設計……。」

「可以。」李叔同答應得很痛快。

自此，李叔同日間攻讀，夜間編報，儘管疲憊不堪，但他那憤世的臉上漾出了一絲滿意的笑容。因為他知道，《蘇報》正在吶喊……

一九〇五年春，愛國運動在知識分子中風起雲湧。此時，李叔同與北方相呼應，與穆恕齋、許幻園、黃炎培等一批青年先進分子組創了一個「滬學會」。儘管事務繁忙，但他彷彿在漫天烏雲中見到了一縷橘紅色的光芒，不知疲倦地奔走著。

「滬學會」設在租界地以外的南市。這裡是一處帝國主義侵略者無法干涉、並可宣傳民眾的地帶。這個會以「興學」和「演說」為主要內容。在一次討論具體工作時，叔同以徵詢的目光，望著黃炎培說：

「黃兄，這演說……我建議由你來負責，行嗎？」

黃炎培一笑：「這事兒我包了。不過，咱還要辦一個補習學校……。」語音十分堅定。

「補習學校？」叔同還是第一次聽到這個詞兒。

「嗨！」黃炎培解釋說：「補習學校……雙免費。免費入學，辦校不用資金。」

「對呀。」半天沒開口的許幻園一拍桌子，笑道：「咱這會裡教師多，義務講學，不是免掉開支啦？」

叔同一琢磨，笑了：「這事，我和幻園負責。」

誰知，補習學校的招生廣告一貼出，嚄！店員、工人、洋車夫、孤兒……報名的真不少。借了一所學校，開辦了五個班。這下子可把李叔同忙壞了：編課文，撰時事講義，安排課程，許幻園自告奮勇擔任了文化啓蒙班。

不過，叔同還有一番打算。也許是受了南洋公學中院樂歌課的影響，他要「創」一下，要在這夜校裡增加一門「樂歌課」。

一天，當他從補習學校回家已是十點多鐘了，他問了一下母親的病情，便走到書房裡，翻出那首與日本國歌唱「對台戲」的《祖國歌》詞，反覆看了幾遍，彷彿祖國的三山五岳、江河湖海、富饒的資源、眾多的人口、廣闊的土地，像一幅幅極美的畫面躍在他的面前，而人民卻像一頭巨大的醒獅……啊！祖國。

天下的事情就是那麼怪。他把夢中的旋律一下子「抓」回來了。原來，這是一首民間音樂《老六板》的曲調，詞曲一結合，非常貼切。這旋律浸透著人們愛國的心扉，喚起了人們對祖國的熱愛。他急速整理好樂譜，填上歌詞。當他在補習班上教唱時，許多學生激動地哭了。說真的，老大中華，誰願意做奴隸？

《祖國歌》一下子在男女青年中傳唱開了。

一天夜裡，黃炎培從南洋公學演說回來，彷彿一個得勝的將軍回營一樣，滿面笑容。他見李叔同剛上完樂歌課，便湊上來說：

「李兄，《祖國歌》唱遍了大上海，能否把這歌篇給我看看？」

叔同二話沒說，一伸手遞給了黃炎培。

豈知，這《祖國歌》卻被黃炎培珍存了五十多年。

為什麼？正當黃炎培接過《祖國歌》之後，突然清廷宣詔緝拿革命黨黃炎培，並被「太后老佛爺」硃筆一勾——斬！

頓時，黃炎培被愛國者救走，連夜乘船到日本去了。這首由李叔同親筆寫的《祖國歌》，一直由黃炎培珍藏了五十多年。當然，這是後話了。

第12章

王氏的病情惡化了。

一連好幾天，叔同守候在母親的病榻前，眼巴巴望著她那承受著一種接近死亡的痛苦。

俞氏輕輕走進婆婆屋裡，手裡端著小碗人參湯，悄然瞅著叔同輕輕問道：

「娘，醒了嗎？」

「噢，又睡著了。」叔同把聲音壓得很輕。

俞氏把碗放在桌上，走到婆婆床邊，坐下，伸手摸摸婆婆的額角，滾燙。

「娘在發燒。」

「哎！」叔同皺皺眉：「總是不退，比昨天燒得還厲害！」

此刻，金蘭之友、婦科醫生蔡小香帶了一位「參茸醫生」在門外敲了敲門：

「叔同，醫生請來了。」

叔同忙不迭地拉開房門，把醫生請到屋裡。醫生望著王氏眼圈上的一層黑青色素，眉頭登時皺了起來。叔同和俞氏死死地盯著醫生的每一絲表情，心中像被人捏了一把，突突地跳著。

醫生摸了脈，開了一張藥方：

「先喝了這貼藥，」醫生收緊下巴，兩眼從老花眼鏡上邊射出兩道冷冷的光亮，這眼光直射叔同的臉上：「喝下去，如果見好，就有希望。」下一句還沒説出，叔同的神色變了。

「先生，我娘的病……？」

「積鬱成疾，心病日久，慢病急發……。」

「您看……」叔同湊到了先生的耳根，戰兢兢地問著：「能好嗎？」

「這貼藥下去不見效，就另請高明。」

李叔同瞅瞅蔡小香，蔡小香拿起藥方一看，心中全然明白：這貼藥只不過是吊吊生命而已。當下送走了醫生，又叫俞氏親自為母親煎藥，蔡小香把李叔同拉到旁邊，悄悄地叮囑道：

「小弟，要做點準備。」

叔同一怔：信口「噯」了一聲。

幾天來，一連請了七八個中西醫生，然而他們的面部表情，都像一個模子裡翻出來的石膏像，死板而冰冷。

藥方，依然是為了吊著生命而開的。有的乾脆連藥方都免了。沒幾天工夫，病人連一口水都不能嚥了。

「娘，岸子喊您了。」俞氏含淚喊著。

王氏微閉雙眼，沒有回音。

叔同搖著母親那隻像風乾了臘腸似的胳膊，大聲喊著：「娘，娘！」

這時節，俞氏和張媽媽，淚水像斷了線的珠子，然而誰也沒敢哭出聲來。

「好生看著母親。」叔同對妻子俞氏吩咐了一句，並叫袁阿大套上馬車，他要出去一趟。

「母親做人一生，太不容易。我要買一口上等棺材，報答她老人家養育之恩。」叔同在馬車裡不斷地思忖著。不一會兒，車在南市停下了。他跳下車徑直走進棺材鋪，定了一口上好的楠木壽材，立刻奔回城南草堂，豈知剛拐進垮院，便聽到妻子俞氏的哭聲，叔同三步併成兩步，飛快地進到屋裡，只見母親身穿壽衣，面蓋衾單，直挺挺地躺在床板上。許幻園家中的管家、女僕忙成了一團。叔同倚在門框上，想最後喊一聲「娘」，可是張了張嘴巴，卻喊不出聲來，只覺腦袋「嗡」地一下，不知是昏倒還是跪倒，他伏在母親的床邊，眼淚涮涮地往下流淌。

二十六年，母子朝夕相隨。叔同拚命地追憶著往事，忽地，他感到自己的幸福、人間應有的天倫之樂，已隨著慈母的逝世一道離開了人間。他痛苦、絕望、負疚、難忍，只覺眼前一片迷茫。

他把母親入了殮，等到七天過後，決定把母親的靈柩運回天津，並決心以「新」式的、打破塵俗的觀念來處理母親的喪事。

一九〇五年七月初，他租了一艘小火輪，攜妻俞氏和長子李準、次子李端，運送母親靈柩回天津。他站在船頭，雙手抱拳，向金蘭兄弟們揮淚告別。

「五友」的視線拉遠了，輪船卻與天津拉近了。

「五友」的感情拉近了，手足之情卻鬧翻了。

靈柩在半路上，電報卻老早就到了天津。

當小火輪靠近天津海河碼頭時，叔同的二哥桐岡早就站在碼頭的涼棚下了。桐岡旁邊站著兒子李聖章和李晉章，後邊有老管家鄭三爺、徐月亭以及雇來的扛夫等。

叔同見了二哥，悲喜交集，抹了抹淚水便跳下船來。桐岡上前把弟弟拉到河沿下，沉痛地說：

「文濤，你辛苦了……當然，這是極為悲痛的事情。」

「文熙哥，電報收到啦？」

「哎，哥哥就是跟你商量這件事來的。」

「回家商量吧。」

「不，不行。」桐岡的聲音有些顫抖。

「怎麼？」文濤莫名其妙地問。

「咱天津有句老話，」文熙湊近一步，輕輕地說：「你記得吧：外喪不能進家宅！」

「什麼?!」叔同兩眉橫成了一條線，眼神火辣辣地瞅著文熙：「外喪不能進家宅？」

「這，你還不知道？」文熙勸說著。

叔同非常惱怒，瘦削的臉上氣得發青，胸腔漲得鼓鼓的，他第一次用食指點著哥哥的臉說：「咱哥倆雖然不是一母同胞，可都是李家的後代……。」

「哎，弟弟，」文熙急了：「你這說到哪兒去啦？」

「我娘生時沒享到人間幸福，難道死了還不能進家門？」

「這是風俗：外喪是不能進家的！」

「我要掃掉這種風俗！」

「弟弟，我們的門第……。」

「甭說了！」叔同火急了：「我娘就是被這種所謂的門第害死的！」

「你一定要進家？」

「一定要！」

「那，那就由你吧！」哥哥讓步了。

叔同回頭對碼頭上的扛夫們喊道：「兄弟們，把靈柩抬到河東糧店後街……。」

文熙無奈，只得對總管徐月亭交代了一下，拉著弟弟上了馬車。趕車的還是鄭三爺，他拉了拉轠繩，搖著鞭子，紅鬃小馬像通人性似的，慢悠悠的蹓躂著，好讓久別的兄弟嘮嘮家常話。

「哥哥，這次我把娘送回家來，可要改變舊風俗。」

「唔，隨你，你說怎麼辦就怎麼辦。」

「不過，我要徵得哥哥的同意。」

「你打算怎麼辦？」

「第一，」叔同說：「冠裳經帶之五服，一律穿黑袍，披黑紗；第二，把靈柩停在接官廳的正中，開追悼會；第三，『豆腐』①飯，請俄國廚子做西餐。」

文熙聽著弟弟的治喪打算，頓時感到自己的理解力退化了。維新派還是洋派？開天闢地、盤古到今沒有的事啊，他簡直是一隻眼哭一隻眼笑。尋思半天，才勉強說了聲：「行！」

王氏的靈柩終於抬進了李家大院。

叔同在「接官廳」裡橫豎量了一個「十」字，把棺材停在中央。接著便由徐月亭帶領男女傭人拾掇了一番，佈起了靈堂，擺供了「吐斯」蛋糕。當天文熙寫了幾十張「訃告」，派人分送到親友、銀業公會、鹽業公會、總督府以及父親李筱樓的生前友好。通知了追悼會的時間是七月十八日。

靈堂上，連日來油漆棺木，書寫輓聯，改裝洋廚房，放大照片，抬進鋼琴，紮懸紙花，掛上橫幅。西院裡的男女裁縫汗流浹背，熱得不願講話，只顧拚命地趕製黑袍子；書房裡的叔同，正在凝神為母親撰寫「悼詞」、填寫「追悼歌」。幾十隻各色各樣的貓在他身上跳上跳下、圍著腳下打轉轉，都想和主人親暱地接觸一下，不料叔同對貓的寵愛已被母喪所替代了。貓，失去了寵愛，一個個地溜到院裡，躺在樹蔭下，懶洋洋地伸展四肢，慢慢地閉上了眼睛。

「小爺，」除月亭匆匆來到書房，對叔同說：「楊廳長來了。」

①南方一帶對送喪飯，稱豆腐飯，即以素食緬懷潔白者的意思。

叔同一怔：「那個楊廳長？」

「警察廳的楊義德，楊梆子。」

「噢，我去！」

叔同剛站起來，楊義德已邁進了門檻。這楊義德乃武夫出身，軍閥的敢死隊員，斗大的字認不得五升，因做過李鴻章的便衣保鏢，特提升為警察廳長。這時，他朝叔同敬了一個「洋」禮，隨手遞過一張帖子，叔同接帖看了看，笑道：

「有勞大駕，實不敢當！」

「甭客氣！」楊義德大大咧咧地說：「中堂大人的命令，我楊義德怎敢怠慢。老弟直說，喪事打算怎麼辦？」說罷，一屁股坐在紅木椅上了。

叔同打量著這位楊廳長的神態，頗感不快。本來準備好的追悼會，生怕他把事情搞壞。既然是李鴻章派來的，也不便回絕，只是苦笑笑說道：

「廳長如此熱情，小弟領了。那就請您在堂前坐坐，也是我李家的光彩。」

「這可使不得。常言說：『武官把門，文官點主。』這樣吧，」楊義德摘下軍帽往書桌上一丟，解開上衣紐扣，拉著下擺猛扇了幾下：「這次喪事，我給你當個軍師，怎樣？」

「楊廳長，」叔同急忙解釋道：「這次不是按過去的舊風俗……。」

楊義德把袖子一挽：「出『洋』殯！對吧？」

叔同點點頭：「是這樣打算的。」

「哎呀，你怎麼不早說呢？」楊義德咧開嘴巴，露出發黑的牙齒：「出洋殯，我當司儀。」

叔同二話沒說，順手從桌上拿起剛起草的《追悼會程序》往楊廳長面前一攤：「這樣開，行嗎？」

「哈哈，」楊義德連看也不看地一推：「嘛事您了？它認識我，我可不認識它！你可別寒磣我，到時候找個人教教我，我背得下來。你別看我大字不識，嗓門兒不錯。」

叔同一聽，心像掉進冰窟窿裡，全涼。然而，對這位胸無點墨的武夫居然自告奮勇當「司儀」，心下也暗暗佩服：

「好吧，我叫總管徐月亭先生教教你。」

追悼會是在「接官廳」的階下庭院裡開的。上午十點，三百多位來賓身穿黑袍，女眷披黑紗，像西方國家修道院一樣，一抹黑。楊義德脫去軍裝，穿了一件黑綢長衫，禮服呢圓口鞋。走路慢吞吞，沉著臉，嗓門還真不錯。

《悼詞》是叔同自己寫的、自己讀的，盡管他哀痛萬分，但對母親的一生慷慨陳詞，觸及了封建的道德倫理，似乎只有這樣，才能慰藉九泉之下的慈母的心。

「唱輓歌——」楊廳長報了程序，大伙一怔，不禁面面相覷，那眼神兒裡似乎冒出了一個大問號：唱歌？死了人還唱？大伙正在納悶，只見叔同坐在鋼琴前邊，用外國《彌撒曲》填了一首「輓歌」，他自編、自彈、自唱，曲調委婉、淒楚：

月落烏啼，夢影依稀，
往事知不知？
汩半生哀樂之長逝兮，
感親之恩其永垂。

叔同唱著輓歌，追念母親生前對兒子的疼愛，他浮想連翩，一下子母親的音容笑貌像一幅幅活動的畫面，使他情動於衷，不禁聲淚俱下！

誰沒有父母子女？又有誰不被這牽動人心的輓歌所感動？霎時間，人們都哭了。

追悼會結束後，李家大院七十餘間房子擺上了餐桌，來賓們美美地吃了一頓西餐。

下午，由王氏至親護著靈柩，幾十輛馬車由楊義德率領，一路之上塵沙風揚，各個關口的警察整隊迎送。這些都被叔同看在眼裡，他的心似乎平靜了些。

傍晚，待夕陽撫慰著地神的時候，王氏被埋在天津市郊餘慶阜的李家公祠裡。

在回來的路上，叔同在顛簸的馬車裡忽地想起《周禮·春官·大宗伯》：「以喪禮哀死亡」的詞句。於是，他丟掉了「李文濤」，摒棄了「李成蹊」，埋掉了「李岸」，改名為李哀，字哀公，從而追念母親。

治喪已畢，哀公便把妻子俞氏、長子李準、次子李端和傭人張媽媽安頓在西院原宅，並託咐了哥哥文熙代為照管，自己又回到了上海。

俗話說：「失去雙親，孑然一身，游絲飛絮，飄蕩無垠。」李叔同失去了慈母，加上連日來衣不解帶，少言寡歡，人本來就瘦，這就更瘦得可憐了。

不過，他那潛在的報國意識，像乾旱的禾苗逢得了甘雨，猛地滋長起來。因為母親作古了，再不受「父母在，不遠遊」的觀念羈絆了。他要尋求一條路，能救國救民。然而他也目睹眼下的政局，有志青年紛紛奔走救國之路，尤其在這國事日衰、民族危亡的動蕩時代，加上天災、人禍，可謂：「村村餓莩相枕籍，十家九室無炊煙」。這條路如何走？通向哪裡？他總結了幾位維新派先生的經驗，隨著知識分子留學救國的熱潮，決定東渡扶桑，去日本留學。

當天，他在城南草堂過了一夜。翌日清晨，乘車去桐達銀號上海分莊取錢。

馬車在細雨中前進。細雨並沒給人們帶來涼意，叔同在馬車裡悶得大汗淋漓，他打開了左右車窗，突然發現一群男人圍著一個衣著華麗而滿身污泥的女人。當馬車靠近時，叔同瞅了瞅這被圍觀的女人，啊?!心裡咯噔一下，是她？

「停一停！」叔同跺了跺腳。

「吁——」袁大爺把馬車停下，回頭喊著說：「大少爺下車嗎？」

叔同沒回答，他只顧盯著人群中的主角——曾與他菽水承歡的謝秋雲。她，身穿湖色貢緞繡著八團五彩花的上衣，下繫繡金灑花粉紅裙，宮額齊眉，膚色蒼白。以往那兩隻杏核似的媚眼，而今卻變得直勾勾、痴呆呆、死板板的，像似剛出土的木俑。

「怎麼回事？」叔同心中的疑團，頓時像一塊石頭壓在心上，壓得他透不過氣來。

「小娘兒們兒，再唱一個吧……。」

「再脫一件，給咱爺們兒解解悶兒！」

「她不脫，咱扒呀……！」

小癟三們一擁而上，正要撕扯謝秋雲的衣服，李叔同在車窗口喊道：

「慢著！」說罷，掀起車帘跳下車來。

謝秋雲望見車上跳下來個人，急忙擺脫流氓們的嬉耍，晃晃悠悠地站在叔同面前，她不笑，也不哭，那眼神裡像一汪死水，混濁濁，死沉沉，冷冰冰。此刻的人群，視線凝聚在一個焦點上，倒使叔同難堪、尷尬、無著。然而，心中的矛盾，就像十五把琴弓，七上八下的。老實說，他同情她，但又無法當眾認她。他知道，她是在高度的精神創傷下神精失常的。但是，那麼多的癟三取笑、污辱她，就像無數把鋼刀插在自己的心上。

「諸位，」叔同環視了一下人群：「這是個神經受過創傷的人，請不要和她嬉戲取笑。」

「咦——」一個小流氓尖著嗓子叫了一聲：「她是你妹子還是你媳婦？」

「如果不是你老婆，滾開！」

「你要是有錢，買了擺在床上去！」

「哄」地一聲，幾個流氓更是得意。

叔同氣得臉都拉長了。他盯著幾個奸笑的流氓，大聲說道：

「諸位不要無理。對她，我早就買下了。」說罷便從錢荷包裡掏出了一張字據，在人群中找了一位老實巴交的人：「先生，請您給大家讀讀。」

這是一位穿長衫的青年，他接過字據瞄了一眼，念道：

立字據人李漱筒與秋雲書寓主人劉氏商妥：李願出一千兩白銀將姑娘謝秋雲贖出從良。此後，謝秋雲與劉氏脫離干係，並恢復其人身自由。雙方決不反悔，空口無憑，立此爲證。

贖主：李漱筒（章）
養母：劉氏（手印）

一紙讀罷，人們呆住了。

「袁大爺，」叔同喊了一聲趕車的老頭：「請你把她送進瘋人院去。」

「上來吧！」袁大爺對謝秋雲說。

謝秋雲根本沒理這個茬，一味地痴笑。末了，還是袁大爺生拉硬拖地把她抱到了車上，接著便扣好了馬車的門窗，生怕她跳車闖禍。

叔同徒步去上海分莊取了錢，謝秋雲當天進了瘋人院。

晚上，叔同還未回城南草堂，許幻園等三位兄長早就等候在這裡。

「昨天你悄悄返回上海，」許幻園說：「為啥不先打個招呼？」

「急，很急。」叔同說：「如今慈母仙逝，我已無有牽掛，若不及時為國盡忠還待何時？所以，我決定東渡扶桑，留學日本。」

「學什麼？」蔡小香關切地問。

「藝術。」

「啊……，」三位金蘭兄長讚道：「藝術救國，這是一條行得通的路。」然而，盡管這麼說，心中對叔同的遠走，似乎都有一種難捨的留戀。但也十分羨慕，像袁希濂一樣，已到了日本。如果各人家中沒有牽掛，說不定也會和叔同一道去日本留學了。

「何時出發？」

「一周之內。」

「弟妹、小侄安頓何處？」

「已託哥哥照管了。」叔同說這話時，腦際中立刻泛起謝秋雲的可悲形象，因問道：「兄長是否知道謝秋雲的情況？」

「啊，別提啦。」許幻園嘆了一聲，深沉地說：「自從小弟把她贖出來以後，算是自由了幾天。但是，老鴇子是個放『風箏』的，沒多久，她勾結了幫會頭子，每天找謝秋雲的麻煩，謝秋雲再也經受不起這種折磨，她，她瘋了。」

「噢……」叔同說：「難怪。」此刻，他喃喃誦了一首北宋詞人柳永的《迷仙行》：「已受君恩顧，好與花為主。萬里丹霄，何妨攜手同歸去。永棄卻，煙花伴侶。免叫人見妾，朝雲暮雨。」

「這首詞，」許幻園沉思了半晌，忿然說道：「正寫出了妓女從良的願望，也深刻地刻畫了她們追求情愛與幸福過程中的艱難與挫折。」

「謝秋雲的遭遇，就是這首詩的原型。可是她失敗了。」蔡小香說：「不過，咱們還要救一救她。」

「這是治表。」許幻園不假思索地說。

叔同一驚：「是表？」他急速回憶著把謝秋雲送進瘋人院的情景。是的，他感到了自己的責任，一個有血性的青年，決不是僅僅把一個瘋了的妓女送進瘋人院，這當兒，他也暗暗地懺悔自己寄情於聲色的過失。尤其是謝秋雲這樣一個絕頂美麗，甚至帶點高雅柔美的女性，她，瘋了，瘋了！啊……千千萬萬個被污辱、被蹂躪的女性啊！

「我決定了，」叔同激昂地說道：「要治本，要推翻腐朽之本，去學習維新，用藝術喚起民族的精神，用文化喚起民眾的覺醒，每次想到這裡，我心裡就舒坦些。」

天，漸漸垂下了夜幕。

「四友」在許幻園家舉行了一次送別酒會。酒席間免不了互贈詩詞，然而，每人朗誦自己的新作時，像變了調子的進行曲，聲聲淚淚渾然一起。

一聲悶雷，聲息雨落。頓時，草堂前庭的靠牆處，發出嘩嘩的雨打芭蕉聲。天空是墨黑的，好像一個龐然大物正張開魔鬼似的大口，隨時睇視著人們的命運，吞噬著世上的弱者，攥捏著窮苦人的性命。

在一個晴朗朗的早上，天上沒有一絲雲彩，海浪像層層疊起的山峰，顛簸著一艘駛向日本的客輪。甲板上成群的赴日留學的青年，面孔像「布袋僧」的頭像：笑瞇瞇、樂孜孜、喜洋洋。二十六歲的「哀公」卻整天少言寡歡、臉上沒有一絲笑容。他沉靜，從不和同船青年嬉笑。然而他的成熟的面容，像似一張自我介紹的形象寫照，不禁令人敬重。他那雙鳳眼閃著火光，兩只酒窩嵌鑲得不偏不倚，搭配在薄唇的兩側，給人以安詳的感覺。微凸的額頭，一對短而黑的眉毛，襯托了他那削瘦的面龐，顯得凝重而聰穎。他拉著船頭的鐵索，望著跌宕起伏的海浪，情不自禁地低吟起他自己填的新詞。海水就像一支龐大的管弦樂隊，有節奏地拍打著船弦，伴和著他唱道：

披髮佯狂走。莽中原，
暮鴉啼徹，幾枝衰柳。
破碎河山誰收拾，
零落西風依舊，
便惹得離人消瘦。
行矣臨流重太息，說相思，
刻骨雙紅豆。
愁黯黯，濃於酒。
漾情不斷淞波溜。
恨年來絮飄萍泊，
遮難回首。
二十文章驚海內，
畢竟空談何有？

聽匣底蒼龍狂吼。
長夜淒風眠不得，
度群生那惜心肝剖？
是祖國，忍孤負！

緩慢的調子，悲壯的旋律，激昂的情緒，與馬達聲、怒濤聲、汽笛聲混合在一起，像一部《維新之路》「交響樂」，在海空中飄蕩。

第13章

初秋，叔同乘著馬車，冒著煩人的秋雨，穿過東京上野不忍池畔的谷中小道，來到下谷上三崎北町三十一番地的門外。這裡是一堵黑牆，牆外的一片帶雨的秋海棠低垂著，彷彿歡迎這位來自中國的客人到來。

異國，對於叔同，一切都很新鮮。

在船上時，他還穿著一件灰色春綢長袍，腦後拖著一條又黑又長的辮子。當他住進這所私人出租的上野不忍池畔的小白樓時，他的裝束變了。他要擠進這外國的藝術院校，要打扮得像個地地道道的新派人，要十分像一個留學生。於是他進了理髮店，剪掉了長辮，改為三七分的髮式。當天又進了服裝公司，脫掉了長袍馬褂，換上了西裝，儼然成了一個風流瀟灑的美少年。

當他報考了上野美術專科學校時，除了文化考試以外，專業考試是素描和書法。此外，還要交出其他美術作品。

當然，素描在中國尚未見過，單憑他平素書法的功力，是足可以應付考試的；書法作品頗使監考先生吃了一驚，細觀他的字體，氣勢雄健，行筆流暢，意態瀟落，運筆遒挺莊凝，衝出了《三公山碑》，溶漢魏於一爐，而又風貌別具，並「夾有風霜雷電之氣」。先生看罷十分驚喜，不斷喊著：「摇落西」。另外一篇作品是叔同的篆刻，先生一眼望去，作品頗有大家風度，篆文係「李叔同」三個字，任人皆知，此篆刻皆得力於書法，即印從書出，他把天津篆派獨特的刀法，融入古璽印嚴謹的法度之中，把隸書的方正古樸之氣納於印中，因而風格凝重，平中寓奇，從而形成一種恬淡平穩，如同天然風光般的清新畫面，秀逸之氣撲人眉宇，大有「鐵筆神來」之感。

這塊印章，先生給了很高的評價。

「李叔同，」先生把他喚進辦公室：「這是你的作品？」

「是的，先生。」李叔同沉著而有禮貌地回答。接著反問道：「先生，您的名字怎麼稱呼？」

「黑田清輝。」

「黑田先生，我可以入學嗎？」

「當然，當然。」黑田先生抬頭看了一眼李叔同：「因為你帶來了你們民族的篆刻藝術，當然可以入學了。」話語十分和藹。

叔同學著日本人的禮貌，雙手扶膝，深深鞠了個躬：「謝謝。」

「你的，」黑田先生說：「日語的明白？」

「學過，但不是很通。」叔同用日語回答。

黑田笑了笑，說道：「專業課以外，你可以去預科班補習日語，願意嗎？」

「願意。」叔同又鞠了一躬。

叔同入學了。他學的是西洋畫。而在學習中他似乎有十足的信心，這信心便是紮根於童年對藝術的追求，尤其對西洋畫，像是一見如故。除了上課，他常常溜進展覽館，那些由油彩、線條、光斑、冷風、肅穆和寂靜構成的美術作品，把他的心一下子吸引了，他覺得自己在升騰，彷彿進入了一個新的世界的懷抱，步入了一塊新的大地。

赤橙黃綠青藍紫。黑田先生是油畫教授，善講「色調」，他把色調的組合，形容成音符的有機結合，即把死板的單調的色彩，像一根穿起珍珠的項鍊，組成理想的、自然的、經過畫家加工了的色調組合，形成絢麗多彩的萬千世界，去完成美的創造。

黑田先生的「色彩」課，頗使叔同得益。下課時，他背起畫夾子和畫凳，坐在不忍池畔，望著這誘人的初秋景色，浮想聯翩。是的，那溫暖的橙色和黃色，像似在母親身邊的記憶符號；那綠茵茵的草地，池邊的垂柳，碧綠的池塘，啊，還有樹蔭中那靜靜的藍色，是藝術家所追求的色彩，是迷人的去向。

夕陽像強弩之末，無力地西沉下去，秋風徐徐，捲了幾片焦葉從樹上轉了一個小圈，然後慢悠悠地飄落在綠草坪上。李叔同最不愛褐色，因為它不是原色，是由多種原色湊合起來的、成分複雜的色彩。他背起畫具，在暮靄下來至橋頭，看到那些搬運工人，吃力地勞動著，於是，他急速地在畫板上用了數不清的褐色線條。啊！他感覺到了褐色的深沉、悲憤、憤懣、凝聚著要衝破一切的爆發力。

夕陽是鮮紅的，他看花了眼，然而這紅色卻喚起了自己的愛。它像爐火、熱血、石榴花，又像妻子過年穿的衣裳，一種熾烈的感情在燃燒著他。

他走下橋坡，在綠蔭的小路上，有一個拎著草籃的姑娘正與他擦肩而過。她的打扮並不光艷照人。雪白的上衣、雪白的裙子。就是這潔白的色澤，使他情不自禁地回過頭去，貪婪地望著，彷彿看到了一個潔白無瑕、純淨透明的化身。

黃昏，他踏著綠茵茵的草地，走了一段石級山坡，回到了自己的住所。在外屋他脫掉了鞋子，拉開了木格子小門，一頭躺在「榻榻密」上。他雙手墊著後腦勺，舒展了一下疲憊的身軀，回味著黑田先生的「色彩」課。恍惚中像是鑽進了一個五彩繽紛的巨大花園裡。啊，這就是世界、宇宙、天地、自然之間的彩色，這斑斕奪目的珍珠，這褐赭的地獄之光。這當兒，他又像是回到了自己的國土，他繪製著母親的頭像，驀地，他的手顫抖了，眼前是八國聯軍、腐敗的清政府。找到了，找到了！找到了色彩的語言！

「叔同先生。」

「啊！」叔同醒來，見房東兼傭人良秀成子大媽站在門外，他猛地坐起來：「大媽。」

「飯菜送來了，吃了再休息。」良秀大媽親暱地望著這位中國留學生。

「謝謝您。」叔同說著便一骨碌爬起來，穿上鞋，恭恭敬敬地鞠了個躬。

「吃得慣嗎？試試看。」

「可以。」叔同根本沒看送來的是什麼飯菜：「您不用操心，我來此地求學，就已經是半個日本人了。」

良秀大媽笑了笑，回去了。

叔同吃了一餐中日「混合飯」，甚感新鮮。不過他的刻意之功全在於學業上，為了日有所獲，他用宣紙寫了「日新」兩個字懸掛在外間的中堂。

老實說，像李叔同這位善於在藝海裡「游泳」的人，尤其是在詩詞、書畫、金石、音樂中頗有成就的「才子」，留學習畫，自然就像藝海拾貝，扎個猛子就可得到意料的收獲。因為在他的聰慧腦海裡，對藝術的各個門類都留有一席之地。

但是，上野美專的進度很快，從素描到人體解剖僅在二個月之間。尤其這人體寫生，僅靠每周一個課時的「模特兒」或是人像寫生，似乎很難把握人體美的真諦。盡管這位「江南才子」早就「二十文章驚海內」了，可這「模特兒」還從來沒有接觸過，因而，畫「模特兒」便成了他的主攻課程。他清楚地記得黑田先生的教導：模特兒並不是工具，並不是石膏模型，她有顯示美的獨特功能，能感召畫家的靈感。

初冬，他吃過晚飯，試彈著自己剛買來的一架新的法國鋼琴。他那修長的十指像漣漪鱗波一樣，彈了一首蕭邦的bE大調圓舞曲，當他奏完最後一個和弦時，驀地發現在黑乎乎的門外有一個人影在晃動。他離開琴凳，來至門口定睛細看，聽琴的是位姑娘，然而卻看不見她的面容：

「啊……」叔同不知說些什麼，只是客氣地說了一句：「請進來彈琴吧。」

叔同滿以為這姑娘會感到被人發現而溜走的。其實不然，她竟然大大方方的走進來了，她溫和地朝叔同一鞠躬，低著頭說道：

「先生，請您彈吧，我很高興聽鋼琴。」

「那麼，您也會？」

姑娘一抬頭：「學過一些練習曲。」

叔同眼睛一亮，簡直不敢相信自己的眼睛。眼下，站在他面前的竟是在橋下相遇的那個穿著潔白衣裙的日本姑娘。在耀眼的燈光下，她那秀美的容貌、迷人的身姿一下子把他吸引住了：

「您，住在……？」

「和您是鄰居，」姑娘指了指對面坡上的那幢二層樓的寓所說道：「這是我的外婆家。」

「噢，就是良秀大媽？」

「是的。」

「你的名字……？」

「葉子。」

叔同清楚地記得，自從看房子、買家具、交房租、買鋼琴，二個多月的出出進進，還從未見過這位姑娘。正在疑惑，葉子解釋道：

「我剛搬到外婆家來。因父親早逝，從小隨母親學鋼琴。最近，母親在外地工作，所以……我和外婆住在一起了。」葉子介紹到這裡，微微瞟了叔同一眼：「先生，不知如何稱呼您？」

「我叫李叔同。」

叔同答得很快。然而他的視線一直盯著這位姑娘。的確，她像一潭清澈的泉水，給人以甜美的感覺，她像一座雕塑家創造的女神，每一個部位都恰到好處。

「啊！多麼理想的『模特兒』。」然而，他沒敢講出來，生怕冒犯了這位女神。可是，他沒詞兒了，只是淡淡地請她彈琴。她莞爾一笑，像在自己家裡一樣，走近鋼琴，坐在黑色的琴凳上，輕鬆而自如地彈了一首日本歌曲。

「你彈得很好，」叔同誠摯地說：「你的指法很明顯，受過嚴格的訓練。」

姑娘站起來，客氣地鞠了個躬。接著，兩隻水汪汪的眼睛像參觀著文物博覽會一樣，品賞著四周牆上的書畫、篆刻，以及叔同來上野的班上作品。

「您來日本，打算學點什麼呢？」

「西洋畫，」叔同笑了笑：「不過，我還準備投考東京音樂學院學鋼琴。」

「你的中國書畫、金石水平，在上野美專恐怕連教師也趕不上。」她講得很從容。

「所以，我學的是西畫。」叔同品了品姑娘的談吐，感到此人不一般，因問道：「你也懂得中國書畫？」

「中學沒畢業時，我就愛上了中國書畫。」

⋯⋯

這天晚上，他們談的都是音樂和美術。幾天過後，這位一向少言寡歡的公子爺，生活越加「日化」，如早浴、和服、長火缽，諸如此類的江户趣味，似乎都要嘗到不可。

「李先生，吃飯了。」

葉子第一次替代外婆給李叔同送飯來了。也許是來往多了，葉子也不那麼拘謹了。她把盤中的飯菜往桌上一放，立在叔同的背後，靜靜地望著人像畫的素描作業。當李叔同畫完了最後一筆，她才悄悄地重複著說：「李先生，吃飯了。」

叔同一驚：「啊，是你呀葉子。」

「我外婆說，打今天起由我來給您送飯。」葉子說著，便毫不掩飾地露出興奮的神態。老實說，葉子的情緒和生動的臉型，以及她的身材、線條、高度，彷彿都超出了日本女孩子的遺傳。叔同再也不願隱晦自己的願望了：

「葉子，我想請你幫個忙。」

「幫什麼，請您說吧。」

「合作！」

「我？」葉子笑了，然而笑得很甜蜜：「我沒學過繪畫。」

「不，你搞錯了。」

「噢？」葉子停住了笑，睜大兩眼望著叔同，這眼神兒裡顯然是急於讓叔同說出幫什麼忙。

「我……我想，請你做我的『模特兒』。」叔同還沒說完，葉子臉色「唰」地變了。她咬著嘴唇，半晌沒吭聲。

叔同慌了。他後悔，悔不該唐突地向葉子提出這個要求，他悄悄朝葉子瞥了一眼，怕葉子給他一個難堪的回答；又怕葉子不理解這純潔而神聖的合作，把他看成是個輕薄浮華的公子哥兒。

「如果您不願意……，」叔同誠懇的聲音在顫抖著，屋裡的空氣似乎也凝固了，叔同感到一種透不過氣的壓力。末了，還是鄭重地說：「如果您不願意，那就請你幫助我，找一位素妝淡抹、身材適度、風度較美的女模特兒好嗎？」

葉子的臉色由紅變白，由白變紅，兩手挽在一起，緊咬著嘴唇沒鬆開過。眼睛總是盯著那牆角上的顏料罐子。片刻，她緩緩朝叔同望了一眼，羞澀地說道：

「本來，這是我一輩子不曾想過的事，既然你的學業需要，那，我……可以試一試。」

葉子說到這裡不知是哭，是笑；說話的聲音幾乎連自己也聽不到。叔同用感激的目光望著她：

「不知怎麼謝你才好！」

「不用謝，」葉子的臉上似乎一點表情也沒有了，說話的音調好像樂器沒定準音一樣，淡淡地說道：「做模特兒，是一個女孩子為藝術的犧牲行動。如果你真正能成為一個大畫家，我是願意犧牲自己的。不過，你也別擔心，如果真的幫了你的忙，我的犧牲是情願的。」

叔同萬萬沒想到，這些通情達理的話是出自葉子的口，他再一次感受到這是一位不凡的日本姑娘，她有見識，有氣度。尊敬之情油然而生，他不禁以日本人的習慣，朝葉子深深鞠了一個躬：

「太感謝你了！」

「不過，這事兒，」葉子說：「還需要瞞著我的外婆，她是絕對不容許的。」

「放心吧！」叔同又鞠了一個躬。

葉子正眼瞥過去，見叔同的表情莊嚴，那種温厚和無邪的表情，足可以使她消除一切顧慮，她感到精神鬆弛了很多。

在一個佈好了光線的夜晚，牆角上擺了兩只炭火盆，葉子像個將要出征的將軍，她要丟掉一切恐懼和羞澀，她慢慢地脱掉了身上的一切，眼梢瞄了一下這個十分瀟灑的中國留學生便沉湎在這清靜無邪的藝術氣氛中。

「請你半臥在榻榻密上。」叔同自已做了個姿勢。

葉子看他一眼，沒説話。

叔同調整了一下光線，迅速攤開畫架，從葉子的身材輪廓、人體結構、肌肉的質感、髮式、神情，以及每個部位的美感點，都感受著人體美的價值。

當他在局部描繪其質感部分時，突然發現在她的胸前正中有一顆「痣」，這倒給他一個新的啓發：他憶起清代著名評點家脂硯齋提出的美學觀點。言及曹雪芹筆下的人物史湘雲，他説：「可笑近於野史中，滿紙羞花閉月，鶯啼燕語，殊不知真正美人方有一陋處，如太真之肥，飛燕之瘦，西子之病……今以咬舌二字加之湘雲……不獨不見其陋，其更覺輕俏嬌媚，儼然一嬌憨湘雲立於書上……。」叔同想到這裡，頗有啓發，頓時，他感到在藝術作品中，如果一味地把描繪的對象理想化、絶對化，反而會影響它的審美效果。因為沒有一點瑕疵的面孔，只會是畫家的理想，而人的臉和肌膚總免不了有些小毛病，倘若要使畫像具有生命活力，就不應當迴避這一「陋」處。進而他又聯想到「美人的黑痣」不正是西洋美學史上常涉及的新的美學概念嗎？

叔同迅速完成了透視的角度之後，繼而把這顆胸前「痣」攝於自己的作品上。然後用炭筆勾勒出明度的對比。

當油彩的筆觸為頭部打完底色的時候，已經過了一個鐘頭。

「好了。」叔同輕輕說了一聲。

「畫完了？」葉子的視線一動也不動地問了一聲。

「我已經和你說過了，」叔同說：「我每周和你合作兩次。」

這時，葉子像是偷人東西被發現了似的，拉起自己的內衣內褲，一下子把純潔神聖的部位護住了。

葉子一邊扣著上衣紐扣，一邊微笑著走過來時，叔同已經整理好了畫具。葉子走近畫架前認真看著，說道：

「你，光畫完了我的臉，其它部位僅僅勾勒出了輪廓！」

「我已經與你講過了。」叔同一邊收拾東西，一邊滿意地說道：「我們還要合作的。」

「我不和你合作了。」

「為什麼？」叔同一怔。

「羞煞人啦。」

「當完成了這幅作品時，你才發現你的真正價值。」

「價值？」

「是啊，」叔同走至葉子的面前說：「譬如，你那純真的靈魂，少女的麗質，體態的均勻，會給人類帶來美的感受，它將給人們帶來美的追求，難道這不是價值？」

「可……這畢竟是難為情的事啊！」

「凡是把美獻給人類的人，是最崇高的啊！」

葉子垂下了頭，拚命地品味著「崇高」的內涵。這時，突然傳來良秀大媽的呼喚：

「葉子，葉子——。」

葉子一驚，臉色緋紅，像做了虧心事被外婆發現了似的，心跳得幾乎到了喉嚨口。她朝叔同瞟了一下，回頭應了一聲，忙拉開房門，穿上鞋子朝外婆屋裡跑去。

叔同望著葉子的背影，他為偶然找到葉子這個理想的「模特兒」而高興，然而也替葉子捏著把汗，生怕她受到良秀大媽的辱罵。

「李先生。」葉子的聲音。只見她端著一碗日本常吃的夜點心「豆沙湯」進來：「吶，外婆怕你晚上餓，特地讓我送來的。」說完，那雙水晶般的大眼睛一直盯著叔同。

叔同笑了。心想：謝天謝地，良秀大媽不但沒發現，反而還做了夜點心。他瞅了一眼葉子，高興地吃了這碗帶有年糕片的豆沙糖羹。這時，葉子已把方才的羞澀感忘掉了一大半。她坐在牆邊的琴凳上，「咣」地一聲彈了一連串的琶音，音色透明，頗有豎琴之音質，叔同聽了興奮得瞪大了鳳眼。

「啊！你彈得真好。」

葉子回頭笑了笑，接著便彈起了比才的《卡門》序曲，曲調活潑有力，但在這快活的旋律中，交織著一種迷茫的情緒。叔同聽得張開了嘴巴，陷於浮想之中。

「葉子。」良秀大媽又喊了。葉子離開了鋼琴，收拾了飯碗，回去了。

過了三天，葉子按約定的時間，準時來到叔同的外間屋。

「葉子姑娘，」叔同正從套間裡出來，笑呵呵地說：「咱們再繼續合作。」

不知怎的，葉子沒吭聲，只是尷尬地苦笑笑。說真話，第一次給李叔同當「模特兒」，就像新兵第一次打仗一樣，不知哪來的一股衝勁。等到第二次上場，才真正感到沙場的可怕。葉子何嘗不是如此呢？當她第一次供一個陌生的男人作繪畫的模特兒時，像是飄在十里雲霧中，懵里懵懂地聽從了叔同的擺布。可這次則不然，她後悔，悔不該答應這件不情願的「合作」。

「怎麼？」叔同微笑著說：「不太高興？」

葉子沒說話，她無表情地看了看叔同那嚴肅態度，她覺得這個中國青年如此刻意銳進、認真求學的精神，就像一盆炭火，使自己這剛冷卻的心，又熾烈起來。她也非常了解，這滿屋的書畫、金石、詩詞，皆出於這位中國才子之手，也感到這是一個不平凡的青年，決非輕浮之輩，她那充滿矛盾的心，漸漸地平靜了。

「我答應過李先生，」葉子慢吞吞地說：「咱們再合作吧……。」

李叔同雙手扶膝，深深鞠了一個九十度的躬。

葉子脫了鞋子，進了裡屋，按照原來的要求、姿勢擺好。叔同進得屋來，拉好房門，站在畫架前，頓然被葉子的體態征服了，那種女性的典型美，在她身上的每一個部位都體現得到。正由於這種美感，深深地感染了他，因而她的自然美，便大大地喚起了畫家的靈感。

一幅裸女油畫出世了。

「啊……！」葉子穿好了衣裳，詳細地看了這張由自己提供的畫像，心中有著一種不可名狀的歡快感。心想：「難道我是這麼美嗎？」

轉瞬之間，春去夏來。因上野美專的課程，叔同的作業，逐步深入，葉子也就變成了「專用」模特兒。頭像、人像、半裸、全裸，從某角度的表達，直到全面的立體表達；從面部的靜美，到全身的動態美，這都要借自然的人體美來表達。當然，葉子就擔當了這個角色。漸漸也就習以為常了。

葉子已經二十歲了，盡管沒經歷過人間坎坷、人世風險，然而，她在生理上、發育上、感情上都熟透了。

「叔同。」啊，她無意中脫口而出，叫了一聲叔同的名字。她故意避開叔同的視線，緋紅的臉直對著牆上的《日新》二字。

「葉子，」叔同說：「你在想什麼呢？」

「……」葉子無話以答，但是她的頭始終衝著牆壁。

「有什麼心事嗎？」

「不……」葉子鎮靜了一下：「我感到你的藝術門類學的多，而且都不一般。」

「葉子，藝術的門類，並非不能逾越的，例如：一幅好的畫，可以說它是無聲的音樂，一首好的音樂作品，則又是一種流動著的畫面；黑田先生講的美學，僅一個『陋』

字，就可用在各個門類的藝術上。其他，如快慢、張弛、濃淡、疏密等等對比關係，又有哪一門藝術能離得開這種關係？所以，學藝術的人，如果開了「竅」，是可以觸類旁通的。不過，『通』，並不等於『精』，否則，我遠涉重洋到此何幹？」

「那麼，」葉子說：「你來日本，就是為了學會西洋畫嗎？」

「不能這樣理解。我們中國有自己的畫法，其他國家沒有。但是西洋畫，中國沒有。我們做些溝通藝術的工作，把先進的東西帶回我的祖國，讓我的祖國人民，通過藝術而覺醒，這就是我所求的報國之路。」

「啊……，」葉子心想：「非凡的思想，他與那些為藝術而藝術，把藝術看成是自己譁眾取寵、自鳴得意的公子哥，沒有絲毫相同之處。」她把他看得很重、很高大，彷彿一下子自己矮了很多。

「葉子，」叔同說：「你在想什麼？」

「我……？我想，你如果為了你的祖國而學畫，我情願給你當一輩子模特兒。」葉子的話有感而發，毫無矯揉造作之勢。

「葉子——」叔同感動得聲音像小提琴拉出的泛音，微弱而充滿了感情：「你不能為我的事業而犧牲你的一生啊！」

「我崇拜藝術家，更崇拜我自己。所以，我要走的路，是誰也攔不住的。」葉子的倔強性格，顯然是衝破了情感的樊籬而形成的。

「我不忍心讓你這樣做。」叔同輕柔地說。

「叔同，你太通人情了。」葉子說完，一種日本女人特有的脆弱和易於激動之性格使她的淚水奪眶而出。她猛地上前，把手搭在他的肩上：「原諒我……。」

「葉子。」叔同說著便拉住她的手，緊握了兩下。然後把她讓在自己對面的那張皮椅上，說道：「說真話，來上野的習作，均得到了黑田先生很高的評價。每當此時，我都在心底感謝你。可以說：作曲家可以反映出沒有聽到過的聲音，但是畫家，不可能畫出沒見過的物體。試想，沒有天性美的模特兒，哪會有天才的畫家；不感受大自然的美，不感受真實的精神的衝力，怎能反映出人類的真、善、美。如果你是平庸的、愚昧的、無情的，就是畫上一百幅，能喚起什麼呢……？」

二人沉默了良久。屋子裡靜得可以聽得到對方心臟的跳動。這種跳動正是雙方情感在衝激著自己的靈魂。

「正因為我可以給你一些創造的精神力量，所以我才下了這個決心的。」

叔同的心突突地跳著，然而那異峰突起的矛盾卻湧上心頭。母親的一生，他親眼目睹，當一個女人被人冷落、毫無社會地位的情景，他，再也不願世界上如此無情……

葉子沒有想的那麼多，她只覺得眼前的這位中國藝術家是自己所崇拜的人。她如果是一條野藤，她所攀附的定是高山上的青松。然而她所希望的，則是這棵青松能紮根於日本國土。

叔同悄悄地瞟了她一眼，這熱情像火一樣的目光正和她那溫柔而深情的眼神兒碰在一起。啊！瞧她那明月般的目光，透明而純真的感情，假若自己是一顆寒星，也寧願伴隨著這皎潔的明月。

「明月，」叔同脫口而出：「明月總是伴隨著黑暗而存在。」

「不要這樣說！」葉子趕忙堵住叔同的嘴：「這樣想，對你是不幸的。」

「啊，」叔同笑了笑：「我不是說過嗎：世界上的藝術不是總包含著美與醜、動與靜、黑與白嗎？」

「不！」葉子嬌嗔地說：「我和你，就不存在黑與白、明與暗……。」

「為什麼？」叔同故意地問。

「如果你是一個月亮，我就是你身旁的一顆星星。有了你這位畫家，才顯出我的作用。」

叔同的情感被撼動了，但他畢竟是個有血性的男人。他的眼眶湧出了淚水。聽了葉子這番話，不知是感激，還是投入了情網。他抬頭正視著葉子，只覺得她的面容十分坦然，好像找不出更多的詞彙去形容她。貴妃、王嬙、西施，他沒見過。眼前的她，像似亮出了一顆透明的心：純真、無疵、美麗。

「葉子，我要學的東西太多了……。」

「可以說，你搞什麼藝術，都會像月亮一樣，明澈、閃光！」

「葉子。」叔同猛地拉過葉子，凝視了半晌，一顆顆晶瑩的淚珠，撲簌簌地滾下來。

叔同感到了葉子那豐滿的胸脯在激烈地顫動，好像兩人的血液正在一起流動著……

第14章

這時候，情感的衝擊波就像三原火山的焰漿，燒化了那雙跳動著的心。黝黝暗室，面面相對，剎那之後，半晌無語。前面是地獄墳場，還是幸福的温柔之鄉？他倆誰也不敢想。此時此刻，雙方都墜入無聲的愛之中。

「葉子。」叔同輕輕推開她：「你知道中國的小說《紅樓夢》嗎？」

葉子雪白的秀臉上，彷彿塗上了一層不均勻的顏料，紅一塊、白一塊的。

「只聽說過，沒有讀過。」葉子羞澀地避開叔同的目光，眼睛一直瞅著自己的腳尖。

「男的主角賈寶玉，為了追求愛情的自由，最後出家做了和尚；女的主角林黛玉，由痴情的火焰，漸漸像蠟燭一樣，耗乾了年輕的生命。不過，這樣的巨著，世界上還有許多：《羅密歐與朱麗葉》、《黑奴籲天錄》、《茶花女遺事》……，我如果會演戲，我就把這扭曲的靈魂、不平的世界、人間的苦難，統統搬到舞台上，讓所有的人認識這個世界……」

葉子微微抬起了頭，凝視著叔同那鄭重的樣子，「撲哧」笑了。

「你要上台，我就幫你化妝。」

叔同抬起雙手，重重壓在她的肩上：「這可不是給我當『模特兒』啊！那是用你的人體美，喚起人們的愛和力。你如給我化妝，可就沒這麼大的威力了。」

「那……，」葉子那雙嬌媚的眼睛亮了一下：「我該做什麼呢？」

「嘿嘿。」叔同搖了搖葉子豐滿的肩：「做我的觀眾。」

「不——」葉子大聲喊著。

「你聽我說，如果我演戲，你就陪著你外婆來看戲，這就是你該做的。」

葉子無言以對，只是抿著嘴，默默地點點頭。

「葉——子——」良秀外婆站在石級上喊著。葉子猛地站起來，理了一下一刀齊的秀髮，朝叔同一擺手：「再見！」

這一夜，叔同並不平靜。心中像有個微型的螺旋槳，使他輾轉反側，難以入眠。這並不單是因為「愛神」的光臨，他心中還翻騰著「戲」。不是嗎？自打娘胎來到人世，家裡辦了不知多少次「堂會」，幾乎什麼戲班都看過，那只不過是老戲，帝王將相、文靠武打、文場武場，加上各種不可逾越雷池半步的程式，化妝之複雜，又怎能及時為人類吶喊呢？……

門外，黑壓壓的雲層像一頂巨大的蓋子，把整個世界蓋得嚴嚴實實，雪，下得很大。叔同翻了個身，發出不規則的鼾聲，顯然他是在一種不平靜的沉鬱中睡去的。

晨曦，當東方微露紫灰色的光線時，叔同便醒了，他裹著棉被從窗口往外望去，嚄！好大的雪。他一骨碌爬起來，穿上衣裳，推開房門，領略著異國他鄉的自然風光，幾顆雪花在半空中轉悠了幾圈，然後慢悠悠地落到了他的肩上，眨眼的工夫，那雪花便隱匿在他肩膀上的大衣呢裡。

這天，他和往常一樣，下了課回到「家」裡，吃罷晚飯，約了葉子去看戲，看新戲，看「浪人戲」。

黃昏的街上，狂風夾雪下個不停，他和葉子撐著一把雨傘，穿過兩條馬路，來到「樂座」戲院。也許是戲劇淡季，觀眾不多，他倆走進第三排位子上，脫下大衣輕輕地抖了抖積雪，這時，大幕正好拉開，這天是川上音二郎夫婦主演的一齣「浪人戲」。其實，叔同並沒有注意它的情節、內容，心裡一個勁兒地琢磨其他的事：

「葉子，你看，」叔同拉了拉她的袖子：「舞台上簡單吧？」

「我不懂你的意思！」

「服裝、道具，在我們生活裡就有，也沒有樂隊，靠的是語言和表演藝術。」

「啊，你說這個。」葉子眼睛始終望著舞台，「所以才叫新戲！」她用眼梢瞄了瞄叔同，信口問道：「你們中國也有新戲嗎？」

叔同一聽，正觸到自己的思維神經，彷彿心底的秘密被人發現了似的。誠然，他曾朝思暮想地試演新戲，他觀摩「浪人戲」全在於領略其新戲的社會功能；能否在這裡為新戲「育苗」。

「如果中國有新戲，我何必把時間耗在這裡呢？」叔同的語言很平淡。

「哦，……」葉子調皮地一笑：「我倒忘了，我還是你未來的觀眾哩。」說完了，把頭靠在了叔同的肩上。

一連三天，叔同像著了魔似的，在「樂座」看了三場戲。第四天，學習了「油畫」

主修課之後，他離開了上野，雇了一輛馬車，帶上黑田先生的「便條」，直奔日本戲劇藝術家藤澤淺二郎先生家裡。他下了車，先按了門鈴，又付了車錢。片刻工夫，門開了。

「請問，您找誰？」開門的是一身打扮入時的夫人。態度非常和善。

「我找藤澤先生。」

「哦，他剛回來。請進吧！先生。」

此刻，藤澤淺二郎已出現在客廳門外。他穿了一件黑色和服，溜光的黑髮向後背著，温和而帶有點鋒芒的眼神兒透過鏡片看了看來人。

「您是藤澤先生吧？」叔同操著日語問道。

「是的。您？……」

「我是中國人。」叔同遞上了黑田的「便條」，自我介紹說：「我叫李叔同。」

藤澤瞇起雙眼，看了便條，抬頭望了望這位修長身材、月眉鳳眼的中國人，感到十分新奇，於是笑著把叔同讓到客廳裡。

「請談談。」藤澤笑容可掬地讓叔同坐在對面那張虎皮沙發上。

「我看過很多的書，」叔同直截了當地說：「可我同情一些人，也憎惡一些人。我想，如果用日本新戲的辦法，在留學生中組織起一個劇社，把這些善惡公布於眾，喚起人們的愛憎……。」

「哦，年輕人。」藤澤打斷了叔同的話說：「可別小看了新戲喲。」

「是的，先生，正由於此，我才來拜訪您的。」

「我已經知道你的願望了。在中國留學生中，陸鏡若也向我討教過新戲的問題。」藤澤淺二郎沉思了一下：「新戲不同於舊戲。舊戲，在我們日本如歌舞伎，在中國如京劇，它是靠著一種嚴格的程式、講究的臉譜、固定的唱腔、完整的樂隊、生旦等行當，甚至深厚的武功。新戲則不同，它不需要那麼多的『規定』。然而，正因為這個，所以，新戲就有它獨特的難處。如你們中國的『張飛』戲，畫了臉譜就像張飛；但新戲不畫臉譜，不給你鑼鼓經，要演張飛靠什麼？靠的是深刻地挖掘角色的性格和心理活動，同時還要有較好的藝術表達能力，這就是新戲的難處。」

叔同目不轉睛地望著藤澤先生，像在課堂上聽課似的。

「你的願望是可以達到的！」

叔同微微一笑，兩頰像飛來兩片紅雲，高興得直搓手。

「因為，」藤澤接著說：「你們中國人內秀含蓄、感情豐富、表達能力很強。尤其你們學藝術的人，學演戲，自然沒問題。」藤澤好像很興奮。他挺了挺胸，用手捋了捋溜光的頭髮，又指了指書櫥裡的《莎士比亞全集》，說：「新戲，光莎翁的這些戲，就夠演的了。他的戲可以說包括了地球上的各種人物。美醜、悲歡、苦甜、生死、離合，宣揚了真善美，鞭撻了假惡醜……」

「是的，先生。」叔同忙不迭地接上話題說：「我的理想和追求，正是這個。」

「那好。」藤澤淺二郎說著便從茶盤的煙盒裡抽出一支「富士」牌的煙捲，在茶几上頓了頓，劃了根火柴，點著了深深地吸了一口，笑著說：「如果在我撰寫的戲劇史上，中國的新戲先鋒，恐怕你是第一個人。」
「我就是來請您幫助我們……」
「哦，我如果能抽出時間，一定來。」
叔同告別了藤澤先生，乘上馬車回到不忍池畔，草草吃了午飯，下午又到上野美專，進入了他的「油畫世界」。不料，中國駐日本東京領事館的文化參贊劉耀文乘著一輛比爾卡來到學校，要召集中國留學生開會。叔同放下油畫筆，也沒洗手就來到常開會的那間教室。這位參贊老早就坐在講台上，那古銅色的長袍下邊蹺著一雙二郎腿，刀條臉上沒有一絲血色，黑色馬褂上垂著一條鍍金的錶鏈。二郎腿一搖，錶鏈在胸前蕩著「秋千」，那兩顆暴出來的黑牙，隨著笑瞇瞇的眼神兒，露出得意地神氣。
「同學們不要講話了。」他乾咳了幾聲，掏出雪白的手帕抹了抹嘴角：「領事館接到我國的來電，黃河成災，兩淮水患，百姓餓殍遍野。因我朝廷政府國庫緊張，希望留學生們不要忘記鄉親父老，面對水旱災難，有錢出錢，有力出力。」說的話像背《三字經》似的，毫無表情，語調像是同音反覆，十分蒼白。最後，他站起來，把胳膊伸到空中晃了兩下，提高了青蛙嗓門説道：「獻金台就在領事館，散會！」話音剛落便匆匆離開了教室。
留學生們面面相視，有人壓根兒就沒聽出講的是啥名堂！
叔同環視了一遍前後的同學，其中有曾孝谷、黃二難、陸鏡若、吳玉章等。
「諸位，」李叔同似乎很有把握地説：「這次賑災，我有個建議。」

曾孝谷笑著說：「有何高見？」

「我們去演戲。」

「演戲？」曾孝谷心想：「怎麼想的那麼一致？像鑽到人的肚子裡似的。」於是把腿一拍：「好哇，咱們想到一起啦。」

吳玉章笑笑說：「這主張，我當然贊成！」

「我也想過。」陸鏡若說：「為了演新戲，我也討教過專家。不過，這經費……？」

「有，」叔同的語氣很肯定：「第一，我已經請了日本著名戲劇家藤澤淺二郎先生做我們的指導；第二，上海給我寄來的錢，足可以租借劇場。這樣，我們可以把義演的收入直接寄回祖國。」

「哎，叔同，晚上我倆給劇社起個社名，研究個辦法。」曾孝谷這一提議，叔同也很贊成。

傍晚，曾孝谷離開自己的公寓，來到上野不忍池畔小白樓，和叔同談起了創辦劇社的事。曾孝谷話語滔滔，談起演戲可以忘掉一切。

「叔同，我們這個劇社就要多演移風易俗、靈魂再造的新戲。」說完，看著叔同的面容，忽地想起了一段詩歌，誦道：

「春柳菲兮芳草萋萋，」

「塞北江南兮披綠衣。」叔同對答了一句。

「樹木參天兮成良才，」曾孝谷又誦出了一句。

「東方巨廈兮拔地而起。」李叔同對答如流。

「好，」曾孝谷一拍大腿：「這四句就算我們社的宗旨。」

「妙極，妙極！」叔同哈哈大笑了一陣：「咱中國留學生喜看新戲，歷來把它看成是學習日語的好途徑。咱用日語演出，觀眾的範圍就更寬了。」

「當然，用漢語演出，日本人是看不懂的。」

第二天，二人在出租廣告上，找到了一所寬大的二層樓房子，當即奔到東京下谷區泡之端七軒町二十八番地鐘聲館，叔同交了房租，掛上了「春柳社事務所」一塊大牌子。過路人都在這塊新牌子面前逗留一會兒，誰也說不明白這是個什麼單位。

晚上，東京的大街像一塊大棋盤，縱橫交錯，燈火如晝。霓虹燈非常醒目，廣告燈不時地眨著眼睛，車燈像一對一對的光柱，掃視著街上的一切。「伎座」裡正演著日本歌舞伎，劇場門外人群熙攘，好一派繁華的東京。

剛過了春節，可「春柳社事務所」裡的排練場上人人冒著熱汗。前邊的椅子上坐著藤澤淺二郎先生，眼前的小桌上放著《茶花女》的劇本和一杯中國北方的香片茶。幾個戲劇專科學校的學生坐在他的背後。

「鈴……鈴」，藤澤先生按了一下桌上小鈴，頓時鴉雀無聲。滿屋子的「演員」個個把視線投到了藤澤先生的臉上。

「請注意！」藤澤先生把手揚起來說道：「你們大都受了你們國家京劇的影響。」說著站了起來，學著京劇的「四方步」、「小碎步」、「蘭花指」等許多傳統戲曲的東西，把大伙逗得哈哈大笑。接著他又說道：「所謂『新戲』，在日本是時事新戲、時裝戲。這就要求接近現代生活，要真實、自然。但它的動作只不過是比日常的生活幅度大一些、略誇張一些。好，開始。」

藤澤回到導演位置上，把鈴一按，又開始了。這天，排練場上十分認真。扮演茶花女的是李叔同，扮演亞芒的是學政治的唐肯，扮演亞芒父親的是叔同的同班同學曾延年（即曾孝谷，號存吳），都在導演的啓發下，創造著各自的角色。

根據導演的計畫，將演出《茶花女》的兩場戲，即從亞芒的父親訪茶花女和茶花女臨終的兩場。這兩場內容曲折，是全劇的高潮。也許是新戲的原因，「演員」們人人能「進戲」，連藤澤先生都暗自敬佩，連說了幾遍：「沒料到！」

夜，靜謐得可怕，店鋪打烊了，只有幾只路燈移動著叔同的影子。路上沒有聲息，彷彿只有自己的腳步聲伴著他那興奮的心情。

排完了戲，他沒乘車。盡管寒風凜冽，回到小白樓時，已經冒出了汗水。他進門把大衣一脫，帽子一摘，徑直走至那面穿衣鏡前，對著鏡子練起了表演。老實說，如果不知道他正在為茶花女這一角色練表情時，還真會把他當成「瘋子」呢。

他按照導演的啓發：「她」的肺病發作了。此時，她已不是當年的花都魁首了，那艷名四播的聲望早已消聲匿跡了……

「信，薇奧麗達小姐……」

他彷彿聽到了侍女安妮娜的聲音，他手顫抖著，昏沉沉中看了亞芒父親的來信……

「晚了，為時太晚了……」她，又昏睡了。

叔同為了這句台詞，發著纖弱、失望、淒愴的聲音。他覺得這聲音已經接近了人物……然而，對著鏡子一瞅，不對！鼻下的那束美術式的小鬍子大大影響了他的「自我感覺」。他急速找來那把日式剪刀，對著鏡子「喀嚓喀嚓」剪掉了，接著又用刮臉刀，在塗滿肥皂沫的臉上，把所有的鬍茬子刮了個精光。

他，又進入了角色，所不同的，除了表情逼真之外，肩上還披了一塊床單。

「晚了，」他無力地呻吟著：「為時太晚了……。」

「咦？」葉子一進門便嚇了一跳。只見李叔同披著床單，對著鏡子，發著出自內心的呻吟：「叔同……叔同……」葉子委實慌了：「你……怎麼啦？」她的語言發顫，手中的夜點心差點掉在地上。

叔同完全「投情」了，他似乎忘卻了自我的存在。他的早年知交謝秋雲，像是茶花女的原型，她追求幸福、呼喚人權、掙脫人下人的桎梏，她失敗了，直至潦倒、無援、蒼白、絕望。這一切像活動著的畫面，在他心靈的屏幕上再現著。漸漸，這畫面模糊了，像一盞無力的孤燈，昏黝黝，搖晃晃，混沌沌，意茫茫。他，一下子看穿了半個世界，透視了慘淡漂泊的人生，前邊只是一片朦朦朧朧，眼下更是淒淒慘慘。

他，幾乎昏倒！

「叔同——」葉子猛地放下飯碗，馬上跑過去，用力地扶住李叔同：「叔同，你怎麼啦？」她的呼吸很急促。

「啊，葉——子。」叔同如夢方醒一般，按住葉子的雙肩，把鳳眼睜得老大：「你看我……像嗎？」

「像什麼？」葉子驚魂未定的反問道。

「茶花女！」

「小仲馬筆下的茶花女？」

「對呀！」

「噢……，」葉子拍拍自己的胸脯：「你可把我嚇死啦！」說話間，發現叔同那最美的濃鬍鬚刮掉了，「你，怎麼把鬍鬚也剃啦？」

「啊……，」叔同摸著光溜溜的臉，笑吟吟地說：「茶花女能長鬍子嗎？」

「你，真的演《茶花女》？這個女主角戲，男人可不好演哪！」

「是的，」叔同嘆了一聲：「我要向觀眾展示這個不幸的女性，讓人們更深刻的認識這個世界不是更好嗎！」

「那麼，我真的要做你的觀眾了？」

「不單是觀眾，你還要陪我去訂做服裝。」

「可以，」葉子微笑道：「不過，今晚的夜點心要吃掉。再不吃就變成冰淇淋啦。」

接連下了幾場大雪，路上結了厚厚的一層積雪。一輛馬車慢悠悠地向前走著，馬蹄子不斷地被凍結的冰地打著滑，那匹棗紅高馬汗流浹背，直冒熱氣。馬車在神田區青年會劇場門外停下了。車上下來的是良秀大媽和葉子。

劇場外邊人山人海，一張醒目的海報一下子跑進葉子的眼帘：

「外婆，您看。」

良秀大媽撥開人群，擠進海報跟前，瞇起老花眼端詳了半天：

「葉子，你眼尖，看看上邊寫的啥？」

「春柳社賑災遊藝會」，葉子一字一頓地給外婆讀著：「根據法國小仲馬的《茶花女》改編的新戲：茶花女。由息霜扮演茶花女。您知道這息霜是誰嗎？」良秀外婆遲疑了一下，葉子急忙補充説：「就是李叔同。」

「就是我們的房客李叔同？」

「是呀。」葉子爽朗地一笑：「您還沒看到呢：他買了一身粉紅色的西裝；做了兩套晚禮服；一頂時髦的法國女人帽子就花了一百塊（日元）。還有，他把那最喜歡的小鬍子也剃掉了。」葉子一邊介紹著，一邊扶著外婆順著人群走進了劇場。

靜場鈴打過了兩遍。

帷幕拉開，冷色的燈光鋪滿了舞台，使茶花女那消瘦的臉龐，更顯得慘白無光。當亞芒的父親一上場，各自心理上的矛盾，把戲劇衝突逐步引向高潮，整個劇場像是一個巨大的磁場，把觀眾「抓」得緊緊的。此刻，李叔同似乎完全進入了角色。因為他有深刻的生活體驗；金娃兒的苦悶，謝秋雲的絕望，李蘋香的質樸，楊翠喜的才藝，一古腦兒地集中在他的腦海裡，這些人，隱隱約約，悲悲喜喜，但有一點最相似，她們都是社會的犧牲者，一旦找到了意中人，她們便對他傾注了全部的愛，寧願丟棄一切物質享樂，也要追求光明的生活。這時，叔同的表演，逼真地再現了一個被社會扭曲了靈魂的被人瞧不起的女性。

當第四場，茶花女對亞芒苦笑，拚著最後的一點力氣，顫巍巍地說；「別……說……了！一切都太遲了……」

「不！」亞芒眼裡閃著火一樣的光芒，他溫柔而憐憫地望著她那蒼白的面孔，吻著她那無血色的嘴唇，抱起這瘦得像乾柴似的軀體，就在這一瞬間，死神終於從他的懷抱中奪走了她的生命。

大幕像不忍心暴露這人間的悲涼，它，徐徐地降落下來。觀眾像被魔術師「定」住了一樣，半晌，才恢復了正常意識。突然，爆發了一陣雷鳴般的掌聲，經久不息。

大幕又拉開了。

曾孝谷挽著李叔同緩緩地返回舞台，朝著歡騰的人群深深地鞠了一個躬，又鞠了一個躬。然而，人們的視線一直盯住這位「茶花女」。

「外婆，您坐著別動，我去看他一下。」葉子跟良秀外婆說著，便鑽進散場的人群裡。她匆匆進了後台，一眼望見李叔同正在卸妝，興奮得把眼睛瞪得老大：

「叔同——」她抓著叔同的胳膊搖了搖：「你演得太好啦！」

「葉子！」叔同猛地握住她的手。葉子縮回了手一看，滿手都是卸妝油。

「啊！對不起。」叔同拿了幾張卸妝紙遞給葉子，並朝她瞥了一眼，一怔說：「你哭了？」

葉子「撲哧」一笑：「誰不哭，別說日本觀眾，連其他外國留學生都哭了。」

葉子說完，一回頭補了一句：「我外婆還在劇場裡。」說著便一溜煙地離開了後台。

夜晚，寒風襲人，馬路上只有幾家夜餐店在迎接著最後一批散場的觀眾。叔同和曾孝谷最後離開了後台，在淒淒寒風中雇了一輛馬車，把二人送回各自的寓所。

叔同穿著一件從中國帶來的貂皮大衣，一進門，葉子早就在這裡等他了。

「啊，葉子，你還沒睡？」

「外婆叫我送來的。」葉子把盤子一推，笑道：「天氣冷，快吃了吧！」

叔同脫下大衣，葉子一把接過去，替他掛在大衣架上。

叔同還在興奮著。他吃完了夜餐，似乎還沒品出什麼味道，只是一味地凝視著葉子的笑臉：

「葉子，今晚還回去睡嗎？」

「今晚？」葉子反問了一句。臉，刷地紅了：「不過，外婆只是命我照顧你吃夜餐哪……。」她說著頑皮話，卻走近了叔同的面前。叔同笑瞇瞇地望著葉子胸前毛衣上的那朵胭脂色的玫瑰花，這朵玫瑰花隨著葉子的呼吸起伏著，他忽地感到，那朵花正在溫暖著他那被凍僵了的面頰……

清晨，路上的積雪已凍成了厚冰。不忍池畔幾個背書包的孩子，用手挖著積雪，互相打著「雪仗」。他們奔跑著，喊叫著，彷彿這冰天雪地與他們無關，笑著鬧著進了學校。

上野美術專科學校裡更熱鬧，大家簇擁著李叔同、曾孝谷，一個勁兒地讓他們談「體會」，連文靜持重的女同學，也都打著哈哈逗著笑說：

「快講！你們在台上的感覺是什麼？……」

「哄」地一聲，把別的同學都吸引來了。

老實說，大伙最納悶的、也是最佩服的是，為什麼這個不甚活躍的李叔同，竟能演戲！而且剛演了一會兒，就把其他「樂座」的觀眾都吸引來了。盡管在叔同心中壓根就沒有與其他劇團唱「對台戲」的絲毫想法，可實際效果卻是這樣。否則，也決不會震動了東京的劇人組織。

上了早課，叔同看了看錶，正是九點四十分。他急忙離開上野，趕到東京音樂專科學校，因為，他要「回課」。

俗話說：「一隻手抓不住兩隻螃蟹。」這對李叔同來說是例外的。他的時間觀念，真是扳著指頭算著用。就在他讀上野的同時，還考進了東京音樂專科學校，在上直行先生那裡學鋼琴。一進教室，上直行先生笑容可掬地說道：

「啊，沒想到。你能演得那麼好，據我所知，在你們中國，開創新戲者，恐怕你是第一人。」

叔同微微一笑，沒講話。

上直行先生是個矮個子，眼鏡像瓶子底兒似的。說話速度很快，簡直讓人應接不暇：

「新戲，你可以帶回國去，但是鋼琴能在你們國家發展嗎？」

「暫時還不能普及，但是我也有了打算。」

「能告訴我嗎？」

「當然，」叔同誠摯地望著老師：「我打算在東京留學期間，辦一個音樂雜誌。因為我們國家，要去掉陳腐的東西，必須要有新的文化去培養人們的精神文明。」

「如果你需要我幫助，盡管說。」

「謝謝老師，」叔同笑了笑說：「不過，我想辦的雜誌，還不能涉及到鋼琴，因為我國有鋼琴的地方，屈指可數。我要辦的則是：介紹西洋音樂家，傳播西方音樂知識。尤其是教育歌唱，在我國還沒有。來日本之後，我親眼看到貴國許多作曲家，利用了中國的古詩詞，譜寫了很多好歌。可惜，這方面還沒有引起我們中國人的重視。」

「哦，你如果辦好，可以送我一份嗎？」

「當然，一定請您指教。」

當天，李叔同回了課，上直行先生範奏了一首新的練習曲，叔同把先生的手勢、指法、力度全記在心裡，夾上琴譜，告別了老師。

當叔同回到寓所時，曾孝谷正在這裡等他。

「來看哪，李君。」曾孝谷遞給他一張當天的《東京日報》，李叔同笑呵呵地接過來，一眼瞄到那張散著長髮、雙手前伸、責問蒼天的帶著絕望神態的茶花女劇照。叔同簡直不敢相信這就是自己。然而，這醒目的標題、副標題清楚地寫到：

中國留學生昨晚演出小仲馬名作《茶花女》
——上野美專學生李叔同君扮演的薇奧麗達優美婉麗，使東京觀眾大爲轟動

「看來，」叔同說：「新戲的優點是，排練快、效果好。此法，我等大可在祖國推廣。」

「我國人才多，」曾孝谷抑制不住的興奮，一屁股坐在叔同的書桌上，把手在空中晃了晃說：「完全可以帶到咱們中國去。」

李叔同瞇著眼，沉思了片刻，喃喃地說：

「這叫日本育苗，中國種植。我想，咱們會更有信心啦！」

曾孝谷從桌上跳下來，鄭重地說：「你上午走後，劇場經理松田先生來找你。」

「什麼事？」叔同一怔。

「加演！」

「為什麼？」

「他說，這種上座率，是東京有史以來的第一次。另外，要求看戲的觀眾，簡直吵翻了天，一致要求多演幾場。喂！老兄，怎麼辦？」曾孝谷的眼神很明顯，等著李叔同拿主意。

「你說怎麼辦？」

「我的意見，讓咱加演，咱就演，說明觀眾要看。另外，還可以多賺點錢，救災嘛！」

叔同一拍桌子，果斷地說道：「演！加演三場，我再『死』三次！」

「你可不能死啊！」葉子笑著送飯來了。

「你要死……，」曾孝谷打著哈哈說：「她，可不答應噢……啊？」

說得三個人笑個不停，然而這笑中各有各的心思。

第15章

李叔同成了東京戲劇界的一流「名角」。

三場《茶花女》演完，一連收到幾十封信。這些充滿讚揚、捧場、述懷的信，有的還出自妙齡少女的手筆。

從此，他對外隱掉了「李叔同」，改名息霜。

寒假的幾天，簡直沒見太陽，一團團的烏雲，一陣陣大雪，把個東京打扮得銀裝素裹，白茫茫一片，整個空間像個透明的大氣團，人們寒悚地來往於混蒙之中。路上的行人少了，安靜多了，就像這雪中空氣一樣，爽氣、宜人。

「請問，李叔同君住在此地嗎？」

「啊……」葉子急忙跑到門邊，忽然瞪大眼睛，發現一個少女正在雪地裡站著。這少女撐著一把絳紅色的雨傘，從髮式到裝束是典型的日本女學生打扮。葉子微笑著問道：「你找誰？」

「李叔同先生。」

「對不起，」葉子很客氣地說；「這裡沒有這個人。」因為叔同珍惜時間，曾經交代過葉子。

姑娘眉頭一皺：「他就住在這裡。」她把帶著毛線手套的手一晃：「這地址寫得十分清楚。」

「你找他有什麽事？」葉子的口氣緩和了。

「送稿子，是我父親叫我來的。」

「噢！快請進。」葉子忙將她讓進外屋。

原來是日本著名詞人種竹山人派女兒送詞稿來了。叔同聞聲趕忙穿上鞋子來到堂前：

「噢，這是上個月請種竹先生寫的稿子，不想先生如此認真，多謝多謝。」叔同接過稿子看時，葉子捧來一個瀨户產的火盆，火星子劈劈啪啪地迸濺著。

叔同拿著稿子，急不可捺地讀起來，這真是一首好詞，他高興地對姑娘說：

「請轉告令尊，我代表《音樂小雜誌》編輯部向他表示感謝。」

「謝謝先生。」姑娘鞠了個躬，一抬頭禁不住一怔。心想：他怎麽穿著一件「久留米的絀絣」①的和服呢，而且還繫著一條黑縐紗的腰帶，頭上留著漂亮的三七分的髮型，要不是爸爸說他是中國人，我還以為他是日本人哩。

「請坐坐吧。」葉子說。

「不坐啦，謝謝。」姑娘笑了笑，轉身走了。

葉子站在地上沒動彈，她一直想著這個《音樂小雜誌》編輯部，她彷彿感到叔同是個不可思議的人物：怎麽又出來一個編輯部？

①日本九州久留米地方生產的一種藏青色有花紋的織物。

「叔同，你還有個……編輯部？」

「啊，是呀！」叔同笑得眼睛瞇成一條縫。

葉子更糊塗了，她瞅著叔同那個興奮勁，一字一頓地問著：「音樂小雜誌？」

叔同把手往她肩上一搭，盯著葉子那雙湖水般的大眼睛，神秘地說：

「我要為祖國做的事，多著呢。」

葉子一聽，明白了，於是莞爾一笑：「難道，我不能幫助你嗎？」

「能！」叔同趕快接上話茬說：「譬如，我現在的工作，是為我國創辦一個《音樂小雜誌》，讓音樂教育普及全國。音樂的功能，知道嗎葉子，它將喚起人們覺醒，改變人們的精神，有些歌曲可以激發人們的愛國熱情。你看，」叔同讓葉子坐在書桌前，又把炭盆挪了挪，隨手把在上海編寫的《祖國歌》遞給葉子。

「這是我根據《新民叢報》去年所載的歌詞《大國民》而編寫的，可它卻受到了群眾的歡迎。」叔同說。

「這曲調……？」

「我是用中國民間曲調填的詞。」

葉子看了這篇富有激情的愛國之作，心中不禁對叔同心中又增添了幾分敬慕之情：

「他，是個與眾不同的青年啊！決不是平庸之輩。」

「請你幫助我。」叔同拿出一張用鋁畫紙繪製的五彩《醒獅》表紙（即封面）：

「請把每一彩色部分，用黑墨描複出來。換句話說，就是複製五張黑白稿。」

葉子一怔，似乎很難入手，叔同又教了她一遍，於是，五張透明紙纖纖細細、一絲不苟地描出了與原稿不差分毫的黑白稿……

叔同挽起了和服袖子，在另一張紙上，工工整整地畫了兩行五線譜，精精細細地寫上了兩行《馬賽曲》的旋律片斷。葉子好奇地走過來，瞄了一眼曲譜，立刻在鋼琴上試奏了一下，笑道：

「這不是《馬賽曲》嗎？」

「是啊，」叔同深沉地說：「這是法國的革命歌曲。當然，做為這本小雜誌的『表紙』，我想，再合適不過了。」

葉子點點頭，信手彈起了這首雄壯的歌曲，漸漸，他倆情不自禁地唱起來了，葉子的聲音純正甘美，叔同儘管嗓子並不洪亮，然而額角卻暴起了青筋，聲音是激越粗獷的。

「葉子、葉子！」良秀外婆連叫了幾聲，都被《馬賽曲》淹沒了。外婆乾脆一推門，只見二人正在盡情高歌。二人回頭一看，歌聲戛然而止，只見良秀穿著一件紫色團花和服，腰紮一條寬帶，高㧜的灰髮，白布襪木屐鞋，腰板挺硬朗地站在門口，葉子撒嬌地問外婆道：

「有事嗎，外婆？」

「你還問我，」良秀笑嗔道：「幾點啦？」

「吔！」叔同看了看手上的金殼錶：「六點半啦。」

「我以為你們成仙了。」良秀用眼梢瞅了瞅屋裡，笑了。「李先生，這牆上都是你畫的？」

「是的，大媽。」

「喲，這光著身子的……？」

「是學校請來的模特兒，在班上畫的。」叔同說。

「外婆，您看畫的好嗎？」葉子朝叔同一擠眼，故意問道。

「好是好，不過，這樣的身材在我們日本極少。」

葉子忍不住地「撲哧」一笑。

「笑什麼！」良秀看著自己的獨生外孫女，怪可愛的，於是半真半假地批評道：「還不給李先生端飯去？光笑，笑能當飯吃？」

葉子一溜煙兒地出去了。

「對不起，李先生，」良秀大媽一躬腰：「讓你受餓了。」

「不，沒關係，我……不餓。」叔同一邊客氣著，肚子裡卻唱著「空城計」。他笑呵呵地送走了良秀，又回到書桌上，翻開了自己根據日本石原小三郎《西洋音樂史》而纂編的《樂聖比獨芬（貝多芬）傳》，又詳細地修改了一遍。這時，葉子端進來兩份「四喜飯」①和一個「柳川鍋」②。

①是漬魚、貝肉、蛋、幾種菜和糖鹽醋拌合製成的日本傳統食品。

②是一種泥鰍魚沙鍋，加牛蒡、雞蛋製成的。

「快吃罷！」葉子放下盤子，搓了搓凍僵的手。

叔同和葉子第一次同桌吃飯，而且是中國式的吃法——坐在凳子上吃。

飯後，葉子以日本婦女特有的對男人的尊從，很快地收拾了碗筷，並給叔同沏了一壺日本綠茶。

「葉子，你去睡吧。」

「你不睡？」

「我計畫的事，總要做好，不然，計畫它幹什麼呢？不過，明天請你幫個忙。」

「你說吧。」葉子似乎很有把握地說。

「請你租一所編輯用房。」

「多少人工作？」

「我一個人！」

「怎麼，就你一個人？」

「就我一個人。」

葉子笑得前俯後仰，話也連不成句了：「你一個人就是編輯部……哈哈……」

「啊，葉子，你聽我說：因為經費的原因。」

「這好辦嘛。」葉子忍住笑說：「神田區今川小路二丁目三番地集賢館，留學生在那裡出版的刊物很多，就在那裡租一間房子，開支很省。」

叔同笑了：「很好，就在那裡。」

葉子去後，叔同撥了撥炭盆，把門窗關得嚴嚴實實，一心整理著稿件。他理出在上海寫的一首歌詞《我的國》，選用日本音樂教育家鈴木先生堂課中的曲譜，恰到好處地把歌詞填上，然後在鋼琴上自彈自唱起來。

人非草木，孰能無情。遙望天際，寥廓寒星，祖國、家鄉、妻子、兒子。當他唱到最後一句時，兩行熱淚直瀉在琴鍵上……

「我的祖國。」他緩緩站起來，推開房門，清冷的寒風颼地撲面而來，他望著從小看慣了的北斗星，追憶著往事，包括自己孩提時代所學的民謠……「啊，我要給孩子們寫一首歌，讓他們健康地成長，難道『東亞病夫』的辱帽永久戴在中國人的頭上？……」

他提筆寫道：教育唱歌《春郊賽跑》

跑！跑！跑！
看是誰先到。
楊柳青青，
桃李帶笑。
萬物皆春，
男兒年少。
跑！跑！跑！
錦標奪得了。

叔同的心醉了。是的，他又回到了孩提時代。這似乎不是他寫的詞：沒有一句古文，沒有半絲潤飾，像是孩子們跑步信口喊出的順口溜。寫完一看，連他自己都笑了，因為翻開他的歷史墨跡，沒有一首白話詞。這時，他邊吟哦著，邊做著賽跑的動作，鼓起嘴巴，漲紅著臉，上氣不接下氣地跑著、笑著，彷彿他正在參加學堂的班級賽跑。老實說，如果葉子看到這個場面，非嚇跑不可。然而，就在這「原地跑步」中，他找到了曲調，無論從情緒、節奏，再合適不過了，這就是德國民歌《跳，跳，跳》。他急忙填好歌詞，在鋼琴上一試，很貼切，這時，他才滿意地吸了口氣，又恢復了「自我」。

但是，他對一些留學生中數典忘祖之輩感到痛心，一方面對詞章之學有不景氣之勢又十分擔憂。因為，他眼見日本唱歌集中，其詞襲用我國古詩者，十之八九，然我留學生中，卻對日本歌曲，嘖嘖稱之為奇妙。為此，他在燈下，奮筆寫道：

嗚呼！　詞章！

予到東後，稍涉獵日本唱歌，其詞意襲用我古詩者，約十之九五（日本作歌大家，大半善漢詩）。我國近世以來，士習帖括，詞章之學，僉蔑視之。晚近西學除入，風靡一時，詞章之名辭幾有消滅之勢。……迨見日本唱歌，反嘖嘖稱其理想之奇妙，凡我古詩之唾餘，皆認為島夷所固有，既出冷於大雅，亦貽笑於外人矣。（日本學者皆通史記漢書，昔有日本人舉史漢事跡置諸吾國留學生，而留學生茫然不解其所謂，且不知史記漢書為何物，致使日本人傳為笑柄。）

當夜，根據幾天來的外稿和自撰稿，列了一個《音樂小雜誌第一期目次》：

①息霜：李叔同別署。

隨後，他又編進了五首詩詞，總題為《詞府》。但是，這夜頗使他費精力的是《序言》，在這序言的草稿中，圈了改，改了又圈。末了，他以音樂的社會功能為出發點，就是「琢磨道德，促社會之健全；陶冶性情，感精神之粹美」。當他放下筆桿時，雄雞已叫了兩遍了。

第二天清晨，李叔同帶著稿件和「目次」，乘馬車來到神田區今川小路二丁目三番地集賢館。租了一間帶辦公用具的房子，開始了他的編輯工作。

最後「封三」，在方塊的圖案裡，還寫上了「不許轉載翻印」「編輯人李叔同」。

寒假，對大學生來說，是休整的黃金時代，美術學校裡清廓寥寂，冷若夜空，李叔同猶似那高懸的寒星，他面對祖國閃著光，寧肯在黎明淹沒，也願給祖國帶來光明。

傍晚，他赴劇場，悉心地為「茶花女」造型。他在一片熱烈的掌聲中出場，在震撼著夜空的喝彩聲中謝幕。繼而又雇輛馬車奔到集賢館，校閱著他那為祖國開創的第一部《音樂小雜誌》校稿。的確，他很疲倦，他為我國最早的音樂刊物傾注了全部心血。從選材、撰稿、組稿、翻譯、寫詞、作曲，直到封面設計、美術裝幀，全出自他一人手筆。不過，人雖瘦了，但那火辣辣的眼神兒始終在閃著興奮的光芒。最後，《音樂小雜誌》在凝結著叔同的愛國熱情和對傳播音樂的志向中如期誕生了。

叔同捧著這本「樣書」，像懷抱自己的頭生兒子一樣，興匆匆回到了上野不忍池畔小白樓寓所。一推門，不禁一陣清新之感迎面撲來，原來這間廢紙成堆、衣物不整的外屋，早已被收拾得乾乾淨淨。叔同心中明白，這一定是葉子的功勞。

「叔同……叔同……」葉子見叔同回來，高興地奔了過來：「編好啦？」

「不但編好，」叔同把這本帶著五彩封面的小雜誌往空中一舉：「喏，書都印好啦。」

「啊，」葉子瞪大了眼睛：「你才走出去十天哪！」說著便搶過小雜誌，翻開歌曲部分，往鋼琴上一放，邊彈邊唱起了《我的國》：

東海東，波濤萬丈紅。
朝日麗天，雲霞齊捧，
五洲惟我中央中。
二十世紀誰稱雄，
請看赫赫神明種。
我的國，我的國，
我的國萬歲，萬歲萬萬歲！

「這首歌，」叔同直截了當地說：「是為我的祖國而寫的。她，還很貧弱，如果這首歌能喚起炎黃子孫的覺醒，哪怕起一些作用，我也是高興的。」

「假若我是一個中國人，」葉子鄭重地說：「她會鼓動我奮進的……」

「那，就請你再唱一遍吧。」叔同說。

葉子朝叔同斜了一眼，隨著樂譜熟練地彈出了即興伴奏，她，放開了嗓子，聲情並茂地唱起了《我的國》……唱罷，又貪婪地翻了翻這本只有十九項內容的小雜誌：

「叔同，這貝多芬像也是你畫的？」

「唔。」叔同不以為然地應了一聲。

「恐怕，」葉子說：「這《樂聖貝多芬像》和《樂聖貝多芬傳》是向中國介紹貝多芬的最早作品了吧？」

「我在國內還沒看到過，」叔同說：「也許是這樣的。」
「這小雜誌還準備運到中國嗎？」
「我寫得十分清楚，在日本編輯印刷，在上海出版、發行。」
正說著，有人在外喊著：「李君、李君。」
叔同推門一看，是東京帝國大學文科學生陸鏡若，還帶著一個眉清目秀的青年學生。通過介紹，才知道這個美少年是劇校學生歐陽予倩。
「歐陽君，」叔同連忙讓他二人坐下，並請葉子幫助沏茶，招待這兩位戲劇行家：「久仰大名。」
「哪裡，」歐陽予倩微微一笑：「我看了你們的演出，本來老早就想來拜訪。可是，課程多……」
「直說了吧。」陸鏡若拍了拍歐陽的肩：「我們這位劇校高材生，想參加咱們的春柳社。」
「那好，」叔同誠摯地望著歐陽予倩：「我們的春柳社就是要大家一道辦嘛。」叔同想了想說：「在上海，柳亞子和汪笑儂創辦的《二十世紀大舞台》就提到戲劇改良的內容，還有陳獨秀提倡改革新劇的學說，我真是贊成。在異鄉，我想把新劇的「芽」培植好，再移栽到咱中國去，工作上可以說任重道遠，說實話，我們這個社，還真地希望有專業留學生參加哩。」
歐陽予倩說：「我確想參加。說實話，看了《茶花女》，就看到了戲劇的前景。」

歐陽君比叔同小九歲，一口湖南瀏陽腔，他的祖父歐陽辨疆，是改良派政治家譚嗣同和唐才常的老師，而唐才常又是歐陽予倩幼年的老師，因而歐陽予倩的文學修養和維新思想受長輩影響頗深。

「聽說你對京劇很熟悉。」

「說不上熟。」歐陽君謙虛地笑了笑。此時，陸鏡若打著哈哈說：「歐陽，來段京劇，讓咱們飽飽耳福如何？」歐陽予倩毫不扭怩地站起來，笑道：「我念一段白口，您看如何？」說罷，一挽袖口，念了一段孫二娘的潑辣白口，逗得叔同咯咯笑出聲來，連忙擺手笑著說：「好啦，真夠棒。」

「李君，」陸鏡若插話道：「歐陽君對新劇很有見解，我們不妨再討論一下。」

「當然好啦，」叔同看了看錶：「我十點鐘有事，這樣，請歐陽君明日上午九點鐘來這裡，行嗎？」

「好！」歐陽予倩、陸鏡若二人離開了小白樓。

翌晨，叔同做了一小時「素描」作業，練習了一小時書法。九點鐘迎接歐陽予倩，但歐陽予倩遲到了。於是他把練琴的時間提了上來。

清冷的屋裡，沒生炭火。叔同的十指卻靈活得像群鳥啄食，把快速練習曲彈奏得如行雲流水，鏗鏘有力。

「李君。」歐陽予倩笑呵呵地敲敲房門。

「先生——」葉子從小山坡上跑過來，禮貌地鞠個躬：「先生，李君曾關照過，他練琴時是不見客人的。」

歐陽一怔，笑了笑說：「昨天我們約好的。」

琴聲停了，叔同推開房門點點頭：

「啊……歐陽君，請你十點鐘再來，因為你九時沒來，我把課程表調了一下。」說罷一點頭，又縮回去了。接著門「嘭！」地一下，琴聲飛出了屋外。

幸而歐陽君自幼家教甚嚴，否則這一「閉門羹」是難以吞下的。這時，他在外邊信步兜了一圈，回到叔同寓所，正好，曾孝谷、陸鏡若也來了。此刻的叔同面若春風，熱情地請歐陽君進屋坐下，談起了新劇《茶花女》，並確定了下一個劇目：《黑奴籲天錄》。

開學，各自進修自己的學業。

春天，正當百草吐青、桃紅柳綠的時節，叔同的身體產生了一種徵兆：下午面色發紅、咳嗽、低溫，經醫生檢查係早期「TB」。啊，葉子慌了，叔同卻頗坦然，像正常人一樣。

「葉子，中國有句老話，叫『在劫難逃』。不過，主宰命運的人，還是自己。要相信，在日本國土，這點病又算得了什麼？」

「不過，這種病可要當心呀。」

「謝謝你的關照。」叔同為了消除葉子的顧慮，他走到鏡子面前，學著幽靈般的低沉調子，舉起雙臂：「好朋友！請看在上帝的份上，請不要掘我的骨灰！祝福保護這裡墓群的人吧……詛咒移動我的骨灰的人吧！……」

「啊！嚇死人啦！」

「這不是我說的。」叔同笑著拉過葉子的手：「這是莎士比亞的《自選墓誌銘》啊！」

葉子撒嬌似的拍打著叔同的胸脯：「不要聽，我不要聽……」

是夜，叔同做完了作業，把《黑奴籲天錄》的劇本認真地讀了一遍，禁不住淚水汪汪。矛盾，矛盾！人間的不平，黑白人種如此，本國也是如此，黃河水患如淹不到「老佛爺」腳下，橫屍遍野與她也是不搭界的。漸漸，他又回到了萊葛立家中女黑奴愛爾玲的角色中，他從書架的雜誌欄中抽出了一疊畫報，一頁一頁地尋找黑奴的形象……啊！她仰著脖子，裸露著上身，瘦骨伶仃，灰暗的眼神望著渺茫的遠方。啊！農奴主的皮鞭……一串一串的被鏈條鎖著上岸的黑人……

他放下畫報，跪在鏡子面前，這鏡子裡彷佛是一個理想中的典型黑奴，頭髮短而彎曲，她雙手抱著臂膀，一雙蒼茫無神的眼睛，絕望地乞求著上帝：

「啊……上帝，你饒恕我們吧……」

突然有人喊了一聲：「李君在嗎？」

叔同立刻恢復了自我意識，一開門，曾孝谷輕鬆地走進來，一笑，問道：

「劇本看了嗎？」

「看了。」叔同說：「確實感動了我。」

這劇本原係林紓翻譯的美國作家斯陀夫人的小說《湯姆叔的小屋》，林紓用文言譯為《黑奴籲天錄》，經曾孝谷改編成五幕同名話劇，它大大減弱了原作中的宗教色彩，強調了民族的覺醒，爭取民族的解放。他倆研究了劇本之後，為具體排練之事，討論到後半夜。

在春柳社事務所的排練場上，藤澤先生剛按下「開排」鈴，一群外國留學生像一窩蜂似的擁進來了，站了一會兒，個個心裡癢癢的，似乎人人躍躍欲試，結果一個印度留學生喊道：

「噢……這種戲，我也要參加！」

這一聲不打緊，別國的留學生也喊起來了：

「我們也參加演劇！……」

「我們要參加春柳社！」

對，排不下去了。怎麼辦？曾孝谷又為難、又高興，瞅著李叔同，顯然叫他拿主意。叔同只顧笑，心下很矛盾，兩隻眼不住地瞟著導演。

「這好辦。」劇專學生歐陽予倩開腔了：「咱不是缺黑奴嗎？挑幾個醜的！」

「好主意。」叔同一拍手：「還有那幾位印度同學，甭化妝，上去就像。」

幾個人正在議論，藤澤先生眉頭一皺，按了兩下鈴。頓時，排練場上靜下來了。他說：

「春柳社是在排戲，不是在遊戲，更不是校慶的遊藝晚會。中國留學生建立此社，旨在為戲曲創造一條改革之路。想參加的同學，我表示歡迎，但要遵守排練制度，遵守演出紀律……」

「做得到，先生。」一個印度留學生很至誠地說。

「那好。」藤澤先生說：「除中國留學生以外，其他國家的同學報一報你的國名。」

「印度。」

「日本。」

「朝鮮。」

……

「好！」藤澤先生說：「舞會這場戲，由歐陽君擔任助導，請到隔壁房裡排練。」說罷，鈴聲一響，兩邊同時排練，秩序井然，沒幾天就排完了。

演出前，李叔同為這五場戲設計了布景，又與曾孝谷、陸鏡若、歐陽予倩研究了說明書，並定名為「春柳社演藝大會」。其中「趣意」由李叔同執筆。他不假思索地拿起毛筆，端端正正地寫道：

「演藝之事，關係於文明至巨。故本社創始伊始，特設專部研究新舊戲曲，冀為吾國藝界改良之先導。春間曾於青年會扮演助善，頗辱同人喝彩；嗣後承海內外士夫交相贊助，本社值此時機，不敢放棄。茲定於六月初一初二日，借本鄉座舉行『丁未演藝大會』，准於每日午後一時開演《黑奴籲天錄》五幕。所有內容概論及各幕扮裝人名，特列左方。大雅君子，幸垂教焉。」

大伙一瞧，笑得臉上像綻開的花朵。

《黑奴籲天錄》開始公演了。

第一天演出前，後台亂哄哄的，李叔同穿著自己新做的一套粉紅色的西裝，頭戴金黃色的燙髮頭套，在台上忙著搭布景；曾孝谷、陸鏡若忙著為大伙化妝，連良秀大媽和葉子也在後台沏茶倒水。

說也奇怪，若說李叔同、曾孝谷、歐陽予倩這天演得好，因為他們是「老演員」、「頭排人物」，然而奇怪的是，連那些第一次登台的「龍套」，也極為認真，竟活龍活現地使自己焉然成了一個黑奴。瞧，他們為了逃避人販子的虐待和再度販賣，小心、緊張、悄然、迅速地逃進了深山野谷……

老實說，春柳社的演出已成了東京的一大新聞。這天，許多「樂座」的上坐率驟然跌落，而演《黑》劇的「本鄉座」票房卻早早掛上了「客滿」的大牌子。

新劇的種子抽芽了。

在日本培植起來的幼芽，正在往中國移栽！不是嗎？上海的「春陽社」正隨著「春柳社」的起步，也演起話劇（文明戲）來了。

六月二日剛演完，大伙正卸著妝，一位中年人笑呵呵地來到後台。此人是誰？他乃上海工業專科學校的校長，姓張名半海，是叔同的老相識，他見了叔同，握著手搖了又搖，激動地直結巴：

「沒想到，這種新戲……竟有這麼大的威力！」

「這也是一種實驗……」叔同很謙虛。

「不！」張半海鄭重地説：「你這『登高一呼』……」

「怎麼樣？」叔同笑了。

「我要跳上舞台去當戲子！」

「哈哈……」叔同大笑了一陣：「你，校長不當啦？」

「不當了！」張半海很果斷，面色漲得緋紅。「校長？能有這個作用大？教育當局限制那麼多，我要用新戲，觸及時弊，衝破它的樊籬，發揮這種戲的威力！」

叔同被感動了，半晌説不出話來。

「我最近就回上海，」張半海一伸手：「你回上海時，我恐怕已登上舞台了。再見！」

張半海走後，不知又有多少觀眾擠進了後台。這時，葉子早把叔同的服裝包好了，她，靜靜地立在側幕旁邊等待著。這位漂亮而又傾心於藝術的姑娘，在中國留學生眼裡，早已看出，她不僅是李叔同的模特兒，而且也是異鄉情侶。的確，在回去的路上，她挽著叔同的胳膊，緊緊地依偎在一起，彷彿這世界上，只有他倆……。

第16章

中國駐日本公使館發出了布告：禁止留學生上台演戲。布告一出，就像油鍋裡倒了瓢冷水，一下子炸開了。社友們一個個不約而同地來到上野不忍池畔小白樓李叔同的寓所。

「說真格的吧，」曾孝谷扯著嗓門喊著：「公使館的布告，怎麼對付？」

「嗨！」陸鏡若大咧咧地說：「管他娘的，不就是《茶花女》『有傷風化』嗎？還有什麼《黑奴籲天錄》是『革命戲』嘍！他貼他的『公告』，我演我的戲。」

「堂堂的清國公使、文化參贊居然不知道《茶花女》是什麼內容，這才叫『秀才遇到兵，有理說不清』哩！」馬絳士憤憤地說。

「管他哩，」小個子歐陽予倩笑著看了看大伙：「反正我們大都是自費留學。」

坐在沙發上的瘦高個吳玉章，比往常更穩健，他不慌不忙地說道：

「演新戲，可以說沒錯。他們不是號召救災嗎？我們捐獻了上千塊；再者，我們演新劇，幾乎在日的中國留學生都看了，那麼多的人支持我們，難道錯了嗎？我們不承認錯。我看這事，我和叔同去交涉，大家看如何？」

「好！」大伙異口同聲地說：「就選你二人當代表。」

「就這樣吧。」吳玉章正要站起來，葉子送茶來了。

關於葉子，留學生們都知道她是叔同的房東、模特兒。雖然並不很熟悉，但她那恬靜的儀容，素雅的修飾，使大伙樂於接近她。

曾孝谷接過葉子送上來的茶杯後，笑呵呵地說：

「謝謝葉子女士。」

葉子抿著嘴笑起來了，曾孝谷以為她很滿意這個尊稱，豈知她一揚頭，「撲哧」一聲，有禮貌地說：

「先生，我還沒有結婚呢。」

曾孝谷很尷尬，訕笑道：「真對不起。」

哄地一聲大笑，紅了三張臉：葉子、曾孝谷，還有李叔同。

第二天，清晨下了一場暴雨，幾朵雲彩像鑲了一道金邊，使天空閃爍著迷人的光彩。

葉子陪著叔同穿過沿池的小徑，向吳玉章的寓所走去。

叔同和葉子的來往，像是有「緣」一樣。本來叔同那張沉靜的臉上，常常給人以嚴肅、莊重的印象，除了台上演戲的需要以外，很少見他哈哈大笑。然而只有和葉子相處，臉上才露出難得的笑容：

「葉子，請你回去吧，晚上見。」

葉子替他按了電鈴，微微一笑，轉身走了。叔同望著一線斜陽直射的窈窕身影，心裡感到甜甜的。

吳玉章和李叔同談了一個多小時，內容不是「交涉」，更不是「請願」，而是商量去見孫中山先生。因為此時的李叔同已是一名中國同盟會會員了。由於這是一個在中外反動派的高壓下極其秘密的革命組織，因而還處於保密時期。同盟會的政綱是：

「驅除韃虜，恢復中華，建立民國，平均地權。」

這正是李叔同所期待的啊！

就在去年四月的一天，吳玉章交給李叔同一份印有同盟會政綱的志願書，他毫不猶豫地畫了押，吳玉章等主盟人和介紹人也鄭重其事地畫了押。

「請問李君，」吳玉章說：「為何自願入會？」

「為實現同盟會的政治綱領。」

「是否心悅誠服？」氣氛很嚴肅。

「沒有半分猶豫。」叔同鄭重地說。

「同盟會為秘密會，入會者無名譽利益可圖，是共作光復祖國的大業，能遵守嗎？」

「當然！」

「那麼，請你寫一份『盟書』。」吳玉章把準備好的表格，交給了李叔同。

須臾，叔同把盟書寫好。吳玉章看了看，微笑道：

「按照入會手續，請你起立，舉起右手，向天宣誓。」

叔同一一照辦了，然而這一切都是極其秘密地進行的。打這天起，他的面色像是飄來了一片紅雲。胸中有了主心骨，他與曾孝谷創辦了「春柳社」，因為他要向舊勢力宣戰，對舊的封建文化離經叛道！

吳玉章請叔同吃了午飯。下午二人來到一個僻靜的小花園裡，彎進一條雜草叢生、櫻花耀眼的林蔭小路，筆直走進一座灰色的木結構的西式洋房裡。這裡，是孫中山的秘密住所，也是組織和發展同盟會的地址。

吳玉章帶李叔同拜見了孫中山。

「啊，你好，」孫中山握著李叔同的手：「歡迎啊，太歡迎了。」

「孫先生，」吳玉章說：「叔同君是李世珍的後代，早已『二十文章驚海內』了，對我們同盟會是個極好的人才。」

孫中山聽了介紹，微笑道：「當然歡迎，在東京的同盟會員，都是恢復中華，建立民國的棟樑。」孫先生望著叔同那修長的個子，問道：

「現在攻讀什麼？」

「攻西洋畫、音樂……」

「中國革命非常需要……」孫中山高興地拍拍叔同的肩膀。

「不過，」叔同憨笑著說：「我們演新劇卻遭到使館的反對！」

「他代表清政府當然反對嘍，因為你們幹的是戲劇革命！」

「革命?!」叔同可很少用「革命」這個詞。

「是啊，」孫中山笑了笑說：「新的內容。譬如你們的《黑奴》戲，不是警世之鐘嗎？新的表現手法，不是更能使群眾接受嗎？我們要革命，首先就是要喚起民眾。你說，這不是革命嗎？」

叔同聽得滿新鮮，朝玉章一咧嘴，笑了。他正想說些什麼，孫中山一揚手：「只要能喚起民眾，認清腐敗的朝廷，他再禁演，也是螳螂擋車。」

春柳社這棵「藝芽」像是吸收了甘露，更加茁壯地成長了。對於公使館的「禁演」令，就根本沒理那個茬。社員越來越多，接連在「樂座」、「本鄉座」、「孟瑪德」劇場，演出了《畫家與其妹》、《嗚不平》、《熱血》、《新蝶夢》、《血蓑衣》、《生相憐》等劇。李叔同的名字，更為中外人士所關注。日本評論家松居松翁在《藝居雜誌》上撰文寫道：

……中國的俳優，使我佩服的，便是李叔同君。他在日本，雖然只是一位留學生，但他所組織的春柳劇團在樂座上演春姬（即茶花女）一劇，實在非常好。不，與其說是這個劇團好，寧可說是這位飾春姬的李君演得非常好。……李君的優美婉麗，絕非日本的俳優所能比擬。看到這個戲，使我聯想起在法國蒙得爾劇場那個女優杜菲列所演的茶花女……。

的確，李叔同「紅」了，不僅在留學生中，就連東京市民，不論男女老幼，有口皆碑，提起「春姬」無不嘖嘖稱讚。

一九〇八年秋，東京的氣候「陰陽相半也，故晝夜均而寒暑平。」秋分那天，太陽幾乎直射赤道，晝夜時值相等。叔同的屋裡，也應了「多事之秋」的節氣。

葉子眼圈紅了。

她，矛盾的心情是悲是喜，是樂是憂，總是理不出個頭緒來。

她愛他。她對叔同的身世已全部了解。然而女人心細。可她比別人更勝一籌，她知道：他家中有一個由母親包辦的妻子，他履行過夫妻的義務，有過兩個孩子，他曾為母親的畢生痛苦而立誓不娶外室；他曾有過幾個風塵煙花至交；尤其是，他是個中國人，假若我去中國……想到這裡，她的思緒，就像單線條的旋律接著來了一個「大全奏」一樣，腦海裡像是一部交響樂在演奏著，對恃的主題衝突著……

「叔同，」她終於開口了：「我們倆的距離，只是因為是一對異國人嗎？」

儘管葉子含著淚，說話時的表情是美的，她有著令人難以置言的素質美，兼音樂與美術之間的精神美。

「葉子，」叔同深沉而有感情地說：「難道藝術有國界嗎？」

「不，我不是這個意思。」葉子抬頭瞅了叔同一眼：「我是說，假如我是中國人……」

叔同深知要對葉子的情操負責，而內心總有隱隱的負疚感，彷彿有塊沉重的東西壓在中心：

「我承認，人的兩面性。我愛你像對我的生命一樣，然而，我也有懺悔的一面。」

「不，叔同，」葉子簡直要哭出聲來：「我知道你對我是負責的。」

叔同故意打破這沉悶的空氣，笑道：

「我如果去做和尚呢？」

葉子「刷」地一下寡白了臉，她站起身子，晃了兩晃。忽然，她笑了，眼裡閃著淚花：

「你不要嚇我，在我們日本，和尚、婚娶、寺廟、家庭，是可以統一的。」

叔同的思想被撼動了，這還並不僅僅因為她的痴情，而是在這個時代，男權高於一切：父親曾有四房妻妾，二哥文熙曾買過一位小妾。啊，男人的世界！

「葉子，在日本的佛教，出家人與居士是分不開的，可以說，人人可以做和尚，因為這裡是個佛教國，以信佛為榮啊，可我們中國就不一樣。」叔同說到這裡，感到話中有點「滑邊」，怕又觸傷她的心，於是正色道：

「我很想聽你的打算。」

「我如果隨你去中國呢？」葉子不假思索地衝口問道。

「我當然歡迎。」叔同笑著說。

「我……」葉子瞪大了眼睛，真誠地說：「我願侍候你一輩子。」

「啊……」叔同沒做肯定地答覆。

「因為，我和藝術分不開了。真的，分不開了。」葉子目不轉睛地望著叔同，企圖從他的表情裡得到一個圓滿的回答。

「可是，我回國，是想辦教育的……」

「這沒關係，」葉子把話盯得很緊：「我決不會讓你為我改變志向。」

「你外婆同意嗎？」

「你是知道的，她最愛藝術。尤其中國藝術，她常對我誇你，說過：叔同真是多才多藝。她老人家是十分喜歡你的呀！」

啊，葉子！

碧綠的葉子，

清透的葉子，

純潔的葉子。

愛情的甘露，藝術的滿足，使葉子更俊俏。

叔同在上野第三年時，便和葉子比翼齊飛了。然而這月下老，不是別人，是音樂和美術，就像一條金鎖鏈，把他們緊緊纏繞在愛神的懷抱裡。

一天下午，叔同正在繪畫著課外作業「扶犁者」，剛剛勾完整體結構，良秀大媽在石級上喊著：「李先生，有客人。」

叔同握著炭條，推開房門一瞅，是一位陌生的男子，他學著日本人的禮貌，鞠躬問道：

「你找那個？」

「噢，」來者溫和地一笑：「我找息霜先生。」

「請進，我就是。」

來者穿一身藏青西裝，沒繫領帶，背著一架照相機和一個皮包，樣子很斯文。進門便遞了張名片：名片印著「東京周報記者，小川二郎。」

「哦，請坐。」

小川並沒有馬上坐下，只顧巡視著四周牆上的藝術作品，繼而又把畫布上的《扶犁者》的草圖瞥了一眼，然後像參觀了一次展覽會似的，滿意地笑笑。

「我是專門來拜訪您的，息霜先生。」說著便坐在那條矮小的轉椅上。此刻，他才認真地端詳了一遍李叔同。心想，原來這先生，雖說瘦高了一點，但秀長的臉龐，有著寬闊的額頭，黑眼珠透著聰明的靈氣，高鼻樑，薄嘴唇，一副清俊相貌，難怪人們稱他是「活春姬」哩。

叔同一下子還摸不著頭腦，只是抿著嘴微笑。

「您留學日本幾年了？」

「三年。」

「能否談談感想，或學習的情況？」

「我來東京之前，習經書、篆刻、書法、詩詞等。在我國，大約在秦漢以後，書法便成了一種專門學業。然而，詩與書又是水乳相融、相輔相成的，它們共同譜寫成我國書法史的瑰麗的長卷。可以說，我們有自己的傳統，王羲之僅僅通過那些抽象的點線有規律的組合和有節奏的變幻，就可以傳達他情感上的憂鬱、暢快、恬逸、奔放、興奮、甚至悲哀，可以說是無聲的音樂。

「然而，我們國家必須振興。要使我國掃除內憂外患，就要革新。藝術又何嘗不是如此呢？眼下，我國需要引進，引進西方一切先進的、能喚起民眾的藝術形式。我來東京，目的也是如此。」

誰說叔同「少言寡歡」，但談起藝術卻滔滔不絕。

「請問，」小川直起身子，用啓發式的口吻說：「您來東京的收獲怎麼樣？」

「好，老師好。學業正是我所追求的，也是我國需要的。例如人體畫，西畫有獨到之處，尤其十九世紀以來，是繪畫藝術史上最重要的時代，畫家可以掙脫傳統的枷鎖，用自己的強烈藝術語言，揭示空前嶄新的視野，可以更加灑落超脫，追求個人的主觀精神，反對照相式的再現，我們可以用裝飾的效果把人體的外形表現出來。

「形是藝術形象的肉體，神乃肉體的靈魂。人物不同的『神』，又以人物的性格、環境與心理的有機聯繫……啊，我說的太遠了。」

「不，李先生，請您談下去。」

「為什麼一幅好的裸畫，能喚起人的美感？為什麼一幅好的花瓶靜物，它的質感簡直可以敲出聲音來？這是中國畫所難以達到的。」

「您畢業後的打算？……」

「回國！」

「沒有留在東京的願望嗎？」

叔同笑了，而且笑得很自然。

「我來日本不是做生意。」叔同說：「試想，我在日本培養的幼芽，能栽在東京嗎？

說實話，我要把西方的藝術，栽培到我的祖國去。」
「如果上野留您任教呢？」
「那除非是黑田先生到我的祖國任教！」
小川先生語塞了。
也許是全世界的記者有個共同的誓約：即光「提問」，不「表態」，因而小川記者只是滿意地笑笑，接著他指了一下茶花女的劇照：
「聽說，李先生親自為《春姬》寫的節目單，原件已被東京大學圖書館收藏了？」
「這，我還不知道。」叔同遲疑了一下，繼而說到：「藝術是不分國界的，那就給日本朋友留個紀念吧！」
小川翻了一下藍皮筆記本，急速瞄了一眼，笑道：「息霜先生，您對政治或是時事是否關心？」
叔同沒馬上回答，只是思索了片刻，接著昂首說道：
「去年，章太炎出獄後來到東京，我們留學生開了一個歡迎會……」
「是的，」小川活躍起來了：「那天，我也去了，不知您對章先生的慷慨疾呼，是否同意？」
「我同意譚嗣同以及章太炎推崇的佛說：『我不入地獄，誰入地獄』的精神，這種『捨己救人之大業，唯佛教足以當之』，譚氏正是以此來激勵自己的鬥爭意志，而視死如歸，慷慨就義的。」

「你對佛教的信仰如何？」

「就在那天歡迎會上，我被章太炎的演說打動了！當然，我被打動，其中奧妙沒離開一個『緣』字。他說過：『民德是革命成功之原。用宗教發起信心，增進國民的道德。』這個宗教便是佛教。他說：『我們中國，本稱佛教國。佛教的理論，使上智人不能不信，佛教的戒律，使下愚人不能不信。通徹上下，這是最可用的。』因而，我認為這華嚴宗精神，是在於普度眾生。為此，甚至頭目腦髓，都可施捨與人，在道德上最有益。人們如有這種信仰，才能勇猛無畏。所以提倡佛教，決不是中國古代佛學的延續，而是伴隨著西學對我國的傳入而重新振作起來的。什麼叫佛陀、菩提？翻譯過來是個『覺』字，『般若』譯過來是個『智』字。若要革命維新，必須從無我主義開始，這就要從佛法求之。」

「那麼，您是信仰佛教的，是嗎？」

「淨土①法門。」叔同鄭重地點頭應是。

最後，小川二郎要求叔同贈與書法一張，叔同微微一笑，攤開宣紙，研好新墨，提筆書寫了「勇猛奮進」四個大字。小川樂得直道謝。待小川離開這裡時，天已漸暗。

「我是同盟會的成員，我終生奮鬥的救國救民之路，當然是『三民主義』。」李叔同坐在原處未動，久久思恃著。是啊！他為了尋求中國的出路，他沒有留在天津老家享

①佛學的一個宗派。

受豪門少年的優裕生活，而是遠渡重洋，步入異國的土地。啊，三年了，他沒忘記，當生下第一個兒子時所寫下的那首《老少年曲》，因而他極為珍惜著留學中的時間，時間就是生命和學問。因為他已經同中國的命運交織在一起，正在洞察著祖國的滄桑變遷，履行著為救國而求學的道路。

這時，夕陽正斜射著的一道道紅色的光芒，卻被一片陰雲遮蓋了。

晚飯過後，又來了一批客人。

曾孝谷、陸鏡若、吳玉章、馬絳士、黃二難、歐陽予倩、李濤痕、吳我尊、高劍父擁進了叔同的房間。葉子忙碌著搬凳倒茶。

「聽說了吧，」大炮黃二難說：「日本內閣文部省又在徇清公使的要求下頒布《取締清韓留學生規則》啦！」

「對這種有辱國體的事，要罷課！」曾孝谷晃著拳頭說。

「怪誰呢？」叔同很冷靜地朝朋友們掃視了一遍：「我國青年為了學習救國之道，的確出現了熱潮，僅在日本的中國留學生就有八千多人。回想在一九〇二年來日本的只有四五百人。但是，我剛來日本那年，就碰上這件事，全體罷課，並有二百多同學紛紛回國。我認為東京的這個《規則》，為什麼敢叫公使頒發？因為我國政體腐敗，內憂外患。我認為全體罷課，和上次一樣，把取締『留學生』改成取締這個『規則』。要知道，我們的民族不是軟弱的……」

「我看，」吳玉章說：「由現在開始，實行『三民主義』，明日罷課，組織演講，要在公使館裡爭得民主權利！」

「贊成！」

吳玉章的建議，真像顆火種，把大伙的心點燃了。

第二天上午，以同盟會的會員為骨幹，組織罷課，抗議清公使的辱國決定；下午舉行演講，使文部省都也感到震驚。不過也真靈，清公使立刻與日本文部省照會，要求取消了這個《規定》。

轉瞬又是兩年，不論是西洋繪畫和鋼琴，叔同的成績均是輒冠儕輩。

從一九〇五年，到一九一〇年初夏，整整五年，叔同在上野美專和東京音專鋼琴科消耗了自己五年的精力。東京不僅造就了李叔同，也決定了他後三十年的歸宿。

夜，靜靜的；門窗關得嚴嚴的。屋裡是悶熱的，兩顆心卻激烈地跳著。

「那麼，就去吧。說實話我也不忍心留下你，葉子。」

「是的。」葉子抽泣著，瞪大了哭紅的眼睛：「如果我去中國，你認為是個累贅⋯⋯」

「不！我已經決定了！」

葉子一頭扎在叔同懷裡：「你知道嗎？我若離開你是多麼地難過⋯⋯」

叔同輕柔地理了理她的亂髮，那怕她在哭著，在叔同眼裡她也是美的，是一種特殊的美質，啊！還有她的鋼琴演奏水平、氣質和樂感，⋯⋯

「我知道⋯⋯」葉子勾住叔同的脖子，柔情地說：「在你們中國，我不能稱做你的

原配，然而，我一生盡我日本式的婦道……叔同、叔同，」葉子的淚水流過了耳根，

「我只要能見到你，我就能活……」

「哦……」叔同心想，儘管我要回國辦學，我把葉子做為副室安放在別處，是未嘗不可的，何況，自已的家資是足可以養活這位日本夫人的。這個想法，已不止一次地在腦海中盤旋過。

情慾戰勝了理智，因為他畢竟是個人。然而大凡投情於鍾愛的人的女性，她的感情是不會輕易撤離「陣地」的。

「你不怕離開你的祖國嗎？」叔同又問了一遍。

「藝術，」葉子破啼為笑道：「是不分國界的呀！」

「你要知道，我是不能與我的妻子離婚的！否則，我會害了她。儘管母親包辦的婚姻，可她畢竟為我生過兩個男孩子啦。」

葉子把叔同的嘴一下子捂住了：「誰要你離婚啦？請不要說下去吧……只要我能侍候你一生……我，就滿足了。」她把頭緊緊埋在叔同的胸前。

「哎……人生，總是違拗不過命運啊！」

「你在說什麼？」葉子從叔同懷裡掙脫出來，有些不解地問道。

「沒什麼，我想過了。因為天津的朋友，給我找到了一份教員的差事，我暫時送你到上海，在那裡，我有朋友照顧你，還有一架鋼琴……」

「這樣，也好嘛！」葉子高興地說：「只要你放假時來看看我，就滿足了。」

「當然！」

「那麼，我去收拾一下，再和我外婆談談。」

「你去吧。」

行期越近，叔同心情的矛盾越激烈。葉子隨自己到中國，不知是福是禍，反正留下葉子，無疑地是罪。

結束了整整五年的留學生涯，李叔同告別了黑田清輝先生和上直行先生。上直行先生臨別贈送他許多鋼琴教材和獨奏曲譜：

「帶去吧，這算是我的小小禮物。也許，這些曲譜在你們國家還未刊印過……」

叔同緊緊握著老師的手。

他回到不忍池小白樓時，葉子正為叔同整理行裝。

臨行時，下了一場小雨，叔同雇了一輛馬車，帶著葉子，向碼頭駛去。車棚上的雨水滴滴嗒嗒，兩顆年輕的心啊纏纏綿綿。

他倆由神户乘英國一艘郵船，經過太平洋，來到上海碼頭。這裡，早有金蘭好友給他在法租界租好了一套洋式公寓。

繼而叔同去天津了，把葉子留在上海，讓一架德國鋼琴伴著她。

第17章

李家破產了。

李文熙愁得幾天睡不著覺，每天夜裡躺在炕上唉聲嘆氣，翻來覆去地睡不著。這不，上代苦心經營的三個銀號，就因為整個鹽業改為「官鹽」，使李家兩個投資於鹽業的銀號，破產近百萬元。

叔同回到了天津，闔家老小那滿目烏雲的臉上一下子出了太陽。尤其是俞氏，心裡甜滋滋的，又不好意思在眾人面前露出太高興的樣子，只是親手給這位由日本留洋回來的丈夫沏了一壺釅茶，隨後出去把六歲的、長得虎頭虎腦的次子李端找來。

「快進去，給你爸爸磕個頭！」

李端吐了吐舌頭，猛地鑽進屋裡，跪在方磚地上，咚咚咚磕了三個頭，爬起來沒敢朝爸爸正視一眼，扭頭就跑，就像有人追他似的，一溜煙鑽進了大奶奶屋裡。

俞氏瞅著叔同，還沒來得及說上一句知心話，二哥文熙來了。文熙笑著拍了拍弟弟的肩：

「還是那麼瘦？」

「看來，我這個『瘦桐』的名字，改不了啦！」

「學業怎麼樣？」文熙一邊關切地問著，一邊翻閱著帶回國的那些水彩畫和油畫。

「本來還可以多學兩年，但是，國內的情形，使我不能不回來工作……」

「嗨！」文熙像觸到傷痛一樣，臉上掠過一絲陰影。他深深嘆了口氣，眸子裡濕潤了，接著一對亮晶晶的淚珠滾動著：「兄弟，哥哥要告訴你一件事。」

叔同一見哥哥的神色，急問道：

「哥哥，什麼事？」

「信中，我沒敢告訴你；咱們的『義善源』、『源豐潤』兩個票號……破產了！」

叔同一怔，心像被人捏了一把，緊縮了一下，然後突突地跳得很快。

「什麼原因？」叔同擰緊了雙眉。

「本來，」二哥掏出雪白的手絹擦了一下淚水：「這兩個票莊的錢，全部投入鹽田。可是，朝廷的銀庫空了。一眼盯上了鹽田，他們說：『曬鹽就是曬銀子。』首先把咱投資的鹽田改成了『官鹽田』，鹽農一律由官家雇傭。這樣，咱撒出去的銀錢……連上海、安徽總莊，都賠進去了。」

這一打擊，似乎使叔同有些承受不住，他身子一晃，差點跌倒。破產，對他來說，並不因為豪門不富了而難過，而是隨著經濟的破產，將有可能致使他的理想也隨之「破產」。

「哥哥，」叔同稍稍振作了一下精神，力圖使哥哥把眼光放遠些：「中國有句老話，叫『瘦死的駱駝比羊肥』，我們不是還有個『桐達』嗎！」

「哎！現在只好靠這座山啦，」文熙說：「否則，我是對不起祖上的。」他沉吟了片刻，望著叔同，緩緩說道：「幸好，佛爺保佑，你那三十萬又回到了『桐達』。」

「你記得嗎？」叔同勸慰著說：「我小時候，寫過一副楹聯，叫『人生猶似西山日，富貴終如草上霜』。人生匆匆即逝，來時兩手空空，死時兩袖清風，何必為錢財過於勞神呢？」

「不行啊！」文熙哭喪著臉說：「上輩給咱留下了產業，而我們守都沒守住，怎能對得起祖上呢？」

「嗨！」叔同說：「祖上的產業再多，咱們一死，又是一個『空』字。」

「所以，」文熙用手拎了一下身邊的黃皮包：「我現在行醫只好收費了。」

叔同聽到哥哥看病要錢了，心中老大的不快：「看病要錢，似乎不太像『善人』家裡的事。」

「又有嘛辦法呢？」

「我……」叔同說：「如果去當教員呢？」

「工作？」文熙問道：「誰給你謀事？」

「在日本時的同學。」

「家有三擔糧，不當孩子王。」文熙想了想又問道：「在什麼地方工作？」

「天津。」

「不走啦？」

「嗯……」叔同遲疑了一下。葉子還丟在上海，怎麼說呢。只好搪塞道：「回國前，我已受聘於天津工業專門學校。」

「噢，」文熙那因破產而沮喪已久的面容，略現出一絲悅色。當晚，叫廚房炒了幾個北方菜，兄弟二人喝了幾杯。

是夜，俞氏為叔同安排了一番之後，自己的心像一潭清水投進了一塊石頭，激起了漣漪，她瞅著丈夫的面容，似乎比以往更瀟灑清秀，她感到任何一個男人都比不上自己的丈夫，儘管她對叔同的才藝並非在行，然而她知道丈夫是個了不起的人物，她瞅著瞅著，臉色紅得像喝醉了酒似的；

「你還走嗎？」

「哦，我先在天津作教席，看情況再說吧。」

俞氏此刻的心情是複雜的，她恨不得丈夫永遠守在自己身邊，千萬別離開自己。她對游離於鄉里之外的丈夫感到心疼，並加上一層擔憂，因為自己長於叔同二歲，帶大了二個孩子，老了。確實，她額頭上的皺紋，眼角的魚尾紋都記錄了她的生活歷程。

「在日本，誰照料你的生活呢……？」俞氏小聲詢問道。

「啊，」叔同已有了準備，他不打算向妻子隱瞞，他移近炕沿，摟著妻子的肩頭，懇切地說道：「這件事，我是要和你講清的。」他把臉頰緊緊靠著俞氏的肩頭，以內疚的口吻說道：「我在信上無法說清，所以我……不過你別難過，你為我養大了兩個孩子，我要對你負責，你能原諒我嗎……」

吞吞吐吐的幾句話，像五雷轟頂，使妻子幾乎昏過去。不過，她似乎老早也有了準備，只是沒料到事情來得竟那麼突然，那麼快。老實說，在這個社會，尤其是李家，買個小老婆是理所當然的事，因為是男權社會嘛！

「你直說了吧，我也不難過。何況，你還年輕。」妻子終於說出了自己不願說的話。

叔同猛地把妻摟在自己的懷裡，說：

「只要你能原諒我……」

這天夜裡，她在麻木中度過的，不知是幸福還是痛苦。然而她的淚水卻流在了丈夫的臉上。

翌晨，團團烏雲像跑馬似的在漫天亂滾，偶爾露出一絲陽光，又被黑壓壓的雲層遮住了。空氣是混濁的，地面上異常悶熱。

叔同的大兒子李準還病在炕上。叔同和俞氏來到大兒子房中，張媽媽正在給他捶背：

「你到日本不久，孩子就得了哮喘病，他二伯開了多少藥方也不見好。」俞氏一邊說著，一邊憐愛地望著這透不過氣的十歲的大兒子。

叔同朝張媽媽擺擺手：

「不用捶背，這對哮喘沒什麼好處。」

雖說叔同從日本回到家鄉，但他的心始終沒平靜過；長子的病，對妻子的負疚，家庭的破產，還有使他更懸在心上的葉子。啊！葉子現在在做什麼……彈琴？流淚？他心上的砝碼越來越重。

開學之前，他除了畫畫之外，還特地整理了一番「洋書房」。這書房設在花園的西側，寬大的石級，直對糧店後街的大門。這裡的藏書，一律為西方外文版和有關社會科學的中譯書，這間洋書房的四周，除了素描、水彩畫之外，還有幾幅油畫，而這些油畫大都是女眷、丫鬟們遮目而過的「裸女」畫。

「我的公子爺，」幫助整理洋書房的老管家徐月亭瞅了瞅這些油畫：「這些畫多寒磣，光著屁股，東洋人喜歡這玩藝兒？」

叔同笑了：

「徐大爺，您不喜歡？」

「嘖，」徐月亭搖搖頭，咧了咧嘴：「像，倒是滿像，不過……」徐月亭儘管搖著頭，但眼睛始終沒離開這些裸體畫。

叔同從畫框後邊拿出一卷畫布：「送給您一幅。」

徐月亭拉開畫布，禁不住喃喃地讚道：

「嘍！……又是一張大美人。好，好，」他趕忙捲起這張油畫，朝叔同嘿嘿一笑：「我先把它送回家去，讓我那老伴開開眼界。」說罷一揚手，送回家去了。

「少爺，少爺，」張媽媽喊著進來了。她一眼看到這批油畫，把要說的事給忘了：「喲，我的少爺，這不是給我們開洋葷了嗎？嘖嘖，多好看的大美人兒呀！」張媽媽指著另一張問道：「這上畫的是什麼？」

「輪船。」叔同說：「這是我回國時在船上畫的。」

「這個……？」張媽媽剛指著畫中一個戴眼鏡的人物，突然哎呀一聲：「壞了，我把正事兒給忘啦！」

「什麼事？」

「外邊有一個戴眼鏡穿西服的人來找你。」

叔同二話沒問，推開房門，見一個熟悉的身影已來到石階下面。

「啊，大哥！」叔同急忙跑下石級，握住袁希濂的手：「快進屋裡。」拉著袁希濂進了洋書房。

袁希濂東渡扶桑之後，在東京政法大學讀書後，雖然在東京見過叔同幾面，但因學科不同，兩校距離又遠，因而暢談的機會不多。如今老友相見，分外親熱。

「先說說，你現在在什麼地方？」

「去年回國，就在這天津。」

「什麼工作？」

「法曹。」

「噢，」叔同眨了眨眼睛：「這可要為老百姓伸張正義啦！」

「嗨，這年頭，誰敢做包公？」袁希濂忿然說道：「在我們這個國家，外國人就是法律；在這天津，有勢力的大官就是法律。我們做法曹的，只不過是聾子的耳朵——擺設而已。」袁希濂似有難言的隱痛，然而他不願多說。只顧觀賞著叔同的一幅幅作品，信口問道：

「不知吾弟回國有何打算？」

「決定了。」叔同說：「脫去西裝，換長袍。」

「教書？」

「是啊，吾輩報國，除此之外，別無他門。」

「我倒是贊成。」袁希濂心想：「古人阮籍雖因憤世不平隱身蓬池，尚能為後人留下不朽的詩章，啓迪後人的靈知。而今，自己不能為缺衣少食的老百姓出一點力，奈何？中華民族處在存亡絕續之間，又奈何？」這時，他忽地覺得自己是一個弱者，自覺不如這位立命於教育，以美育喚起民眾的叔同，不禁傷感起來：

「只可惜我這個學法律的人，又有何用？」

「吾兄不可消極。」

「啊，賢弟。」袁希濂猛地想起一樁美人賄賂案來，擰眉說道：「你沒忘記楊翠喜吧？」

「她，」叔同一怔：「她怎麼啦？」

「我一回到天津，就接到一份密告！」

「噢？」叔同瞪大了眼睛。

「慈禧的寵臣戴振來津，一眼看上了楊翠喜，地方官段蘭貴，立刻專車把楊翠喜送到戴振府中，並以此美人換得了一個黑龍江巡撫的官職。」

「啊?!」叔同氣得臉色煞白：「竟有這等事情？」

「這還不算。」袁希濂把手中的茶盅往桌上「噔」地一放：「當時，有位畫家叫張瘦虎，為人耿直，敢於用畫筆觸及時弊，他立刻畫了一張《升官圖》，畫面上有一美女袒坐高椅，地方官段蘭貴頭戴紅頂帽，跪在美女腳下，寓意深刻呀！可這幅畫竟沒有一家報刊敢登！我，做為一個法曹，有什麼辦法？嗨！」

叔同目不轉睛地聽著袁希濂的敘述，然而胸中卻在翻騰著。

「大哥，」叔同聲音很沉重：「楊翠喜確是色藝雙全，可是，命運擺布了她……」說到痛處，他站起來苦苦地思索了一會：「大哥。」

袁希濂一怔：「說吧，我聽著呢。」

「我……想了一段詞。詞牌是《菩薩蠻》，題是：憶楊翠喜。」

叔同倒剪雙手，望著窗口，信口唱出一段詞來。詞道：

燕子山上花如雪，燕子山下人如月，額髮翠雲鋪，眉彎淡欲無。夕陽微雨後，葉底秋痕瘦，生小怕言愁，言愁不耐羞。

曉風無力垂楊懶，情長忘卻游絲短。酒醒月痕底，江南杜宇啼。痴魂銷一捻，願化穿花蝶，簾外隔花蔭，朝朝香夢沈。

袁希濂正在凝神聽著，忽見張媽媽進來：

「請兩位少爺吃飯去啦。」

二人隨著張媽媽去了，但吃飯時，誰也沒講話。

就在這年秋天，叔同脫去了留學時期的西服，換上了教席的流行服裝——灰布長袍，黑呢馬褂，黑鞋白襪，馬褂的口袋上耷拉著一條金錶鏈。

他，第一次為人師表。

講台上，面對一批眼睛會動，心裡會想，嘴裡會說的學生，深深感到這副擔子，絕對不比「總督」輕鬆。然而，他更懂得，為人師長，絕不能「像」一位師長，而要真正成為一位名副其實的師長。直到轉年執教於直隸模範工業學堂，任國畫教席時，依然是嚴於律己，成了一位受人崇敬的教師。因為在他的大腦裡，過去的生活讓它死去，而只有眼下的最實際、最真實、最富有意義。

一九一一年，辛亥十月十日，由武昌爆發了革命起義，革命的怒潮席捲大江南北。叔同像是被禁錮於枯水窪中的一條魚，一躍而起，他要揚眉吐氣地革命了。就在工業學校動蕩不定的情況下，他決心南下上海。

十二月下旬，孫中山回國，十七省代表會議，推舉他為臨時大總統。二月十二日，清帝宣布退位，清王朝結束了二百九十年的封建統治。

春天，萬物復蘇，黃浦江碼頭，一聲聲沉悶的汽笛長鳴，將笨拙的海輪，吃力地向岸邊推進。船舷的鐵欄邊，站著南下的叔同，他凝神搜尋著碼頭上的人群。當他從扶梯魚貫走下來時，已聽到熟悉的聲音在熱烈地呼喚：

「叔同——叔同——」

跑上來的有金蘭之友許幻園，春柳社藝友、上野同學曾孝谷，還有葉子。

「啊，叔同。」葉子激動地揩著淚水：「你可回到上海了。」

「北方還好嗎？」許幻園問。

「啊……」叔同搖搖頭：「北方很差，辮子兵連雜貨鋪都搶光了。」

「這裡還好，」曾孝谷說：「上海已經和革命結成了一個整體。」

「聽說陳英士繼《蘇報》、《民報》之後，將要創辦一家《太平洋報》，在聘請的編輯名單中，聽說就有你！」許幻園滔滔不絕地說：「這份報紙的編輯，全部是……」

「嗨！」葉子微嗔道：「有話不好回家慢慢說?!瞧，這哪是談話的地方啊……」

「啊，我見到叔同，話太多了。」許幻園故意把「太」字拉長了音。「好，那就上車。」

四人拎著四個包，其中是畫具、刻具、文具和書籍。走上邊道，已有兩輛馬車在等候。

幻園、孝谷在前，叔同、葉子在後。也許是過於激動，葉子倚在叔同肩上，一隻手抓住叔同胸前的衣襟，手都捏出了汗，但一句話也沒說。

馬車一直往法租界駛去。

下了車，早有「娘姨」①備好的酒菜。席間，許幻園真像似上滿了發條的話匣子，從分別之後，談到碼頭重逢；從清王朝滅亡，談到革命的民國。

①上海人對保姆的稱呼。

叔同沒講話，一雙細長的鳳眼微笑著，樣子很平常。他善於品味對方的言情，尤其聽到江南的一切，似有萬象更新之感，與其古老的北方相比，更顯出革命的威力和希望。

「葉子，請拿紙來！」

叔同走近書桌，攤開宣紙，待葉子研好墨後，叔同信手寫了一闋《大中華》。

許幻園瞅著他寫完，不禁拍案叫絕：

「好一個『萬歲』！」

葉子一把抓過來，朝大伙斜瞄了一眼，笑道：「我用漢語讀一遍，聽聽對嗎？」還沒等別人插話，她朗誦起來了：

萬歲、萬歲、萬歲，赤縣膏腴神明裔。
地大物博，相生相養，建國五千餘歲。
振衣崑崙之巔，濯足扶桑之澌；
山川靈秀所鍾，人物光榮永垂。
猗歟哉，偉歟哉，仁風翔九畿；
猗歟哉，偉歟哉，威靈振四夷！
萬歲！萬歲！萬萬歲！

葉子讀完，大伙一個勁兒地拍手叫好，然而這掌聲卻包含了雙重意思：既為這首浩然雄心之詩作而喝彩；又為葉子能用如此流利的漢語朗誦古體詩而稱讚。尤其是叔同，為葉子的漢語水平能如此猛進，高興得瞪大了眼睛：

「啊，葉子，真沒想到……」

「來，」叔同高興地給大伙斟上酒：「為我們的三民主義，為孫中山的健康，乾杯！」

「乾！乾！」

大伙一飲而盡。

孝谷與幻園在春寒料峭中，各乘一輛馬車，告別了叔同。曾孝谷將要趕火車回老家成都。

葉子和叔同在燈下，有說不完的話，敘不完的情。

仲春時節，江南已呈現出一片青翠的覆蓋面。那隱沒在金洞橋邊的「老宅」，散發著陣陣的杜鵑花香，在一片草花中，誘來了一對對蝴蝶在花叢中翩翩起舞。遠遠望去，青苗飄搖，黃花粲粲，白蝶飛舞，把整個花園點綴得相映成趣。與大上海相比，這裡可謂世外桃源了。

叔同來到許幻園家，已是黃昏的時候。舊時的其他老友已經不在了，只有許幻園還過著富足的風流生活。

「叔同，」幻園介紹著說：「上海的文壇，革命者居首位。社會的變革，也帶來了文壇上的變化。」

「當然。」叔同說：「日本的明治維新，足可以證明。他們的文壇，已開始顯露出西方的傲氣。」

「消息也真快，」幻園望著叔同說：「你一來，就像一陣春風，一下子傳遍了上海。」

「上海的人才多得像過江之鯽，我算得上什麼呀！」

「你就瞧著吧。」幻園笑著說。

「謝秋雲……，」叔同突然想起了舊交：「她現在怎樣？」

「瘋了。」

「沒治好？」

「從瘋人院逃出來過。」許幻園沉吟了一會兒，說道：「有人看到過，說她在外灘上奔走吟唱，鬢髮蓬散，腰上還繫了一條麻繩……」

「後來呢？」叔同同情地問道。

「聽說，又收回去了。」

「可憐的女人。」叔同長嘆了一聲，心像摧肝裂腑似地攪動著。

晚飯後，叔同雇了一輛黃包車，回到了家裡。豈知剛踏進客廳，便有一僧人打扮的青年人迎著叔同笑道：

「是李叔同先生吧？」

「是的。」叔同笑著問道：「貴姓？」

「姓蘇，蘇曼殊。」

「哦……」叔同一拍腦門：「久仰大名。快，請坐。」

葉子獻上兩杯龍井茶。

蘇曼殊原名玄瑛，曾留學日本，他能詩文，善繪畫，精通英、法、日、梵諸文。曾從事教育和文學、佛學的撰述和翻譯工作。是南社社員，有名的江南才子，與章太炎、柳亞子等過往甚密，一九〇三年為僧。

「叔同先生，」曼殊溫和地笑道：「我對你可說是聞聲思慕多年，而今才有緣相見，真是太晚哪。」

「您太客氣。」叔同情不自禁地朝這位以「比丘」①身分來訪的著名才子身上打量了一番，灰色的袈裟鑲著黑色的寬大襟，一雙布襪芒鞋，乾淨利索。矍鑠的神態，雙目灼灼，好像人世間的一切失望都凝聚在他那一雙眸子裡。只是感到蘇曼殊的生活未免太清苦了，一種同情之感，油然而生。

「本來，」曼殊說：「像我這個離俗的人，不該尋訪知交，不過，看來我們是有緣的。」說罷便哈哈大笑起來。

「啊，我真是承認『緣分』二字。」叔同望著這位大和尚那豁達、開朗的性格，不禁肅然起敬：「您寫的記實體小說《斷鴻零雁記》，簡直把我迷住了……」

葉子拎著茶壺進來，把水添滿，客氣地說：「請用素茶。」說罷深深鞠了一個躬。曼殊雙手合十，低頭稱謝。葉子走後，蘇曼殊撩了撩袍子，抬頭問道：

①佛教指和尚；「比丘尼」指佛教尼姑。

「噢，在哪裡看到的？」

「南洋的一家報紙。」

「本來是隨寫隨刊，可惜，這家報紙停刊啦，我的筆也就停了。」

「您現在？……」

「還在翻譯佛經。這不，『南社』聚會，我趕來上海。昨日柳亞子先生特地告訴我，這次雅集要請您參加。」

「我還談不上啊！」叔同感到突然。

「你剛來上海，便傳遍了文壇。當柳亞子先生提起李叔同三個字，我就自告奮勇：『李叔同嘛，我來登門邀請。』說實話，我這兩條腿呀，跑慣了。」說罷，又是一陣哈哈大笑。

「什麼時間？」叔同露出樂意的樣子問。

「三月十三，在愚園路的『愚園』裡集會。」

「南社」為江南名士雅集的進步組織，提倡反清的革命文學，所謂「鍾儀操南音，不忘本也」，該社初建於清末一九〇九年十一月十三日（宣統元年十月），第一次活動在虎丘張東陽祠，成為當時的民主運動和政治革命的一種精神力量。南社的活動由蘇州改為上海，後轉為杭州西湖。

三月十三日，愚園裡文人雅士薈萃一堂，此時，也是南社的全盛時期。叔同穿了一件古銅色青綢長袍，黑坎肩上掛了一條金錶鏈，小背頭梳得溜光，面色紅潤，儘管瘦了些，仍是一表堂堂。

「歡迎，歡迎！」愚園茶樓裡的人都站起來了。

「與江南才子相聚，三生有幸！」叔同抱拳回敬道。

南社會員們一下子把叔同圍住了。這個曾經名噪一時的「茶花女」，彷彿第一次嘴角流溢出酒窩。他朝眾人笑著巡視了一遍，又一個一個地作揖寒暄了一番，然而大部分面孔是陌生的。末了，柳亞子拉著他的手讓大家互相介紹了之後，說道：

「叔同先生，今天我們柬請您來，一是我們南社多了一位巨子；二是想聘請您擔任《太平洋報》的副刊主筆，想必不會推辭的。」

叔同很乾脆：「受您之命，豈有不辦之理！」

柳亞子把叔同拉到自己身邊，待送上茶來之後，瞇著笑眼，指了指對面一個細高條、白淨書生模樣的人說：「介紹一下：姚雨平先生，太平洋報社的社長。」

還沒等叔同伸過手去，柳亞子又指著另一個滿臉絡腮鬍茬的中年人說：「總主筆葉楚傖。」

「噢……久仰久仰……」叔同正說著，柳亞子又開腔了：

「喏，這幾位。」沒等柳亞子介紹他們便各自主動報出了姓名，其中有蘇曼殊、林一厂、余天遂、姚鵷雛、夏光宇、胡樸安、胡寄塵、陳無我、梁雲松。

「這幾位都是咱報社各欄目的主筆。」柳亞子補充著說：「還有你和我，也是分欄主筆。」

儘管一個個報著姓名，叔同哪裡記得住啊。他笑嘻嘻地點著頭，表示敬意。但心裡是熱呼呼的，像喝醉了酒。是的，他參加了進步文人的行列。然而，更使他驚喜的，這批新友，大都是老同盟會員，像自己一樣，也舉過手、畫過押、投遞過「志願書」，如果沒有武昌首義的成功，還真的不知「南社」是同盟會的犄角哩。

傍晚，杏花樓裡酒宴。社友們的「酒詩」，樂觀熱情，像一團火，慷慨激昂，對祖國的未來充滿了希望。大家盡興到很晚，方各自散去。

果然《太平洋報》的文藝副刊名聲大震。這是一張用連史紙刊印的單張文藝畫報，每期隨正刊附送。叔同在編輯過程中，早已把他耿耿於懷中的《斷鴻零雁記》準備用來連載。他找了蘇曼殊，蘇曼殊也樂於續寫，於是，《斷鴻零雁記》便在大陸問世了。

《斷鴻零雁記》是一部長達二十七章的具有長篇規模的小說。它用第一人稱的敘述方式，塑造了一位敢於反抗封建勢力、忠於愛情的女子雪梅的形象。她含辛茹苦地等待著所愛者，而繼母卻力逼她出嫁到富室去，最後她絕食而死。

這部小說對於以女子為「貨物」、對見利忘義的醜惡社會進行了鞭笞，揭示了這一悲劇的根源在於貧富之間的懸殊，在當時引起了社會的強烈反響。

以《太平洋報》為基地，文壇開拓了一代新的氣息。

自此，李息霜、李息、李叔同的名字，像野杜鵑正在張開的花苞，紅艷艷的，開遍了江南一帶。

一天下午，初夏的陽光，像是對文壇的革命氣氛留戀，而不肯西斜。叔同正在為《

太平洋報》編寫文章，一位中年女士走進編輯室：

「請問，李息霜先生……」

「我就是。」

「哦，太好啦。」女士說：「我是上海城東女校的副校長。」

「哦，請坐。」叔同像接待作者一樣，十分熱情，隨手還遞上了一把蒲扇。

「我是楊白民校長介紹我來的。」女校長說：「女子，向來是被社會冷落的。也許是世俗的偏見，女子無才便是德。可我們學校，學生的呼聲很高。所以，楊校長派我來邀請您到我校任教。老實說，我是奉命加慕名而來……」

叔同十分冷靜地思考著，最後問道：

「要開什麼課？」

「文學。」

「啊……」不用分說，他要解放女性，他要在教育工作中，實現他的報國志願：「兼課，可以嗎？因為我們的副刊……」

「這我知道，」副校長非常爽氣：「只要您肯答應，每周幾個課時就行了。」

世界上的巧事很多，一個聘請教席，一個願意為解放女性而努力，當然一拍即合。

叔同已經身兼兩職。不，是三職，他還以《太平洋報》為中心，發起組織了「文美會」，編輯名家書畫印稿。匯集成册，裱裝精緻，每次集會，大家傳閱，從而交流美術創作經驗。

然而，這文化副刊正在轟轟烈烈地開始，卻又冷冷清清地告終，就像地球的運轉一樣，白天還是陽光燦爛，夜裡卻是寒星閃耀，真是千古如斯也！

第18章

五月，石榴枝葉正茂，繁花如火，凝紅欲滴，大有「萬綠叢中紅一點，動人春色不須多」之感。如説「人傑地靈」，確有可信之處。沿城隍山麓，徑直往北，順著西湖濱廊，那六橋三竺南北高峰，鍾毓之下，聚集著眾多才子，又是一次「南社」雅集。

「南社」與「西湖」相得益彰，恰成一對。

金沙江畔的唐莊，幾幢古式樓閣隱匿在綠蔭叢中。文人薈萃雅聚一堂，這次的當值人，是高等學堂講席陳巢南和馬敘倫。柳亞子、陳陶遺、鄒亞雲、朱火屏、雷鐵厓等數十人，報裙屐聯翩之樂。丁不識、丁白丁、丁展庵、王毓岱、徐仲可、徐公孟、俞誠之、陳蝶仙、陳鑒吾、陳無我、陸紹棠、陶志淵、衛克強、李叔同等都有詩作。眾人「聯文酒之歡者，凡二十餘日」，最後幾天，於西泠印社舉行大規模的雅集。當時，有人提議，要在孤山馮小青墓前勒一石碑。

「碑文，由誰來寫？」柳亞子説著，便把視線停在李叔同身上。

「我建議，碑文請李叔同手書。」

「贊成。」在掌聲中大伙呼喊著。

「推舉李叔同。」馬敘倫的語調更堅實。

在目標一致情況下，李叔同用漢魏書寫了一篇《馮小青墓誌》，當天請來石匠，僅三天刻完了碑文。

次日下午，社友們來至西泠印社，憑弔了吳昌碩的遺跡和詩書畫印珍品。然後推選李叔同親筆書寫「南社通訊錄」。原因是社友的隊伍壯大了。

李叔同這天很吃力，上午遊湖，晚上詩會。就在這下午，他在粉紅色的封面上設計了一幅古老而又有新意的圖案，橫寫了「南社通訊錄」五個字，左邊直寫了「中華民國元年五月第三次改訂本」。文字分為上下兩編：上編從陳巢南到姜可生，共二百八十一人；下編從俞廷材到范茂芝，共三十人。總計三百二十一人，比上次，不到一年工夫，增加了九十三人。落款是「李息霜題」。

南社興盛了，《太平洋報》卻被封了。

九月的一個清晨，來了十名警察，一下子包圍了《太平洋報》社，為首的是個法官。他指手畫腳地布置了一番以後，帶了三名警察進了報社。此刻，叔同尚未上班，只有胡寄塵一個人先到。

「你是報館的？」法官慢條斯理地打著官腔。

「是的。」寄塵一怔。

「報館要封閉。」

「為什麼？」寄塵驚愕地問道。

「有人告了！欠債累累，閉門盤賬。」

「這……不行！」胡寄塵又急又氣，嘴唇直發抖。

「不行也得行！」法官對幾個拿著「封條」的警察一努嘴：「封起來！」

寄塵慌了。他知道：在此只有「孤軍作戰」，同事們肯定被堵在門外，他略一鎮靜，首先考慮到的是一些重要手稿。他倉促中抓起了蘇曼殊為葉小鳳所作的「汾堤弔夢圖」鑄版，以及蘇曼殊的手稿《斷鴻零雁記》。

「拿的什麼？」法官斜過脖子問。

「我自己的東西。」胡寄塵頭也沒抬。

「我看看！」

「嗐！先生。」寄塵急中生智地說：「你不是封報館嗎？」

「對呀？」

「那麼，個人的東西就不封嘍？」

「不封！」說著又瞄了一眼寄塵的手：「快點，出去！」

寄塵拎起小皮包，徑直往大門走去。

「寄塵。」

寄塵一眼望去，見李叔同正被堵在門外，他忽然走出大門，拉著李叔同：

「走，到邊道上去說。」

「怎麼回事？」叔同擰著雙眉，不解地問。

「聽說，有人告了，說是欠債被控。」

「噢，那些手稿呢？」

寄塵把手一舉：「都在這裡！」

叔同急忙打開公文包一看，臉色突變：「少了一篇！」叔同說。

「少哪篇？」寄塵茫然了。

「我寫的《莎士比亞墓誌》原文。」

「哎呀！」寄塵遺憾得直拍腦門：「太遺憾了，我沒把它搶出來。」他急著返回大門口，要求回到裡邊，卻被門警阻攔了。

《太平洋報》被封閉，像是一則特大新聞，傳開了，也引起了一些教育家的矚目。誰不想在報界物色人材？當然，從日本留學歸來、而且才華橫溢的李叔同便成了主要目標。

第一個來上海聘請李叔同擔任圖畫、音樂教師的是杭州「浙江兩級師範學校」。叔同早知曉，該校的教師，前有周樹人、沈鈞儒。尤其經子淵校長，治校有方，為培養人材，不惜聘請著名高手任教，眼下就有夏丏尊、陳望道、劉大白、馬敘倫、沈仲久、姜丹書、錢均夫等。在其以後的教師中有朱自清、朱光潛、俞平伯等，當然這只是後話。如此陣容，可以看出這所學校的聲譽不同凡響。

叔同接到了經子淵校長的聘書。顯然是這位校長對這位上野的高材生早就動了念頭，而今特派夏丏尊來上海邀請。

叔同欣然應聘，丏尊高興地回到了杭州。

晚風蕭瑟，深秋乍寒。

葉子見叔同回到家裡，從深思中恢復了常態，急忙迎上去，幫他脫掉西服上衣，換上毛線外套。也許是相處久了，她從叔同的一舉一動，已分析出了叔同的思想狀態：

「叔同，你一定又有工作了吧？」

「是啊，」叔同拉著葉子同坐在一條長沙發上：「我的理想，報國之路就要實現了！」

「教育，對嗎？」葉子歪著頭，笑著說。

「我將要到杭州……。」

「杭州？」

「你又怕我離開你吧？」

「不是的，」葉子擺擺手，猛地挽住叔同的胳膊，揚起秀臉說道：「我怕你生活不方便。」

「生死離別，是人間常事。好在，上海離杭州很近，我可以半個月回家一次。這比天天見面，似乎更有一番情趣。」

「你真會說。」葉子嬌嗔地瞟了他一眼。

「自然，留下你一個人，是孤單些。如果我去當和尚呢？」

「又講這個話。」葉子抽回手來：「再講當和尚，我就……」說著便「撲哧」一笑，一頭扎進了叔同的懷裡。

叔同收拾好行裝，將要去杭州了。

他又換了打扮，一身灰布長袍，黑呢坎肩，胸前一條金錶鏈，金絲眼鏡換了一副鍍鎳鏡架，典型的樸素無華的教師「流行裝」。

儘管學校裡已經宣布：「音樂圖畫課，解聘了日本教席，特請江南音樂家、書畫家李叔同擔任音樂圖畫課。」但學生中對「音美」兩門，似乎仍有輕視感，認為是可學可不學的遊戲課。

果然，李叔同來校後，在學生眼裡平平常常。只有校工聞玉，在為李先生搬行李、打掃房間時，憑著他的經驗，他感到李先生非同尋常，從他那高瘦的身材、寬額、細眼、嚴峻的面孔；笑起來只動容不出聲音的神態；使他感到這位李先生是一位安詳嚴厲而又友愛和善的人。再從他的被褥、文具、雕具、畫具、詩詞、歌譜，像似執教多年的老學究，然而他才三十二歲啊！

說句公道話，學生們雖是輕視音樂、圖畫課，但如果多看幾眼這位平平常常的李先生，儘管布衣布襪，卻很整潔；不僅全無窮相，而卻另具一種樸素的美，這乃是一種無可比擬的氣質美。

上課的預備鈴響了。這是下午。學生們聽著鈴聲漫不經心地晃蕩著，嘻嘻哈哈、大大咧咧地魚貫湧進了音樂教室。

「啊！」學生們一驚，幾乎喊出聲來，原來李老師早已端坐在講台前，如一尊活佛。

後邊又一批學生。哼著曲，推的推、搡的搡，一邁門檻，頓然怔住了，就像留聲機斷了發條一樣，嘈雜聲戛然停止了。一個個躡手躡腳迅速地溜到了自己的位子上。他們悄悄撩起眼皮，看見李先生高而瘦削的上半身露出在講桌上，寬闊的前額，細長的鳳眼，隆正的鼻樑，嘴角的深渦，樣子既和藹又嚴厲。用「温而厲」三個字來概括，恐怕是不多不少。同學們再看講桌，上面放著點名簿、講義、教課筆記本、粉筆；講桌旁邊的鋼琴衣解開了，已經掀起了琴蓋，端端正正地放著琴譜，琴頂面板上還放著一隻懷錶。

李叔同站起來，深深地一鞠躬，倒把學生弄得很不好意思，他們面面相視，不知如何還禮。

課就算開始了。

「同學們好；今天我講的課是三個綱目：一，音樂與國人之精神；二，近世樂典大意；三，學琴……」

課堂上，一個年紀稍大的同學在偷偷看別的書；還一個較小的同學把痰吐在地板上了。叔同全然看在眼裡。但他沒有吱聲，仍然講他的課。下課鈴響了。

李叔同指了指這兩位同學，用很輕而嚴肅的聲音鄭重地說：

「你們二位同學等一等再走。」

這兩位同學木然站著不動。待全班同學走出去之後，李叔同對年紀稍大者輕而嚴肅地說：

「下次上課不要看別的書。」扭頭又對較小的同學說道：「下次，痰不要吐在地板上。」說過之後，他微微地一鞠躬，表示：「你們可以去了。」

這兩位同學臉上覺得發燒，面頰上紅一塊，白一塊地走出了教室。立在門外的同學悄悄問了一句：「啥事體？」他倆尷尬地搖搖頭，紅著臉擦肩走開了。

初冬，貢院舊址的「浙江兩級師範學校」，寬闊的校園裡，群芳搖拽，樹影婆娑，陣陣西風拍打著教室的門窗，尤其這間四面臨空，獨立在一個花園裡的音樂教室，寒意更濃。一天，剛下了音樂課，一群青年學子一窩蜂似的破門而出，最後一個隨手把門「嘭」地一聲，人不見了。

李叔同推門，望著這位已跑出幾十步以外的學子，滿面和氣地喊著：「請你來一下。」學生轉過來，李叔同微微一笑：

「請你回到教室來。」學生回到了教室，忐忑不安地望著老師，不知為何讓他回來。李先生和藹地說：「下次走出教室，輕輕地關門。」

說罷，對學生鞠了一個躬，在送走這位學生時，自己輕輕地把門關上了。

音樂與圖畫，在中國的學府，似乎是無關緊要的副課中的副課。唱歌先生，圖畫先生，誰看得起？如果說彈琴的、畫畫的能治國安邦，鬼才相信。然而，在叔同心裡卻有一種信念，這信念就是：美育可以喚起愛國之心，愛國乃救國之本。

說也奇怪，李叔同就是有這麼大的魅力！你聽，六十架風琴，一台練習用的鋼琴，課餘時間沒一架「睡覺」的，整個校園就像一座藝術宮殿，到處有琴聲，人人有畫夾。連主課老師都驚嘆：「一師將變成『藝師』矣！」

叔同任教以來，琴課每周一個課時。課堂上，一變過去嘻嘻哈哈之風，但是他從不威脅學生，而學生見他自生敬畏。

「劉質平。」叔同在一年級班上，對這個小方臉、濃眉大眼的學生說：「上周的課，練了嗎？」

「練了。」劉質平憨笑地回答。

「請你上來回琴①。」

劉質平緊張地紅著臉，走到鋼琴前，彈起了上周布置的練習曲。不一會兒：

「停，」叔同指著第三小節說：「這節是兩拍。」

劉質平慌了。老實說，越是重彈，心中越是慌亂而出錯越多。劉質平又彈錯了。

「下次再還。」叔同要求得很嚴，然而態度是溫和的。此時，小質平只得起身離琴，快快回到自已位子上，垂著頭聽著別的同學回琴。

大凡聽到「下次再還」的同學，似乎都感到有一種壓力，而這壓力必須在課外去苦練，實際上比主課還要艱辛而認真。不是嗎，那一課一課的練習曲，就像登山運動員爬山一樣，誰願落後？誰願半路退下來？殊不知音樂就是在「登山」過程中產生了感覺、體味而逐漸養成對音樂的興趣。

劉質平被「下次再還」悶住了，下課鈴一響，他帶著滿臉的窘態，低著頭離開了教室。晚飯過後，他搶佔了一間琴房，抿著小嘴唇，一遍一遍、一節一節地練著，雖是初秋的季節，那小方臉上的汗水順著音樂的節奏，滴在琴譜上，彷彿甘露灑在了禾苗上。一個飛躍，那「死」板板的音符一下子活了。啊！音樂。他對枯躁的練習曲突然感到了

①也稱「還琴」，或「回課」，即將老師示範或布置的練習曲，經過學生練習，再彈給老師聽。

有趣。漸漸，他舒展了濃眉，練習曲被他彈奏得悠然自得、流暢自如。

俗話說：「藝高膽大。」他，決定單獨找李老師去回琴，於是，他合上琴蓋，拿上樂譜，一回頭，驀地發現李老師就在門邊。

李叔同微微一笑：「練好啦？」

「嗯。」劉質平那憨厚的小方臉上像熟透了的柿子，他朝李老師鞠了個躬：「李老師，我正想找您去回琴。」語調有些拘謹。

「通過了。」李叔同温和地一笑，上前扶著劉質平的肩膀邊小聲指教著什麼，邊走出了教室，不一會兒師生便消失在黑暗中。

「辛亥革命成功了！」叔同常常在心裡激動地呼喊著。他滿懷興奮地研起了新墨，而就在這研墨的當兒，他的思緒萬千，熱淚縱橫。他自己覺得像一隻蒼鷹，翱翔在祖國的藍天，驕傲地俯視著祖國的河山……這時，他提筆擰眉，詞文像高山流水，一瀉而就：

民國肇造填滿江紅志感

皎皎崑崙，山頂月，有人長嘯。
看囊底，寶刀如雪，恩仇多少。
雙手裂開鼷鼠膽，寸金鑄成民權腦。
算此生不負是男兒，頭顱好。
荆軻墓，咸陽道∴聶政死，屍骸暴。

盡大江東去，餘情還繞。

魂魄化成精衛鳥，血花濺作紅心草。

看從今，一擔好山河，英雄造。

寫罷，他深深吁了口氣，一種勝利者的悅色流於臉上，他拿著這首《滿江紅》來到這桂花盛開的後院音樂教室，打開琴蓋，禁不住自彈自唱起來。

剛探頭的月亮給這茫茫夜色帶來一抹銀灰色的光亮，教室窗外的幾個學生踮著腳跟，蹦著高，個小的踩著凳子，趴在玻璃窗上，把鼻子都擠平了，都被這渾厚雄健並富有愛國激情的歌聲迷住了。

叔同一抬頭，見幾個同學把臉貼在窗上，便停止了歌聲，朝大伙一擺手：「進來吧！」最小的那個從登子上跳下來，縮了縮脖子，也夾在大同學中進來了。叔同眼睛亮了一下，指著小同學問道：

「叫劉質平，對吧。」

劉質平一點頭，隨即「嗯」了一聲，臉刷地又紅了。

「你，」叔同朝另一個同學笑了笑：「叫吳夢非，對吧？」

「對，對。」吳夢非很恭敬地回答。

「同學們，請坐。」叔同一數凳子，很巧，不多不少都坐下了。「大家想聽歌，也要學唱歌，將來……還要去教歌。今晚上，我教你們唱一首歌，願意嗎？」

「願意！」這聲音劃破了夜空。

叔同把歌詞抄在黑板上：「今天是中華民國的第一天，」他的話很激動，然而是緩慢的、深沉的，彷彿能從語音裡擠出熱情的淚水來，「我國古典《滿江紅》的曲調……」說罷深深鞠了一躬。

也許在窗外已被歌聲感染了的原因，同學們像是人人對祖國的未來抱著極大的希望，個個充滿了歌頌緬懷英雄的豪情。聽：

「看從今，一擔好山河，英雄造！」

叔同含著熱淚聽著。是的，他感覺到了，報國者有沙場上的英雄，也有教育、美育戰線上的鬥士啊！

這堂「課餘的課」結束時，他叫住了劉質平。說真話，這個「小不點兒」慌了，心裡直嘀咕，不知犯了什麼錯誤。

「家鄉是什麼地方？」

「浙江海寧。」

「喜歡音樂嗎？」

劉質平腼腆地一笑：「有李老師教我們，當然喜歡啦。」

「爸爸是做什麼的？」

這一問，像一塊石頭丟在他的心裡，一種沉重感使他流了淚：

「我五歲時，爸爸就去世了。」

這一答，叔同怔住了，心想：和我一樣，也是五歲沒了父親。

「那麼，生活呢？」

「靠母親種田……」劉質平回答時，那凝滯的眼神兒裡彷彿在說：「我是個窮孩子啊！……」

「我幾次聽你回琴，都很滿意。因為你能領悟老師的精神，也肯刻苦，在我接觸的少年中，像你一樣的還不多……」

劉質平聽了鼓勵的話，張了張嘴，不知說什麼。正在這時，夏丏尊先生來了：

「李先生，同學們到現在還不睡覺……。」

李叔同愕然一愣：「噢？……」

「您這首《滿江紅》，真像野火燎原，一下子唱到每個宿舍裡，這不，到現在還在唱。」

叔同讓劉質平走後，對夏丏尊開著玩笑說：「既然我點了火，那麼，這消防隊，就看你這位當舍監的嘍……」

二人大笑了一陣，然而誰都看到了，學生重視了音樂，而又是那麼認真。所以，他二人的笑，是發自肺腑，並有著共鳴的因素。

轉瞬之間，寒假來臨。叔同正在打點行裝，劉質平來了：

「李老師，我來幫你……」

「咦，你怎麼沒回家？」

「一沒路費，二要練琴。」劉質平一邊說著，一邊幫著李老師打包裹，捲行李，掃地……

最後，叔同拿出三塊銀元，往劉質平口袋裡一塞：「拿去，」叔同輕而溫和地說：「母親，是生身之親人，過年不去看望，她的精神是受不了的。」

劉質平把手伸進口袋裡，摸著銀元，不知是還給老師好，還是留著回家探母好。半晌，他望著這位慈父般的李老師，猛地一鞠躬，跑出去了……

叔同回到了上海，葉子流下了淚水。然而這是興奮的、幸福的淚水，她的心像是塗了一層蜜糖，甜滋滋的：

「啊！叔同」，她急忙接過叔同的行裝：「我知道你今天會來的。」她以日本女人特有的賢慧與溫柔照顧著叔同。

「你覺得，做教席還好嗎？」

「我……」叔同洗了一把臉：「在學校，只有在學校，才能看到中國的前途。」

「那麼說，你很愛你的學生，是嗎？」

「是的，」叔同晃著手上的毛巾，對葉子說：「有一天，能辦起一所專門的藝術師範，中國的人才就更多了。」

「啊，叔同，」葉子興奮得瞪大了眼睛：「記得在東京嗎？你說過，要把西方優秀的藝術傳播到中國來，這，你完全可以如願以償了。」

「我的《音樂小雜誌》正是這樣做的，科學的五線譜，樂聖貝多芬，教育歌唱，我已經帶到了我們中國……」

「你的學生能接受嗎？」

「我的學生，在頭腦中對音樂藝術，還是一張白紙。外國孩子能接受，中國的孩子難道比外國孩子遲鈍嗎？」叔同說著咳嗽了兩聲。

「你需要吃點藥了。」葉子在抽斗裡拿出一瓶藥，倒了一杯白開水，送到叔同面前：「這藥，對你的肺部很有好處。」叔同接過藥瓶子，看了看用量，拿出四粒，吃下去了。繼而說道：

「葉子，你看到報紙了嗎？」

「啊……？」葉子接過杯子，放好了藥瓶子。

「我們的春柳社，已經開創了我國新劇的先河。上海造了一座『春柳舞台』，就是在東京播的種，在上海長的苗啊。還有，四川演出了《光復圖》、《祭鄒客》、《黃興掛帥》、《徐錫麟刺恩銘》、《川路血》，二十多個新戲，還有其他幾個省……」

「哈哈……」葉子聽到這種新聞，打心眼裡替叔同高興。她猛地抱住了叔同的脖子：「叔同，我相信，中國會有更多的茶花女……」她附在叔同耳邊逗趣地說：「都不如你漂亮。」

她的秀髮緊緊磨擦著叔同的面頰。

「篤篤」幾下敲門聲。

葉子從沙發上立起來，理了一下頭髮，奔至大門邊，豈知是叔同的至友許幻園來了。

不過，他似乎變了，幾乎變得令人難以相信：頭上的亂髮像一堆乾稻草，嘴唇發青，面部微腫。胸前那條金錶鏈也不見了，那條禮服呢的長袍好像也隨著主人的面色，失去了光彩。

叔同怔住了，他直勾勾地望著許幻園：「怎麼，幾個月沒見，變成這個樣子啦？」許幻園神情頹喪地嘆了一口氣，無精打采地和叔同坐在一張長條沙發上。叔同驚愕地望著他，心想，此刻的許幻園，與原來充滿活力的許幻園怎麼一下子判若兩人：

「怎麼啦，病了？」叔同又問了一句。

「一言難盡。」許幻園的聲音比哭還令人心酸：「我家將要……徹底……破產。」

「到底怎麼回事？」叔同急切地催問著。

「我要立刻離開上海，連我自己也說不清楚。我是來告別的，但願後會有期。」說罷眼淚奪眶而出。

叔同被他說得直揪心。然而又不知從何勸慰和開導。

「我現在就走。」許幻園站起來，戀戀不捨地望了叔同好久。一回頭，差點把葉子端來的茶杯撞到地上：「謝謝你，葉子，但願我能再見到你們。」

叔同正在愣神兒的時候，許幻園走了。他急忙追出去，人已經消失在茫茫的夜色之中。一陣狂風，使他禁不住打了個寒戰，把溜光的頭髮吹得像溪邊野草，東歪西斜地蓬亂著。

「叔同，外邊冷呀！」

叔同彷彿絲毫沒聽見，木然地立在那裡。

「我的金蘭弟兄，難道就這樣送別了嗎？」他的心一下子沉下來了，這種離愁別恨的心情，像大海的狂濤撞擊的焦岩，被猛烈地撼動著。他要吶喊，要疾呼……漸漸，他的思緒凝練著，似乎一種衝動使他的思緒化成了詩句。

他扭頭回到院裡，把大門「呼」地一聲關上，急忙走至書桌前，研了點墨，提筆寫道：

《送別》

長亭外，古道邊，
芳草碧連天。
晚風拂柳笛聲殘，
夕陽山外山。
天之涯，地之角，
知交半零落；
一瓢濁酒盡餘歡，
今宵別夢寒。

此時，葉子站在叔同後側，屏住呼吸望著他寫好這段詞。她深知他的心境，她讚服這首詩詞的綺麗典雅和情感的真切。為了不打亂他的構思，她沒走動一步。

叔同反覆吟哦了幾遍，心情豁然開朗。這時一首曲調在他的心田裡，像泉水般地流淌而過。他記不起這是哪國的曲調，啊！抓住這個曲調。他急忙坐在琴凳上，打開琴蓋，把這首曲調彈了一遍。接著，又彈了一遍，這遍與剛才不同，他輕輕地唱了起來，而且十分動情。唱罷，他的面色紅潤了，像是一抹霞光照拂在他的臉上。他興奮極了，眼睛發出火一樣的光。他信手為這首詞填上了曲譜，然後又工工整整地抄了一遍：

「葉子。」

葉子被這冷不丁的叫聲，嚇了一跳。

「葉子，」叔同高興地摟著葉子的肩頭：「你彈一遍，我唱唱看。」

葉子接過曲譜往鋼琴上一放，凝神把曲譜看了一遍，便開始了她的即興伴奏。啊，曲調淒楚動人，委婉動聽，情真意切，樸實流暢。

葉子一遍又一遍地彈著，叔同一遍又一遍地唱著。然而，都沒有機械地重覆，都發揮了二度創作的藝術空間。

「啊……太美了。叔同，詞曲結合，用漢語來形容，真叫天衣無縫。」

「葉子，你知道這曲調是哪個國家的嗎？」

「不知道。」葉子說：「我只知道這是一首西方的曲子。」

「作曲者呢？」

「不記得了。」

叔同沉思了片刻，提筆在《送別》①旁邊寫上「李叔同詞」。葉子很熟悉叔同的生活規律，當他在大片大片地塗抹油畫顏料時，別喊他吃飯；當他的刻刀正在發出「嘎嘎」地聲響時，別送上茶去；當他的毫筆沒寫完落款的最後一筆時，千萬別跟他說一句話；當他在琴凳上沒彈完最後一個終止和弦時，絕對不能去打岔。

可是，今天的叔同真使葉子愕然。他唱完了這首歌，半天沒講一句話。葉子端上飯來，他一口沒吃。他這時的思緒也許像馳騁的野馬，想得很遠，很遠……

①電影《城南舊事》、《早春二月》、日本影片《啊！野麥嶺》均選用了這首《送別》，作為電影插曲。曲調選自西方，作者不詳。

第19章

整個寒假，叔同一直和油膏畫布打交道。當然，模特兒仍由葉子「兼任」。不論是正反立臥，葉子都能使叔同獲得美妙的質感。

開學的前夕，叔同回到了杭州。

「息霜！」

叔同一抬頭，見夏丏尊喊著跑了過來，接過叔同的行李，笑呵呵地說道：

「來得好，來得正是時候。晚上，經校長請咱倆去吃飯。」

叔同微微一笑，他知道：校長經子淵（亨頤）乃是老同盟會員，在辛亥革命中作出過貢獻。經過上學期的接觸，深感他為人耿直，辦事頂真。然而更使叔同欽佩的是，他任人唯賢，尊重人才，並精於詩文篆刻，對改革教育可以稱之為「開拓型」的人物。

晚上，經校長備了幾盤小菜，舉杯說道：

「李君任教以來，為師範生增長了美育的才幹，如果說教育救國，我祝你如願，並願與二位共勉，乾！」

「老前輩，」叔同齊眉舉杯：「富有經驗的教育家，雖是相見恨晚，願為同志，乾！」

回頭對夏丏尊一晃杯：「老友相處，深得相幫，願你這位國文老師桃李芬芳，來！」

三人「咕咚」一口，喝了個滿杯。

「今年，」經子淵校長掏出手帕抹了一下嘴巴，笑著說：「省裡決定把我們『兩級師範，改成第一師範。今後不再招『初師』的學生了。」經校長一邊給叔同和丏尊夾著菜，一邊說道：「可喜的是，李君為師範生上音樂圖畫課，在社會上引起了很大的反響。」

「哦……，」叔同聽了這句話，臉色微紅。

經校長立起來，從裡屋拿出兩封信來：

「真叫我進退維谷。」說著便遞給叔同一封信，臉上顯然有些為難的神情：「南京師範的江謙校長，是我的老友，但他卻讓我……，哎！你先看看。」

丏尊愕然地瞅著校長，不知是什麼事，回頭再看叔同，滿臉悅色，連眉宇間的笑紋都流露出叔同的心聲。

「什麼事？」丏尊急著問了一句。

「南京師範江謙校長的來信，」經子淵校長說：「一封信是和我商量，要把李君聘走……這第二封信……」

「一張聘書！」叔同插話道：「在師範開音樂圖畫課，看來南京也很重視。」

「說明李君開了一代新風……。」經校長儘管臉上笑呵呵的，但心裡卻是沉鬱鬱的：「如果讓我放人，我是不贊成的。」

夏丏尊聽得真切，斜了一眼，對叔同說：

「我們的友情啊，叔同，難道頂不過一張聘書？」

叔同給二位斟上了酒，自己也滿了一杯，接著把杯一舉，幾乎碰到了經校長的鼻子。

微笑道：

「自古以來，兼課者甚多。我既捨不得浙江第一師範，對南京的江謙校長，又盛情難卻。何況，在師範進行美育教育，其影響所及，是可想而知的。」

經校長吁了口氣，像是一塊石頭落了地。

「李君不走，我經某敬你一杯！」一口喝乾，揚了揚眉毛，又說：「是啊，江謙之聘請，實是求賢如渴之所為。到南京兼課，只要李君吃得消，我當然支持。」

三人盡歡而散，經校長把他倆送出門外。

開學之後，叔同便往返杭寧之間，各教半個月，因而，學校的玻璃布告欄裡常掛著「李師請假」的牌子，但是兩校都聘了助教先生。

話要說回來，經子淵校長挽留李叔同的便宴，如果沒有夏丏尊在坐，恐怕沒那麼容易，因他與丏尊有著莫逆深交，兩人都重情感，叔同大於丏尊六歲，只要小弟苦苦懇留，叔同是不忍拂袖而走的。

彈指間，叔同在一師已度過了兩個春秋。

音樂圖畫這兩門歷來被人們忽視的學科，像山坡上久旱的野草，忽然得到了春雨，一下子拔地而起，被重視起來了，幾乎把全校學生的注意力都牽引過來了。你聽，課餘的琴聲歌聲，再看，假日裡有成群的學生背著畫具外出寫生。

一天下午，一年級的圖畫課是木炭石膏模型寫生。這班學生一向是習慣於臨摹，李叔同講完實物寫生的目力觀察之後，仍是無從著手。四十餘人中竟沒有一個人描得像樣的。

「學畫的人，當確信石膏模型為實物寫生的第一範本，它可以用單純的直線曲線結構物體，然後，陰陽濃淡……」叔同一邊講著，一邊在講台上手起筆落，範畫了一張貼在黑板上。同學們一看，笑了，大伙急忙照著黑板臨摹。只有潘天壽、豐子愷等幾個同學，依舊按叔同講的方法，從石膏模型寫生入手。

「李老師，」豐子愷下課後來到李叔同住處：「這是同學們的作業。」說罷，學著李叔同的樣子，向老師深深鞠了一躬。

豐子愷是剛考進一師的新生，是一年級的級長，當他收齊了課堂作業之後，以公事的角度來到李先生房裡。儘管「公事」，那小圓臉上還是有點不自然。為什麼？因他剛考進一師就聽到許多對李老師的議論。尤其是李老師的人格和學問，是人們敬重他、學習他、崇拜他的主要因素。任人皆知，李叔同教音樂圖畫，是以博學多才為背景的，其國文比國文先生高，其英文比英文先生強，其歷史比歷史先生更有研究，其常識比博物先生更豐富，又是書法篆刻專家，中國話劇的鼻祖，誰不敬重他？然而，叔同對這位一年級的豐子愷，似乎有著特殊的印象，不論其氣質與愛好，都像是叔同理想中的「苗子」。

這天，叔同接過一年級的作業，一眼就發現豐子愷的這幅木炭畫，他舉在手裡遠看近看，連連點頭。子愷以為這是示意：「你可去了。」

豐子愷正鞠躬告退，李叔同笑著喊道：

「回來，」叔同的聲音很輕，然而又嚴肅又和氣地說：「你的圖畫進步很快，我看你以後可……」話雖停頓了，但豐子愷聰敏地感到後一句是「專門習畫」。

「謝謝李先生。」豐子愷只是說了一句感激的話，但他心中的砝碼已放在藝術的天平上了。打這天起，他打定了主意，專門學畫。

寒假將臨，杭州下了幾天歷史上少有的大雪，叔同下了課，捧著粉筆盒和講義順著一條被學生們踩平的雪路回到了自己的住處。

「李老師，」校工聞玉進來說：「今天冷，我給您燒一碗麵條，熱呼呼的，您看好嗎？」

「哎，」叔同笑著說：「很好，再放點胡椒粉。」

聞玉去後，一支煙的工夫，聞玉提著飯盒來了，叔同搓搓手，端起這碗帶胡椒粉的「片兒川」，剛動筷，劉質平來了。

「李老師，」劉質平穿了一件帶補丁的舊棉襖，在門外跺了跺腳上的積雪，進屋行了禮，笑笑說：「我作了一首……曲子，」他伸手放在飯桌上，難為情地說：「請您看看，我……這是第一次。」

叔同放下筷子，把曲子細細看了一遍，擰眉思索了半晌，抬頭望著這個窮學生，良久沒講話，小質平被看得十分尷尬，彷彿無置身之地一樣的難受。

「今晚，」叔同講話了，而且很緩慢：「八點三十五分，到音樂教室來，有話跟你說。」

劉質平唯唯而退，心裡忐忑不安。

是夜，風狂雪大，片片雪花在空中飄搖不定，連地上的積雪也被掀到半空打轉轉。後院那幾根桂花樹被西風吹得「沙沙」直響。劉質平通過黑燈瞎火的林蔭小路，來到後院的音樂教室，他見教室門窗緊閉，聲息全無，只好縮著脖子揣著手鵠立廊下，任憑風吹雪飄，只不停地跺著那兩隻凍僵了的腳。

「咦！」劉質平一怔，心想：「這雪地上像是有人走過。嗯，莫非有人來過……？」他正在納悶，突然「叭嗒」一聲教室的電燈亮了，倒把劉質平嚇了一跳。此時，門開處，室內走出一個人來，劉質平定睛一看，正是李先生。

「李老師……」劉質平急忙抽出雙手，朝先生鞠了一躬。

叔同瞄了一下手中的懷錶，說道：

「時間很準。」他仰望著漫天的雪花，繼而瞄了一眼劉質平身上的積雪：「我知道，你在這裡飽嘗風雪之苦久矣。好啦，你可以去了。」

劉質平呆住了，心想：「這是啥意思！」真是丈二和尚摸不著頭腦。然而，他畢竟是個老實孩子，只好怏怏而歸，回到宿舍坐在床沿上直愣神兒。

第二天傍晚，叔同親自把劉質平叫到自己屋裡，將劉質平的處女作和修改稿攤在書桌上，足足講了兩個小時「作曲課」。末了，叔同亮開了昨夜令人難解的謎，他說：

「昨夜，足見你求學之『誠』。現在，我再給你介紹一位鋼琴老師。」說著便拿出一封早已寫好的信：「帶上我的信，她會給你上課的。」

劉質平接過信，那雙感激的目光頓時被淚水遮住了。回到宿舍才看清這信是寫給一位美籍鋼琴家鮑乃德夫人的。

這天夜裡，叔同乘了夜班火車到了南京。半個月之後，回到了上海。

葉子接到了信，早已等候在車站上。

「叔同，叔同。」葉子見到叔同步出了車站，上去接過了他的小皮包。其灑脱利索的行動，雍容秀美的風姿，吸引了不少人的注意。

她穿了件藍綢滾著黑絲絨花邊的夾襖，下邊穿的繡花筒裙，手上還捏著一塊灑花汗巾，笑嘻嘻地挽著叔同，這倒把叔同逗笑了：

「葉子，怎麼換了這麼一身？」

「你不是穿的中國長袍嗎？」葉子笑著反問道。

「啊，牽強地配合，會鬧笑話的。」

葉子一怔：「為什麼？」

「傳統的打扮，維新的大腳；中國的男女，西方的習俗……」

「不，我這樣打扮你會滿意的。」葉子嬌嗔地瞟了叔同一眼，胳膊挽得更緊。

「哦，」叔同嘴角現出了酒窩：「闊太太挽著一個灰袍窮先生，這不是笑話嗎？」

葉子莞爾一笑，心裡怪甜的。這時，一輛黃包車過來：「先生，我拉您去。」

他倆乘上黃包車，直奔家裡。

也許是東方人的美德，當一個女人愛著她的丈夫時，她可以想方設法使男人滿意，如果說是痴情，是毫不誇張的。

「你知道嗎，叔同。哦，請原諒，在我們日本，我應該稱你先生的。」葉子緊緊依偎在叔同身邊，西蒙斯沙發把他倆陷在一個坑裡。葉子親暱地撫摸著叔同的面頰和濃鬢，她感到溫暖和精神上的滿足。說真的，二十八歲的葉子，青春年華，她需要他，只有見到叔同，也只有在這一二天的情愛中，來填補她半月或一個月的精神上的空虛：

「叔同，我給你準備了你最愛吃的……」

「哦……」叔同的鼻尖觸著葉子那散發著幽香的秀髮：「是嗎……？」

「你猜呀？」葉子揚起臉，搖著他的胳膊。

「日本的四喜飯。」

「不對，」葉子撲哧一笑：「你是天津人，再猜。」

叔同望著葉子的笑臉直搖頭。

「包餃子！」葉子大聲喊著。

叔同緩緩站起來，半信半疑地走到廚房，嚄！叔同笑眯了眼，真是一盤「餃子」：大大小小厚厚薄薄，圓圓扁扁，真哏。然而在叔同眼裡，雖是餃子皮厚，卻看到了葉子的赤心；儘管樣子五花八門，卻展示了葉子的一片真情。

「啊，太好啦，這是中國北方人的美食。」

葉子聽了叔同的讚揚話，笑得臉上綻出了一朵花。

晚飯是在笑聲中結束的。

葉子收拾了餐具，笑呵呵地給叔同沏上一杯茉莉花茶，隨後便依偎在叔同的身旁。

說真的，她希望世界的時針被地球的磁場固定住，這是她日思夜盼的時刻啊！

「你常常寧杭兩地奔跑，我真擔心你的身體。」葉子深情地說。

「當你發現音樂圖畫人才的時候，你就不會覺得疲勞。如果我們中國能造就出大批的人才，我寧願犧牲自己……」

葉子不願再談這些，她知道，如再談下去，她的這位「老夫子」可以從哲學、藝術、儒家、佛學滔滔不絕、洋洋灑灑無休止地談下去。於是，她把話題一轉：

「先生，你去做教席，我是多麼的寂寞呀！」

「哦，葉子，你和音樂是分不開的，鋼琴，不是你的伴侶嗎？」叔同明知這是一套敷衍話，可又有什麼辦法呢？

「你呢？」葉子嬌媚地反問了一句。

「我？有許多學生，豐子愷、劉質平、吳夢非、潘天壽、裘夢痕、曹聚仁、錢君匋、沈本千……我的生活是充實的。說句真心話，我的愛，是獻給一切人的……」

「你每次都是豐子愷、劉質平……這固然是好。可我總有一個心事……」葉子坐起來，理了一下頭髮：「我是說……難道你對天津的妻子就不思念嗎？」

叔同的臉色沉下來了，半晌沒講話。

「叔同，」葉子鄭重地說：「我是個女人，我也理解女人，儘管我愛你到了瘋狂的程度，可我不忍心讓她寂寞……」

叔同垂下頭，兩手托著下巴，心裡很煩亂，彷彿一支龐大的交響樂隊，正在他胸中演奏著貝多芬的《命運交響樂》，他要衝出這命運的樊籬，然而他不忍心。老實說，當俞氏知道丈夫娶了一個日本太太，沒鬧出事來，早使他丟了一份心事。今夜，經善良的葉子一提，倒勾起他早已忘卻的煩惱。

「先生，」葉子十分誠懇地說：「你要愛一切人，我也要求你愛天津的妻子。」

「我第一是愛我的母親，我同情她，她是受了一輩子罪的呀。你知道，我的母親畢生只有一個錯誤，她不應該給我包辦一個步她的後塵的人……」叔同流下了淚：「我對天津的妻子，只能是同情，像同情我母親一樣。也因為她為我生了兩個孩子，而且由她勞心撫養，如若拋棄她，那只能是害了她……」

「我也是個女人，」葉子說：「所以，我不忍心讓她寂寞……。」

「那除非我做了和尚……」叔同抬起頭來望著葉子：「到那時，都會清淨了。」

葉子一把堵住叔同的嘴，她慌了。她知道叔同是一個放得下，撿得起的一個人。歷史已經有過記錄：由一位翩翩濁世的佳公子，變為一個高帽燕尾服的留學生；忽而一變，又是一位西服革履金絲眼鏡的《太平洋報》的編輯；忽而一變，又成為一位灰布長袍黑鞋馬褂的令人起敬的著名教席。她，真地怕了……為什麼？因為他變得太徹底了。

叔同回到一師，已是晚自修的時間了。校工聞玉幫他打來洗臉水，又幫他買來晚飯。校園裡的各班亮著燈，歌聲從教室裡傳出來，像一股春風，吹開叔同的心扉；

長亭外，古道邊，

芳草碧連天
……

「您到南京之後，經校長叫我刻印了一百多張《送別》歌，全寄出去了。今天，又給了我一批討歌的單子，大概有幾百個學校……」

「哦，聞玉，」叔同說：「麻煩你啦……。」

「不麻煩，」聞玉笑嘻嘻地說：「我的書法，全靠您的教導了。」聞玉從口袋裡掏出兩封信：「這是今天收到的。」

叔同拆開一看：一是「南社」雅集的通知單，二是「西泠印社」吸收他為社員的邀請書。

初秋，「南社」的文人墨客，雲集於杭州的孤山。此刻，又值「西泠印社」十周年紀念。

孤山，一名孤嶼，與棲霞山相連，為歷代詩人常留之地，對孤山的獨特自然的環境和那清幽恬靜的美麗景色，留下許多讚美的詩篇。這裡，錯落地散布著古樸的亭台樓閣、花架水榭。周圍奇石森矗，喬灌蒼鬱，拾級而上，宛如憑弔百轉回廊，恍如進入傳說中的蓬萊仙境。

這年，西泠印社經過了十年的經營，又值歷史上著名的東晉王羲之蘭亭修補雅集第二十六個癸丑年。會上，選舉了書畫兼金石家吳昌碩為首任社長。其時，就連日本著名印學家長尾甲、河井仙郎等人，也不憚跋涉，遠渡重洋趕到杭州孤山，前來入社。

社員們在「題襟館」交流、切磋金石藝術時，傳閱著一本近作《與馬冬涵（馬海髯）論書法篆刻書》，此文乃李叔同所著。其中一段寫道：

「刀尾扁尖而平齊若椎狀者，爲朽人自意所創。椎形之刀僅能刻白文，如以鐵筆寫字也。扁尖形之刀可刻朱文，終不免雕琢之痕，不若以椎形刀刻白文能得自然之天趣也。此爲朽人之創論，未審有當否耶？」

「啊，李兄，」陳師曾指著這段嘆道：「足見吾兄對印學研究之精深！」

「哪裡！」叔同微微一笑：「偶得之一孔之見，何足掛齒。」

徐星舟認真地讀了一遍，要求叔同發個言。

「時間不早了，」叔同笑笑說：「今天，我是兩個雅集的與會者，現在容我到樓外樓，那裡還有『南社』的友人等著我……」

一陣掌聲，送走了李叔同。

李叔同順著湖邊，徒步走到樓外樓菜館，陳巢南、柳亞子、夏丏尊、馬一浮、馬敘倫、蘇曼殊、胡寄塵、陳無我、胡樸安、朱少屏等都坐滿了上下兩個大廳。

「啊……叔同來了。」陳巢南一眼發現了李叔同。接著「哄」地一聲，鼓起掌來。

「哎呀，叔同，」柳亞子喊著說：「你來得正好，剛才，十分鐘命題詩，罰酒三人。大家給你留了一題，看你是吃敬酒，還是吃罰酒！」

叔同對這種場面，也習慣了。笑著把手一揚：「請出題！」

「七言絕句，每句有『春』，外一首可不帶春。」柳亞子説罷，端了一杯滿酒，走到叔同眼前，大聲喊道：「十分鐘！」

頓時，幾百個人靜下來了，有人竊笑，有人盯著叔同的表情，更有人擔心他「吃罰酒」。

其實，叔同聽了命題之後，再也沒顧其他，以他那豐富的想像力、觀察力和記憶力，頓時一首七言絕句構思在胸，他誦道：

春風吹面薄於紗，
春人妝束淡於畫。
遊春人在畫中行，
萬花飛舞春人下。

梨花淡白菜花黃，
柳花委地芥花香。
鶯啼陌上人歸去，
花外疏鐘送夕陽。

一陣掌聲。

柳亞子是個乾脆的人，聽了叔同朗誦，一看錶。喊道：「從命題到誦詩，五分鐘」，話音剛落，「咕咚」一口，把滿杯的紹興花雕喝了個精光。

是夜，社友們都回到了西湖旅館。叔同正打著哈欠。發現一位長者，顫顫巍巍地進屋來了，叔同細瞅老人，猛地站起來，高興地說：

「老先生，您好啊？」

「找了你半天，樓外樓聽你誦詩，我才知道你也來了。」

老人叫王海帆，名毓岱，號少舫，浙江餘杭人，為南社社友中年齡最長者。叔同在南洋公學攻讀時，與王海帆均來杭州鄉試。他比叔同年長三十二歲，是叔同所尊敬的長者之一。

「快請坐，」叔同把王海帆讓在藤椅上，倒了一杯茶，笑笑說：「老先生，福體近來可好？」

「嗨，生性喜文弄墨，身體嘛，還不錯。」

叔同笑了。

王海帆捋了捋下巴那撮山羊鬍子，笑著說：

「我老早就想求你一副墨寶，誰知今日才得以相見。」說到這裡，王老先生從懷裡抱出一卷東西，打開手帕，是一個扇面，王老先生往叔同面前一放：「寫什麼，悉聽尊便，但是，一定要討你幾個字。」

誰都知道，李叔同的書法取道北魏，以得之於《龍門二十品》為多，加之其深邃的藝術修養，既不失其北魏風規神韻，而又脫其粗獷剽悍的習氣，而今已自成一格。

叔同微笑著接過扇面，思忖和端詳了半晌，詩句與布局似已胸有成竹。取過「鎮紙」，壓平扇面，一手研墨，眼睛卻盯在扇面上。濃墨已就，他凝神寫道：

孤山歸寓成小詩書扇貽王海帆先生。

文字聯交誼，相逢有宿緣（前年五月，南社同人雅集湖上，始識先生）。社盟稱後學（先生長余三十二年），科第亦同年（歲壬寅，余與先生同應浙江鄉試，先生及第）。撫碣傷禾黍①（今歲，余侍先生遊孤山，先生撫古墓碑，視皇清二字未磨滅，感喟久之），怡情醉管弦（孤山歸來，顧曲於湖上歌台）。西湖風月好，不慕赤松②仙（近來余視現世爲樂土，先生也贊此說）。

王老先生拿起扇面，把胳膊伸得老遠，左看右看，嘴裡不斷地「嘖嘖」稱讚。老先生收起扇面，信口問道：「聽說，你在杭州教書？」

「省立一師。」

「培養新學人才的地方。好，好。」

①禾黍：《詩・王風・黍離篇》，小序：「閔宗周也，周大夫引役，至於宗周，過故宗廟宮室，盡為禾黍，閔周家之顛覆，彷徨不忍去，而作是詩。

②赤松：古仙人。《史記・張良傳》：「願棄人間事，從赤松子遊耳。」

「王先生，你在杭州老友很多，是吧？」

「嗨，多得很。」

「我想求助您一件事。」

「你說吧！」王老先生捋了捋山羊鬍子。

「近年，我的理想已經定型。」叔同誠摯地望著老人：「藝術門類，尤其是音樂與美術，是振作國民精神的美育教育。我想在西湖一帶辦一所藝術師範學校，為開發後一代的藝術智慧，振作民族精神，做一點工作。」

王老先生蹙眉思忖了一下，隨口問道：

「你說吧，只要我能辦到。」

「物色一所校舍。」

「可以。」王老先生不假思索地說。

「第一，在杭州的西湖周圍，可稱地利人和；」叔同說：「第二，不必教育廳資助，我個人拿出三十萬銀元；第三，不論租賃和買房，均可。」

王海帆先生想了很久，末了，抬頭望著叔同，像似自言自語地說道：

「啊，太理想了，就在附近。不過，你不要急，他家如果在國外定居了，我有把握把它買過來。」

叔同立起身來，恭恭敬敬地說道：

「這藝術師範的大門，就是我的報國之門！」

王老先生對這句話琢磨了很久。

第20章

省教育廳來了一位「查學」的。據說這是廳長夏晉權的心腹。此人生得平平常常，只是那只蒜頭鼻子令人厭惡。然而他會笑，有著一副菩薩面孔。經校長陪著他到各班，聽聽看看，同學們一眼發現了這副尊容，都悄悄議論：

「大蒜頭。」

「真像。」

大蒜頭晃晃悠悠地來到圖畫教室，掀開一道、二道門帘，燈光底下立著一位彪形大漢。他裸著全身，臀部朝外，雙臂交叉凝神遠眺。其堅實的體魄，好像每一塊肌肉都在喚起人們的美感。「查學」的進來了，在同學們眼裡，他彷彿屋頂上掉下來的一絲灰塵，根本沒理那個茬。

「這是……幹什麼的？」

「人體寫生。」經校長急忙回答。

「哦……」大蒜頭擰緊了眉毛：「這……光著屁股，是什麼意思？」

「這是美術課。」

「光著屁股上課？」大蒜頭神氣十足地晃了晃腦袋：「什麼人教圖畫？」

「我！」叔同從另一犄角走過來。

「噢……，鼎鼎大名的息霜先生吧？」

「無名教席李叔同。」叔同很和善，然而沒有一絲笑容。

「這種教學，你不感到有傷風化嗎？」

全體同學，包括劉質平、豐子愷、李鴻梁、黃寄慈、金咨甫、吳夢非、李增庸、潘天壽、呂伯攸、曹聚仁、傅彬然等，幾乎要跳起來。

「這是圖畫的必修課。」叔同矜持地走上一步。

「必修？……」大蒜頭眉宇間擰得更緊了。

「是的，」叔同從容地說：「這叫畫模特兒！」

「這……這光著屁股，作什麼用？」

「哄」地一聲，連大漢模特兒也笑得變了姿勢。

「模特兒本身是讓學生作裸體寫生的。」叔同忍著火，還是耐心地解釋道：「藝術是求美的，它之所以感染著人們的心靈，全是美的作用。模特兒的作用，是自然的人體美……」

大蒜頭直搖腦袋，表示不大贊同的樣子。叔同輕蔑地笑笑：

「如果你認為美術是神聖的，你就不覺得模特兒有傷風化了。如果，有那麼一些人動了邪念，那麼，再神聖的美，也會看成是卑賤的醜，對嗎？」

大蒜頭張了張嘴，沒吐出一個字兒來，臉色「刷」地變白了，繼而深深吸了口氣，還沒呼出來便拉著經校長離開了美術教室。

不久，教育廳下了一道行文：「不得在圖畫課裡畫模特兒。」

眾所周知，師範生是最守本份的，從不鬧事。這次則不然，一直鬧到了省教育廳。經子淵、夏丏尊、李叔同等等都曾留學於日本，對西洋藝術的傳入，視如必然，對畫模特兒，認為是獵人腳下的山路，非走不行。結果，鬥爭勝利了。

這些日子，叔同的面色，彷彿塗上了一層夕陽的餘暉，光燦燦、紅彤彤的。

這些日子，在學生們的心目中，彷彿音樂與美術課比英（文）、國（文）、算（術）還重要。每天課餘飯後，在那兩間圖畫教室裡，畫架林立，人頭擠擠，圍著幾個石膏像，畫著木炭畫；再聽那些琴房，叮叮咚咚傳遍整個校園。

一天夜裡，叔同在琴房裡找來劉質平、吳夢非、呂伯攸、曹聚仁、豐子愷等十餘人，到音樂教室裡試唱一首新歌：

「同學們，」叔同把一首在孤山雅集時的即席之作《春遊》，寫了一首三部小合唱：「這首歌請同學們視唱一下。」說罷，每人分了一張。同學們拿在手裡一瞧，感到分外新奇。是的，因為在我國聲樂史上，出現多聲部合唱，這還是第一次。叔同把聲部分好，繼而彈起了前奏。嚄！一下子把人們帶到了春天，大有集體遊春的意境。音樂是八分之六拍，旋律輕盈、跳蕩，和聲正規、諧和。彷彿一幅色彩豐富的油畫，令人陶醉。唱了幾遍之後，又擁進來一批同學，每一張歌篇圍了一圈人，把個《春遊》小合唱變成了大合唱。

「李老師，」吳夢非建議說：「歌篇太少了，能否印它一批送給別的學校？」

「我也這樣想。」劉質平說：「老師，沒人刻印我來幹。」

「啊……，」叔同和藹地說：「我跟大家想得不一樣。」說到這裡，頓時靜下來了。「要印的話，何不辦一個雜誌呢。國外的大學有校刊，我們一師……可以用『浙師校友會』的名義，辦一個綜合性的文藝雜誌。」

同學們聽得個個磨拳擦掌。實則叔同已早有了打算，擬將音樂圖畫等藝術門類通過刊物傳播知識，一方面使同學加深印象；一方面把其他學校也動員起來。於是笑問道：

「大家意見如何？」

「同意！」

「老師，」豐子愷放大了膽子說：「我看別的雜誌都有個名稱，我們學校也……」

叔同笑了：「我已經想過了。現在國勢不穩，我們的雜誌就叫《白陽》，即白日，意味著朝陽和光明。」

李叔同向來是說到辦到、拿得起放得下。就在這月，從頭至尾均由他一個人書寫，包括設計封面、題圖等。其中他寫的《近世歐洲文學之概觀》、《西洋樂器種類概況》、《石膏模型用法》以及三部合唱《春遊》等八篇作品發表於《白陽》雜誌誕生號。

正當李叔同積極從事西洋畫教育和成立「洋畫研究會」的時候，又來了一位「查學」的。俗話說：「無巧不成書」。這天又逢「人體寫生」課，模特兒還是那位結實的大漢。

「查學」的在經子淵校長陪同下，笑模悠悠的來到圖畫教室。此刻，叔同正在為一個學生悄悄地指點著人體的比例。也許他對那些吃著糧餉擺威風的督學們抱有成見的原因，叔同沒理睬，彷彿門啓處吹進一陣風，全不在他眼下。然而這「查學」的與以往不同，他沒驚動授課老師，沒有干涉裸體寫生。相反，他瞅了瞅模特兒，又瞧了瞧畫報，看得十分認真，當他走過叔同身旁時，叔同連眼皮兒都沒抬，仍舊在各個畫板上指指點點。

查學的走了，與經子淵告別時，僅說了一句：「圖畫課在江南，最好的算是一師了。」

不到半個月，經校長拿著一本商務印書館出版的《黃炎培考察教育日記》第一集，來到叔同屋裡：

「李先生，請你看看這本書。」說著便翻到了第三頁。上寫著：「其專修科的成績殆視前兩級師範專修科為尤高。主其事者為吾友美術專家李君叔同（哀）也。」

經校長對這段中肯的評價頗為高興，叔同也為老友、教育家黃炎培的支持感到滿意，叔同忽地想到另外一件事：

「校長，我校習篆刻的學生甚多。尤其是您和夏丏尊皆是篆刻好手，我想若在本校建立一個「樂石社」，師生共同研究篆刻，發揚民族藝術，滿足師生的藝術需求，豈不更好。」

校長很乾脆，立刻雙手贊成。成立《樂石社》那天，四五十位師生，一致推舉李叔同為社長。

此刻的叔同已完全證實了個人創辦一所「藝術師範」的信心與可能性，這個「師範」無需教育廳督學，不受封建制度的羈絆，他可以全心全意地培養藝術師資，提高人們的藝術修養，哪怕不能「救國」，也能以文藝促進人們「愛國」的熱誠。這個想法，就像十月懷胎，逐漸趨於成熟了。

各班的音樂課唱遍了《春遊》，又學了一首叔同的作品《人與自然界》：

嚴冬風雪擢貞乾，
逢春依舊鬱蒼蒼。
吾人心志宜堅強，
歷盡艱辛不磨滅，
惟天降福俾爾昌！
浮雲掩星星無光，
雲開光彩逾芒芒。
吾人心志宜堅強，
歷盡艱辛不磨滅，
惟天降福俾爾昌！

班班學唱這首歌，不久又傳遍了校園。

正在這時，教育廳寄來一首《國歌》，這是竊國大盜袁世凱篡奪了辛亥革命的勝利果實之後，他的「政府」政事堂禮制館煞費苦心地製作的一首國歌，要全國推廣學唱，當然，各學校便成了這首歌的傳播者。

叔同看看這首歌，立刻明白，這是他熟知的《中華雄踞天地間》，歌詞是：

中華雄踞天地間，
廓八埏，華冑從來崑崙巔，
江湖浩蕩山綿連，
勛華揖讓開堯天，
億萬年。

叔同閱畢，臉色冷若冰霜，鼻子裡「哼」了一聲，心想，這袁世凱竊取了革命成果，居然把自己比做上古的聖帝堯，而且還要全國祝願他的腐朽統治「億萬年」。這天，叔同露出從未有過的冷笑，他隨手把這《國歌》一揉，丟在了紙簍裡。

叔同非常清楚，民國建立以後，同盟會逐漸失去了蓬勃進取的勁頭。當同盟會集合諸黨派改組為國民黨，一時泥沙俱下，成員複雜，而他那「一擔好河山」卻被袁世凱北洋軍閥統治了，革命竟是一齣走馬換任的官場遊戲。然而人民的地位不但沒一點改變，反而陷入了軍閥混戰的災難深淵。

他失望了，陷入了無法解脫的困境。對革命、民國失去了信心，「仕途報國」之理想徹底破滅了。

這時節，他惟一的報國之路，只有用藝術喚起人們之愛國情懷，因而，自費籌辦「藝術師範」便成了他奮鬥不息的惟一目標。

此時，聞玉進來了：

「李先生，有一位長者來訪您。」

叔同眼睛一亮：「誰？」還沒等聞玉回答，來人已經進到屋裡，叔同連忙起身喊著：

「王老先生。」

來人正是王海帆。他雖是年逾花甲，但精神矍鑠，一身藍寧綢棉袍，青緞瓜皮帽，手裡拄著一根斑竹手杖。灰白色的山羊鬍子，根根清楚而彎曲。

「請坐。」叔同忙移過來一把藤椅。

「不，我先看看。」王海帆悉心環視著叔同的書、畫、篆刻作品。「啊！」他嘆道：「奇才，難得的奇才！」

立在一旁的聞玉輕輕問道：

「李先生，是否送兩份午飯？」

叔同微笑著點點頭，聞玉出去了。

「李先生，」王海帆坐下來，拄著手杖，笑著說道：「你託我辦的事，已經有了著落！」

「噢？」叔同興奮得嘴都合不攏了。

「有一片地皮，房子不少，也很寬大，可以說……是你理想的校園。」

「什麼地方，王先生？」叔同急著問。

「裏西湖，藏書樓附近。」

「好哇！」叔同把腿一拍：「地方滿大的嘛！」

「那裡，辦個學校，再好不過。」

「尤其是藝術師範學校，更合適啊。」

「後邊，還有兩片地，可做花園。」

「噢，好，好！」

「這裡，本是錢姓的房子，上一代在南洋，至今未歸，我託人找了房權人，一聽説辦學校，很支持！」

「能買下來嗎？」叔同的心急如火，巴不得一下子買到手。

「開始，要三十萬銀元。估計，二十萬現大洋，可以買下來。」

叔同見王老先生很有把握的樣子，高興得直搓手。這時，聞玉送來兩份飯菜。

「聞玉，」叔同掏出一塊銀元：「給，買瓶紹興陳年花雕。另外，王老夫子牙齒不好，再買點小菜來。」

聞玉直納悶，心想：李老師一貫樸素有度，今天怎麼啦？心裡雖然嘀咕著，但還是上街了。

「王老先生，」叔同生怕走了題，遂問道：「房權人，可以見面嗎？」

「可以，」王海帆很有把握，説話時鬍子直顫悠。

這天，叔同請王海帆吃了午飯，加上三杯落肚，臉上紅撲撲的。下午的美術課請助教幫助上了。當下便雇了兩輛黃包車直奔藏書樓。

談判結果，不出王海帆所料。雙方言明，一九一六年交房並辦理過戶手續；房價定為二十萬元（不收紙幣，一律以銀元為準），並言明一九一七年十二月底一次付清。

打這天起，叔同走起路來腰板挺直，講起話來談笑風生，講起課來生動有趣，接人待物春風撲面。每當想起未來的「藝術師範」，彷彿一百個琴房正在發出鏗鏘的鋼琴聲；彷彿七座教學大樓正矗立在眼前；彷彿由全國聘來的賢才正在課堂上講課；彷彿有十名雇傭的男女模特兒正在為美術班學生提供人體的美的感受。啊！滿枝碩果，桃李芬芳，時代歌曲像流動著的彩墨，感染著千千萬萬的炎黃子孫；美術作品像一曲曲無聲的音樂，激勵著男男女女的心靈。啊，貧窮不振的祖國，在您的歷史上，將永遠抹掉愚昧的劣跡；一個精神文明高度發達的國家，將屹立在世界的東方。

在四年級的音樂課堂上，叔同講完了「基礎和聲」之後，說道：「當然，這個和聲學，是外國人總結了他們實踐中的經驗而編寫的。吾輩同學還要在民間的、民族的音樂中，去探索、去鑽研，我相信，總會有一部中國的民族和聲學出現的。」叔同講到這裡，稍停了片刻，他瞅了瞅同學那求知欲的目光，感慨地說道：「誰都知道，我國是世界上最古老的國家，可是現在，我們被人欺辱了，中國的土地上，還有外國的租界。鴉片戰爭以後，我們喪失了多少主權啊。民國，民國，可一些喊著革命的人，現在……」他正想痛罵袁世凱一頓，然而把話嚥下去了，末了，十分憂慮地說道：「同學們，要珍惜自己的年華，救國救民的一代，就在你們這些人中產生啊……」他眸子裡湧出了淚水，為了避免被同學發現，他深深地鞠了一個躬，表示下課。同學們默默地走出教室。

吳夢非、劉質平離開教室時，心裡怪難受的。是的，他們還從來沒有聽到過這樣動情的課啊！

晚上，寒風不停地刮著，後院的小樹苗吹得東倒西歪，樹葉沙沙地作響，後院的音樂教室裡，琴聲叮噹。叔同順著彎曲的小路，走到了音樂教室。他站在劉質平的背後，屏住呼吸聽完了湯普森《現代鋼琴教材》的最後一課。也許怕嚇著劉質平，他輕輕在教室裡走了一圈，咳嗽了一聲，然後走到鋼琴旁邊。

劉質平聽到有人進來，一回頭，驀地發現老師正笑呵呵地站在鋼琴旁邊。劉質平憨笑著站起來，正想鞠躬，叔同笑著一擺手：

「坐下，坐下。」

劉質平回到琴凳下，李叔同親切地摸著他的頭頂，說道：

「你在音樂上很有長進，將來必定能在音樂教育上發揮你的才智。」

質平嘿嘿一笑：「我真想當一名音樂教師。」

「噢……」叔同微微一笑：「要做一個合格的音樂老師，除了鋼琴、聲樂之外，還要具有豐富的知識……」

「老師告誡得極是。」

「你可以想像，我國將有一個專門的藝術師範學校……」

質平一下子跳起來：「那太好了！」

「這個學校，將要為我們這個落後的國家造就出大批的音樂、美術教師。」

質平直勾勾地望著叔同，眼睛閃灼著火一樣的光。

「蔡元培先生講過『以美育代宗教』。這就是要在我國提倡美育。當然，宗教也有其懺悔和律己的一個方面。但是，第一還是教育。」

「……」

「你已經快畢業了。為了使你深造，畢業後，我打算推薦你到東京留學。」

「這……這。老師，我是個窮苦人家的孩子啊！」

「這沒關係。我到教育廳為你申請公費留學。」

劉質平一激動，淚水刷地流出來了。

「要知道，」叔同說：「建設一個不受人欺凌的國家，教育、知識、人才，就顯得格外地重要。如果發展美育教育，是需要大量的師資啊！」

劉質平激動得不知說什麼才好，一種幸福、溫暖、感激之情，像一股潺潺泉水，流過了他的心田。他望著老師那和藹而誠摯的面孔，緩緩立起身來，雙手握起老師的手，而且越握越緊，兩隻大眼睛濕潤了。頓時，淚水遮住了他的視線，眼前的老師，彷彿變得很高，很大。

這時，豐子愷抱著一疊圖畫作業，來找李叔同：

「老師，這是一批課外作業，同學們叫我送來給您看看。」說話時，後邊跟來一大幫同學。

「大家坐吧。」叔同望著這些大有長進的學生，心裡樂孜孜的。劉質平正要離開，叔同說：「先別走。」

劉質平一怔。

「先給大家彈一首快速練習曲。」叔同說。

「吪……」一首複調練習曲流利酣暢地彈了出來，大家靜靜地聽著。演奏完了，李叔同才把手上的畫稿細心地看了一遍，抬頭笑道：

「你們的圖畫、音樂成績，確實超乎我的想像，不過，還要記住古人的銘言。古人云：『士之致遠，當先器識，後文藝。』也就是說，沒有人品的藝術家，他的作品絕對沒有生命。若一個人失去了品與德，必然落到『江郎才盡』的地步。你們將來要為人師表，要記住兩句話：即『文藝應以人傳，不可人以文藝傳。』杜甫、白居易、屈原、莎士比亞，他們的作品千古不衰，為什麼？這就是器識與智慧的總合。」叔同講到這裡，拉了拉皺起的長袍，挽起兩隻袖口，精神抖擻地說：「我想，杭州必然會出現一所『藝術師範』，到那時，師資從哪裡來？還從外國高價聘請嗎？還叫中國的孩子學唱日本國歌嗎？同學們要勇猛奮進，我希望在你們當中，有更多的同學能擔起教師的重任。」

豐子愷感到先生的話，有些不尋常。俗話說：鑼鼓聽音兒，說話聽聲兒。先生的話似乎四處有音，當然先生的抱負任人皆知，先生的學問令人讚服。可從哪裡冒出個「藝術師範」？心中感到十分蹊蹺，然而，又不便多問，只能私下猜測。

正在這時，校工聞玉來了：

「老師，天津有一位先生找您。」

「誰？」叔同一怔。

「我沒問，他說和您是世交。」

叔同朝同學們微使眼神兒，表示歉意，捧起那疊圖畫作業，回到自己房間。

「啊，筱莊先生！」

此人係天津當代教育家。姓陳，號筱莊，名寶泉。一九一二年，任北京高等師範學校（今北師大前身）校長。與嚴範孫同為天津早年的著名教育家。陳先生一向愛才如命，又與李叔同為世交。今日找到叔同，十分高興：

「找到你就好啊！」陳先生摘下翻皮帽子，一雙微露喜色的眼睛，熱情地瞅著叔同：「我真怕你不在杭州。」

叔同急忙請陳先生坐在藤椅上，自己坐在他的對面。

「來杭州，怎麼不早通知小弟啊？」

「嗨！堂堂的李息霜、李叔同，誰不知道？還怕找不到你。」陳先生動了動微胖的身軀：「怎麼樣，搞教育還舒心吧？」陳先生的性格很開朗，豁達的胸襟，爽快的語言，很使叔同敬服，尤其辦教育有方，是叔同早有耳聞的。

「啊，陳先生。」叔同深有感觸地說：「只有學校，才是吾等報國之門。你是有經驗的教育家，還要請你多指教啊！」

「明日是禮拜天。咱們樓外樓吃中飯，吃著談，怎麼樣？」

老實說，叔同很難判斷陳先生的來意，如他能留在杭州，為自己將要籌辦的「藝術師範」助一臂之力，那將是天降斯也。

「好，」叔同瞇眼一笑：「長兄的心意，小弟焉有不從之理！」

第二天，二人雇了兩輛黃包車，在樓外樓吃了一餐「糖醋魚」與「叫化雞」。接著便漫步來到煙霞洞。這時節，陳筱莊才說到正題：

「叔同，我這次來杭州，一方面是來考查浙江教育；二來……是聘請你的。」

叔同一聽，二人顯然是想到兩岔去了。他既不便回絕，又不能答應，只好微微一笑。

筱莊誤為叔同「一笑應之」。頓時，一拍手：「好啊，吾弟能助兄一臂之力，咱北京高等師範學校，可增設藝術系了。」說罷，大笑了一陣。

「啊，筱莊兄，不必過急……等我……」

「嗨，叔同，我這次可以和你約定，聘為北京高師的教授！」

「教授？」叔同嘴角流溢著不以為然的微笑。

「你在這裡可以辭職了。」筱莊從口袋裡掏出早已寫好的聘書往叔同手裡一塞：「這是聘書！」

叔同微笑著輕輕一推：

「不必急嘛，容我想想。」

「那好，我等你的回信，一言為定！」筱莊也像投石問路一樣，不想讓叔同馬上表態，他把聘書往皮包裡一塞：「聽說，西湖的船上，能一覽水鄉的湖光山色……」

叔同感到話題轉了，於是插話說道：

「走，西湖的船娘……可是頗有歷史知識的，咱們不免泛舟一遊，如何？」

「好啊，走！」筱莊隨著叔同上了船。真若身入蓬萊仙境，遠望那三面環抱著葱籠起伏的青山，眼下涵藏著一泓清澈明淨的湖水。在茂林修竹叢中，樓台亭閣，交相輝映。筱莊正看得入神，船娘又講起了神話故事……。

其間，叔同已醞釀了《喝火令》小詞一首，掏出一段鉛筆，拿起船上的報紙，寫道：

故國鳴鷓鴣，垂陽有暮鴉，江山如畫月西斜，新月撩人，窺入碧窗紗。陌上青青草，樓頭艷艷花，洛陽兒女學琵琶，不管冬青一樹屬誰家，不管冬青樹底影事一些些。

寫罷，把報紙往筱莊眼前一遞：

「小詞一首，請別見笑。」

筱莊看罷，只當即興之作，隨即向船娘買下了這張報紙。

事實上，叔同則是以憤世之情，以言其志，這點，筱莊並未深窺其意。

當晚，叔同把筱莊送到車站，回來時他沒乘車，只穿了一件薄棉袍。是夜，寒風淒淒，他小跑似的回到了學校。剛踏進校門，聞玉從門房裡出來。

「李先生，有人等你大半天了！」

「誰？」叔同很和氣地問道。

「從天津來的。」

「人呢？」

「在您屋裡。」

叔同三步併成兩步，到了自己門口，拉門一看，興奮得直拍巴掌：

「哎呀，我的大哥！」

誰？是叔同的「天涯五友」的金蘭兄弟老大，袁希濂。袁希濂穿得特別闊綽，西服革履，羔皮短大衣，一頂黑翻毛土耳其高帽，帶著雪白的手套，拎著一根「文明棍」，儼然一副紳士派頭。

袁希濂摘下手套，緊緊地握著叔同的手，笑道：

「咱們又見面了！」

「你……」叔同疑惑地問道：「你從天津來？」

「不！」袁希濂莞爾一笑：「是從天津調到杭州來的。」

「還當法曹？」

「沒變！」

「啊，太好了。」

「是啊，咱們兄弟又在一起了。」

「可惜，」叔同嘆了口氣：「許幻園臨走，也沒講出真話。他精神非常沮喪。」

「派系之間，勝者為王，敗者為寇。他家，已經被抄了。」

叔同沉默了半晌，他不願再追問下去，只是搖了搖頭，不再言語。

「這件事，慢慢你會知道的。」袁希濂故意把話題拉開：「你的職業如何？身體怎樣？葉子愉快嗎？」

叔同聽了「職業」二字，立刻想起辦學的事。是啊！眼下最使他耿耿於懷的理想，莫過於辦學了。

「希濂，」叔同眸子裡閃著光，鄭重地問道：「你是法曹，我如果辦一所學校，法律能保護嗎？」

「能！」希濂不假思索地說：「想辦個什麼學校？」

「藝術師範！」

「啊……」希濂用敬佩的目光望著叔同：「這可是個偉大的理想！」

「嗨，咱們報效國家的本領，一不會打仗，二不會追隨袁大頭，只有大批地培養藝術人才，讓國家文化發達起來，讓炎黃子孫不受外國欺負。我想，這是我惟一的報國之門了。」

「當然好了，我萬分擁護和支持！」

「法律不干涉嗎？」

「這，我就要問你，經費、校舍都有法權單位嗎？」

「自費！」叔同信口而出，袁希濂一拍桌子：

「可以，生意人不都是自費嗎！難道學校有公立，就不能私立嗎？」

叔同聽罷，笑了，連眉宇間的笑紋都表露著一種難以抑制的興奮。

「啊……到底是個法曹啊！」

「你準備投進去多少錢？」

「辦校主要是三個條件：一是校舍、二是資金、三是師資。現在，我擬用二十萬現大洋買下裏西湖的一所校舍；師資，我已擬好人選；還有十萬銀元，做行政經費。關於教職員工的月薪開支和學生伙食，我已請了財團做董事。」

希濂站起來，雙手往叔同肩上一拍，笑道：

「在法律上，我全包了。」

叔同高興得眼睛笑成了一條縫。彷彿從這眼縫裡已經看到了一所可觀的藝術師範學校。

第21章

春寒。小雨整天不停地下著，彷彿天上有一個大篩子，像粉末一樣的雨點，把宇宙之間蒙上了一層透明的霧幔。儘管蘇東坡詠詩讚美西湖說：「水光瀲灩晴方好，山色空濛雨也奇。」然而，軍閥混戰，國事日衰，人心煩亂。

民國初建，袁世凱耍盡了陰險伎倆，搶占了大總統的寶座。進而野心大發，決心做皇帝了。雖是曇花一現，卻引來一連串的軍閥戰禍。

叔同從上海回到學校，已是掌燈時分了。他胡亂吃了點東西，便習慣地研起了墨。而往往在此時正是他構思詩詞、畫題的時候，因而這研墨便成為他心不在焉的機械運動。此刻，叔同看到國內封建勢力猖獗，人民生活塗炭，大有生命無常之感，於是飽蘸濃墨，信手寫道：

紛，紛，紛，紛，紛，紛，……惟落花委地無言兮，化作泥塵；
寂，寂，寂，寂，寂，寂，……何春光長逝不歸兮，永絕消息。
憶春風之日暝，芬菲菲的爭妍。
既乘榮以發秀，倏節易而時遷，春殘。
覽落紅之辭枝兮，傷花事其闌珊，已矣！

春秋其代序以遞嬗兮，俯念遲暮。
榮枯不須臾，盛衰有常數！
人生之浮華若朝露兮，泉壤興衰？
朱華易消歇，青春不再來。

——落花

叔同放下筆，搓搓手，連著打了幾個寒顫。他走近窗前，望著黑呼呼的夜空，耳聽房檐流下的滴水聲，心情十分煩悶，彷彿這愁人的雨霧像一塊填滿了空間的石塊，憋得他透不過氣來。這當兒，他盼望著霧消雲散，哪怕有一線月光，也願把人間之苦痛，寄情於月色的聖潔之中。他喘著粗氣，回到書桌前，在凝結的墨汁裡加上了幾滴熱水，提筆又寫了一個「月」字。隨著自己的冥想，寫道：

仰碧空明明，朗月懸太清。
瞰下界擾擾，塵欲迷中道！
惟願靈光普萬方，蕩滌垢滓揚芬芳。
虛渺無報，聖潔神秘，靈光常仰望！
……

此刻的叔同，與世界上的一切藝術家一樣，當埋在心底的「衝動」需要宣洩時，就像急流直下的瀑布。他匆匆蘸了蘸墨汁，又寫了《月夜》二字。詩道：

纖雲四卷銀河淨，梧葉蕭疏搖月影。
剪徑涼風陣陣緊，暮鴉棲止未定。
萬里空明人意靜。呀！是何處，
敲徹玉磬，一聲聲清越度幽嶺。
呀！是何處，聲相酬應，
是孤雁寒砧並。
想此時此際幽人應獨醒，倚欄風冷。

一連幾天，灰濛濛的愁雲未散，卻又來了一聲霹雷！

「信！」聞玉笑嘻嘻地從門房跑到叔同的房間：「李先生，天津的信。……嘿嘿，如果我沒猜錯，準是太太的平安家信。」說著把信便交給了叔同。

叔同拆開一看，「涮」地一下白了臉，腦袋「嗡」地一下，身子晃了兩晃，幾乎倒在地上。

「怎麼啦，李先生？」聞玉嚇得直喊。

「沒事，」叔同強作鎮靜，苦笑了兩聲：「你去吧，頭有點昏。」

聞玉倒了杯白開水，送到叔同面前：

「喝點水，先生。」

叔同木然接過杯子說：「你去吧，沒事。」

聞玉瞅著叔同的面色，很是放心不下。但冷冷的「你去吧。」這種口吻，聞玉還從來沒有聽到過。然而，站在這裡又怕礙事。只得悄悄地離開了叔同的房間。

叔同愣愣地站在屋裡，腦海裡是空蕩蕩的，全身彷彿都麻木了。「涮」地一聲，手中的開水杯落在地上，布鞋上沾滿了水……

完了！徹底完了！

原來叔同為了創辦一所「藝術師範」，寫信找二哥文熙，擬從自家桐達銀號中取出自己的三十萬銀元。誰知，哥哥的回信寫道：

民國成立，中國銀行開始鑄幣發鈔。桐達貸出的銀元，歸還時連款帶息均以紙幣交我銀號。由於國事混亂，市井蕭條，金融拮据，通貨價格動蕩不定，貸款難收，故我銀號隨之而倒閉，並欠款累累，惟恐吾弟精神受挫，故遲遲未敢相告，望見信後不必憂傷憤世，況兄乃津門中醫，日有五元至十幾元的收入，弟媳之生活，爲兄自當負責耳。

…………

叔同用顫抖的手捏著，一連看了三遍，拉開抽屜把信往裡一丟，卻又發現昨夜擬好的那份名單，他拿在手中，苦笑著看了看，上邊寫著：

中華藝術師範學校聘請書（草擬）
擬聘：高劍父、徐悲鴻、陳師曾、夏丏尊、李苦禪、王福庵、葉舟……
深造培養者：豐子愷、吳夢非、劉質平、李增庸、潘天壽、呂伯攸、曹聚仁、傅彬然、黃寄慈……

叔同捏著這張教師名單，心中像是有十二只螺旋槳在轉動，一種撕肝裂肺的痛苦使他恨不得仰天大叫幾聲！

無情的現實，粉碎了他的理想。他把這張「待聘」和「培養」的名單，撕成一條一條的，隨著他最後的理想，丟進了字紙簍。

然而，這位平時少言寡歡的人，對任何事都能拿得起放得下，似這種「五雷轟頂」的打擊，也沒動聲色，除了聞玉之外，任何人都沒感到他有意外的事情發生，就是對摯友夏丏尊，也沒吐露過一個字。

幾天以後，他回到了上海。街上，車水馬龍，人來人往，顯得這「冒險家的樂園」具有熱鬧非凡的氣息。窮的、富的、拐子、騙子、地頭蛇、妓女、教授、職員、工人、商人……組成了一個足能使外國人嘲笑的「樂園」。

長亭外，古道邊，
芳草碧連天
…………

知交半零落，
一瓢濁酒盡餘歡，
今宵別夢寒。

歌聲從九江路口傳到叔同耳邊，使他為之一震。本來，此首歌曲早已在全國唱遍，不論男女老少，都能哼上兩句。然而，這歌聲卻在一堆圍觀的人群中傳過來的，而且，是個女聲。

叔同好奇地走過去，站在圈外往裡一瞅，只見一個女叫化子，三十六七歲，她頭髮蓬亂，襤褸不堪的藍底白花上衣，連個扣子都沒有。一條露著肉的破單褲，露出足有半條腿，纖細的腰上，紮了一條麻繩。一張蒼白而憔悴的臉上沾滿了污垢，好像人世間的悲愴冷酷全都凝聚在她那一雙直勾勾的瞳孔裡。

「瘋子！……」

「再唱一個！」

頑皮的孩子丟過去一塊石頭，正好打在瘋女人的肚子上。女人嘻嘻笑了：

「媽的，別鬧！」女人罵了一句，又唱道：「長亭外，古道邊，芳草碧連天。……」

叔同一驚，心像被誰捏了一把，一下子憋住了，繼而「突突」地跳得很快！

「是她？」叔同驚愕地倒退了幾步：「謝秋雲！」他心裡呼喊著。

大凡精神病患者，都有過一剎那的清醒狀態，就像滾滾烏雲的空中突然射出一條光柱，很快又被雲層遮住了。她，突然看到了李叔同，鼻子裡「嗯——」的一下，歌聲戛然中止，愣了好半天，才把眼神兒盯在叔同那一雙鳳眼上。

目光相對，倒使叔同吸了口冷氣。是她！詩酒酬唱，寄情聲色時的溫柔鄉主。他曾贈她過一首小時。她曾對他以身相許。

她，一步一晃地走過來了，那淒楚、失望、憤世、憂傷、痛苦、乞憐的眼神兒，像孩子偶然見到失去多年的母親，像妻子突然找到失去多年的丈夫。

叔同望著她朝自己搖搖晃晃地走過來，心裡委實有些發毛，憐憫中帶點驚慌。幸虧她在五尺以外就停住了，他的心才稍稍平靜些。

她的視線一動也不動地盯著叔同，就像一對釘子。她沒敢貿然呼喊「李先生」、「瘦桐」，而是帶有試探性地誦著詩詞，儘管聲音微弱淒楚，叔同聽得卻十分真切，你聽：

風風雨雨憶前塵，
悔煞歡場色相因。
十日黃花愁見影，
一彎眉目懶窺人。
冰蠶絲盡人先死，
故國天寒夢不春，

眼界大千皆淚海，
為誰惆悵為誰顰。

「秋雲，秋雲！」叔同聲音哽咽了。

「啊……瘦桐。」呼聲夾雜著哭聲，她，猛地跪在叔同面前，雙臂抱著叔同那兩條細長的腿，把臉緊緊貼在他的腿上，哭泣著，傷心地痛哭著，彷彿要把自己畢生的苦楚、無限的悲痛傾瀉殆盡。

忽地，她的神態變了。她仰起直勾勾的眼睛，那種蒼茫、絕望的眼神兒咄咄逼人，彷彿一個溺水者突然發現一根可以依附的木頭，她一眼不眨地立起身來，猛地抱住了叔同，抱得死死的。叔同被這冷不丁地一抱，驚慌得不知所措，心突突地跳著。他似乎對這以往的情人有說不出的感覺：是個活人，還是會喘氣的僵屍？是女性的肉體，還是冷冰冰的大理石？然而，更使他尷尬和狼狽的，在眾目睽睽之下，像是一個初試鏡頭的演員，一下子被放置在熾熱的聚光燈下，受到圍觀者指手畫腳的猜疑。他真恨不得找個地縫鑽進去！

叔同冷靜地推開謝秋雲，她鬆了手，垂直了雙臂，那雙凝滯而帶有絕望的眼睛，盯住叔同的臉，像一尊不成功的雕塑品。

看熱鬧的人也被這場面怔住了。

叔同環視著周圍群眾，用上海話央求道：

「請大家回去好哦，勿要看嘍，她是我的親戚，請儂回去，好哦，謝謝儂……」俯身扶起謝秋雲，他憐憫地望著她那骯髒的面孔，只有那雙淚眼，還記錄著她對人世間一切虛偽、欺騙的滿腔怨恨……然而也勾起了叔同的翩翩聯想。這聯想就像一套寫實的照片，一副副，一張張，歷歷在目：學戲時被師傅打罵、針扎；深夜攔車跪地求救；鄭三爺寒夜送逃；五友歡宴時的巧遇；以身相報夜寢溫柔鄉，廝磨金粉索筆贈書，馬車馳騁送往瘋人院……

啊！女人，受辱的女人。她，記錄著人世間女人的一部長卷，這長卷血淋淋地揭露了殘酷的人生，控訴著人間的一切罪惡。她，是千千萬萬不幸女人中的一個。

「我，也有罪啊……」叔同心想：「我的破產，理想的幻滅……，報應、報應……，罪孽的報應。」

想到這裡，他自懺地望著謝秋雲。半晌，突然想到佛說：

「我不入地獄，誰入地獄！」

一道閃電，一聲霹雷，一片烏雲，一陣暴雨。叔同痛苦地感到：往昔的情人，眼下的瘋人；幾次搭救都無濟於事，末了，逃脱不了這吃人的社會。他自恨沒有回天之力，後悔少年風流，走馬章台。她們，才是被損害者，不禁仰天長嘆：

「我不入地獄，誰入地獄！」

豈知這一句佛説，卻成了謝秋雲精神病發作的誘因……

「哈哈哈……」她猛地推了一把叔同，直勾勾的眼神兒，傻愣愣地瞪著他：「地獄！

魔鬼，閻王爺來嘍……」接著一陣訕笑，繼而指天畫地地冷笑著，又望著叔同蠢笑著，雙手合十痴笑著，撩起衣襟假笑著……

大雨飄潑，人已散盡。

叔同忍不住搶上一步，急忙拉好她的衣襟，拖著她來到小百貨店的屋檐底下。叫了一輛黃包車，直送閔行精神病院。

「又來了？」門診大夫瞅著被雨水淋透了的謝秋雲。

謝秋雲微露玩世不恭的神態，肩膀一晃：「嘿嘿，老朋友啦，閻王爺不是說過啦？讓我下地獄……嘻嘻。」

「你是他什麼人？」大夫抬頭冷冷地問著叔同。

「嗯……」叔同沒料到冷不防地問了這麼一句，想了想說道：「親戚。」

「長期住院不可能，……」

「為什麼？」

「沒人接濟！」

「那麼，暫時求大夫，讓她先住進去，然後我再……」叔同掏了十塊現大洋的住院費，隨後謝秋雲便被兩名男護士像綁架一樣，拖進鐵柵欄門裡，漸漸，離開了叔同的視線。然而那濕轆轆的亂髮，彷彿還在他的眼前晃動……

他回到家裡，已經是深夜了。他悄悄打開自家的房門，正要推開葉子的臥室：

「誰！」葉子驚叫了一聲。

「我呀，葉子。」

葉子揉了揉惺忪的眼睛，跳下床來，拉開房門，雙手猛地勾住叔同的脖子，嬌嗔道：「我……以為你不來了。親愛的叔同……」她嬌聲嬌氣地喊著，一種倚欄望夫之情，一古腦兒傾吐在這一剎那的柔情蜜意中。

「先別，」叔同輕輕地推開葉子：「我身上很濕，外邊雨很大。」話語是無表情的，眼睛望著別處。

「先洗澡吧，來，我陪你洗。」

「噢……不行！」

「怕什麼！」葉子把嘴一撇：「在我們日本，就是男女同池嘛。」

「使不得，使不得！」叔同苦笑著。

「肉體和感情是兩碼事。」

「這，我知道。」叔同撿起一套內衣，鑽進了衛生間。儘管情緒有些反常，但由於平日的少言寡歡，葉子並沒有覺察到。反而高興地進了廚房。

叔同洗了澡，葉子陪著他吃了晚飯，事實已是翌晨的早飯了。此刻，他沒有睡意。

「叔同，睡吧！」

「哦，哦哦。」他走神兒了，敷衍地答應著。

「咦！病啦？」葉子蹙緊了柳葉眉。

「沒有，」叔同竭力抑制著破產的打擊，為了不讓葉子過早地失望，他上了床。苦笑著朝葉子瞥了一眼：「今天，也辛苦你了。」

「不要這樣說。」葉子把頭埋在叔同胸前：「只要你的肺部沒病，我就是最幸福的人了。」

「要是沒有我呢？……」

「不，不要這樣說。」葉子雙手捶打著叔同的前胸，兩只拳頭像小棉球。

「我想，人與人之間，是博愛海洋中的一滴水而已。」

「我們的愛，應該比……」

「你不要說了，」叔同打斷了她的話，「我們之間，總覺得有一種人為的羅網，在束縛著自己。」

「你……？」葉子反駁道：「人類的愛情之網，都是自投的，難道你不是嗎？」

「啊……，我應為你負責。可是，也有時會使你失望的。」

「怎麼啦，你？」葉子感到叔同有些語無倫次，信口問道：「有什麼心事嗎？」

「我想，如果一個人能按照《新佛學論》所說『今欲救人，必先救己，其法惟有無我主義』的論點去做，恐怕是其樂無窮的……」叔同仰望著天花板說道。

「我不明白……」葉子一骨碌翻身坐起。

「欲求無我主義，只有從佛法求之。」

「不談這些了吧，叔同。」葉子輕輕推著叔同央求著。

「哦……」

老實說，叔同這夜是在痛苦的、麻木的、被動的、勉強的心情下度過的。

回到杭州，剛下火車，報童們夾著報紙，奔跑著，叫喊著：「袁世凱大總統死了；請看大總統袁世凱病死的消息……。」

叔同不以為然地付之一笑，心想：章太炎早就預見過「道德墮廢者，革命不成功之原」矣。

回到學校，聞玉早就發現了叔同，趕忙拎著一壺開水，笑嘻嘻地隨他進了房間：

「李先生，你一走開，我這心裡總感到少了點什麼。」

「哪有的事啊！」叔同撣了撣身上的灰塵。

「原來同學們議論說：『就怕李老師這一鞠躬』。現在呀，嗨，不同啦，說您的作風是『溫而厲』，將來他們出去當老師，肯定會受您的影響。」

「小聞，」叔同岔開了他的話題：「下課後，請你把劉質平找來，好嗎？」

「噢，豐仁①要不要來？」

「暫時先別叫他。」

聞玉給叔同沏好了一壺茶，拎著開水壺走了，忽地又回來了，笑道：

「李先生，我忘了一個事兒，去年有一位長者，您記得嗎？」

「啊……。」叔同為之一震：「記得，記得。」

①豐仁：即豐子愷。

「他還要來。」

「什麼時候？」

「就這兩天。」聞玉説完，拎著壺又走了。

下課鈴「噹噹」地響了一會兒，叔同隔著窗户看到了劉質平。劉質平推開李叔同的房門，憨笑著鞠了個躬：

「李先生。」

「坐吧，」叔同微笑著搬了把椅子，自己坐在劉質平的對面：「離畢業還有一年，要打好基礎，該做留學的準備了。」

「謝謝李先生，我母親也十分感激。母親來信説，絕對不能忘記您的栽培。」

「不，」叔同説：「若説栽培，還要看苗子啊。」

劉質平傻笑笑。

「你和豐仁的成績是不錯的，現在，你要加緊攻鋼琴，彈完了『二九九』，要彈幾首獨奏曲，要知道，去日本攻作曲，沒有很好的鋼琴基礎是不行的。」

質平用心地聽著。

「經費方面，我爭取為你申請公費，當然，最好是這樣嘍。」

「我也擔心，如果公費不批准……」

「那沒關係，放心吧。總會讓你留學深造的，只要你肯用功……」

劉質平激動地直冒汗。他知道，留學需要錢。這年頭誰肯用公費保送一個農家子弟去留學？同時，在傳說中，他也知道李老師的家破過產，這錢？……劉質平的心像墜了一塊石頭：

「老師，如果您很為難……」

「這個，你不必多想。」叔同擺了擺手。其實，他的徹底破產，任何人也不知道。如果劉質平知道了，那將必然「逃學」了。

忽然，聞玉進來了：

「李先生，有人找您！」

李叔同急忙迎出去，果然，是王海帆老先生。

「請坐，快請坐。」叔同說著，劉質平便擺好了椅子，聞玉獻了茶。待來客坐定，他倆便出去了。

「上次，老弟談到校舍之事……」

「啊……」叔同一聽校舍二字，心裡「咯噔」一下：「有勞您了！」

「關於看房、付款的手續，」王海帆瞅著叔同說：「房主找我催辦這件事。本來言明今年辦理過戶手續，可眼下已到六月了。」

「哦……」叔同的臉色變了。對方的每一句話都像一塊石頭壘在他的心上，簡直沉重地透不過氣來。「買房，二十萬銀元。哪還有錢噢！」叔同心裡念叨著，眼前一片昏暗，耳邊像是不停地聽到「鬼票子、鬼票子……」他痲木了，血液似乎也凝固了。他拚命地冷靜著，末了，淡淡地說了一句：

「我的錢，都已變成鬼票子了。」

王海帆是個明白人，聽到「鬼票子」三個字，已知李叔同的心境與苦衷，他沒說任何一句指責的話，只是寬慰著說：

「沒關係，房主也不是等錢用。因為你要辦的是藝術師範，所以他們才肯轉讓。否則，人家會賣房子？」

「我只能遺憾地向您道歉。」叔同低著頭深深嘆了一口氣，又說：「這都是國事日衰的結果。啊……我參加了同盟會，追隨孫中山，躬於辛亥之役，誰知，連對美育後代的理想，都無以實現，慚愧啊，慚愧！」

「不必過於傷心，」王海帆抖動著花白的山羊鬍子：「努力培養你的學生……」王老先生開始講話還談笑風生，然而講到這裡，他沒詞了。末了，補了幾句：「老弟的忙，我也幫了；老弟的理想，也對得起破碎的中華民族了。這樣，我們下次再談吧。」

「吃了晚飯……」

「不啦。」王海帆晃著手杖說：「我……還有點事。」說罷，把手杖在半空中晃了晃，「篤篤」地離開了學校。

誠然，叔同從讀《百家姓》開始，就編織著美麗的幻想，誰知這最近的理想，竟淹沒在民國之後。誰知在半年之前的「順利進行曲」，忽地一下變了調，他那報國的志向，終於被外擾內亂的戰事毀滅了。

靜謐的夜裡，沒有一點聲息，只有南屏的晚鐘「噹、噹」地傳來神話般地響聲。

鐘聲，在叔同的心中，彷彿是神的召喚；他樂於聽這鐘聲，彷彿比交響樂更富有感召力。

晚鐘敲過，他轉身回到自己房間，也許章太炎的「佛說」有些作用，使他產生了一種超現實的嚮往，像是要把心靈寄託於彼岸，把人生寄託於天國了。於是他提筆寫了《晚鐘》二字。朦朧中，時斷時續地寫下了一百六十六字的長詩。他痛苦於「眾生病苦誰持扶？塵網顛倒泥塗污」。他萌生一種皈依佛門的念頭：「誓心稽首永皈依，暝暝入定陳虔祈。」

放下筆，吁了口氣，似乎在這《晚鐘》裡悟到了點「靈氣」。他飄飄然了，自覺對佛的虔誠，自然而然地在頭腦中產生了「靈光」。其實，他兩天兩夜沒睡上一分鐘的覺，怎不飄飄然呢？

鐘聲響了。這是學校的鐘聲。

他繼續給學生們講課了。晚上，照常接待豐子愷、劉質平等一些同學。

兩週過後，他到了南京。這次，他要發起一個美術作品展覽會。不幾天，學生會徵稿評選，把評選出來的書畫、篆刻、西畫、油畫、素描等兩百多件，都給叔同過目定稿。

「老師，」學生會的王復安問道：「可以展出了嗎？」

叔同笑呵呵地說：「可以，可以。」

「在禮堂裡，好嗎？」

「不，借大悲寺。」

「廟裡？」王復安不解地問道：「到和尚廟展覽？」

「對呀，佛的靈光普照，你們就更能無畏地創造！」

王復安以為李叔同在開玩笑，然而他又遲疑地望著老師，半晌，才喃喃自語道：李老師向來是個嚴肅和藹的人啊……

最後，還是在大廟裡開了三天展覽會。觀眾卻屈指可數。然而，叔同在這個廟裡，吃了三天齋飯。

第22章

抉擇不當，往往會導致彎曲的命運，而命運的屈服者，卻往往會扭曲自己的靈魂。

叔同到杭州五年多，神秘多端的西子湖，令人神往的佛圖城，在這裡，他培養了足以承傳的藝術桃李，也種下了情感的善根，結交了一代名士。夏丏尊就是其中的一個。他和夏丏尊朝夕相處，肝膽相照，一對好友，任人皆知。然而，君子之交，其友情的況味是平淡的，但誰的心事，也瞞不了誰。

一九一七年初春。

期考結束，年假將至，學生們正打點著行李，準備回家，過一個團團圓圓的古老的傳統春節。

南方的氣候不同，年假只有十餘天。丏尊吃罷晚飯，捲好了包裹，又看了一會日本雜誌。便站起來，以舍監的身分，看望了一些要走的學生。老實說，學生們並不怕他，但很尊重他。同學們有個順口溜，說是：「嚴父貝多芬（李叔同），慈母夏木瓜；最怕李師一鞠躬，愛和胖子打哈哈。」此話不假，這是純潔心靈的天真流露，是對李叔同、夏丏尊的「愛稱」。

「回去不要亂吃，」夏丏尊逛到了四年級宿舍，對豐子愷說：「吃多了拉肚子，啊！」回頭叮囑潘天壽說：「不要喝酒，這不是好東西。過年時，喝一點沒關係，啊！」說話時，用捲著的那本雜誌還比比畫畫的。

丏尊出來，頂著襲人的冷風，縮著脖子來到叔同的窗口。燈還亮著，但聽到微微的誦讀聲，其聲調像是老學究讀《唐詩》般地抑揚有韻。

不管三七二十一，丏尊推門進去了。

「哦，丏尊，」叔同戛然停止了誦讀聲，回頭說了一聲：「坐吧。」

丏尊早已注意了叔同的變化。叔同書桌的正面掛上了一幅佛像。這尊畫像是叔同根據幼時對父親李筱樓供養的佛像的記憶而畫成的。

再看叔同手上，一串念珠，由一百〇八顆佛珠穿連在一起。

「叔同，你在念佛？」丏尊悄悄地問道。

「誦經。」

「我只知道，你近來對道教很感興趣。」

「前些日子，我是學道。道家思想發祥於春秋戰國，源源二千多年，與中國的文化發展有關。我學道，只不過是增長點知識而已。」

「現在學佛，也是為了瀏覽一番經典？」

「不能那麼說，丏尊。」叔同揚起頭來，虔誠地說：「人生的路，就像畫家的筆下，可以創造出五彩的光圈。我已決定，放下這音樂、美術、篆刻，乃至教書生活⋯⋯。」

「什麼？」丏尊大吃一驚：「你要幹什麼去？」

「惟一的一條路，」叔同的話音消極：「去廟裡長期研究佛經，從佛經裡理出人生最上乘的理路……」

「啊……！叔同，我不能贊成！」

「有一小眾生不得度者，我誓不成佛。惟捨己救人之大業，唯佛教足以當之。」

「哎呀：」丏尊急得直結巴：「你……在日本歡迎章太炎時……中的什麼思想？還……還有，你那後一句我知道，是譚嗣同說的，那是想利用佛教思想，道德人心，為的是變革社會。」

「我也可以宣揚佛教！」

「什麼？你放下教書生活？……」

「目前，」叔同低著頭，手裡還不停地扳著念珠：「還沒下最後的決心。不過，我真想不幹了。」聲音很微弱。

丏尊被弄得一籌莫展。他簡直要喊了，但他忍住了。他知道，被扭曲了的靈魂，靠喊是無濟於事的，最後還是擰眉問道：

「你留學的目的，難道是為了遁入空門；在日本東京你還說過，求學為了報國嘛！」

「報國之門……」叔同抬起頭來，苦笑著說：「在哪裡？」

「在……」丏尊打了個磕巴：「教育工作，不是很好嗎？」

「啊，丏尊。理想的幻滅，說明我德性不好，報國無門，是我的罪惡……報應。」

丏尊感到他越講越離譜了。心中不免納悶起來，平時無話不談的摯友，今天怎麼啦？囈語？夢話？

「叔同，你這講的是些什麼話？」

「我不入地獄，誰入地獄？」

「嗨，這是變法者拋頭顱、灑熱血的誓言！」

「不！」叔同沉著臉：「這是佛家思想。」

「我看，不過……，」丏尊在挖空心思地尋找勸說的根據：「我們的友情也置於不顧了？還有葉子……。」

叔同聽到葉子，心裡彷彿被人戳了一刀，猛地痛了一下，但他表面上仍然很沉著。大凡出家的人，對妻子兒女也只有忍心離開，哪怕是柔腸寸斷，也能立斷葛藤。尤其是叔同，除了朋友、學子、妻子，還有一個放不下的葉子。

「丏尊，」他抬頭望著這位朝夕相處的摯友，深沉地說：「我心中的矛盾，錯綜複雜，這是不言而喻的。葉子的問題，好辦，然而我心中更難於言表的東西，太多了。我只能走這……。」

「空門？對嗎，」丏尊有些急了，故意刺了他幾句：「空、空、空，都空！」

「啊……丏尊。」叔同又低下頭，數著念珠。

「我錯了一步棋，」丏尊喃喃地沉吟道：「過去，幾個學校聘你，我都苦苦地留你。因我，友情難捨呀……。」丏尊第一次流淚：「今天，你居然要遁世，唔……這都是我的錯。早知今日，我就不留你啦，這……不等於我……。」

「此言不切，丏尊，」叔同又抬起頭來，微露一絲難以捉摸的笑容：「我離俗，我們還是道友啊。何況，我還需要你給我護法哩。」

門，突然有人敲了幾下。

「請進……。」叔同沒站起來。

「兩位老師都在。」豐子愷把一卷雜誌往夏丏尊眼前一晃：「您的日本雜誌，忘在我們宿舍裡了。」

「看了沒有？」夏丏尊笑著問。

「有些地方看不懂呢。」

「李老師教過你們日語呀。」夏丏尊說時朝叔同斜瞟了一眼。

「下冊，還沒有學完哩。」說罷轉身笑嘻嘻地出去了。

丏尊拿著這本雜誌，笑了笑說：

「叔同，你應該看看這個，」他指著目錄說：「這篇佛食法，是洗塵養身、贖罪自懺之法。佛食法，即懺悔之法。可沒讓你去當和尚啊！」

叔同聽了「贖罪、懺悔、洗塵、養身」等字眼兒，頓時把睒合的眼睛瞪得老大：

「能借給我看看嗎？」

「嘿！說哪去啦？」把雜誌往叔同胸前一塞：「拿去看看。」剛站起來，又坐下了：

「大哥哥，你只比我大六歲，年輕輕的，不想想這世界上還有許多可留戀的呀！」

「有可留戀的，就有可放棄的。」叔同打開雜誌，漫不經心地說：「世界上的好人，有多少？屈指算算，他們的抱負、理想，又有幾個成功的？他們的結局如何？下場如何？」

「這樣吧，」丐尊無可奈何地嘆了口氣：「我們年假之後，再談吧。」

夏丏尊走後，叔同沒有繼續誦經，他如飢似渴地翻開《佛食法》，貪婪地讀了下去。不看還好。這一看，倒給他的「佛根」加上了一點「法力」。這根本不是「佛食法」，而是讓人成佛的「斷食法」。

叔同笑了，不是笑在臉上，彷佛道家突然得到了一顆金丹，真是「天降斯也！」他感到與佛門有「緣」，豈知，這緣正是他一生脫俗的序幕。

放寒假了。

校園裡空蕩蕩的。昔日的教室，講課聲、歌聲、自修聲、辯論聲、鈴聲、歡笑聲……突然沒了，令人失去了習慣性的平衡。

「李先生，」聞玉拎著一串鑰匙，笑嘻嘻地來到叔同屋裡：「你還沒走？」

「哦，你不回家了？」叔同反問了一句。

「嗨！」聞玉大大咧咧地說：「沒家沒小的，回去做啥。再說，十來天的時間，又花錢……。」

「啊……」叔同微微一笑：「那，我就請你幫個忙了！」

「您說吧。您教我那麼長時間的書法，為您做點事還不是理所當然的。」

說起聞玉，這二十多歲的年輕人，在學校當校工比叔同的教齡還長，但在許多教師中，最數李叔同使他佩服得五體投地。尤其他喜愛書法，每次求教於李老師，皆得以真傳，因此他與叔同的關係，情同父子，像是前世的緣分。

「你陪我到虎跑定慧寺，住上二十來天，可以嗎？」

「可以。」聞玉怔了一下：「什麼時間去？」

「現在就走！」叔同瞇著笑眼，看著聞玉的反應。

聞玉朝屋裡看了一下；一個行李捲，一個大網籃，裡邊除了生活用品、衣物之外，還有文具、刀具、筆墨宣紙等等。心中很是納悶：

「您，這是做什麼？」

「學習斷食。」

「您等一等。」說罷，聞玉打點了一下行李，來到叔同屋裡，把二人的行李用竹扁擔一挑，跟著叔同來到定慧寺。時間已經是傍晚了。

了悟和尚十分殷勤地接待了叔同。聞玉心想：肯定早有了聯繫，否則怎能供出兩間空房子？

第二天，叔同開始斷食了。

斷食前，他和聞玉詳細地討論了一番。其中規定：不會任何親友，不拆任何信件，不問任何事物，家中有事或有人來訪，一切由聞玉答覆，待斷食期滿，再由聞玉告知。

斷食起，由每餐一碗半飯，週末改成一碗粥，第二週全部斷食，每「餐」一杯白開水，第三週開始，由半碗稀粥，漸漸增至一碗粥，到第三週末，開始吃半碗飯直至結束時，恢復原來的飯量。

每日練字、刻印、靜坐。三週結束時，共集中了各體書法一百多幅、刻印數枚。

斷食後，聞玉請來攝影師，拍了一張叔同手捧「斷食日記」的照片。並由聞玉題記：

李息翁先生斷食後之像
丙辰新嘉平十九日　侍子聞玉敬題

中國有句俗話，叫「信則靈」。

叔同斷食成功，儘管「文思漸起，不能自己」，卻感到「精神世界一片靈明」，「法喜無垠」。明明人生起居飲食，新陳代謝，維繫肉體生存的飲食，卻認為是「生理上的習慣」；顯然在斷食中感到「腹中熊熊然」，卻以「不食人間煙火」為一種靈性。不過，其斷食的第七天，深感「空空洞洞，既悲而歡。」才是真實的感受。

正常人實行斷食，勢必體內減少熱量，斷了各種維繫生命的營養，造成全身無力，腿腳像踩了棉花一樣，走起路來搖搖晃晃。然而，對叔同來說，卻有飄飄欲仙的樣子。

叔同回到第一師範，身心一陣輕快。他趁著學生自修時間，打開房門，聞玉隨著也進來了。一個忙著掃地沏茶，一個攤開了宣紙研墨。

叔同研好濃墨，甩了甩手背，喝了兩口熱茶，提筆寫了兩個六七寸見方的《靈化》二字。落款寫道：「丙辰新嘉平①，入大慈山，斷食十七日，身心靈化，歡樂康強，書

①嘉平，即臘月，《史記・秦始皇本紀》說：「（始皇）三十一年十二月，更名臘曰嘉平。」根據陰陽曆月份差數推算，為一九一六年末及一九一七年歲首。

此奉穌典仁弟，以為紀念。欣欣道人李欣叔同。」下嵌二印：一為「李息」，一為「不食人間煙火」。

細觀《靈化》二字，足見叔同深邃的藝術修養。「靈化」二字既得北碑的經營位置，又不失其風規神韻，但北碑粗獷剽悍的習氣，在此卻一絲兒也不見了。因而氣息極為端莊沉靜而饒得韻致。這「靈」字結體方而用筆亦方，氣格接《魏靈藏》；「化」字構體圓而用筆亦圓，風神逼《張孟虎》。然而，兩字的組合，恰如水乳交融，韻味協調。

叔同剛捲起了「靈化」墨跡，「呼」地一聲門開了。夏丏尊的面色很難看，見著叔同大喊著：

「我的哥呀，你跟我捉的什麼迷藏？」

「啊，丏尊，快坐下。」叔同笑呵呵地說。

「病啦？病了也告訴我一聲啊！」丏尊像連珠炮似地埋怨著：「咱不是定好了嗎？互相通個信。可好，開學了兩週，沒見你的影兒，我一打聽，說你和聞玉請了兩週的假，這到底是怎麼回事？」

「我去斷食去了。」

丏尊一拍大腿：「怪不得又瘦啦！」丏尊後悔地直拍頭頂：「是不是看了那本雜誌去效仿的？怪我，怪我，怪我！」

「你聽我說，這斷食的文章，的確是靈化了我，不信？」叔同搬出兩方印章，往桌上一放：「你瞧瞧！」

丙尊拿在手中，一塊是「一息尚存」；一方是「不食人間煙火」。

丙尊看罷，苦笑笑，同情地嘆了口氣。

第二天上午，叔同找到老友、佛教居士馬一浮的家裡，繪聲繪色地談了斷食後的感覺。馬一浮聽了甚是讚賞。

「要學佛，」馬一浮鄭重而虔誠地說：「必須全身心地靈淨。但要有人指點，更需要有清靜的環境。」

「我在大慈山，和尚待我很好，又很清靜，實是佛國的佳境。」

「那裡的了悟和尚，修功不錯。」

「我正想拜他為師呢！」

這天，和馬一浮談了很久。

回來的路上，世俗種種，像一把把鈎子，牽動著他的心。幕幕往事，一件件悲歡離合，一次次的打擊，過電影似的呈現在他腦海中。他沒忘記天津「進士第」的大院裡，柳氏盡孝吞金自殺的慘狀；母親悲苦的一生，和謝秋雲的淒苦下場；哥哥的來信，兩次大破產；由於破產而幻滅的最後理想，這一切又與八國聯軍在我國製造屍山血海的慘景有什麼兩樣？只是內憂外患的不同體的一對怪胎。這人間的一切悲苦使叔同彷彿看到了一副亙古以來慘絕人寰的地獄圖景。這一幅圖景正在摧肝裂腑地衝上他的心頭。他失去了情感，似乎在不動聲色的絮語，似乎在為人間墓場編輓歌。

「我不入地獄，誰入地獄？」

沒幾天，他來到虎跑。到了定慧寺，直衝方丈了悟和尚的禪房。

「師父！」叔同微露笑容。

「哎呀，斷食成功的居士，鼎鼎大名的藝術家，今天……？」

「一來看看您老，二來想請您收下我這個徒弟。」

「不敢，不敢！」了悟和尚笑著搖搖頭。

「為什麼？」

「大藝術家，江南才子，我承受不了啊！」

「了悟師父，」叔同十分誠懇地央求道：「我不是來定慧寺求藝的！」

「你有所不知，在全國多少藝術家，最後，不都是逃禪啦？」了悟想了想：「譬如張大千，蘇曼殊……。」

「我……」

「入佛門，」了悟和尚說：「要六根清靜，要持戒。我看，你既然學佛心切，不妨暫時做個在家居士。」

「哦……也好，」叔同明知這是了悟對自己虔誠之心的「考驗」，因而他只懇求收下這個徒弟：「了悟師父，先收個徒弟，總可以了吧？」

「也好，我就收下你這個佛門居士！」

正巧，叔同行了跪拜禮之後，馬一浮來了，後邊還跟著一個彪形大漢：

「息翁，我來給你介紹一位道友。」

叔同微微一笑，對這位高大漢子，不知是握手好，還是鞠躬好。

「這位是息翁，是我們敬慕已久的藝術大師李叔同先生。這位是彭遜之先生，原是軍政界的佛家居士。」

馬一浮陪彭遜之見過長老之後，三個人出了廟門登高遠望，嚄！好一派秀雅的江南園林。前面是疊翠軒、桂花廳、滴翠軒、羅漢亭、鐘樓，東側是西方殿、觀音殿，西側有天王殿、大雄寶殿。眼下泉水叮咚，清幽醉人。

「記得蘇東坡的《病中遊祖塔院》的這首詩嗎？」馬一浮說。

「哦，知道，知道。」叔同說。

「最後兩句卻是『道人不惜階前水，借與匏尊自在嘗。』確有意境。」馬一浮興致勃勃地又說：「息翁啊，如果你不介紹斷食的環境，我哪裡尋得到這種幽靜的地方啊！」

此刻，李叔同總盯著彭遜之看。馬一浮的話他沒聽進去，只感到此人如此剽悍，體型之高大，眉毛之粗黑，落腮的鬍茬，若要投入佛門，誰也不會相信。然而，在彭遜之眼前的李叔同，修長的身材，削瘦的面孔，尤其那件灰棉袍，若說是著名的音樂家、畫家，他也難以置信。但是，各揣各的心思，誰也沒多說話。

過了一會兒，三個人轉進寺裡，又見了了悟和尚，了悟和尚笑著說：

「今天都來了，那麼，李居士由我來給你說些功課；那位彭居士，請法輪長老說課，好嗎？」

大家都合十稱是。

「了悟師父，」馬一浮笑道：「這位彭先生，不！彭居士的家不在杭州，我請求師父給他一個住處。」

「有，有，」了悟和尚說：「這裡很清靜，住在這裡也可以。」

當天，各自由師父說些功課，隨後彭遜之住進了定慧寺，李叔同和馬一浮下山而歸。叔同回到學校，天已經老黑了。

自此，他白天教課，夜裡做「功課」。這功課只不過是沒有文化程度的和尚也會念的一句「南無阿彌陀佛」。念一句，撥一個佛珠。

「怎麼啦？」劉質平對豐子愷悄悄說：「你聽聽。」

「嗯，像是念佛，」豐子愷擰著眉毛：「李老師最近變化很大。聽說他的家裡，是天津有名的大戶，赫赫有名的「李善人」家。」

「我也聽說，」劉質平對豐子愷耳語道：「他家破產了。」

「這都知道。」豐子愷很有把握地說：「一百多萬銀元。這種打擊誰受得了。」

這天，兩位得意門生沒敢驚動李老師。

大約過了一個星期，李叔同揀了個禮拜天，要去拜見了悟師父。他洗了個澡，換上了一件新的罩衫，挑了一雙軟底布鞋，步行來到虎跑。順著泉溪，悠悠直上。在一面石壁前，遇見了一位和尚，叔同躬禮問道：

「請問師父，了悟師父在廟裡嗎？」

和尚抬頭一看，笑了：

「是你呀，藝術家！」和尚哈哈笑了一陣。

叔同一瞅，不是別人，正是馬一浮帶來的彭遜之居士。

「怎麼，您……出家了。」叔同心底有些羨慕。

「您找了悟師父，他在大殿。」彭遜之忽地感到答非所問，於是，補充說道：「馬居士帶我來的那天，就是我發誓出家的那天。」

「哦……。」叔同笑了笑，心想：「這麼大的個子，居然離塵出家，這倒沒看出來。」

「我呀，」彭遜之說：「原來在軍界，當軍人嘛，還不是為了國家太平。誰知，爾虞我詐，四分五裂，幹嘛？我替他們賣命去！這倒乾脆，一切皆空。天塌下來也與我無關。李居士，我看透了這個社會。」

「是呀，」叔同心想：「彭遜之算是真看破紅塵了！」

叔同上山來到寺院。心裡覺得怪不是滋味：「怎麼，倒叫彭遜之先入山出了家。」

他跨進寺院，忽地又出來了。慢慢走上山坡，面對寺院，口念「阿彌陀佛！」恨不得立即跪在師父面前：「請師父剃度吧！」

傍晚，眾僧做功課了，叔同還在山坡上。寺院裡傳出的誦經聲，他知道：那個寬厚而圓潤的聲音，就是彭遜之。

時光還是按照大自然的運轉規律，毫不留情地把歲月流光推動著。轉瞬又到了暑假，劉質平畢業了，他決定赴日本留學，但對老師的精神境界有些琢磨不透。一天晚上，他待老師誦完經之後，輕輕敲敲屋門：

「老師、老師……。」

「進來吧。」

劉質平推開門，一股香火彌漫著全屋，像霧瘴一般，然而那香味卻引起人們聯想，一種寺院的氣息，彷佛與人世間隔著一點什麼。

「老師，」劉質平恭恭敬敬地鞠了個躬：「我決定走了，到日本去留學……。」

「啊，質平，你去吧。要取得好成績，以前我親眼見到日本人對留學生的成績持訕笑之態度。你，將來必可為吾國人吐一口氣的……。」

「老師，我不忘您的教誨……」劉質平哭了。是的，他從小失父，李老師的關切，名雖師生，確是情同父子啊！

劉質平東渡扶桑，李叔同卻一心超脫凡塵。是的，當他孩提時代，家中香煙繚繞，誦經聲聲，他耳濡目染，受到潛移默化的影響。因而他寫出了「人生猶似西沉日，富貴終如草上霜」的感傷惆悵的詩句，滲透著虛無感與宿命觀。而在國內民不聊生，自己理想破滅的嚴酷現實面前，他要從佛門經卷中去尋找精神上的超脫。

此刻的叔同，他的心彷佛是一張浸在水裡的薄紙，再也承受不住一點壓力了。然而，唯一能慰藉他這顆脆弱的心的，就是他親自培養起來的高材生了。儘管精神上有些頹唐，但他畢竟還是在俗的人啊。他惦記著劉質平。劉質平剛赴日本，他便在八月十九日追去一封信。信中說：

君之志氣甚佳，將來必可爲吾國人吐一口氣。但現在宜注意者如下：㈠注重衛生；㈡宜愼出場演奏；㈢宜愼交遊；㈣勿躐等急進；㈤勿心浮急躁。

署名為李嬰①。

他為劉質平的官費留日，往返奔波於教育行政部門，軟釘子吃盡，毫無結果。最後，他只好縮衣節食，從每月一百零五元薪水中節餘廿元，以助劉質平讀書之開支。

世界上的一切事物，都是在矛盾當中發生和發展的。叔同本想盡早遁入空門，但又不能捨棄任教而置劉質平於日本不顧；而劉質平明知恩師「將要入山」，豈肯耽擱其剃度之日期。因而每每來信，表示提早回國。於是，叔同又去一信：

質平仁弟：

書悉。君所需至畢業爲止之學費，約日金千餘元。頃已設法借華金千元，以供此費。余雖修道念切，然決不忍致君事於度外。此款倘可借到，余再入山；如不能借到，余仍就職至君畢業時止。君以後可以安心求學，勿再過慮。至要至要。即頌近佳。

演音②三月二十四日

①根據老子「能嬰兒乎」是斷食後的別署。

②一九一八年三月，李叔同已皈依三寶，得法名演音。故署名演音。

劉質平接到此信，甚是不安。他坐在東京音樂專科學校的留學生宿舍裡，默默地思忖著。心想：近來數月費用均由師供給，師恩之深如此，我怎能以自己求學之故，去耽誤恩師修道之日期呢？就在暑假之前，他毅然捲起行李回到了杭州。見了老師，哭道：

「恕我早歸，可我不忍心耽擱您入山啊！」

李叔同微微點頭：那眼神裡彷彿告訴人們；他又朝著廟宇走近了一步啊！

第23章

葉子一夜沒合眼。

拂曉，她仍坐在長沙發上，雙手托著下巴，蓬亂的長髮垂下來，遮住了她那哭紅了的眼泡。叔同坐在她對面的一張靠背椅上，那黃蠟蠟的臉上，好像一夜之間又添了幾條明顯的魚尾紋，只有那對細長的鳳眼還閃著光。

他的聲音嘶啞了。遁世的決心更堅定了。他深深懂得：「出家者大丈夫之事，非王侯將相之所能為」也。因而，他寧肯撇下這個日本情種，也要出家去學佛。

葉子與世俗女子雖不一般，卻怎能放得下夫婦之情？誰能願做忍情禁慾的活寡婦？如早知丈夫一變而為和尚，誰願遠離國土冒此風險？

「你斷食，又開始食素，我已經對你的身體十分擔心了。」葉子哭泣地說：「而今，你又要遁入空門……」她又放聲地哭了。

「啊，葉子，」叔同說：「說穿了吧，我對這個社會不抱什麼希望了。」

「那你永遠守在家裡，我為你調理素食，放棄社會生活，不行嗎？」

「不犧牲自己，難度眾生；不感化民眾，國無寧日。」

「在日本，吃葷、娶妻的和尚，多的是！」

「不能律己，怎能律人？葉子，我不願當那種和尚！」

「難道做個佛門居士就不行？」

「啊，葉子，我的嘴都磨破了。我認為，做人，不做一般的人；別人報國無門，過過隱居生活，自古以來大有人在。別人為了洗刷自己的罪過，對佛磕個頭，喊兩聲「保佑」，那只不過是掩耳盜鈴，更是罪過。做人，應該與別人不同。這種不同，則要有毅力和決心。貝多芬與人不同之處，他作了震撼人們靈魂的樂章；莎士比亞與人不同之處，他寫出了真、善、美，揭露了假、惡、醜；司馬遷與人不同之處，他勇於寫出了《史記》。我雖沒有救國救民之才識，但佛門大開。這個門，誰也無法禁我。但是，要做和尚，就要與眾不同，做個徹底的苦行僧。這樣才能體現「普救眾生」的佛家思想。這難道，不也是『救國救民』嗎？」

葉子猛地抬起頭，眼裡含著晶瑩的淚珠：

「你一定要出家，就先毀了我！」

「你胡說什麼呀！」叔同望著這個可愛的、而且是共同生活了十多年的愛妾，心裡的滋味是難受的。但是，他已橫下了一條心：「你聽我說，上海這個家，除了我身上的，全歸你。這足可以供養你一生。」

「不，我沒有你，是什麼滋味呀？」

「我的精神還在。你看，鋼琴、樂譜、你的肖像、我的畫具……這些，都是你的精神寄託。」

叔同站起來，正想洗個臉，葉子猛地抱住他，顫慄、嗚咽、抽泣。人啊，叔同畢竟還是一個有血有肉的人哪！此刻，他同情她，為她將要遭受感情的折磨而疼她。然而在情愛上，他痲木了。彷彿眼前的人不是葉子，是謝秋雲，骯髒的瘋女人。我少年的荒唐，寄情聲色。我的罪啊，人世間的罪孽。

「讓我⋯⋯」葉子哭泣著說：「最後再求你一次，我⋯⋯不讓你現在回答。為了我，請你再想想，啊？」

叔同再也不想無休止地執拗地逼著她應諾了。他輕輕地推開她，淡淡地瞅了她一眼，悄悄地拎起小包袱，默默地走出了大門。

雖是三月的天氣，狂風撕裂了春光。

叔同回到學校，漸漸地消沉了，像被霜打過的枯葉，萎變了。

暑假將近，他整理了友人贈送的金石九十二方，加上自刻的一塊，共九十三方，親自送到杭州「西泠印社」。此刻，西泠印社已早有傳聞。他把小皮箱往「題襟館」畫案上一放，和藹地朝眾社友微微一笑：

「我將要離俗出家，這些友人饋贈之珍品，我不能帶它出家。贈給社裡做個紀念吧！」

社長葉舟一愣，還沒弄明白什麼意思時，叔同回首飄然而去。走下石級，經過西泠橋時，猛地看到「錢塘蘇小小之墓」七個大字。一對楹聯寫著：「千載芳名留古跡，六朝韻事著西泠。」叔同心中一下子像有十二把刀子亂攪。誰不知道：這蘇小小是一個聰明美麗、能歌善舞、很有才氣的女子，淪為歌妓之後，並沒隨波逐流，對愛情頗為忠貞。一次，當她乘車出遊時，在白堤遇到青年阮郁，二人邂逅相遇，互為傾心。此後，天成佳侶。然而好景不長，阮郁被在京做官的父親催回，從而，再不容其返杭。忠貞於愛情的蘇小小，頓然成疾，不久便鬱鬱而亡。蘇小小死後，有位落難時曾受蘇小小資助而得取功名的鮑仁，見此情景，便感其仁德，把她埋葬於西泠橋畔，並造了「慕才亭」以示後人。

叔同的心在顫慄著，他不敢想下去。然而這座光滑的水泥墳頭，就像埋在他的心裡。啊！啊！忠貞於愛情的葉子，你會不會也墜於墳底呢？哦！葉子，但願你能完全起信於佛門，做一個虔誠的居尼，或許，減少一些精神上的痛苦吧？想到這裡，他的心似乎平靜了很多。

當天夜裡，夏丏尊感到暑假漸近，唯恐叔同再生出「斷食」的事端，擔心地來到叔同屋外。一推門，門已倒插。他踮起腳跟從窗外望望屋裡。只見叔同盤膝於炕上，念著什麼經。此刻，丏尊胸中甚是苦悶：

「唉，放著好好的生活不過；全身的藝術不做，偏偏念經打坐。真是宗教之隔，親兄弟也會各奔各。」丏尊心中有些不悅。

「叔同，」他乾脆叫了一聲。

半晌，門「呀」地一聲開了。丏尊悶著頭走進叔同房間。只見香火繚繞，桌上擺著一卷經。

「這是什麼經典？」丏尊強作笑臉。

「金剛般若波羅蜜經！」

「噢？人間的藝術，你不去創造了？」丏尊對佛典顯然有些貶意。

「啊！丏尊，沒有宗教，還成什麼藝術？」

丏尊感到他的話，叔同是聽不進去了。

沒幾天，年度考試了。

考完的第二天上午，聞玉笑嘻嘻地進來：

「李師，哪天回家？」

「哦，聞玉，我正想找你。」叔同淡淡地一笑：「請你把夏師請來。」

「好。」

「還有，」叔同想了一下：「把劉質平、豐子愷、王平陵、李增庸也找來。」

丏尊聽說叔同有請，不禁心裡直犯嘀咕。索性，把豐子愷、劉質平、王平陵、吳夢非、李鴻梁都帶上了。嚄！來了一大幫。

叔同見了大伙，笑吟吟地讓大家坐下，聞玉忙著給大伙沏茶倒水，隨後也坐下來了。

「我來這裡七八年，和丏尊朝夕相處，情同手足，又深得眾同學厚愛，自勉自強，刻苦上進。今日有勞大家，甚是不安。在這些年裡，得到多方關照，感謝之極。現在，我已呈上了「辭職書」，馬上要離開學校。很慚愧，沒有別的奉送，只有一些身外之物……。」他說著便拿起了當年朱慧百、李蘋香二妓送給他的詩畫扇頁，和他贈與金娃娃的詞卷，這些均已裝裱為卷軸。「這些，送與丏尊做個紀念。」

丏尊直愣愣地望著叔同。叔同又說道：

「啊，忘了。」叔同把這些卷軸拉開，用毛筆端端正正地寫了「前塵影事」四個字。接著，從懷中掏出一塊金錶，往桌上一放，輕輕推至丏尊的面前：「這個，我用不著了，送丏尊掌握時間。還有一些歷年來我收藏的書法，也送給你吧。」

丏尊難過得拳頭都握出了汗水。

「關於一些油畫和水彩畫的作品，我已託人送給了北京國立美術專門學校。還有九十三方金石贈品，我已送到西泠印社。」叔同淒然一笑，繼而停頓了一下。

屋裡靜得可怕，甚至可以聽得到對方的心臟跳動。

「當然，」叔同想了想說：「做了和尚，與俗家不同。雖說佛門經典與中國文化有關，但它畢竟不是藝術創造。因此，這些身外之物，給你們，還有些用處。」

「李師……」豐子愷忍不住了，眸子裡閃著淚花。

「等一等。」叔同已判知豐子愷要說什麼。於是把手擺了擺，又說道：「子愷，我這裡還有一批畫譜、理論書、全套『莎士比亞』和幾幅書畫作品送給你。」

豐子愷心裡被什麼撞擊了一下，眼裡滾動著淚水，咬緊牙關不讓它流出來。

「還有一批書畫、音樂名著和樂理書，送給質平。還有，」叔同指了指文具、南社文集等：「給平陵。」

他朝聞玉看了看，微笑道：

「你侍人實在誠懇，我無以報答。我這些俗家衣服，你拿去穿吧！」

聞玉嚇了一跳，心想：「怎麼還有我的份？這些衣服可不是我當校役穿的呀，除了西服，就是料子衣裳……。」

「最後，還要麻煩丏尊。」他指了指桌角上的一包東西：「請你轉給經校長。」

叔同把這些視做極珍貴的文物散盡後，只剩下一個小行李捲和一個柳條包了。

大家還說什麼呢？就連平日對學生婆婆媽媽叨咕不休的夏丏尊也啞口無言了。

半晌，沒有一個人講話。

叔同散盡了身外之物，似乎卸下了一個重擔。然而這重擔卻甩給了全屋的人，這重擔像塊大石頭，沉甸甸地壓在每個人的心頭。

「講話呀，夏師。」幾位同學沉鬱的眼睛盯著夏丏尊，巴不得由他來打破這種令人難忍的場面：

「李師是個放得下、拿得起的人。」夏丏尊終於說話了：「我也不再多說了。今天，叔同已經披上了麻布長衫，換了鞋襪。那麼，我想請人拍個照，做個永久的紀念。」

「我去找人來！」聞玉拔腿跑出去了。

「也好，」叔同笑了：「不過，在俗任教期間，我教的音樂和美術。那麼，就叫我的兩位學生陪著我，怎樣？」

誰都知道，他指的兩個學生是誰。

「照像的來了。」聞玉喘著粗氣。

「這麼快？」夏丏尊問道。

「就離學校不遠嘛！」

此刻，李叔同已盤膝坐在炕上。夏丏尊喊了一聲：「豐子愷、劉質平，陪著李師拍個照。」

二人很聽話，走到炕沿前，分別左右盤膝坐在地下兩側。照相師握著皮球快門，「咔」地一下，照完了。

「聞玉，」叔同下了炕說道：「還要麻煩你一趟。」

「這還用吩咐嗎？李師。」

還是那條竹扁擔，一頭行李捲，一頭柳條包。

吃罷了午飯。聞玉挑起了扁擔，叔同告別了校長經子淵。經子淵和沒走的同學一直把他送到校門外，這才揮手告別。

一條扁擔悠悠地離開了人們的視線。

「丏尊，你回去吧。」叔同的聲音淒然。

「唉，唉，我不再送了。咱們還能見面的。」丏尊黯然一笑，語音哽咽，拉著叔同的手，半晌沒有一句話，瞅著他那清瘦的面容，鼻子一酸，眼淚湧進眸眶。

「回去吧，別送了。為我護法吧。」說罷，搖了搖丏尊的手，回頭便飄然離去。

丏尊忍泣望著叔同的背影，佇立著，凝視著，像石塑木雕。這時，他再也忍不住了，兩行熱淚流了出來。

扁擔悠悠，節奏很快。聞玉挑了一段路，卸下擔子，拎起衣襟抹了一把汗水，回頭望了望，待叔同姍姍而來時，又挑起擔子上路了。直到距虎跑定慧寺僅有半里路的「四眼井」時，叔同跟上來了：

「聞玉，就在這裡停下吧。」

聞玉愕然：「還有很長一段路呢？」

「好了。」叔同往路邊的涼亭一指：「就放在這兒吧。」態度很溫和。

聞玉把擔子放在涼亭裡，抹了把汗，遠望高山，鬱鬱葱葱，此刻，聞玉的心中不知是什麼滋味。然而就在這時，叔同打開了柳條包，披上袈裟，穿上了草鞋。聞玉一回頭：

「李先生，您……？」聞玉驚愕地喊著。

「我……」叔同緩緩地說道：「已經不是李先生了。」態度十分從容而深沉，「謝謝聞玉居士，我走啦。」說罷，挑起擔子，直奔虎跑大慈山。

聞玉愣了。想哭哭不出，想喊不敢喊，想追腿發軟，一陣昏眩，幾乎摔倒在地。他扶著涼亭柱子，站了半晌。

「不！我不能讓他一個人去。」聞玉追上去了。

當他找到定慧寺李叔同的寮房時，叔同正在打掃房間。聞玉再也抑制不住難過的心情，「嗚……」地哭了：

「李先生——」他搶過掃把，哽咽著說：「這不是您做的生活！」說完，便迅速地幫助打掃起房間。

「聞玉居士。」叔同語言有千鈞重，然而是溫和的：「做和尚的，上有兩隻手，下有兩隻腳，這原為勞動而生的。不唯出家人要勞動，即到佛的地位，也要常常勞動。」

「………」

叔同接過掃把，微微一笑：「請回去吧，要為我護法。」

聞玉抹乾了淚水，嚥了一口唾沫，帶著通紅的眼圈，退出了叔同的寮房。

聞玉回到學校，把經過一五一十地告訴了夏丏尊。丏尊聽後，不禁淒然淚下：

「可惜，可惜，一代才子……。」

丏尊一邊嘆著，一邊計畫去大慈山看望叔同。不料，丏尊父親病重的家信，迫使他回到了家鄉。

叔同的出家，不僅是杭州的新聞，而且也震動了大江南北。柳亞子聽到李叔同出家的消息，驚呼：「蘇曼殊逃禪歸儒，李叔同又逃儒歸禪，真乃『南社』兩大畸人矣！」

西泠印社召開了在杭的社友會議，會上傳達了叔同出家的真實消息。登時，社友們打開了這只小皮箱，把每一件金石作品小心翼翼地傳閱了一遍。其中有夏丏尊、陳師曾、經亨頤、王福庵、李苦禪、葉舟、徐星周等在國內外享有極高聲譽的金石書畫家，還有石生、葆瑒、志貞、在應等受業門生的佳作，共九十三方。經社友們討論決定，在西泠印泉右側，鑿開一方石壁，把叔同的九十三方金石印章，封於石壁之中，嵌碑一塊，題曰《印藏》。

寺院的殿宇和寮房，曲曲迴迴。一年前，叔同在這裡斷食時，因沉著靜息，不便走動，加上一身長袍馬褂和溜光的小背頭，如果東張西望地走動，總不像個樣子。而今，他迎著橙紅色的夕陽晚照，前殿後堂地走了一遭，繼而漫步往虎跑走去，他望著山腳邊的一汪泉眼湧出的清泉，涓涓流入一只方形的泉井，像一顆顆綠色的珍珠躍進玉盤，終日滴瀝。滴翠亭前後尤多名人題字，並鐫刻有出於梵典的五百羅漢，他感到這幽靜而雅寂的下處，倒也不錯，只要決心拋棄凡塵俗事，真像個隱士一般。

夜裡，他躺在寮房裡，「隱士」的心不平靜了，就像十二級颱風掀起的江河海浪，起起伏伏，撞撞跌跌，似乎非要把「塵前影事」一齊端出來不可。從進士門第孩提時代，到出國留學；從家庭破產直到理想的幻滅；從走馬章台到謝秋雲的瘋病；從俞氏及兩個孩子，想到眼下的葉子；從藝術世界想到文壇故友；從「天涯五友」想到摯交夏丏尊……

「啊，丟棄這與佛門無關的塵事吧！」

他要永遠埋掉李叔同的名字。

他清楚記得，斷食後拜入門師時，曾要求了悟和尚為他取個法名。這位退休的老和尚笑道：「大學問家，法名你自己取吧！」

「不，師父，請您賜名。」

了悟和尚捻著念珠，口稱「阿彌陀佛」，接著便以佛門字號、排輩追源地想了一會兒：

「請問李居士，素茹習經，心誠否？」

叔同虔誠而嚴肅地說：「弟子投入佛門，一心演經習佛，弘揚佛法……」

「好，你就叫演音，號弘一吧。」

「啊，師父。真是佛緣哪。這弘字乃「36」的變體字，加「一」正好三十七，是我的實足年齡啊！」

「阿彌陀佛！」了悟和尚高興地念了一聲佛號。

往事如煙，裊裊燎繞，輕輕散去。

第二天叔同便隨著眾僧做功課，靜坐，魚板梵鐘，開始了孤燈黃卷的生活。

再過幾天，便是大勢至菩薩的生日。叔同和了悟和尚來到靈隱寺。在大雄寶殿拜見了主持長老。老和尚笑吟吟地問道：

「李居士，你真的願意出家嗎？」

「是的，願佛門慈悲。」

「為什麼出家？」

「演經習佛，普救眾生。因為弟子少年放浪形骸，近年又無律己之行為，其理想之幻滅，實為罪孽深重。」

「七月十三日，是大勢至菩薩的生日，在這一天削髮，如何？」

「謝謝師父！」叔同激動得匐下來虔誠地頂禮。

老實說，當他站起來時，思緒驀地回到了上海。至於這十里洋場，在李蘋香、朱慧百、楊翠喜、金娃娃，以及瘋了的謝秋雲，這段因緣回憶，似乎尚無遺憾，認為人生也不過如此而已。然而，眼下的葉子，就在他的面前啊，多麼現實的情景，與他廝守了十二年的葉子。這一剃度，豈不又犧牲了一個無辜的女性？儘管為了報國無門而看破了紅塵，然而這顆心，仍然是血與肉的組合物啊！

「進了佛門，」老和尚又説：「要嚴守戒律，做得到嗎？」

這一問話，觸醒了正在走神兒的叔同：

「做得到，師父。」他回答了之後，立刻恢復了鎮靜。把心一橫，決心割斷世俗因緣，悉心地懺悔，淨化自己的一切凡想，否則，就不能普救眾生。

七月十三日，雲林禪寺的山門，那頂天立地、耀武揚威的金剛彷佛在歡迎一個剃度者似的，顯得非常神氣。殿外的幾棵槐樹，被風吹落的葉子，悠悠地飄落在溪澗，然後順流而下，那啷啷喳喳的百鳥，像一曲迷人的「幽林交響樂」，為大自然增添了無限的妙趣。

正殿裡，紅燭高燃，香火繚繞，叔同披著一身「海青」，腳穿「芒鞋」，在金身大佛前頂禮三拜。接著，「噹」地一聲，磬聲繞粱，鐘聲「咚咚」。

不一會兒，眾僧趕到大殿。

又敲響了一聲大磬。老和尚身披袈裟，緩緩來至佛龕前。眾僧與叔同各就各位。

第三聲磬響，眾僧大禮三拜，接著便是梵音經典，聲震山林。

「金刀剃盡娘生髮，除盡塵芥不淨身……」老和尚念罷，小和尚捧著一個托盤，裡面放著剃刀和帖子。老和尚打開剃刀，在叔同事先剃光了的頭上晃了晃説道：

「誓斷一切惡心，誓除一切苦厄，誓度一切眾生。」接著便為叔同説「皈依佛、皈依法、皈依僧」這三皈依。老和尚收起剃刀，又從盤子裡拿出帖子，唱道：「剃度之後，剔除俗名。法名演音，號弘一。」

剃度禮結束，眾僧為之祝賀。然而，對這位「師兄弟」都另眼看待，似乎是個了不起的老和尚。

次日，叔同剛從「大雄寶殿」做了早課出來，迎面碰上了一個人。誰？夏丏尊！

「丏尊！」叔同喊了一聲。

丏尊仔細一瞅，面相確是叔同。但那光光的頭皮，短髮全無，著起了海青，倒使丏尊吃了一驚：

「你不是說，只在這裡修行的嗎？」丏尊驚愕地瞪大了眼睛。

「哦……」叔同笑呵呵地說：「這也是你的意思嘛！你不是說：索性做了和尚嗎？」

丏尊怔住了，心中感慨萬千，恨不得一下子把這位吃苦的老友拉回去，但他冷靜下來了：

「叔同，」丏尊黯然說道：「你赫然是個和尚啦！」這句話，連他自己也不知是什麼表情。

「昨天受剃度的。」叔同笑呵呵地說：「日子很好，恰巧是大勢至菩薩生日。」

丏尊看著叔同的神態，不知如何是好：

「本來，早就想來看望你，無奈，父親病重，我回家去了一趟。」

「今尊大人身體好些嗎？」

「年紀大了，容易生病，現在情況還好……」

叔同帶著丏尊，穿過幾個殿堂，邊走邊勸說：「令尊的病，要使他入佛，做個虔誠的居士，恐怕要好些，啊……你說對嗎？」

丏尊茫然「哦」了一聲，連自己也不知這「哦」的一聲，算是同意還是不同意。他只感到，叔同的光頭、海青、芒鞋，像從哪裡飄來的一陣烏雲，黑壓壓的，烏沉沉的，一種難以卸掉的壓力和責任感，使他透不過氣來。

「你在這兒等一等，我寫一幅字，你帶回去，算是我出家的紀念。」

叔同進了寮房。丏尊望著這陰森森的廟宇甚是忐忑不安：啊，叔同，撇下妻子兒子葉子，自找苦吃，唉！連你的藝術一起埋藏了呀！

約莫有半個小時光景，叔同捧著一幅書法出來。「丏尊，這個送你做個紀念。」

丏尊丟掉頭腦中的紛繁聯想，接過條幅一看，是楞嚴大勢至念佛圓通章，並加了跋語。末了，還寫了「願他年同生安養，共圓種智……」

丏尊念了一遍，點頭說道：

「你的滿腹古文，確是你入佛門的階梯。」丏尊的話，一語雙關；如果古文根底淺薄，怎能理解這佛門的奧義文詞？

「丏尊。什麼是『同生安養，共圓種智』呢？這不經譯過，是不可理解的。」

叔同越是津津樂道地解釋《楞嚴經》的奧義，丏尊更覺得迷惘莫測，彷彿他與叔同隔了一片霧瘴，這霧瘴隔離著世交摯友，使他倆的共同語言突然起了化學變化，他傷心了，他望著對佛門如此熱情的叔同，流下了熱淚。

「這是我出家以後第一次以書贈人。丏尊，別難過，我的出家，並非一般失利而逃避現實。在俗時，我做不到的報國之願，佛家為我開了門。這也是前緣之故吧。」

丏尊默默地點點頭，然而他並不理解叔同的「全文」。

「如果說，念其我們過去的友情，為我護持一些，我心則安矣……」

「叔同。」

「嗯？」叔同皺皺眉頭。

丏尊感到失口了，立刻改口道：「弘公，你放心吧，我為你吃素一年，護持你的佛法。」

「阿彌陀佛！……」叔同雙手合十。

丏尊也做了個樣子，雙手合十，上下擺動了兩下：「那麼，我就告辭了。」說著便捲起了這張《楞嚴經》。

「丏尊，我有一事放心不下。」

丏尊一怔：「什麼事？請說吧，弘公。」

「上海……葉子的事，這是我出家人不能沾邊的俗事。我想託你，如一旦去上海……。哦，我忘了告訴你：當我最後離開她時，我沒完全宣佈出家。如果她知道了，肯定不依。請你轉告她，我已經出家了。異鄉沒有故土香，勸她回本國去。久留上海，也不是長久之計……。」

丏尊深深地嘆了口氣，把胸脯抬得老高。心想：「苦行僧啊，真是不可思議，這麼忠貞的愛妾，捨得丟下？讓她如何了結這後半生？」

第24章

李家大院像出了一件「醜事」，大門緊閉著，男女老少，上下人等個個哭喪著臉，心，繃得緊緊的。文熙拍著大腿直嘆息：

「哎……嘛事不能幹，偏偏去當和尚！」說罷，又朝桌上睨了一眼。

大廳的八仙桌上放著一個黃布包裹，是李叔同寄回家來的一縷頭髮和一本《楞嚴經》。

一封書信很簡單：

……余於七月十三日剃染出家，九月在靈隱受戒，始終安順，未值障緣，誠佛菩薩之慈力加被也。此後，以宏揚佛法終其身耳。望在俗眷屬不必思望，只當我患「霍利拉」死去矣！

俞氏哭得很傷心。

此刻，叔同的大兒子李準、次子李端、以及侄兒、侄媳、侄孫女都圍著這只布包看呆了。

「弟妹，」文熙一籌莫展地對弟媳婦說：「不要難過了，我這個弟弟是個拿得起、放得下的人。他要執拗地一心做和尚，你哭，他也不會受感動的。這樣吧，我寫封信，讓他還俗！」

「哥哥呀……」俞氏哭得愈發傷心了：「他的脾氣我知道，叫他還俗……不容易呀……嗚——。」

正哭著，李筱樓的大姨太太、八十多歲的郭氏老夫人來了。她拄著拐杖，顫顫巍巍地來到廳前，小曾孫女李孟娟急忙過去，扶著郭氏進了大廳：

「嘛事？」她睜大乾枯的眼窩，朝全家人看了一遍：「啊？哭嘛？」

「大娘，」文熙生怕大娘氣個好歹的，於是含糊地說：「也沒什麼事……」

「沒嘛事就哭？別瞞著我！」

小孟娟給曾祖母搬來一把椅子。

郭氏坐在凳子上，又對文熙說：「什麼事，跟娘說說！」

「哎！」文熙嘆了口氣。無奈，往桌上一指：「您看，這太不像話了。」

郭氏瞇著老眼瞅了瞅，又用手背揩了揩眼窩，說道：

「文熙，我眼花了，看不清，你跟大娘說說。」

「文濤來信啦！」

「怎麼？病啦？」

「當和尚去啦！」

「別騙我。」郭氏有點顫抖了。

「您看！頭髮、經卷，都寄到家裡來了。」

郭氏一聽，嘴唇顫抖了幾下，差點厥過去。文熙趕幫上去扶著大娘，小孟娟不停地給曾祖母捶著背。片刻，郭氏站立起來，對全家人說道：

「你們都別哭了。我早就說過：我們家呀，就是一本《紅樓夢》啊……。我說文濤家裡的，你也別哭。年輕輕的，哭壞了身子，兩個孩子怎麼辦？有能耐，把他找回來！」

俞氏忍住了哭泣，低頭思索了半天，自知此事無法扳回，因而，望著郭氏說道：

「大奶奶，他要當和尚，就隨他去吧。」

打這天起，郭氏老夫人一病不起，沒幾年就謝世了。

俞氏沒去虎跑大慈山，葉子卻到了定慧寺。

十月的杭州，秋風秋雨一連陰了好幾天。大慈山上的一草一木，一丘一壑，似乎與往常不同，在葉子眼裡，蘇東坡的著名詩句「山色空濛雨亦奇」似乎也黯然失色了。

葉子沒帶東西，手裡緊緊捏著幾張被雨水淋濕了的報紙。這報紙給她報了消息，也是全國的一大新聞——「藝術大師李叔同棄俗為僧。」

一陣大雨，葉子躲在虎跑山坡的涼亭裡，大雨過後，她冒著滴滴小雨，爬上了大慈山，抬頭望見「定慧寺」三個大字。此刻的心，緊張得不能自已，她顧不得這靡靡細雨，也不覺得衣服已濕透了。也許這是第一次見到中國的廟宇，她環視了一下周圍，古木森森，空曠寂寂，石級重重，殿宇深幽，迴廊曲折，好一派古剎寺院。然而，這優美的古代建築藝術，這濛濛山色，似乎都與她無關。她順著石級來到了廟前。

陰雨的氣候，沒有香客，也沒有施主。幾殿佛堂靜得瘮人，整個大廟沒有一點聲息。

葉子在廟門外佇立了良久，眼前的廟門緊閉著，她的心卻忐忑地急跳著。她盼望著能有個和尚出來，豈知全體和尚正在坐禪，只有苦風淒雨吹打著樹葉發出愁人的聲響。

「呼、呼！」葉子忍不住拉起大銅環子，敲打著廟門。

「誰？」一個小沙彌拉開廟門，不禁一怔。只見一位女子，穿著一件被雨水打透了的湖藍色夾袍，皮鞋白襪沾滿了泥漿，蒼白的臉上淌著雨水，神色十分憔悴。於是急問道：「女施主，有什麼事？」

「我找個人。」葉子見是個小和尚，年齡不過十三四歲，樣子很厚道，於是，十分客氣並強作笑臉地補充了一句：「我找……李叔同。」說罷深深鞠了一躬。

「李叔同？」小和尚一皺眉：「什麼李叔同？」

「哦……小師父，」葉子那顆破碎的心跳得更激烈了：「就……就是剛出家的李叔同。」

小和尚從這不流利的漢語中聽明白了。然而李叔同對廟裡僧人早有關照，對任何來找他的俗家人，只說入山時短，每日修行打坐，謝絕來訪。

「女施主，你說的李叔同，他叫演音，號弘一，正在打坐，不見任何人。」

「小師父，只讓我進去，就行了。」

「不行。」小沙彌正要關門，葉子拚命地頂著廟門，哭切切地喊著：

「小師父，我是他的妻子啊……我只要求見他一面……。」

「更不行，出家人是沒有妻子的。」

「啊……小師父，我求求你。請通報一聲，就說上海的葉子來找他……，他一定會見我的。」

小沙彌把心一橫，說道：

「方丈也關照過，任何人來也不能見面。」

葉子痴痴地望著小沙彌，用牙咬著發抖的嘴唇，那紅腫的眼眶裡，頓時又湧出了熱淚，此刻，她二話沒說，「撲通」一聲，跪在濕漉漉的廟門前。

善心的小沙彌，畢竟是個孩子。心想，師父不叫帶進寮房，讓她進廟，也不算犯戒呀。於是他把廟門開了。

葉子急速爬起來，徑直走進大廟，這時，正值廟裡做完功課，葉子恨不得多生幾雙眼睛，她拚命地在和尚中尋視著，然而，廟裡走動的人都是一個模樣：光頭、海青、芒鞋。她頓然想到，這位與自己曾經雲情雨意十二年的藝術大師，恐怕也是上剃光頭，下著芒鞋的老和尚啦，禁不住兩行同情、酸楚的熱淚，落在水汪汪的方磚地上。

「小師父，求求你，幫我找一找，好嗎？」

「嗯……」小沙彌把葉子領到大雄寶殿檐下：「我去找一找，你在這裡等一等。」

「謝謝。」葉子急忙雙手扶膝，一連鞠了三個躬。

小沙彌走後，葉子朝大殿望了一眼，恍惚中感到佛像在微笑：「啊……佛呀。」她的心突突地跳得更加激烈。然而，她不敢再想下去了，她拖著疲憊不堪的雙腿往石門檻上一坐，還沒喘過氣來，只聽有人問道：

「女居士，找誰？」

葉子猛地站起來，見是一個五大三粗的和尚立在旁邊：「我找……李叔同。」

正說著，小沙彌回來了。

「找到了，他說：出家的和尚啦……嗯……對在家的俗人，一律不見！」

這句話，像半空中打來的悶棍，幾乎把葉子打昏過去。

「阿彌陀佛——」大和尚無奈地搖搖頭，走了。

「女居士，」小沙彌同情地望著葉子，喃喃地勸道：「還是不見的好，弘一師父在做功課呢……。」說罷便悄然離開了葉子。

葉子忍著心底的顫動，猛地闖進大雄寶殿，雙眼虔誠地望著大佛，雙膝慢慢地跪下來，像禱告，像乞求，頓時，一肚子苦水彷彿要傾訴殆盡，她再也忍不住了，對著大佛「哇」地一聲大哭起來：

「佛呀……佛。我一生沒做過虧心事啊……佛……我沒罪呀。為什麼佛爺偏偏如此懲罰我，佛呀！佛——。」

正哭著，走過來一個濃眉剽悍的壯年和尚。

「請問女施主，是請經超度亡靈的嗎？」

「不是的，師父，」葉子抬頭迅速朝和尚瞄了一眼，哭訴道：「我是找人的。」

「找哪一位？」

「找剛出家的李叔同……」

「噢，」大和尚搔搔頭皮，同情地說道：「快起來，我給你去找。」說完，他往後殿去了。

來往的和尚很多，葉子都和他們的目光對照了一下，卻沒有發現她看慣了的那雙細長的鳳眼。

細濛濛的苦雨，寒颼颼的秋風，使全身濕漉漉的葉子禁不住打了個寒戰，她猛地站起來，晃悠悠地走出大殿，望著來往的僧人，恍惚中，彷彿叔同就在她的眼前：

「叔同啊……快回家添衣服去吧，多冷的天啊……，夾袍……還有那皮坎肩，我給你準備好了，啊！」

沒有反響，只有木魚「梆梆」地敲起了使她難忍地聲音。此刻，晚齋開始了，整個廟宇鴉雀無聲，頓時連個人影也不見了。

「佛呀，」葉子回頭面對大佛，哀求道：「大慈大悲的佛呀……我一生沒有作過孽……他虔誠地信佛，我為他護法；他要做居士，我為他素食；他要削髮出家，我沒權成為他的障礙，可是，我要求佛保佑，使我倆再見最後一面，說上最後一句話……」

「女居士，」大和尚回來了，臉色沉靜得像塊石板，緩緩地說道：「我見到弘一了，他說，既已脫離了凡塵，再也不見前塵親屬了。你再等，他也不見了。」

這時，躲在紅柱後邊的小沙彌，眼裡湧著一汪淚水，又出現在葉子面前，他找不出更好的話去安慰她，只是關切地插話說：

「天氣又不好，別在這裡凍出病來，還是早點回去吧……」

葉子腦袋裡「嗡」地一下，身子一軟，又跪在殿前的方磚地上：

「佛呀，成全了我吧……」一聲痛哭，把人心都撕碎了。

「咚——咚——」南屏晚鐘敲響了。僧人們都各奔各殿燃香點燭做晚課去了。

葉子的淚似乎流乾了，唯有血液還在奔流。

「女施主。」

葉子一驚。在大雄寶殿的燭影照拂下，見一個和尚走出殿堂，聲似宏鐘般地說道：

「請你不必再等了，弘一說，你就當他得了「霍利拉」死掉了！阿彌陀佛——」

葉子失望了，就像掉進大海裡抓不到一點依附的東西。

她從水汪汪的方磚地上慢慢爬起來，晃了兩晃，沒講一句話，那雙失魂落魄的眼神兒彷彿凝固在眸子裡，就像一個蹩腳的雕塑家的失敗之作，無神、渺茫、痴呆、發直……

「啊……不可能，不可能。」她發出囈語般的悲涼的呼喚：「李叔同……李哀……息霜……惜霜……叔同……」

聲音是微弱的、淒楚的，滲透著夫妻之情，穿透人心，摧人淚下。

「女居士，請你回去吧，快關山門啦！」小沙彌很同情地喊著。

「不，我一定要見到他……」葉子淒厲地說。

陰雨的天氣，夜幕無情地垂下來了，使廟宇周圍呈現著一片黑黜黜的世界，只有大雄寶殿那對紅蠟燭閃灼著聖潔的光輝。

葉子孤獨地佇立在殿前，目光茫然地望著周圍。須臾，一聲撕肝裂肺的呼喊：「不！我一定要找到他！」

是的，葉子的心碎了。然而唯一能使她懷有一線希望的是：李叔同是真的在此廟裡。這時，她拉開疲憊而發抖的雙腿，不顧坎坷的陡坡，頂著愁人的細雨，一步一步地順著大雄寶殿的外圍走著。

一道閃電，劈開雨霧，閃現著一張蒼白而掛滿淚雨的秀臉。一聲悶雷，迴蕩山川，大雨瓢潑而來，然而這對葉子來說，似乎已經麻木了，她只顧不停地往前摸索著，圍著大殿轉著。

一圈，二圈……她整整轉了四圈。末了，她絕望地對著大殿，幽幽地喊著：「佛呀——。」

「女施主，」大和尚微閉雙眼，音色黯然。

「女居士，」小沙彌叫了一聲，聲調像從雪地裡傳過來的一樣，冷颼颼的。

「用過齋飯再走吧。」異口同聲地說。

葉子悲傷極了，默默地搖搖頭。

她，在定慧寺裡流乾了最後一滴淚。

天色漆黑，細雨不停，葉子探著陌生的山路，踉踉蹌蹌地往山下走去。

壯年和尚返回叔同的寮房，很不客氣地說：「演音，難道你就這樣忍心讓她走了嗎？」

「你我眾生，都是同體之親。你，還是原來的彭遜之嗎？既然禮佛發願，再存個夫妻、父子之情……何況，你我更不相同。我的罪孽深重……見了她，反而不好，如再存個夫妻之情，那就……」

其實，叔同早有猜想，葉子會來的。然而冒雨跪廟求見，這倒使他吃了一驚。他知道，如若和葉子見面，被葉子死活一纏，豈不壞事？就像陰陽二極相觸，這兩顆未消亡的情種，將會「炸」毀這座廟的。

「說的也是。」這位被後人稱為「亞東破佛」的彭遜之搔搔頭皮：「唉，那就讓她去吧！」

「走了嗎？」叔同問。

「已經下山了！」彭遜之皺皺眉。

「阿彌陀佛——」長長的一聲佛號，使他拋棄了世俗的遐想。

然而，誰能控制這血肉之軀的靈魂，誰能一下子把人之常情畫個「空」字？

給葉子打開山門的那個小和尚，十三歲，是個憨頭憨腦的孩子，為人忠厚，頗得弘一大師的歡喜，因而，一直跟隨弘一大師。十八歲時被弘一大師收為正式徒弟，法號寬願。

一天，這個老實巴交的小和尚拿著一封家信，笑嘻嘻來到弘一寮房：

「師父，我家來信了。」把原信往弘一大師手上一送：「您看看，上邊寫的是什麼！」

弘一大師拆開一看，內容是他母親想兒子想出了病，讓他回家見上一面。弘一大師原原本本地向小和尚說了一遍。

小和尚把眼皮一耷拉，半晌，才喃喃地問師父：「我也想去看看媽媽……可以嗎？」

弘一大師思索了半天，末了，沒蹦出一個字兒來。

小和尚懵了。撩起眼皮兒瞅了瞅師父，這眼神兒裡包含著焦急、乞求、疑慮、心慌和思母之情。

又等了半天，師父還沒吭聲。心下已涼了大半截。臨走時，眼裡含著一汪子淚水。

過了三四天，來了一位弘一大師的故友。小和尚急忙奔至寺外迎接。來人係中國銀行杭州分行的蔡谷卿。蔡先生見到小和尚，笑呵呵地拍拍他的肩：

「聽說，你母親病啦？」

小和尚傻笑笑：

「您怎麼知道的？」

「嗨，傻孩子，你師父給我寫信時，說他的手頭很拮据。」

小和尚一聽，忽地明白了，感動得差點哭出來。他急忙帶著蔡先生來到叔同的寮房：

「哎呀，蔡居士，你還親自來啦……」弘一大師站起來說。

「你不寫信，我也要來看望你呀！」說著，掏出了五塊銀元往大師桌上一放，就坐下了。

弘一大師拿起錢來，往小和尚手中一塞：

「你明日起程去看望母親吧，代我向她問安。」說罷，又從抽斗裡拿出兩封寫好的信，交給小和尚說：「這信上都有衢州的地址，交給我的朋友。他們會關照你的。」

小和尚捧著銀元和信，高興得張大了嘴巴。第二天便到衢州，送完了信，轉程到了常山鄉下。

幾天以後，小寬願高高興興地回來了。進了廟門直奔弘一大師的寮房。正好弘一在做功課，他悄悄離開外間禪房，往大殿而去。

豈知，寬願探母回來，動了「錢」的邪念。

原來，叔同出家以後，在定慧寺立下了誓言：一不做主持；二不化緣；三不賣經。因而，定慧寺在他的影響下，個個是窮和尚。

在一個晴朗朗的早上，斜陽剛剛射滿土紅色西牆的時候，山上來了兩個小和尚。小寬願憨笑著湊過去：

「你們是哪個山上的？」

「靈隱寺的。」

「靈隱寺？」小寬願一琢磨，不對，路程起碼十幾里之遥，如何這麼早就來到虎跑？「你們半夜就走出來了吧？」

二個小和尚咯咯一笑：

「乘車來的，第一班車！」

「那……你們……有錢乘車？」

「你們不分錢？」兩個小和尚反問了一句。

「不給錢，光是一天三餐齋飯。」

「唉！」一個小和尚大模大樣地說：「你真傻！為什麼不到靈隱寺？」又湊近了一步悄悄說道：「我告訴你，我們那裡每天放焰口，做法事。善男信女都是大把大把地往廟裡扔錢。你別看我們剛進山的，每天都有個把紅包，或幾銅板的進項。」

小寬願的心被說動了。

有一天，他趁著弘一大師整理佛經的時候，撒開兩條飛毛腿，一口氣跑到靈隱寺，找到兩個小和尚，要求見主持大師。小和尚一聽，心中十分高興，立刻把他領到主持和尚卻非方丈的禪房：

「卻非法師。」小寬願雙手合十頂禮一拜，說道：「我是弘一大師的侍從和尚，我想學做法事，請大師跟我師父說說，讓我來這裡學吧！」

卻非方丈把臉一沉，半晌，才正色教誨說：

「你人在寶山不識寶，真是罪過！」卻非法師搖了搖頭：「你知道不知道，哪個人不想當你師父的弟子？」

小寬願一聽，臉色緋紅，連嘴角都挪了位。

「你師父身上的一切，比什麼都珍貴！去吧！」卻非嚴厲地說。

小寬願聽了這席話，心裡像揣了個小兔子，忐忑不安，感到十分慚愧。還暗暗地咒了一聲那二個小和尚。隨後，悻悻回到了大慈山。

在一次寬願送水的時候，弘一大師瞇著慧眼叫了一聲：

「寬願。」

「噯，師父。」

「母親來信了嗎？」

「沒有。」

「什麼時候想去看望她，就跟我說，啊？」

「謝謝師父！」寬願憨笑著。

「出家人，不能重財。要做到貧賤不移地弘揚佛法，不甘清苦的沙彌，怎能做一個真正的比丘①呢？」

師父的語調很輕，卻比挨了個耳光還重。心想：「師父都知道啦？」他誠惶誠恐地站在一旁，兩邊嘴角都耷拉下來了。他硬著頭皮等待著師父的訓斥，然而他聽到的卻是和藹而親切地聲音：

「好了，好了，去做功課吧！」

可是，小寬願沒走開，兩隻腳像被什麼定住了一樣，使他拔不開腿，還是紅著臉不肯走。此刻，恨不得讓師父痛痛快快地訓斥一頓才好。

叔同見他不走，笑吟吟地說：

---

①小沙彌至二十歲以後，可稱比丘。「比丘」係梵語，即乞丐，我國稱為乞士，即和尚。

「做和尚，可不能光會撞鐘噢……。要做一個有文化的和尚。否則，不會看經，不會寫經，還算什麼和尚？」

小寬願聽到師父轉了話題，這才把沉重的心思丟掉了一大半。兩隻一大一小的眼睛慢慢地睜開，望著師父的面孔，悉心地聽著。

弘一大師從筆筒裡挑出一支狼毫筆，遞到寬願眼前：

「把這支筆拿去，每天寫一張寸楷大字。我每天要看一次。」

「練字，我最高興啦，師父。我知道：在您身上的一切，比什麼都珍貴！」

弘一大師微微一笑：「好了，好了，去吧。」

說真話，自從叔同入了佛門，正如俗家所說：「幹一行，愛一行」一樣，他真的苦心經營佛家生活了。他在靈隱寺受戒時，感到佛律的戒文，每一條都舉足輕重，而且相當嚴格，是不可有半點曲解之處。因而和尚的生活，大半是用在生活教育上的磨練，就在戒壇上，不僅熟悉戒文，接受傳戒師、教授師與尊證師的熏陶，還要在頭頂上燃頂香，以表起誓的虔誠，並要終身奉行，這才能從傳戒和尚手中接過一個正式比丘所必須有的袈裟、戒牒、缽、錫杖。

叔同就是在這個過程中，脫掉了居士的「帽子」，戴上了比丘的「頭銜」，成了一個地地道道的遵守二百五十戒的大和尚了。

在靈隱寺受戒期結束時，是七七四十九天。

回到定慧寺，正當葉子來尋。當然，這個立誓嚴守二百五十戒的正規比丘，對在俗之日妾，自然不能相見。因為，這正是戒相中最難守的一戒呀！

這時，他感到在佛門還僅僅是邁出了第一步。只有嚴格遵守這二百五十戒，才堪稱為一個真正的和尚，否則，便是「癩和尚」、「假和尚」、「花和尚」、「叫化子和尚」……。

十月底，佛教居士馬一浮來了。

「弘公，」馬一浮虔誠地雙手合十，朝弘一法師一拜。弘一法師口念：「阿彌陀佛——。」

馬一浮進了弘一的寮房，從包裡取出兩本「律書」，說道：

「弘公，我一聽說你受戒，就特地送來兩本書，你看看。」

弘一法師一看，是明代蕅益大師的《靈峰毗尼事義集要》和清初見月律師的《寶華傳戒正範》。

「多謝，多謝！」弘一大師臉上漾起笑容。

「這兩部著作，算是我供養你的一份虔誠之心吧，望你笑納。」

弘一大師急忙把這兩本「律書」捧在外間禪房的供桌上，頂禮三拜。那興奮的樣子，就像在日本得到葉子一樣，喜形於色。但不同之處，前者乃幸福之樂，而今是律己之樂，其根本之源，在於出家與在俗之間的雷池而已。

「馬居士，」弘一大師回到寮房，坐下來說道：「律學至今，已有一千來年了，由於人的律己不嚴，加上律門枯寂難行，故佛門的德行，敗壞者不少，戒律成了一句口號。

而更尤甚者，其律學至今無人深究力行，實在是佛門的不幸……。」

「說的也是，律己者為教化於人之本。而今律宗之學，極少人問津，更談不上深研力行。」

「做一個比丘，」弘一說：「就要做得像個樣，嚴格地說，絲毫不能馬虎。古德有言：秀才是孔夫子的罪人，和尚是釋迦牟尼的叛徒。」弘一說到這裡，輕輕嘆了口氣，「難怪，世俗將和尚列入『三教九流』之輩，實是佛門之不幸啊。」

正說著，小寬願來了。拎著把紅沙茶壺，倒了兩杯茶，端給兩位上人。

「哈，」馬一浮逗著小和尚說：「長得更胖了嘛！」

「嘿嘿。」小寬願傻笑笑：「馬居士，師父待我好，怎麼不胖呢！」

「喲，」馬一浮笑道：「小和尚，聰明起來啦！」

「不聰明。」寬願又憨笑了一陣：「馬居士，我想請問您，您是大學問家。我聽別人講三國，劉備死為「崩」，曹操死為「薨」，這是為何？」

馬一浮不禁驚喜地喊著：

「這小和尚倒有點靈氣了！」接著便不厭其煩地給寬願解釋了幾遍。

寬願聽了一遍又一遍，還是有點似懂非懂，於是，乾脆地說道：

「馬居士，請您借給我一本看看，行嗎？」

「哎呀，」馬一浮高興地喊著：「想不到你能看《三國志》啦？」

「嘿嘿。」寬願笑了笑：「都是師父教的。」

「你師父可是個大學問家喲。」

「嗯。」寬願點點頭：「所以，我才找您借書啊。」

馬一浮面露為難之色。其實，弘一大師十分清楚，誰想從浙江圖書館借書，必須拿出三千紙幣的押金。而今，聽得寬願要借書，馬一浮自然難以答應。但對寬願如此好學，打心眼裡又十分高興。這時，弘一以求情的口吻向馬一浮說：

「你是圖書館館長，何不方便一次，我給寬願做保人，總可以了吧？」

弘一大師說話了，加上寬願如此好學上進，馬一浮當即應道：

「好吧，那就用我自己的名義借出來，怎樣？」

寬願一陣傻笑：「那就多謝了！」

馬一浮走後，弘一如飢似渴地讀起了這兩本戒律書。此後的一個多月，他除了讀經、寫經、練習「披衣」「持具」等等僧事的應知應會以外，利用了一切空餘時間，專心致志地研究了這兩部律書。

是的，在俗時，他學什麼像什麼，而且不是一般地知而了之，而是知而透之，體而行之。做和尚，其韌勁和在俗時期一樣：這律學，非要把它研究到「家」不可。這是藝術，是做和尚的藝術。音樂美術、戲劇書法、詩詞歌賦可以學到家。僧家的律學，究竟難於藝術多少倍，他根本不信這個邪。然而，最難最難的，要算是身體力行了。不過，這沒啥可怕的，三周的「斷食」能使他飄飄欲仙。這佛門的戒律，剛能使人格更純潔，德行更崇高，對自己更是無慚無愧。

尤其是知識分子出家，他的古文基礎便是他修至高僧的「橋梁」，然而也都想為佛門有所建樹。尤其是這位好奇鬥勝的李叔同，既然出家了，也決不會甘心做一個「撞鐘」的庸僧。他知道，佛門八宗，其禪宗、淨土宗、華嚴宗、天台宗、三論宗、法相宗、攝論宗，均有高僧宗師，唯獨律宗沒人繼承以致失傳。從此，弘一和尚決心修持律宗。說實話，律宗的戒律是嚴於律己，以苦為本，這對豪門才子來說似乎是不可思議的事。但是，這位拿得起、放得下的李叔同，一向做事都要做到家，苦，也自然會苦到家的。

馬一浮送來的律書，他翻了三遍，但其中頗有不完整和難解的律典，從此，他發願重修律典，恢復律宗，發揚律學的佛教傳統，他對佛發誓：

「我願深研律學，發揚律宗之德行。佛呀，請護持我，我如破戒一分，願墮地獄……。」

打這以後，他實踐了「過午不食」戒，即每日中午，以十二點鐘為限，再也不進飲食了。

第25章

一九一九年初春。

浙江第一師範學校的「桐蔭畫會」還很活躍。但是，李叔同的出家，頗使小會友們感到空虛。一天，十七歲的沈本千在畫風上遇到了難題，畢業班的豐子愷出了個主意：

「請教李先生去。」

「哪個李先生？」葉天底（後為革命烈士）反問了一句。

「弘一法師啊！」豐子愷說。

嚄！熱鬧啦，你一言，我一語，像下餃子似的，討論開了。

「李先生已經得道高升了！」

「出家人，聲色之事根本不問了，還會管咱們嗎？」

沈本千猶豫了半天，問大伙說：

「由豐子愷帶路，誰去？」

「我去。」葉天底、李增榮舉手喊著。下午，豐子愷、沈本千、葉天底、李增榮四人香湯沐浴，理髮更衣，徒步來到虎跑大慈山定慧寺。

到了弘一大師的寮房，豐子愷側耳聽了聽，說道：

「等一等，大師在打坐。」豐子愷說著，便把沈、葉等三人帶到大殿，他們先瞻仰了蓮花座上的佛教鼻祖釋迦牟尼，又參拜了二十諸天、十二圓覺和十八羅漢。隨後，在大殿裡遊覽了一圈，才進了弘一大師的寮房。

「大師。」豐子愷先叫了一聲：「幾個同學來拜謁您來了。」

「阿彌陀佛——」弘一大師面露悅色。

沈本千一怔，心裡怪難受的。心想，原來就怕李師一鞠躬，現在最怕念佛號。但出於對老師的尊重，也念了一聲「阿彌陀佛。」

「大師，」豐子愷說：「本千同學有一個問題，想請教。」

「說吧！」弘一的態度很謙和。

「是這樣的。」沈本千說：「原來我喜歡畫中國畫，參加了『桐蔭畫會』以後，我就學著畫西畫，但兩種畫風不同，一畫就打架。」

弘一大師聽完了沈本千的困難之後，笑吟吟地說：「剛開始學畫，不管是西洋畫還是中國畫，開頭總要學形象。中國畫重在寫神，西洋畫重在寫形，初學者基本功總是寫形。中國畫不求形似，好就好在不形似，但最好從形似到不形似，神形一致。」

沈本千一聽，明白了：

「兩者各有特點，如各取其長，不更好嗎？」

「對呀。」大師笑了。片刻，大師又說：「時代是在進步的，將來新的事物是層出不窮的，多學習，有學習機會不要輕易放過。」

「大師，」豐子愷深情地說：「今年我畢業之後，要去上海美專教書了。估計，不能常來奉養大師，我決定吃常素，為大師護法。」

「阿彌陀佛——。」大師的聲音很低沉，並有些嘶啞，顯然，心情十分黯然。

傍晚，弘一大師緩步把學生送至山門，一行五人踏級而下，這時，只聽寺廟的晚鐘驟然響起，弘一大師立刻止步，遥對青山，屏聲息氣，其他四個學生也一聲不響地肅然而立。此刻的師生，思緒萬千。

「我不遠送了。」大師說。

「望大師保重。」四位學生鞠著躬說。

「阿彌陀佛——」

但是，學生的拜謁求藝，卻勾起了他對割棄了的詩書畫印、戲劇音樂的留戀，彷佛一個指揮過千軍萬馬的將領，一旦手下沒有一兵一卒，心中具有一種難忍的空虛感。

由空虛到充實，往往寓於機遇與必然。

恰巧，大師收到了加興佛學會范古農的一封信，其內容擬邀請弘一赴嘉興「閱藏」。這范古農乃加興佛學會的首領，叔同於出家前曾拜訪過這位白鬚長者，並答應出家後到嘉興整理經卷。今接此信，自然樂於前往。

嘉興車站上，一派空前的歡迎場面。周圍乘客愕然，不知是歡迎哪個活佛。只見僧眾擠滿了月台，身披袈裟的主持僧，身著海青、風帽、芒鞋的沙彌與和尚。為首的是佛學會居士范古農。下車的則是一個瘦長的、頗不起眼的中年和尚。在眾僧簇擁下，浩浩蕩蕩地步行至精嚴寺佛學會。這裡，早有一批小和尚、居士們在山門前等候。弘一大師笑容可掬，連說不敢。

其實，這裡藏經頗多，滿目的佛典，幾乎一下子難以理出個頭緒來。

一天，早齋之後，范古農陪著弘一大師遍查經論佛典，突然，小和尚來至藏經樓上：

「大師，有位青年居士來找您。」

「哦，哦，」弘一大師隨著小和尚下了樓，見一個不認識的年輕人，手上拿著一卷宣紙，恭敬地站在門邊，弘公問道：

「請問居士，找誰？」

「弘一大師。」

「我就是。」

「哦……」青年人有些緊張，連忙鞠了一個躬：「聽說您來嘉興，冒昧前來向大師求一幅墨寶。」

弘公一聽，猶豫了一下。本來，這書法藝術早就被他和音樂、美術、戲劇、文學、詩詞、篆刻一起裝在「空」字口袋裡了，今日突然有人上門討字，倒使他有些茫然：

「請居士等一等。」說罷，返身上了「藏經閣」，見了范古農，討教似的問題：

「范老，本來我對一切藝術，已拋入凡塵。但此刻樓下有一位青年居士來找我討字，不知如何處置為好，請您示下。」

這位佛教會會長范古農頗有經驗，聽罷不假思索地說：

「自古佛門書家很多，名家亦數不勝數。但皆以書法植淨根。有人求字，這可是個弘揚佛法、廣植佛因的好機會呀。」范古農捻著長長的白鬚，爽朗地說：「今後，恐怕會有更多的人找你啊……」

弘公聽了十分高興。一來，又可以研墨揮毫了；二來，又是弘揚佛法的好機會。於是便說：「您說的極是，那……我就寫一篇，送給這位居士。」

弘公送走了青年，又回到了藏經閣。范古農笑了笑，問道：

「寫給他了？」

「啊。」

「大師，」范古農挺直了身子，笑道：「你的書法，不僅社會居士賢達喜歡，就是我和我的朋友也都想求一幅……」

「好，好，我一一如願就是了。」

此刻的弘公，滿臉笑容，就像春天的杜鵑花，紅彤彤的。誠然，一個對美術、音樂、詩詞、戲劇、金石、文學、書法有著如此濃厚興趣並具有高深造詣的藝術家，突然「剎車」，誰也難以忍受。因為，在他的周圍，滿目事物都包含著藝術。不是嗎？廟宇的建築藝術美，佛像的造形藝術美，念經的音樂藝術美，大殿楹聯的書法藝術美。……正因為這些巧奪天工的造型藝術，才能使一些善男信女做為接近佛教的津梁哩！因而，他對范古農的話，十分感興趣，彷彿茫茫的長夜突然撿到了一顆夜明珠，此生如能「以字結緣」是個絕妙的藝術發揮和藝術享受。

尤其是，七個藝術門類一身兼的藝術大師，「解放」了一個書法，就像七個攔河閘門，關閉了六個，其書法之精湛，點線之入神，筆力之遒勁，氣度之閃光，是可想而知的了。

弘公在精嚴寺佛教會「掛單」①，住了兩個月，除了埋頭於線裝的佛典經書整理工作之外，將華嚴經偈語錄，以若干警句，書寫成對聯、條幅、橫幅送給范古農等眾多居士。

一日，弘一大師應馬一浮來信之約，回杭州參加了華德禪師主持禪七②活動。在人生道路上，有人喜歡俯視，站在山丘上，已覺得比別人高了；有人喜歡平視，覺得和別人差不多；有人喜歡仰視，攀上一個高峰，又攀一個新的高峰。弘一大師則屬於後者。

寒風凜烈，大雪鋪地。弘一掛褡玉泉時，便開始了他的「戒相」研究。說清楚些，即苦行僧的「戒律」。是佛教宗派中「律宗」的苦修規矩。

戒相，自古以來的律本，非難即玄，不是抽象繁瑣，便是難解難行。因而，必須悉心整理、分析，並加以圖解，方能使戒子易懂易行。

眾所周知，弘一大師少年時，是個風流倜儻的人物，室有一妻一妾，曾有走馬章台、拈柳平康等放蕩行為，戀過名妓，捧過坤伶，以嫖妓為文人學士的韻事之一。但事物卻

①掛單：指雲遊僧在某廟停留時，交出戒牒，表明身分稱掛單，也叫掛褡。
②即佛教派別禪宗的七天坐禪。

走向了反面。過去的極端享樂，常常是孤寂的前奏。弘公對研究「戒律」，曾經產生過激烈的、痛苦的思想鬥爭。他想：過去的放蕩，自愧自反，要把過去對於一己一物之愛，擴大成為廣博的眾生之愛；要從過去的脂濃粉豔的境地，參澈清禪，過「眾生無常」「色相皆空」的新生活；要把過去放浪形骸的罪過，以最難的「律宗」來律己。談何容易？但他認為，只有這樣，才堪稱為一個和尚，一個地地道道的和尚。他認為，佛門律宗再度興起之日，便是從「三教九流」剔除「和尚」之時。因而，大師的全部著作，對佛教最大的貢獻，是決定了中國和尚「戒相」的模式。然其「法師」的稱號，也是由其對戒律的研究開始的。

大師「守戒」森嚴，髮妻「開戒」解憂。試想，大師的原配夫人俞氏，在叔同突然出家的打擊下，精神上如何忍受。她苦悶、憂愁、精神無所依託，便悄然回到娘家，哭訴著自已畢生的不幸。就在這極端痛苦下，她偷偷摸摸地學著吸食鴉片來麻木自已，以解脫精神上的苦悶。

大師對律宗研究得越深，葉子對生活越是無望。

這年，豐子愷已任教於上海美專。為使恩師解脫後顧之憂，並一心研究律宗的理想，他悄然來到法租界卜鄰里，探望這位不幸的葉子，並想幫助她解決一些實際問題。

「葉子女士在家嗎？」

葉子一驚：

「誰？」

「我叫豐子愷，大師的學生。」

豐子愷的名字，在葉子耳朵裡已經熟透了，但這個名字又與李叔同三個字聯在一起的，因而葉子驚喜、憂傷、絕望之情，一古腦湧上心頭。

葉子遲鈍地開了門，失神地站在那裡。

豐子愷一看，大吃一驚！這哪像照片上的葉子啊。就像被風霜壓倒的秋菊，竟使原來她那動人的風姿一掃而光。

「葉子女士，」豐子愷微微一鞠躬，葉子立刻以日本人的禮貌，雙手扶膝，深深彎了九十度。豐子愷悄悄朝外間客廳裡掃視了一遍，頓然一陣淒楚悲涼之感，襲上心頭，幾乎使他流出淚來。屋裡的陳設依然如故，大師的書法、油畫作品，原封不動地躍然牆端。葉子把他讓到那張皮沙發上，又倒了一杯清茶，臉上像是泥塑一般，仍毫無表情。

「葉子女士，」豐子愷同情地看了她一眼說：「吾師離俗皈依佛門，都是夙願使然。只是，葉子女士目前隻身一人，不知您有何打算？」

「我看來沒有別的辦法。」葉子淚如雨下：「我……打算回國。」

「您的打算，學生很贊成。那麼，您的船票，由我們來安排吧。」

「謝謝……」葉子已泣不成聲了。

「您只把值錢的東西收拾一下，大師的作品您也帶去，留作個紀念……。」豐子愷的聲音哽咽著，一汪子淚水在眸子裡閃著光。

豐子愷走後，費了好大力氣，湊足了五百塊現大洋，給葉子買好了船票，剩下的作為盤纏，如數交給了葉子。

深夜，她離開了這冒險家的樂園，也離開了大師的學生豐子愷，兩舷的甲板上頓時靜了下來，葉子揮著雪白的手帕，漸漸離開了子愷的視線。

此刻的玉泉寺裡，弘公的禪房，孤燈黃卷，憑著他那一股精神上犧牲的血誠，誦著經，聲音細緩流轉，如清泉溪流。

常言道：人非草木，孰能無情？如果說弘一大師例外，那是假話。只因從一個積極投身社會活動的熱血青年，一變而成為超然世外、談經說法的佛門弟子，生活環境和信仰的改變，這不能不使他咬著牙拋棄妻妾，尋求新的精神寄託。

四月中旬，是大師亡母的忌辰日。這天，他沒一絲笑容，默默地誦起了《無常經》，坐禪時，禁不住憶起往事……「啊……娘，您如果在世，也只不過是五十七八歲啊！」想至此時淚如泉湧，淚水滴濕了僧衣。

自此，大師開始雲遊，並做了戒律的調查。

一九二一年初春，大師由杭州赴永嘉城下寮（慶福寺）掛褡。不久又返回杭州掛褡於閘口鳳生寺。這往返之間，他目睹佛門一些「蛀蟲」甚是擔憂，因嘆道：「我佛，各寺都有以佛法為工具的「污和尚」、「垢比丘」，不剔除「蛀蟲」何以淨化佛門，不弘揚律宗，將不堪設想啊……」此時，他對那些有辱佛法的現象深惡痛絕，也更促進了他對研習律宗的宏願。

這天弘公正在寮房裡思忖著，突然，他冒出一個念頭：為純潔佛法，他要刺血寫經，用自己的滴滴鮮血為一切「蛀蟲」懺悔。當他找出大針正要朝自己的右手食指猛刺時，門外有人講話說：「就是這間房子，你等等，我先去看看。」

小和尚進來了：

「弘一法師，有位居士來找您。」

大師把針往針線包裡一放，冷靜地對小和尚說：「請他進來吧。」

進來的是豐子愷。這個二十剛出頭的小伙子是李師繪畫藝術的接班人。他有著超人的天才和毅力，並刻苦研究現代派畫風。在那胖呼呼的圓臉上，常閃灼著慧敏的目光。他的裝束，甚至一舉一動，都與當年的李師相差無幾。

「法師，」聲音充滿了師生之情，又對這位受苦的老師賦以極大的同情。

「啊，子愷居士，是你呀。來，快坐。」

豐子愷用眼瞄了一下這間寮房，鼻子一酸，眼睛濕潤了。他掏出手帕，用指汗的機會，把淚水抹掉了：

「法師，我要到日本去。」

「啊，好！出國看看，開開眼界，對於創造自己的畫風，頗有好處。」弘公沉吟了一會兒，又說：「年輕人要記住，就是至死也要把自己鑄造成人！」

老實說，弘公對「繪畫、音樂」的詞語，幾乎成了一「忌」：這還不只是「出家」不談紅塵之事，然更重要的則是在弘公出家前的報國理想幻滅之後，他全然與世無爭，不談塵事，幾乎成了無「佛」不談，無「佛」不做的人了。今天，乃是自己最得意的門生，又涉及出國問題，自然，話也就多了一些：

「上海怎麼樣？」

「葉……」子愷差點說出「葉子」的事兒來，幸而弘公沒聽清，否則，便攪了大師的清淨。這時，他把話鋒一轉，說道：「在上海美專教書，深感能力欠缺，故想去日本……」

「好，好，」弘公低著頭，聲音低沉而緩慢：「日本維新以後，有許多西洋東西好學，他們的民族也有特點……我再重複地說一遍，至死也要把自己鑄造成人！」

「我記住了，大師。」子愷應著，便悄悄朝大師臉上瞥了一眼。就在這一霎那間，他發現大師那清瘦的面孔上，兩個眼窩深陷下去了，不論其動作、話語，彷彿他把這個世界早就忘了。

弘公的話不多，子愷望著恩師，二人相對，沉默了很久，很久……

「我去了，大師。」子愷輕輕站了起來。

「哦！」大師撩起眼皮，朝著自己的得意高足微微一笑：「走，我送你一步。」說著便陪著子愷步出寮房，經大殿走廊，通過前院，到了山門。

「法師，我去了。」子愷的心情十分沉重，已經走出好遠，回頭一望，啊！大師還立在門邊，像一尊剛塑成的菩薩。

第二天，弘公接到一封家信。看與不看，思索了半晌，最後還是看了，其中一段寫道：

「……自你出家以後，你的大兒子李準娶媳王氏，喜慶之日，耗資萬元，其排場頗不減當年李門興盛時期。婚後，今得一子，唯取名一事，全家要求，請你為孫子取個名字，見信後，即覆天津。切切。」

雖是在家俗事，大師仍以揚善普度為本，給孫子取了個「增慈」的名字，當天寄回了天津家裡。信封上寫了「李文熙居士。」最使全家傳為笑柄的則是信中未提妻子俞氏，而只是寫了一句「問貓安否？」

老實說，大師的家信不問妻兒安否，並非他意，只因棄俗出家，了卻生死大事，不懷夫妻之情，忍心棄妻而不顧，都是經過了痛苦的思想鬥爭的。雖說看破紅塵，然而，剛剛踏入佛門的那顆心，似乎也裝著兩個對立的靈魂：一是前塵難棄；二是破釜沉舟。他選擇了後者。念佛不輟，持戒甚嚴。對葉子的求見，他已經經受了精神的考驗，故每次收到家信，大都寫上「此人不在，業已他往」退回了事。

一盞孤燈，五部黃卷。弘一法師在諸山求得了《弘教律藏》三帙、《南山戒疏》、《行事鈔》、《羯磨疏》和《靈芝記》。他在孜孜不倦地閱讀，在遍讀律學的同時，深慨於中國僧界之所以往往為人所詬病，實乃不守戒律之故。

所謂五戒、十戒、菩薩四百戒、比丘二百五十戒、比丘尼五百戒，這是諸佛的善原。從唐朝南山宣祖重興，到南宋靈芝照祖繼興，歷來稱為佛教典範，然而，這南山律宗在佛門卻失去了真脈。

寺院敲響了晚鐘，山門已閉，大廟靜謐得可怕。小沙彌都已入睡，只有弘公的寮房，燈火如豆，他要誓護「南山律宗」，要將這繁雜的戒相，抽象難記的律條，用列表、圖解、撮記其要的方法，使律學簡明易懂，便於初學和實踐。

晨曦，天空已現出魚肚白，繼而一道深黛色的光線射進大師的窗口時，一本律學草稿已經成册，當他在封面上寫完《四分律比丘戒相表記》的九個篆字時，天已經大亮了，他吹滅了油燈，光燦燦的初陽已射進寮房。

第26章

家書一封，落款是李麟璽。

李麟璽，字晉章，乃李叔同二哥李桐岡的次子，早年就讀南開學校，受「春柳社」的影響，與周恩來、馬千里、時趾周、華午晴等師生組織了「南開新劇團」，把話劇推向一個新的高峰。其創作劇目《一念差》、《恩怨緣》的演出，頗為轟動。尤其在《恩怨緣》的第一幕《種因》中，周恩來扮演燒香婦，馮孝綽扮演算卦者，李麟璽扮演僧人，一開始便把觀眾吸引住了……時值一九一四年，李叔同正在浙江一師任教。

然這晉章像是與叔同有亦步亦趨之勢，而今也篤信佛教，成了一名佛教居士。這封信乃是向三叔弘一討教佛法的。

然而，晉章的長兄聖章，則持相反的態度，對這位做和尚的三叔甚是不解，也寫來一信。

李聖章乃叔同二哥李桐岡的長子，名麟玉，號聖章，早年留學法國，並為中法文化交流做出過貢獻，因而法國曾授與「騎士勛章」。載譽回國後，任北京大學教授。

「放著藝術家不當，偏去做和尚！」聖章對叔同的出家感到吃驚，歸國後便寫了這一信，想以「回津講經」的名義，讓其回家，藉機「開導」一番，以勸其還俗。並隨信寄去大洋一百元，做為盤纏。

大師閱罷，捻鬚微笑。提筆寫了一封回信，表示要以研究佛經作為他的終生事業，並無回津打算。

弘公把信發出，隨即敬告寺中道友說：

「我出家時短，學行未充，佛識淺薄，急於擺脱俗緣，致力於自已要畢辦之事。因此，諸道友慈悲，為我護持：即一切舊友新知來訪，暫不會晤；一切索字著文之事，暫不接待；一切要事相託，暫不允諾。至謝，至謝。」

眾僧亦知大師悉心於律學，均以點頭應是。當天，根據這三條約定，他寫了一篇《謝客啓》貼在門外，從而掩關①制律。

誰知，當年的藝術家李叔同，早已享有盛名，而今做了和尚，更是不脛而走，不論是佛門居士，還是附庸風雅之輩，紛紛來至温州，不是登門拜訪，便是求幅墨寶，要麼，討教經書解釋，哪怕是見上一面，抓到幾個字，便可自吹為弘一法師的摯友了。

這《謝客啓》三個隸書大字，老遠即可望見，然而一些不知趣的追名逐利者，卻不以為然，仍是徘徊於慶福寺殿前房後，哪怕見著弘公搭訕兩句，即便沒討到一個字，也算「凱旋而歸」了。弘公眼見這種情景，乾脆寫了一篇大幅《謝客啓》貼在山門以外，不料，漿糊未乾卻被人當「墨寶」揭走了。

一天上午，弘一大師做完了早課，剛拿起枇杷膏，一個小沙彌捧著一封信，笑嘻嘻

①和尚在一個時期不接觸外界，稱掩關。

地進來說：

「師父，家信。」

「哦，放那吧！」

小沙彌把信放在桌角上，隨即幫助大師倒了杯白開水，看著他把枇杷膏吞下，又說道：

「師父，別忘了信！」

「哦，放那吧！」弘公淡淡地說了一句，隨後又伏在桌子上，修訂著《四分律比丘戒相表記》。

晚鐘敲過，眨眼已是深夜。夏末，南方的蚊子像一群惡鬼，圍著弘公「嗡嗡」地旋轉著。

「啊，」弘公忽地想到：「蚊帳上還有兩個洞呢，不補好，今夜難眠哪！」他站起身來，借著油燈的微光，把蚊帳上的兩個洞，用紙糊上了。

此時，他才想到天津的家信。他拆開了信封，抽出信紙一看：「……髮妻俞氏夫人，病故於天津……」

啊！他的心猛地收縮了一下。雖是脫離凡俗，皈依佛門，但大師畢竟是七尺之身、血肉之體。髮妻，為自已養育兩個兒子的髮妻啊！此時此刻若說清淨六根，誰信？這天夜裡，他專誦《地藏菩薩本願經》，為亡妻超度。

法師念了一段經，遙望北方，他，同情髮妻為他而犧牲。出家前，他已拋棄了她十多年。她呢，遵守了婦女的「三從四德」，養育後代。法師之心被撼動了，本想更衣北上奔喪，無奈，北方「直奉之戰」變亂不寧，只好望空興嘆。但是，他沒落淚。也許這就是六根清淨的緣故吧！

秋柳寒蟬，草蟲唧唧。轉眼過了一個多月。

說實話，這裡的佛典浩瀚，環境清靜，尤其慶福寺的主持寂山老和尚，對這位前來掛搭的弘一和尚是刮目相待的。因為他知道：這不是一個平常的雲水僧。曾經留過洋、畫洋畫、演洋戲、唱洋歌、講洋話的百萬富豪的公子爺。然而，對佛道又以律宗為他的苦修目標，如此律己，非一般掛搭僧所能為的呀！尤其他得知弘公持過午不食戒，特地叫火頭僧把全寺的午齋，提前到上午十點鐘。

忽一日，小和尚又拿來一信：「大師，信。」

「放那吧。」弘公沒抬頭，悉心地修訂著他的律書。

「人家等著吶，您不看，我怎麼回答？」

弘公一抬頭：「等著回答？」

「是呀。」小和尚把「是」字拉得特別長。

「你沒告訴他，謝客嗎？」

「嗨，什麼話都說了。可他就是不走。」

弘公一怔，隨手拿起信來，讀道：

音公法師：

……………

近悉，大師之《四分律比丘戒相表記》已完成初稿，實乃一大功德。現友人穆藕初居士，虔誠以佛，願爲律書捐款刊印。今面見我師，請當面開示。

枇杷膏、宣紙等，需要時亦請一並示下。

丏尊

弘公看罷信件，眼光中閃出了少見的欣喜之情。連忙俯身問小和尚道：

「居士在哪？」

「在山門外。」

「快，快請進來！」

到底是個孩子，見法師如此興奮，急忙連跑帶顛地衝了出去。

穆藕初隨小和尚進到寺裡，兩眼不住地掃視著這裡的一切建築，一種虔誠的敬意更加濃烈。這穆居士乃是江南民族工業資本家，幼小時，家中彌散著濃郁的佛教氣氛，耳濡目染地受到宗教的影響。人到中年，更加潛心於佛門功德事業。當他聽到弘一大師的律書即將完稿，立刻請丏尊書箋一封，面見大師。

「啊……是穆居士吧？」弘公已經來至寺廟的前院。

「大師，」穆藕初雙手合十：「拜見，拜見……」

「阿彌陀佛——」大師的語調非常虔誠而安詳。

弘公引路，穆藕初跟後，小和尚尾隨。到了弘公的外間禪房。穆居士頂禮三拜，然後進了弘公的寮房。

「聽丏尊說，大師的律書將要完稿？……」

「哦，正在掩關整理。據夏丏尊居士說，您願為護法捐贈？」

「是啊，」穆藕初笑了笑：「佛門的珍品嘛！自南宋以後便失去了真傳，今經大師整理重編，實在是一大功德。現在，重修『律宗』的比丘實在不多，如能再度繼興律宗，我捐贈些資金，出版此書，不是理所當然的嗎！」

「多謝，多謝！」弘公笑吟吟地雙手合十。

「為了這部《四分律比丘戒相表記》的出版，我已和中華書局商妥，一切費用，您就不必操心啦。」

「那好，」弘公想了想說：「我的在俗弟子劉質平居士常來我這裡，這具體之事，就請他與您聯繫吧。」

「好，好。」穆藕初很爽快。當天，弘公留他在寺裡吃了午齋，當他拿起筷子，一看錶才十點鐘：

「大師，」穆藕初疑惑地問道：「這是午齋，還是早齋？」

弘公笑了：

「穆居士不知，我有『過午不食』之戒，寂山師父為了照顧我，把午齋提前到十點啦！」穆藕初聽了，不禁暗暗敬服。

這年，大師生了一場重病，一連腹瀉三天，頓時瘦得變了形，裹著那身灰色的僧袍，蜷臥在破草席上，三天不進飲食。

寂山老和尚急忙派人請來醫生，一診斷是菌痢。全寺和尚都慌了。醫生開了藥方，又打了一針，弘公吃了藥，心中不停地默念著佛號。病情直到晚秋，才恢復過來，然而，那修長的身材，更加瘦骨嶙峋，給人以可怕的感覺。

翌年開春，大師準備外出雲遊，計畫由溫州到寧波，經南京到安徽九華山掛褡。但剛到寧波，浙江混戰，交通阻塞。奈何？索性暫留寧波，掛褡於七塔寺。

弘一大師的行蹤，很惹人注目。在春暉中學教書的夏丏尊得知大師掛褡七塔寺，立即趕到這裡看望大師。豈知，這專供外地遊僧居住的「雲水堂」裡，住著四五十個遊方僧，分上下兩層床鋪，像是輪船上的統艙：

「請問，弘一大師？……」

「啊，丏尊居士。」從下鋪裡站起來一人。丏尊一驚，喊著：

「你來這裡，怎麼也不打個招呼？」

「不敢，不敢，請外邊坐。」弘公請他坐在廊下的板凳上：「到寧波三天了，前兩天住在一個小客店裡。」

夏丏尊一擰眉，說道：

「那家小店不太清爽吧？」

「很好，臭蟲也不多，不過兩三隻。主人待我也很和氣呢。」弘公遇見了老至交，話語很多，從乘船談到統艙的茶房如何客氣，又談到在這「雲水堂」裡掛褡怎樣舒服。

丏尊惘然了。心想：好一個苦行僧啊！於是勸道：

「大師，我邀請您到紹興白馬湖去小住幾日。」

弘公微微一笑：「再看機會吧，我與白馬湖有緣的。」

「不！既然大師與白馬湖有緣，我想請您明日就去！」

經夏丏尊再三懇請，弘公欣然答應了。

清晨，丏尊來到「雲水堂」，正想為他打行李，一看，鋪蓋竟是用破席子捲著，還有一只大竹網籃，其他沒了。

到了白馬湖，夏丏尊把弘公領到一處文人雅集的「春社」裡，打掃了房間，弘公便打開了鋪蓋，先把那張破席子鋪在床上，攤開了被，再把幾個衲衣捲了捲作了枕頭。繼而從網籃裡拿出一塊又黑又破像紗布一樣的毛巾，出門到了湖邊。洗了臉，笑模悠悠地回來：

「啊，這水真好啊！」

「大師，這毛巾太破了，我給您換一塊吧！」夏丏尊有些不忍心了。

「哪裡，還好用的。」弘公把破毛巾故意在他面前抖了抖：「和新的差不多。」

「您先歇一歇，我把飯送來……」

大師一擺手，笑道：「我是過午不食的。」

丏尊愕然一愣。心想，我不但沒使他少受點苦，反而使他餓了一天。心中委實不安。

第二天，他老早就送了飯和兩碗素菜。並且坐在旁邊，望著弘公喜悅地把飯扒入口裡，繼而慎重地用筷子夾起一塊蘿蔔乾吃得香極了。這使丏尊感動得幾乎流出淚來。他真懷疑：當年的公子爺，如何會這等模樣。

第三日，丏尊又約了同校的教師，帶了四盤素菜，一起共餐。

丏尊夾了一塊青菜往嘴裡一放：

「劉先生，你做得太鹹了。」

「好的，」大師說：「鹹有鹹的滋味嘛！」

「明天……」

「不！」弘一大師說：「不必送了，乞食，是出家人的本份。」

「那，下雨我來送。」丏尊說：「我家離這不遠，只有一里路，真希望大師到我家裡來吃。」

「我來，」弘公說：「下雨也沒關係，我有木屐哩。」這木屐二字，就像炫耀一種了不得的法寶。「再說，跑一點路，也是一種很好的運動。」

丏尊和其他老師相互交換了一下眼色，彷彿有個共同的感覺：在這位大師心中，似乎這世上沒有不好的東西，一切都好。小旅店好，統艙好，掛褡好，破席子好，破舊的毛巾好，白菜好，蘿蔔好，鹹苦的蔬菜好，跑路好，其至都有味，都了不得。啊！人家說他在受苦，然而他卻自感是在享樂，真的享樂啊！

弘公在這裡住了幾日，講了些勸人念佛的話，便乘船到了紹興。紹興第五師範學校的教師、昔日的學生李鴻粱、孫選青以及另外一位教師蔡丏因，一道來到船埠迎接。船到了，一一見了面。

「大師，」李鴻粱問道：「你想住在何處？」

「戒珠寺。」大師從容地說。

「這是個小庵。」孫選青皺著眉，生怕老師吃苦：「再說，這個小庵在城南一角的田野裡。」

「也好嘛！」大師笑笑：「寺廟總要設在僻靜的地方啊。」

這天，大秋把弘公送到了戒珠寺。

假日，三人總是跑到寺裡見一見大師。但奇怪的是，每次大伙湊在一起來到這裡，往往是面對面地默默地坐著。老實說，這幾位年輕的師範教師，誰都有一肚子話要說：不是關於人生問題，便是世道問題；不是關於教學問題，便是國事問題；不是關於佛法問題，便是藝術創作問題。總之，很想請教一番。但面對大師那副真誠而帶微笑的顏面，以及那持律森嚴的恬靜自如的神情，似乎覺得一切都解決了，也都明白了。他們也感覺，這似乎是人生的態度，佛法終極的趨向，因而也就無所求了。在這種場合，如果問起「圖畫」、「戰事」或是「教學」，都覺得反而有損這恬靜的氣氛。

不久，弘一大師住戒珠寺的消息被法界寺的主持僧然慶法師知道了。於是，他親自迎請弘一大師來上虞法界寺。大師被這種罕見的至誠所感動，於是捲起行李來到法界寺掛褡。

這是一套供比丘淨修的禪房，一明一暗。外間供養佛祖，裡屋為比丘寮房，是一處極為安靜的地方。但是，大師在這裡卻是體格日衰。尤其是鼠類攪擾，令人晝夜不寧。

一天夜裡，大師洗筆掩卷，吹滅了油燈，剛想睡覺，這批山鼠就像進入無人之境，在寮房裡上竄下跳，你咬我追，吱吱亂叫。已是深夜十二點了，大師披上海青，拖著草鞋，點燃小油燈，上上下下照了一遍，「啊？」了一聲，不禁大驚失色，不僅把在俗弟子劉質平為他剛做的新僧衣咬了幾個洞，竟連佛像的手足，也啃得像大菠蘿一般，坑坑凹凹；這還不算，竟敢在如來佛的手心裡拉了許多的黑色糞便。

「罪孽！罪孽！」大師喃喃地自語著，心中很覺難過，小小鼠類竟然凌辱佛祖！既不能「殺生」，又要避其煩擾，奈何？他舉燈佇立著，一動也不動。

「啊……有了。」大師眼睛一亮，心想：「記得昔賢有『畏鼠常留飯，憐蛾不點燈』之說，何不以飼貓之飯飼鼠，可免鼠患矣……」於是，吹滅了燈，回到寮房睡下，任其山鼠翻天。

翌日，小沙彌送來了早齋。自己在未吃之前，先把飯菜的大半撒於佛下；午齋照樣。如是早中兩餐，每日如此。果然，山鼠漸漸被馴服了；每日固定時間、固定地點「開飯」，再也不去亂咬衣服了，再也不爬到佛爺頭上去拉屎了。

從此，彼此相安無事！

但是，不久弘公卻病倒了！

試想：一個素食的和尚，身體又衰弱，把僅僅每日兩餐的飯菜，拿了大半養活老鼠。而來會餐的老鼠越來越多，然而弘一大師的飯量卻越來越少；加上鼠身帶來的病毒又五花八門，誰能擋得住這種折磨？

大師的病不輕。發了幾天的高燒，不思飲食，索性把小沙彌送來的飯菜全都餵了老鼠。

大師撐著虛弱的身體，給自己的門生劉質平寫了一信，讓其速來為師醫病。但自己的病情沒有告訴然慶法師，只是默默地念著佛號，靜靜地忍受著疾病的折磨。

豈知這奔波於甬滬兩地執教的劉質平，沒能及時收到大師的信，卻走進來另外一個人。

「大師。」此人進了寮房，撲通一聲，跪地頂禮三拜。

弘公昏沉沉地睜眼一看，不是質平，乃是一個甬僧。

「不敢，不敢。」大師勉強客氣了兩句。

「大師，」來人立在大師的床前，恭恭敬敬地說道：「我是西安來的，法名安心。」

弘公一聽遠道的頭陀來此拜見，心中肅然起敬，忙掙扎著半臥在床上。

「啊……快請坐。」大師的聲音微弱，但語調卻很親切。

「我是來請您的，」安心和尚睜大笑呵呵的眼睛，「西安的佛門道友，都歡迎您到那裡宏法！」

弘公伸出瘦骨嶙峋的胳膊，顫顫巍巍地接過了帖子，也沒看就放在床頭上了。只是笑笑說：「不敢，不敢！」

「哪裡。大師的律學研究，早已傳遍了大山名川，所以叫我來請您到西安……宏揚律宗。」

「哦……安心師父，我最近……身體欠佳。」

「弟子也看得出。」安心和尚說：「為了不使西安眾道友失望，……」

「那麼，改個有緣之日，好嗎？」

「今日能見到大師，就是佛緣啊！」接著，安心和尚苦苦哀求。

大師仍是苦笑笑：

「我的身體實在不行啊……」

「到了西安，我一定為大師延請名醫治療。」

「不，不行。」大師有氣無力地說。

其實，安心頭陀根本不知大師的病情，加上平生第一次遊方邀請名僧，如果請不到，又恐眾僧埋怨「無緣」。而今，既已找到弘一法師，更出於一種宏揚律宗的急切之心。他，突然跪在大師床前：

「大師，如果您不答應，乃弟子之罪呀！」

他不起來了。大師深深地喘了幾口氣，眼巴巴地望著安心和尚跪地不起，心中一陣酸楚，念了一聲：「阿彌陀佛。」說道：

「快請起來，折罪老僧了。」

「望大師慈悲！」安心和尚虔誠而嘶啞地呼喊著。

「明日再看吧。」大師緩緩地應了一聲。

安心和尚又是頂禮三拜，起身說道：「明日早晨，我來接您。」說罷，回頭去買船票去了。第二天清晨，安心和尚雇了一輛黃包車，把大師扶到車上，捲起了大師必備的衣物，辭別了寺院主持然慶法師，直奔船埠碼頭。

這時，劉質平乘夜車趕到紹興，當他來到上虞法界寺時，大師已經不在了。他急匆匆來到大殿，正值眾僧下了早課。

「請問，師父。弘一法師在哪裡？」

「啊，不清楚，只知道走了。」一個中年和尚說。

「什麼時候走的？」

「剛走不久。」

「我知道，」送水的小沙彌笑了笑：「他到西安去了。」

「啊？」劉質平驚愕地喊道：「他病得很嚴重啊！」

「剛走一會兒，」小沙彌說：「現在可能還沒開船呢！」

劉質平二話沒說，扭頭衝出寺外，像百米賽跑的最後衝刺一樣，飛快地跑到船埠碼頭。他看了看開船時刻表，離開船時間，尚有二十三分鐘，他買了張送客票，下了船埠，一躍上了甲板。

船上亂糟糟的，送客的人很多。這些似乎都不在他的眼裡，但那搜索的目光，一直盯著穿著僧袍的人。一層沒有，底層沒有，當他爬到三層樓上時，眼睛突然一亮：

「大師——」這一聲，驚動了全艙。

弘公正臥在下鋪上，旁邊一個中年胖和尚正在為大師扇著扇子。弘公見有人喊他，不禁一怔。這當兒，劉質平已來到他的眼前。

「質平，」大師正要掙扎著爬來，劉質平上前扶起了大師。回頭對胖和尚說：

「師父，這是到哪兒去？」

「我來請大師到西安……」

「不能去！」質平不客氣地喊道：「大師在生病啊！」說罷，上前背起了大師，直往外衝。船艙裡人聲熙攘，擠擠撞撞。當質平把大師背過跳板時，安心和尚才皺著眉頭把弘公的衣服送下了碼頭。但他很尷尬，對著大師合十躬拜，說道：「我下次再來吧…………」

「好，好哇！」弘公顫抖著嘴唇說，接著雙手合十，口念：「阿彌陀佛。」把安心和尚目送到了船上。

質平摸了摸大師的前額，禁不住「啊！」了一聲：「大師，您的病重啊！」他急忙雇了車子，把大師送回法界寺，當大師坐在寮房木床上時，質平才發現桌上有大師的「遺囑」一紙，書道：

遺囑

劉質平居士披閱

余命終後，凡追悼會、建塔，及其他紀念之事，皆不可做。因此種事與余無益，反失福也。

倘欲做一事業與余爲紀念者，乞將四分律比丘戒相表記，印二千冊……弘一書。

質平閱畢，鼻子一酸，摟著大師的肩膀，兩行熱淚刷地淌了下來。師生頓時抱頭大哭。

第27章

弘一和弘傘①從廬山參加金光明法會回來時，已經是一九二六年的夏天了。臨走時，給豐子愷、夏丏尊書札一封。信中說：

音出月擬赴江西廬山金光明會參與道場，願手寫經文三百葉分送各施主。經文須用朱書，舊有朱色不敷應用，願仁者集道侶數人，合贈英國製水彩顏料Vermilion數瓶。欲數人合贈者，俾多人得布施之福德也。

當下，豐子愷和夏丏尊一商量，聯合了七八個人合買了八瓶Windsor Newton製的水彩顏料及十張夾宣紙，寄出時又附了一信，書道：

師赴廬山，必道經上海，請予示動身日期，以便赴站相候。

子愷把信寄出，便返回故里石門看望母親去了。這石門位於杭州與嘉興的中間，是個山清水秀的小鎮。

①弘傘法師原名程中和，二次革命時一團長。

豐子愷來到家裡，除了母親之外，還有兩位經商的親戚也在這裡。子愷一一打了招呼，把行李一放，對母親說：

「娘，我前些日子到杭州，看望了當和尚的李叔同先生。」

「他……」母親關切地說：「現在好嗎？」

「很好，他相當用功。」

「唉！……」母親「嘖嘖」了兩下：「這種苦，他能吃得消嘛？」

「看破紅塵了，還怕吃苦？」

「怪可惜的。」

「不過，」子愷說：「他修的是律宗，哪有不苦的！但是先生做每件事，都是認真做到家的。」子愷說到這裡，忽地想起書櫥裡還保存著一批大師的照片，他急忙洗了一把臉，翻出了那批照片。

「媽，我忘記給您看了。」他把照片舉在手裡：「這是李先生出家前送給我的……」

此時，母親放下手中的活兒，洗了洗手，笑著說：「我看看。」

經商的親戚湊過來，對子愷說：「常聽你說弘一大師、李叔同，我可真要見識見識哩！」

子愷指了指桌子，把一疊照片往桌上一放，子愷母親和親戚圍在桌旁一張一張地端詳著。嚄！穿長袍背心的，瓜皮帽後拖著粗長辮子的，穿西服繫領帶的，有扮演《白水灘》中十三郎的，有《茶花女》的劇照，有著印度裝束的，有穿禮服的，有留鬍穿馬褂的，有斷食二十日的紀念照，有穿出家人僧袍的……

「嗨！」子愷的親戚大聲喊著：「這個人是無所不為的，你將來看，肯定要還俗的！」

「唉！」另一個親戚搖搖頭，不解地嘆道：「放著二百塊錢不賺，偏要去做和尚。不可思議，不可思議啊！」

子愷母親同情地說：「多好的先生啊。」又長嘆了一聲：「可惜呀！……」

次日，豐子愷帶了這批照片回到上海。

暑假，正值子愷的朋友、留學日本的黃涵秋歸國暫住子愷的家裡。二友久別，有著談不完的話，不知怎的談起了李叔同，子愷把照片遞給黃涵秋，二人正翻閱著，住在豐子愷隔壁的一個同學跑上來說：

「門外有兩個和尚在尋豐先生。」

子愷一怔，心想：大師不是到廬山了嗎？他急忙收起照片，往書櫥裡一放，登登地下了樓，果然是弘一、弘傘兩位法師立在門口：

「怎麼？您沒去廬山？」

「要等江西來信，決定日期之後，才能去。」

「快請上樓。」豐子愷真有些措手不及了。

大師上了樓，又給日本回來的朋友介紹了一下，然後就去倒洗臉水。

弘公洗了臉走到子愷面前，放低聲音說：

「子愷，我們今天要在這裡吃午飯，不必多備菜，早一點好了。」

「好，好。」子愷答應著，一邊叫孩子出去：「快，買汽水去。」又叮囑妻子說：「準備幾個素菜，大師是過午不食的，要在十一點鐘開飯。」

子愷回到屋裡，笑著從書架上取下了那堆照片，往弘公面前一放：

「大師，您還記得這些嗎？……」

弘公拿起照片，超然一笑，繼而一張一張地介紹給大家聽：

「……他那時才十七歲。」大師抽出一張，在大家面前亮著說：「這張，他是在東京上野讀美專的時候……」「哦……這張，我覺得表情還不夠……」

大伙愕然了，似乎在聽大師講著別人的事情一樣。

不過，這次大師親自到豐子愷家裡來，那種嚴肅，沉靜的性格不見了。他談笑風生，非常隨和，子愷心中頗為欣慰。

這時，子愷的七歲女兒豐陳寶站在門邊上，笑吟吟地咬著指甲，兩眼不住地朝這兩個和尚的衣裳注意。

「咦！」弘公說：「你的女兒吧？」

「是呀。」子愷對女兒說：「叫師爺。」

「師爺。」小女孩的聲音像個銅鈴鐺。

「啊……」弘公興奮地說：「瞧這兩隻眼睛，生得距離很開，滿好看的！」

「這孩子呀，」子愷說：「也喜歡畫畫，還喜歡石刻。」

「啊？真的？」弘公驚喜地問道。

小女孩咬著下嘴唇，點點頭，脖子縮了一下，笑了。

「給我刻一個，好嗎？」弘公說。

「哈哈……」這個一貫隨俗的弘傘法師大笑了一陣：「我也要啊！」

子愷在抽屜裡拿出了兩塊石料。弘公馬上接過去，在一塊石頭上反寫了一個「月」字，又在另外一塊石頭上反寫了一個「傘」字。

「來，刻給我看看。」弘公把石料遞給小女孩。

小女孩接過石頭，看了看，立刻伏在桌子上，抱住印床刻了起來，弘公走過去目不轉睛地盯住她的神態。扭頭對弘傘法師說：「你看，多麼認真。」

這時，從日本回來的黃涵秋插問了一些美術創作的事，弘公毫不拘謹地暢談了自己的意見。這時，子愷忽地插話道：

「大師，您還記得城南草堂嗎？」

「啊！」大師眼睛一亮，興奮地說：「這倒是一篇很好的小說題材哩。可惜我沒空整理，你們可以採一些材料嘛！」接著弘公便講起了自己的身世，深感母親死後到出家是不斷的憂傷與悲哀，而在城南草堂讀書奉母是最幸福的五六年，這成了他永遠的思慕。

「如有興致，」大師說：「陪我故地重遊一次，如何？」

「那好極了。」豐子愷贊同道。

第二天，江西來信，通知了道場的日期，為了晚上乘船，弘傘大師運行李買船票去了。子愷帶了幾位朋友，陪著大師到了大南門，然而這裡的風物變了，橋拆了，樹也砍了。那條小溪已填成了馬路，邊上，還有幾間小茅棚。

哪裡曉得，這城南草堂的門外，就掛著「超塵精舍」的匾額，而這超塵精舍，正設在城南草堂裡面。黃色的大門，已改成了黑色。進內一看，往日的裝修如故，只不過換了幾扇玻璃窗户，牆上添了些花牆洞。再往裡走，大師的心已經懸起來了，他朝原先母親住的房間一瞅，幾個僧人像是剛做過了功課。大師頓然大動今昔之悲，他情不由衷地走進這間房子，「撲通」一聲，向佛座五體投地，叩頭如搗蒜。屋裡的僧人愕然，豐子愷等人也呆住了。頓時，肅穆之情，萬籟俱寂；淒涼之色，四壁浸寒。此刻的情景，如果吾佛有靈，也當垂下傷心之淚啊！

大師曾聽袁希濂講過：城南草堂的主人、當年的「天涯五友」、昔日慷慨好義的文壇盟主許幻園，已家道中落，故此房已賣給一個開五金店的商人。也許這富商信佛，就把它送給佛教，做了念佛講經的地方。

大師禮畢，一個和尚笑笑說：

「請問師父，由哪山而來？」

「阿彌陀佛！」大師說：「我是來看看的。」

「啊……往西走，還有一個垮院。」

「謝謝師父，這房子我曾住過。那是二十年前的事了。」

「哦，你住過的？」和尚打量了一下弘一法師，心中好生納悶。

「是啊，」豐子愷黯然一嘆，心想：「如果他母親尚在，恐怕他也不會做和尚了吧！」

「請問師父，」弘公問和尚道：「此房的原主人許幻園居士，現住何處？」

「噢，你問他呀！那新鋪的馬路邊上，有一間小草房，就住在那裡。」

大師吃了一驚，望著豐子愷説道：

「走，我們去看看他。」

大師走出「精舍」，順著金洞橋下的新馬路，一眼望見那問突出的草棚。這草棚很低，出入要彎著腰，房頂上有幾片破草席，席上還壓了幾塊破磚頭，周圍是一圈草圍子，外邊還抹了一層草泥。門外一個小桌子，桌上用「鎮紙」壓著一張紙條，條上寫著「代寫家信、對聯、訟書」八個字。大師一看這字體，無疑是許幻園所書。他朝黑洞洞的屋裡看了看，試探著叫了一聲：

「幻園居士。」一連叫了七八聲，沒人答應。

須臾，走出一個駝背老人，頭髮禿白，面色慘然，側著半邊臉，客氣地問道：

「啥事體，寫家信嗎？」

「你……」大師擰著眉毛，仔細地瞧了瞧老頭：「是幻園嗎？」

「啥係？」老頭把耳朵側過來問著。

「大師，」豐子愷提醒説：「他聾了。」

大師對老人大聲喊著：

「你是幻——園——嗎？」

老人揉了揉眼睛，忽地喊道：

「老弟弟——瘦桐啊——」聲音是嘶啞的。

他才有四十八歲啊！叔同望著這種憔悴之狀，鼻子一酸，差點流出淚來。

「哎呀——我的幻園居士，怎能伏此陋室？」

幻園還沒來得及答話，便從屋裡磨磨蹭蹭地搬出幾個凳子來。讓大家坐下，然後，瞇著眼睛，細細地打量著弘公，淒然一笑，說：

「聽希濂說過，你出家了，對哦？」

弘公望著許幻園額下那數得清的幾根鬍子，又看了一眼身上那件千瘡百孔的白羅上衣，和拖著一雙露著腳趾的破布鞋，感到他一切都遲鈍了，變了，喚起了弘公對人間一剎那的悲哀。

「幻園，這房子賣啦？」

「唉！父親官場失利，家道一貧如洗。這不，去年髮妻也去啦，剩下我一個。總要活呀。」

「啊……」弘公略露愁容，喃喃地說道：「罪過呀，三哥，佛說：『臨行贈汝無多子，一句彌陀作大舟。』一切因果，皆出於善與惡，我等必須苦心念佛，方可消罪呀！」

「瘦桐。」

「阿彌陀佛——」

「我實在想出家啊……！」許幻園悲切地說：「你就慈悲慈悲吧！」他那可憐的眼神兒，盯住弘公不放。

「幻園居士，」弘公鄭重地說道：「此言差矣！若為窮而出家，實為不誠啊……。」

許幻園側著耳朵，大聲呼道：「什麼？不成。啊……想你我乃金蘭兄弟，難道？……」

「阿彌陀佛——」弘公雙手合十：「幻園居士，出家人一心向佛，六根清淨。做一個比丘，實乃乞食為主，如若以『窮不欲生』才去剃度，恐怕很難當好一個比丘啊！」

弘公說著，子愷唯恐許幻園聽不到，便在「代寫書信」的小桌上，將弘公的話寫在紙上，遞給許幻園。看罷，許幻園連連點頭。

此刻，弘公望著這位窮困潦倒的故友，憶起當年為其故妻夢仙所繪之花卉所題的辭句：

人生如夢耳，
哀樂到心頭。
灑剩兩行淚，
吟成一夕秋。
慈雲渺無未，
明月下南樓。
壽世無長物，
丹青片羽留。

弘公默默地吟誦了一遍，不禁歷歷往事湧上心頭，他深深嘆了口氣，緩聲說道：

「你我是在俗之故友，今日可成為道友。學佛，了生死。生死之事，只是蟬翼之隔，我勸居士，淨心參禪，暫且不必出家。我去後，給你寄一些經卷，好生念佛，使自己的靈魂進入新的境界，免生苦惱啊……」

幻園聽罷，眼淚充滿了那乾枯的眼窩。

二老揮淚告別後，誰料，正當兩位和尚登船時，許幻園帶了袁希濂和張小樓一同來至碼頭，為大師送行。此時，弘公方知「天涯五友」之蔡小香已故，其肅穆之容，令人涕之沾髯啊……

弘一大師到江西參加道場之後，分送了三百幅經文偈句，一下子名震四海。受字者似乎不去誦文釋義，而當作珍品收藏了。誠然，他的字變了。正如他自已所說的「朽人之字所示者，平淡、恬靜、沖逸之致也。」

的確，他的書法浸透著一種淨然超脫的韻味和對禪意的流露，隨著意識的變化，使其書法充滿了佛門所賦予的無爭與寧靜。如果你猛地一看，似有兒童般的稚拙感，這正是一位出家人摒除表面的技巧，給人一種不食人間煙火的禪意，儘管皈依佛門並不能算是對人生的積極態度，然其書法藝術確實由此產生了脫胎換骨，達到了一種宗教意識的魅力與飛躍。

大師的書法，也博得內山書店的日本友人內山完造①的欽慕。先生曾多次與開明書店總編輯夏丏尊述情，要求見大師一面。夏丏尊深知這位日本朋友與中國文化界名人有著廣泛的接觸，是魯迅的好友，於是，欣然應諾。

沒幾天，夏丏尊約友人在功德林素齋宴請弘一大師時，內山完造有幸與弘一見了面。「啊……」內山目不轉睛地瞄著這位清癯如鶴，語音如鈴的大師，讚嘆了一聲，頓生敬意。心想：「耳聽千遍，不如一見呵！」

齋宴之後，夏丏尊從黑色皮包裡掏出一本弘一大師所著的善本《四分律比丘戒相表記》，在內山面前一亮，說道：

「這本書，是大師的主要著作，大師考慮，交給您三十册，請代分贈給日本緣者。」

「謝謝。」內山站起來又鞠了一躬。

弘一大師接著說道：

「還有一種叫《華嚴經疏論纂要》，已經整理定稿，正在印刷中，這書只印了二十五部，想送給日本方面十二部。待出書以後，送到尊處，拜託您。」

內山先生點頭應謝，但他轉念一想：這印數只有二十五部，足見其書籍之博大。於是，他問道：

①該氏係解放以後第一任中日友好協會理事長，對我國表示友好。魯迅先生曾得到弘一大師的書法一紙，就是向他乞得的。一九五九年應邀來北京參加國慶典禮時，因腦溢血逝世。

「請問大師，這二十五部中，就有半數是送給日本。不知送給哪些單位？」

弘公又是微微一笑：「一切託你。」

「這部經典，在日本《大正藏》經裡，也是沒有的，這實在太珍貴了。」

「因為，」弘公說：「我國各系軍閥混戰，這部《華嚴經疏論纂要》，恐怕不易長久保存，不如分散保存為好。」

這天，大家談得很遲。

第二天，內山完造邀請弘公、夏丏尊等四個人到內山書店，內山先生及夫人招待得十分殷勤。弘公瀏覽了一遍開架書目，便被請到裡屋客室。內山夫人獻上日本的綠茶，內山先生像上滿了發條的話匣子，很健談。從中國的內憂外患，談到人民生活；從中國文化談到書店的生意。然而，弘公最忌諱的還是前塵俗事。但內山偏偏談到了日本的婦女美德，這不能不使弘公面若平鏡，話語沉默了。這時，內山先生笑了笑說道：

「久仰法師的大名，不知能否求一幅墨寶？」

「可以，可以。」弘公這才由沉默的臉上漾出一絲微笑。

當弘公離開書店時，內山夫人對丈夫耳語道：「聽到他的語聲，見到他那溫文爾雅的氣質，就知道是一位高僧。」

內山點點頭：「你講的極是！」

幾天以後，內山書店收到夏丏尊處送來的《四分律比丘戒相表記》三十五部。內山夫婦連忙打包捆紮，分別寄贈到東西京兩大學以及大谷、龍谷、大正、東洋、高野山等各大學的圖書館。

事隔不久，西京大學圖書館的一位僧籍的司書寫信來說：這是一部貴重的文獻，希望能得到一部。於是，內山完造滿足了他的要求。豈知，飛鴻既去，雪花飄來，一連收到一百多件來信。末了，內山一算，共寄到日本一百七十多部。

誠然，內山忙得不亦樂乎，然而他卻樂孜孜的。因為他能協助弘一大師對日進行佛教文化交流，也做了貢獻啊！

這天，劉質平為內山完造送來了弘一法師的墨跡。這是一張三尺長一尺寬的橫幅，上寫「戒定慧」三個大字，落款是「支那沙門曇昉書」，右上方題首部蓋一佛印，落款處蓋一朱印「弘一」。

內山如獲至寶，他捧著這幅字，雖是講不出多少名堂，但覺得多看幾眼似乎也充滿了一種超脫和寧靜。再看那字體，不激不厲，心平氣和，那圓潤含蓄的點線，疏朗的結體，給人以大智若愚、大巧若拙的感覺。

但是，這幅墨寶後來轉到了魯迅先生手裡。

一九二七年十月三日，魯迅由廣東遷至上海景雲里定居，十月八日即來內山書店購書。內山先生望著這位平頭濃鬚的購書人，一下子認出，這……這不會錯。

「請問，您是周先生吧？……」

「是的。」魯迅說。

內山立刻打開櫃台蓋：「請，快請，裡邊坐坐。」

魯迅進了這間客室，內山夫人捧著綠茶恭恭敬敬地放在魯迅面前，口裡講著日語，這一切魯迅都沒在意。他的視線，一直盯著這條「戒定慧」的橫幅。內山完造發現了這位大文豪的注意力。

「周先生，您看這字？……」

「這位藝術家，是我沒見過面的同事。」

「……」內山很不解其意。

「我離開浙江兩級師範學校，他正從日本留學回來，也來到這個學校，我們是一先一後的同事啊……」魯迅說到這裡，臉上掠過一絲陰影：「可惜，他曾立志改變現實，但又找不到光明的出路，最後，遁入了沙門。不過，可以看出，他用書法表現了在佛教中所獲得的心靈上的滿足和平衡。」

內山先生目不轉睛地聽著魯迅對弘一大師的評論，感到頗有道理。

「您如果早來幾個月……」

「哈哈……」魯迅大笑了一陣，說道：「用佛家的話說，這叫『沒緣』，如果有緣，我不就乞得他的字了嗎？」

這天，魯迅和內山完造談得很投機。最後魯迅還買了一批書，並與內山交了朋友，自此二人交往甚篤。

俗話說：「路遙知馬力」，正當國民黨圍剿左翼作家、柔石被捕之後，內山完造匆匆來到景雲里，見得魯迅，還沒喘勻了氣便說道：

「不好啦，柔石先生被補了！」

魯迅一怔：「噢？」

「現在，」內山焦急地望著魯迅：「您，必須馬上離開這裡，據說，您是被捕的重點人物。」

魯迅把臉一沉，擰起眉毛思索了半晌，其憤怒之情，大有橫眉冷對之氣宇。

「您在南方支持學生運動，這幫反動派都清楚。昨天，您著作的《狂人日記》、《阿Q正傳》全被稽查處查封了！」

「那麼，」魯迅說：「下邊就要取締我啦？」語氣顯然帶著輕蔑的口吻。

「您必須立即避難！」

「啊……」魯迅被內山說服了。「謝謝你，內山先生，依您的意見？……」

「我已經為您安排好了。」內山鎮靜了一下說：「您和您的全家隨我到花園莊……」

第二天，魯迅全家到了花園莊。

過了幾天，內山完造來到花園莊，見了魯迅，甚是興奮。是啊，正因為他的幫助，才使魯迅免遭劫難的呀。

「魯迅先生，您現在還有什麼困難嗎？」

魯迅笑了，然而笑的還很神秘：「要說困難，只有一個。」

「噢？」內山瞪大了眼睛。

「我需要的是『戒定慧』。」

「哈哈……」內山完全明白了，魯迅喜歡弘一法師的這幅字！於是打著哈哈說：「你也想修道啦？」繼而一語雙關地說：「您要修道，總會成佛的。」說罷，兩個人都笑了。

一九三一年三月一日，魯迅經內山完造的幫助之後，重新回到了景雲里寓所。就在這天，內山完造將弘一大師送給他的橫幅，送到了魯迅手裡。

「您可以修行了。」內山開著玩笑說。

「看來我和弘一還是有緣的。」魯迅拉開這裱好的卷軸，細細地看了幾眼，笑著說：「弘一法師告戒我：定，要打坐，把人生之心靜而定之。定而后能靜，靜而后能安，安而后能慮，慮而后能得；戒，乃防身去惡、知非之訓練，也稱為養；這慧字，乃是去惑證理，要研究一切事物。這三個字共同構成了佛教三學。」

「嚄，您還真的懂些佛學呢。」

「懂而不行，所以，我成不了佛！」

魯迅說罷哈哈大笑，內山竟笑出了淚。

第28章

一九二七年初。

一架法國客機由巴黎飛抵上海。

此時，弘一大師正在杭州吳山常寂寺掛褡。

吳山，自春秋時，是吳國的南界，故稱吳山。西起萬松嶺，東起鎮海樓。整個山脈，蜿蜒起伏，綿亙數里，橫貫於杭州市區之中，為最引人留連的遊覽勝地。然而，這山上風景佳麗，常寂寺周圍卻是一個光怪陸離的迷信世界。星星點點的地攤上，布滿了「八卦」、「手相」、「籤筒」、「面相」、「屬相」……，並挑起了「張鐵嘴」、「王神相」、「李半仙」、「趙如佛」以及「恕我直言」、「能斷凶吉禍福」等等各式幌子。算命的、看相的、測字攤兒比比皆是。前來求神問卜、看相算命者絡繹不絕。就在這愁容笑臉的人群中，有一個人拾級來到山上。此人不凡，彷佛羊群裡出了個駱駝，頗引大伙的注意。

他年齡有四十光景，濃濃的鬍鬚，濃密的烏髮倒背著，方臉盤上架著一副金絲眼鏡，白淨的面孔上顯得沉靜而矜持。那身咖啡色的西服上沒有一絲皺褶，腳上那雙法蘭西式的尖頭皮鞋，鋥光抹亮。連手上拎的皮箱都不一般，似乎在市場上沒見到過。

那些算命、看相、測字的先生們，都從眼鏡架的上方撩起眼皮，目盯著這位稀客，好像都在猜想：不知誰走運，這可是一位「財神爺」呀。

然而，他們都猜錯了。

「請問先生，常寂寺在哪裡？」

「張鐵嘴」用大拇指往脖後一伸：「這就是。」

這人繞過測字攤，抬頭一望，見是「常寂寺」三個字的匾額橫在廟門上方。他走進廟裡，一批胸前掛著帶有「佛」字黃布袋的善男信女正排著隊燒香拜佛。自然，他又成了眾目睽睽的中心人物。

「您求籤嗎，居士？」一個年輕和尚走過來了。

「不，」他笑笑說：「我找弘一法師。」

「阿彌陀佛！」青年和尚雙手合十，微笑著說：「弘一法師現已掩關，請原諒，他對任何人都不接見……」

「請你通報一聲，我叫李聖章，是他的侄兒。」

此人，正是李桐岡的長子，剛從法國回來。

和尚楞住了。他朝這位穿西裝的居士上下打量了一番，說：

「你等一等，我去看看。」

和尚走後，李聖章便好奇地環顧四周。一時便被那香火味、蠟燭味、磬聲、木魚聲、念佛聲、禱告聲包圍起來，彷彿進入了一個與世無爭的世界。再看那和尚，老中青少，似乎個個面黃肌瘦，人人沒有笑容，像似經受著虔誠於沙門的考驗，表現出清心寡慾的神態。

「啊……單調的生活、單調的營養、單調的人生……唉！」

老實説，李聖章也有著「教宗堪慕信難起」的思想。但他對三叔父李叔同突然出家當和尚卻絲毫沒想到。這次，他在法國巴黎整頓了中法大學之後，決意逗留於江南，以便找到做了苦行僧的三叔。

「喂，那位居士，法師來了。」和尚踮起腳跟喊了一聲。

聖章一回頭，見一位老僧正緩緩過來。一副清瘦的面容，黃蠟蠟的皮膚，下巴生著一撮稀疏的山羊鬍子，臉上的皺紋底下可以看清臉上的顴骨和眉骨，著一雙草鞋，沒穿襪子，那腳趾像一撮乾枯的榆樹根子。再看那件海青，補著無數的補釘，就像戲劇舞台上落難公子那件戲裝。全身上下只有那雙細長的鳳眼，像似還保留著記憶中的痕跡，他見到自己的親人如此模樣，禁不住鼻子酸，「刷」地兩行淚水，像斷了線的珠子，滴滴答答地淌了出來。

「三叔！」聖章忍住了淚，嘶啞地喊了一聲。

「啊，聖章居士。」語調像與不認識的人講話似的：「請到下房坐坐。」

「噯。」聖章拎著發光的皮箱，跟隨大師來到了廟後的一間寮房。他把皮箱放在泥土地上，兩眼自然地掃了一眼這間房子。這是一間六平方米大小的屋子，泥地的床凳下，墊了四塊磚頭，牆上的白粉已經脱落了，一張課桌似的桌子擺在窗下，牆角堆著一個網籃和洗得乾乾淨淨的僧袍，旁邊是一只退了色的木洗臉盆，一塊發黑的毛巾，薄得像塊沙布，方方整整地掛在牆角的一條痲繩上。

聖章剛坐下，進來一個小和尚。

「師父，吃飯吧。」

弘公一揚手：「請你再給我一份，我請一位居士吃飯。」

飯後，已是十二點了。

「三叔，」聖章望著弘公洗碗的樣子，好像比篆刻奏刀時還認真：「這齋飯……您吃得慣嗎？」

「啊，聖章居士，對出家人……不要再以俗家稱呼了！」

聖章愕然，心想：六根清淨……難道也六親不認啦？但他沒說出來，因為叔同畢竟還是他的長輩。

「三叔，」聖章不肯改口：「我是您的侄子啊！」

「出家人，雲遊四方，完全與塵俗斷絕，否則怎能一心念佛呢？」

「……」聖章萬萬沒想到三叔已變得如此冷酷！登時，他臉色一沉，真想「刺兒」他幾句，但還是壓下了。

「如果你不怕疲勞，」大師說：「咱到吳山上去看看，怎麼樣？」

聖章恨不得馬上離開這間令人窒息的房子，於是，站起來說道：

「到外邊看看也好。」

他倆從寺院裡出來，慢悠悠地領略著這漫山的樹木，尤其這些古樟，大都是數人合抱，一般都有四五百年以上的樹齡，極目閣前那顆「宋樟」已有八百多年的樹齡了，然而老幹新枝，翠葉繁茂，生機盎然，令人望而叫絕。

「三叔，您看這老樹發芽，確是難得見到啊，我想，人老……能否再賦以現代的思想呢？」

「當然，」弘公說：「自古以來，大器晚成者數不勝數。佛門也然，你看，釋迦牟尼……。」

「三叔，」聖章想急於扳回弘一的思路，於是把話題拉開了：「例如教育界，自從李石曾擔任了教育部工作，我被提任現今的中法大學校長。但是，我原來任教的北大正在籌備音樂系，可是師資……唉，太缺呀！這不，德國留學回來的蕭友梅博士，急於聘請音樂前輩任教……」

「聖章居士，就不必講這些了。」

「不，三叔，」聖章直截了當地把話說開了：「我這次來，是有目的的。」

「哦……還有什麼目的？」

「想讓您還俗！」聖章說話時，像個孩子。

「阿彌陀佛——」弘一雙手合十，眼皮下垂著。

「您想，」聖章正色道：「我們李家世世代代都是讀書人，然而國家那麼需要人。可您，自從日本留學回來，僅僅教了幾年書，還沒有擔當重任，卻逃避了現實……」

「逃避？」叔同微微一怔，說：「聖章居士，你是我的侄兒。按理，出家人不該稱呼你為侄兒。可是，我很不理解，在這個社會，能有什麼重任？眼下，我的重任就是宏揚佛法，讓大家行善，人人尊禮，養成佛心。我嘛……要嚴於律己，以贖自己前半生的罪過。」大師說到此處，不禁淒然淚下。

「唉！」聖章感到叔父有難言的苦楚，於是語氣緩和地勸道：「家裡還有兩個孩子，也要為後代想想嘛！」

「我這一生，報國無門，何顏以對兒子，如果我對佛門做出一些貢獻來，哪怕我入地獄，也要讓眾生步向於極樂的彼岸。」弘一說到這裡，駐足於岩上，望著細流的泉水，繼而說道：「你有所不知。你的祖父，考取進士之後，僅做了三天的吏部主事。相反，把那能主沉浮的差使，卻給了李鴻章！而我，又落第在八國聯軍的阻礙之下……我不是不能擔當重任的庸人，也不是沒有理想的俗輩，我是二十文章驚海內，卻落得奔走天涯無一事！這社會像個絞肉機，把才子絞了，把女人絞了，把窮人絞了……可那開動絞肉機的人卻竊奪了各種權柄。唉！誰不想為炎黃子孫造福，誰不想救國？……」

「那……三叔，再歸教育界也好啊……」

「老啦……」弘公苦笑著：「我做一件事，就要做到底，實現理想還不算，要把事業昇華，要提高民族覺醒的程度，使中國強大，不再受欺凌。然而，這一切都幻滅了……」

「您的報國之願，為侄也可助您……」

弘公一擺手：

「我於光緒三十一年，東渡日本，希望尋找真理，改變祖國的命運……臨走時，寫下了『披髮佯狂走，莽中原……破碎山河誰收拾，零落西風依舊！』在日本我學習了六年，希望把美的種子栽在自己的國度。當時，我參加了同盟會，決心革命。柳亞子邀我參加『南社』。我填詞述懷：『魂魄化成精衛鳥，血花濺作紅心草，看從今，一擔好山河，英雄造。』

「辛亥革命勝利了，我開始了新的計畫，誰知，軍閥割據。國民黨內竟成了走馬換任的官場大舞台。再看，民生改變了嗎？我痛苦，我失望。

「本想，通過美的教育，振興中華，可是，家道中落，最後的理想也完啦……心如死寂。

「面對現實，我進入了佛門，成佛道，度群生，復興一代律宗，也算是我對國家做了一點工作吧。

「過去，我少年無羈，放蕩形骸。可謂『奔走天涯無一事』，然而我種的惡果，我相信因果報應。所以，我修律宗，是針對我自己的，先律己，後律人，達到普度眾生……」

聖章很理解三叔的心情，然而他也絞盡腦汁，設法讓三叔忘掉這一切。可是想了一肚子的話，都被這位三叔堵住了，就像足球守門員似的，牢牢地守住這神聖的信仰，使聖章難以「破門」：

「三叔，我不能看著你受苦……」

「誠然，我有苦與悲。但是，它正走向反面。」

「西方的宗教，信仰者大有人在，可他們不同……」聖章這是最後一步棋了。

「這我知道，聖章居士。他們的『修道院』、『神父』，究竟是在幹什麼，這只不過是乞求上帝保佑、懺悔之類的形式而已……。」

聖章想錯了，他以為三叔的出家，只不過是一時的衝動、好奇，或是整理一番佛門經典，嘗一嘗人間的苦辣辛酸，然後再脫僧還俗，重度教育、藝術生涯，哪裡知道，自己卻碰了軟釘子。

眨眼工夫，夜幕像一副無垠的大網，徐徐地往吳山上降落，透過灰濛濛的紗幕，遠眺全城，點點燈火，像與天上的皓月繁星競相爭輝，好一派奇麗的景色：

「三叔，咱們往回走吧。」聖章沉默了半晌。

「你不怕疲勞？」

「吃夜飯哪。」

「噢，我忘了告訴你。我是過午不食的。」

「有胃病？」

「不，是我守的戒律。」

聖章腦袋「嗡」地一下，朝這位骨瘦如柴的三叔瞥了一眼，甚是吃驚。以往，他在西方見過多少個「神父」、「修女」、「牧師」以及各種教徒，然而「過午不食」者實屬罕見。此刻，他的心中像有一架螺旋槳在攪動，一陣疼愛與同情的辛酸，使他悄悄落了淚。

清晨，大師帶他至殿後的一間漱洗室時，聖章驚奇地望著三叔的這把「牙刷」。這牙刷乃是一段柳樹枝，在一端敲成了一個油畫筆似的毛尖。只見三叔拿它醮點牙粉，在牙齒上像橫掃牆灰一樣，來回刷了幾下。聖章看呆了。

「三叔，連買牙刷的錢也沒有？」

「啊，你有所不知，這牙刷本是豬鬃所製，出家人是不殺生的……」大師舉著這把「牙刷」，態度很安詳。

如是九日，聖章的苦口婆心，最後等於「枉費心機」，不但沒說服三叔「還俗」，大師反而倒送了他兩件禮物：一件舊僧袍，一本手抄《華嚴經》。

「聽說你有個五歲的兒子？長大要讓他念佛。」隨即拿起一件海青、一卷《華嚴經》遞給聖章：「這是我送給孩子的。」

「三叔是怎麼想的？」聖章心裡嘀咕著，捧著這兩件「禮物」有說不出的味道。心想：這就是我九天的成績啊？

身在世外，塵緣難斷。

轟轟烈烈的革命軍正在北上，國民黨內部潛伏著兩種勢力，一邊在內部醞釀著「清黨」，一邊又打著「反封建」的旗號，拆掉了一些廟宇，毀了一些神像。浙江也危在旦夕。

佛教界緊張了。他們早已聽說革命軍要滅佛教、驅僧尼。還有人造出謠言，說一僧一尼抽籤分配，男婚女嫁，把一切寺廟改成工廠、學校、醫院。

此時，杭州已被北伐軍占領，眼看這一滅佛的災難臨到弘一大師頭上來了，他不能不挺身而出了。因為，若真的滅了佛教，那將比經濟破產更痛苦。

三月十七日，他邀請了當地黨的負責人宣中華。此人原是弘公的學生，頭腦敏銳，思想進步，辦事穩健。是共產黨員。

「老師。」宣中華直接來到大師的寮房。

「啊，中華居士，快坐。」弘公很客氣地讓學生坐在那張木凳子上：「杭州已經革命了，聽說北伐軍對佛教持反對態度，還聽說要滅佛教、驅僧尼？到底有無此事？」

「李先生，在北伐軍中也確有此事，但這並沒有釀成全國性的運動。不過……」宣中華眉頭皺了皺：「有些僧尼也確實有失佛教的嚴肅性。整頓，看來是必不可少的。但是，宗教自由，是共產黨的一貫主張，這個，我是知道的。」

「中華居士，杭州，是人間的淨土，有不少山門寺廟，望你們地方黨的負責人慎重行事。」

宣中華微微一笑：「老師說的極是。」

聽到宣中華這樣回答，弘公卸掉了心中的重壓。

宣中華走後，弘公提筆寫了一份「呈子」。

舊師子民①、舊友子淵、夷初、少卿諸居士同鑒：

昨有友人來，謂仁等已至杭州建設一切，至爲歡欣。又聞，子師在青年會演說。對於出家僧眾，有未能滿意之處。但，仁等於出家人中之情形，恐有隔膜，將來整頓之時，或未能一一允當。鄙擬請仁等另請僧眾二人爲委員，專任整頓僧眾之事。凡一切規畫，皆與仁等商酌而行，似較妥善。此委員二人，據鄙意，願推薦太虛法師及弘傘法師任之。此二人皆英年有爲，膽識過人，前年曾往日本考察一切，富於新思想，久負改革僧制之宏願，故任彼二人爲委員，最爲適當也。至將來如何辦法，統乞　仁等與彼協商。對於服務社會之一派，如何盡力提倡（此是新派），對於山林辦道之一派，應如何盡力保護（此是舊派，但此派必不可廢）。對於既不能服務社會，又不能辦道山林之一流僧眾，應如何處置；對於應赴一派（即專作經懺者）應如何處置；對於受戒之時，應如何嚴加限制。如是等種種問題，皆乞　仁等仔細斟酌，妥爲辦理。俾佛門興盛，佛法昌明，則幸甚矣。此事先由浙江一省辦起，然後遍及全國。謹陳拙見，請乞重察，不具。

弘一　三月十七日

接著，弘公又邀請了政界的一批知名人士開了一個座談會，其中不少人還是他在浙江師範時的學生，不用分說，「倒佛教」的大火，被這位高僧制止了。

①子民：係蔡元培，字鶴卿，號子民，時任國民黨政府大學院院長、中央研究院院長。

自此，大師在「本來寺」掩關。他在信中告訴弘傘法師：「這次掩關，致力於《華嚴疏鈔》，如有道友詢問音之近況，可以『雖生猶死』相告矣！」

難怪國民黨元老李石曾①三次來西湖看望，均不知弘公之去向。最後，在弘傘法師的陪同下來到這小廟的寮房見了一面，此居士雖不信佛，但卻獲得了幾部佛經，臨走時，還說了聲：

「李叔同先生，再見。」

但是，轟轟烈烈的北伐革命軍，卻遭到了國民黨右派的破壞，蔣介石背叛了革命。《北伐軍歌》銷聲匿跡了，霎時間，中國的樂壇一片烏煙瘴氣。

豐子愷對此狀況，憂心忡忡，他下了決心，要編輯一本《中文名曲》五十首，從而美化人們的心靈，喚起愛國主義精神。於是，他把弘一大師請到家裡，因為他要將大師的作品選載其中，這不能不和大師商量一番。

這本歌曲選集，均屬當代音樂家的作品，其中，搜集了李叔同的作品有《朝陽》、《憶兒時》、《月》、《送別》、《落花》、《幽居》、《天風》、《早秋》、《春遊》、《西湖》、《夢》、《悲秋》、《晚鐘》……等近三十首。當然，其中也有出家前消沉的憤世之作。

①老同盟會員，係李叔同的遠親。溥儀被逐出宮時，任清室善後委員會會長。看望李叔同時，任國府委員。

豐子愷在《中文名曲》的序言中寫道：

「……我們把平時所諷詠而憧憬的歌曲纂集起來，成這本册子，這册子裡所收的曲，大半是西洋通俗（Most Popular）的名曲，曲上的歌詞，主要是李叔同先生（出家於杭州大慈山的弘一法師）所作或配的，作爲我們選出的標準……而李（叔同）先生有深大的心靈，又兼文才與樂才，據我們所知，中國能作曲又作歌的音樂家，也只有李先生一人。……」

《中文名曲》不久便由開明書店印行了。

這年，子愷母親住在鄉下，大師暫住此處。然大師的心思並不在這《中文名曲》上，而是眼見蔣介石背叛革命後的「四一二」大屠殺。他捻著念珠，不時地呼著佛號，心情十分沉重。

豐子愷與大師的「緣分」似乎是擰在了「師情、親情、友情」的焦點上，他見大師的神情似有一片陰雲，於是過午之後問道：

「大師，近來有什麼心願嗎？」

「釋迦牟尼所示之『戒』字，實是戒暴力殺害……」

子愷一聽，頓然了悟，彷佛蔣介石那血淋淋的屠刀正在他眼前晃動：

「大師，」豐子愷眼神裡閃著光：「我和李園淨研究過了，搞一套《戒殺畫集》，到您五十歲時，出五十幅，到您六十歲，再出六十幅。」

「好，」弘公突然精神抖擻起來：「戒殺二字可改為『護生』，這樣，……可減少些麻煩。」

「啊……大師說的極是。另外，在您的生日……」

「出家人啦……」大師沉靜下來：「我想在我們創作……《護生畫集》期間，為你的先父和我的先母誦誦經，為死者加被，我的心則安矣！」

「大師，」子愷望著老師，眼裡含著虔誠和敬意：「多少年來，受到您的教育和佛光的照拂，如果能在我生日這天，請您為我授皈依，是我畢生的榮幸。」

大師聽到這突如其來的要求，眼前的子愷，彷佛又是當年十七歲的孩子啊。

「此話當真？」

「是的，弟子沒一句謊言。」

「很好，子愷。」

就在豐子愷三十歲生辰那天，師生備好了供果、香燭，在鋼琴旁邊那張桌子上，點上香。霎時間，香雲繚繞，經聲誦唱，師生二人又是音樂家、畫家，念起那《地藏經》的韻調幽美迷人，恰似瑶林仙境佛門開，法界蒙熏人間來。

之後，又念了《三皈依》。

子愷又捻香於爐，跪在蒲團上，合掌瞇眼，悉心聽著大師念著「說皈依文」。並要求實行「五戒」（即邪淫戒、偷盜戒、殺生戒、妄語戒、飲酒戒）。還傳授了佛門謹記的幾條。

末了，弘公悲欣感慨地唱道：

「今受在家居士、佛前的白衣弟子法名嬰行，俗名不變。」

眾所周知，李叔同試行斷食後，曾為自己改名為「嬰」，乃「嬰兒」之意。而子愷的法名為「嬰行」，實為緊步於大師之後塵之意。

到十一月，這部為大師五十壽辰紀念的《護生畫集初集》由李圓淨提供選題，豐子愷作畫五十幅，大師為畫配詩五十首而定稿了。

忽一日，夏丏尊來看望大師，並告訴他，居士林尤惜陰已由無錫來上海了。大師動了念，丏尊走後，他便來到居士林三樓，二人相見分外話多。驀地，弘公發現屋裡堆著行李：

「怎麼，要遠行？」

「啊，大師，我和謝仁齋居士正在候船，準備去暹羅宏法。」

弘公一聽，正是自己夢寐以求之事，為了出國宏法，他曾自習了二年的英語：

「我同你們一起去，方便嗎？」

尤惜陰當然歡迎。只需三言兩語便成了。

在海上漂了三天。但是船還未抵廈門時，大師的雲遊行蹤卻被廈門大學創辦人陳敬賢①得知了。也許是「佛緣」吧，到了廈門，也正好想去看看這位在杭州時期的老至交。

①陳敬賢，係陳家庚之胞弟。

「怎麽不早通知我一聲啊？」陳居士紅光滿面，風度翩翩。這天，他請弘公吃了午齋。

「啊，陳居士，開船的前一天，我才知道。」

「哈哈，這真是閩南的法緣哪。」陳居士很爽朗，他高興地抿了一口酒：「請說說，大師。下一步怎麽打算？」

「到暹羅。」

陳居士拿著筷子愣住了：

「法師大緣到閩南來，也是地方的法緣，我希望大師留在這裡弘法，也是功德之舉嘛！」

「可是，同來的還有兩位居士啊。」

「您知道，閩南的僧眾、居士們，對法師至盼的誠意是無可復加的。」

「我如果留在這兒，恐怕要和他們二位商量，不然會使他們掃興的。」

齋後，弘公立即將閩南之盛情告訴了尤、謝①二居士。無奈，二人只好揚帆海域，留下了弘一大師。

弘一大師被陳敬賢留在福建名剎南普陀寺掛褡。在這裡，他與芝峰法師、大醒法師和性願法師相遇。原來，芝峰法師和大醒法師是受命於中國著名僧人太虛大師之命，在

①尤惜陰後亦出家，駐馬來西亞，法名演本法師。謝仁齋也在不久出家，為寂雲禪師。

這裡主持閩南佛學院的工作。

弘一先住在佛學院的一個小樓上。他沒有像平日那樣的寫經，仍是默默地學著英語，那出國宏法之心願未泯。只是，經不住眾道友的一再挽留，才取消了去暹羅的打算，又活躍在閩南的道場法壇。

然而，他畢竟年逾半百，肺病未癒，加上行蹤雲水，食不正常，體格漸漸衰弱。此事，被與大師「名雖師生、情同父子」的劉質平得知了，他疾書閩南，懇請大師返浙，以便及時供養。

當大師回到白馬湖時，已經夏丏尊、經子淵、豐子愷、劉質平、穆藕初、朱穌典、周承德等舊友門生商定，在夏丏尊的家鄉白馬湖附近覓地蓋房三間，作為大師晚年的去處。

大師聽了，搖搖頭，笑道：

「出家之人，焉能過隱士生涯？我謝謝幾位居士的好意。」

「不，」經子淵勸說道：「我們七個人考慮的不是隱居，而是你晚年的去處。」

自從叔同出家以來，已漂泊十年，從沒有把哪個寺院，當做他的定居之所在，即使在溫州城下寮掛褡較久，也只是「客居」，一旦離開，便結束了此緣。否則，什麼叫出家人呢？

「請大師三思！」夏丏尊至誠地說。

「那好吧。」弘公笑了笑：「房子蓋成以後，就稱它『晚晴山房』吧。」

大師同意了這個晚年落腳之處，大家彷彿都吃了顆「定心丸」，心也就安了。

新房建成後，又為大師做了五十大壽，在俗的師友學生，來了不少，由豐子愷、劉質平辦了一桌長壽素麵；還有一些學生，買了幾盆水族動物，把大師請到白馬湖邊，舉行了「放生」活動，大師看了捻鬚微笑：

「阿彌陀佛！」

正在這時，有人喊著：

「夏先生，有人找您。」

丏尊一怔，急忙上岸。大伙也隨著丏尊一齊來到了「晚晴山房」。

「夏先生。」上海開明書店的一位職員，站起來說道：「真難找啊，這附近的鄰居，誰都不知道有個『晚晴山房』，鬧了半天就是這新房子。」說著指了一下桌上的一包書，「樣書，請您看看。」

丏尊心中明白，這是他集李叔同在俗時所臨的各種碑帖，已交給開明書店出版了。心下一喜，急忙打開牛皮紙，抽出一本樣書，信手交給了弘一大師。封面印著《李息翁臨古法書》。

弘公的嘴角，流露出無限的歡慰。

「再看看這本。」這位職員又遞給大師一本樣書。

「啊……！」大師捧著這部《護生畫集》，一頁一頁地翻閱著，其欣喜之情，筆者是難以描寫的呀！

第29章

暮色蒼茫，燭光高照。靜權法師身披朱紅袈裟，高踞法座。一排排僧眾在淒寒的初冬之夜靜聽著靜權法師的宣講。

靜權法師從經義演繹到孝思在中國倫理學之重要處，著重解釋了生物愛的至情，人類之愛子女，是一種天生的偉大慈愛，他們不惜自己的生命，扶植著他的幼小的新生命……

這是由天台山來金山寺講經的法會。弘一大師在兩個月的法會中沒有缺過一席。二個月的法會，迎來了薄薄的一層冰霜，這副瘦弱的皮囊，怎能經得住這種嚴寒的襲擊，於是，他回到了溫州。二月又到寧波白衣寺掛褡。

一九三一年的仲夏，亦幻法師風塵僕僕來到寧波白衣寺，找到弘一大師時，已是汗如雨淋，兩位大師雙手合十，互相頂禮。弘公急忙叫小沙彌打來洗臉水，亦幻大師脫掉袈裟，換了海青，搖著扇子笑道：

「我在法會上聽了你的律學，感到你造詣頗深。目前蘭溪五磊寺主持棲蓮法師正想籌辦一所『南山律學院』，我想，請你出山……」

「噢！」弘公聽了很贊成：「有了『南山律學院』，把律宗再度興起，這將對僧界是一件好事！」

這五磊寺位於餘姚與寧波之間，山巒起伏，蒼松翠柏，葉濃枝茂，綠蔭蔭地環抱著這座寺院，顯得幽美寧靜，故而各地遊僧在此處掛褡的不少。這個去處，弘公是了解的。

亦幻法師見弘公如此爽快，心中甚是歡喜，於是，又追問了一句：

「你答應啦？」

「興起律宗，這是法緣，有何不答應的！」

亦幻法師湊近弘公的耳根，笑笑說：

「有你出山，我和棲蓮法師的心就定了。因為，你在出家之前是藝術大師，出家以後又是律宗的一代法師。憑你的威望就可以辦起這所佛門大學來。」

「不敢，不敢，你過獎了！」

亦幻離開城下寮，來到五磊寺，把弘一樂於出山的消息，告訴了棲蓮和尚。棲蓮法師聽罷搔了搔頭皮，笑道：

「有弘一法師參加辦學，就不愁經費了。」

「我也是這麼想。」亦幻法師瞇著眼睛，捻著鬍鬚，笑著說道：「他在出家以前，就名震中華，這出家以後，苦修律學，一連出版了《四分律比丘戒相表記》、《李息翁臨古書法》，還整理、圈點了《華嚴疏論纂要》、《南山律苑叢書》、《南山鈔記》等等，眼下威望很高，如果以他的名義進行『捐緣』，是不愁經費的。」

兩天之後，棲蓮與亦幻二法師來到上海。

真是「踏破鐵鞋無覓處，得來全不費功夫」。正巧，著名佛界護法賢人朱子橋居士在上海，他二人通過上海僧人找到了他。當然，不用分說，這位富有的大官僚一下子捐緣了一千元。

豈知，這位只知弘法不圖名，一心揚律不要利的弘一大師還蒙在鼓裡。

棲蓮和亦幻法師回到五磊寺，立即把弘一大師請到寺來。三位法師各穿短上衣，搖著扇子，滿懷喜悅地談起創辦「南山律學院」的事。

「你看這地勢環境如何？」棲蓮法師笑問道。

「啊，」弘公嘆道：「好地方。此地交通可以說四通八達，佛門居士也很多，此處如能辦一所律學院，弘揚律宗，確實是塊寶地。」

「大師，」亦幻法師說：「律學院的事，僧眾道友全都支持，連上海也願緣助我們。」

弘公一怔，心想，怎麼上海也知道了？於是笑笑說：

「他們是怎麼打算呢？」

「他們說，只要弘一法師主持律學院，一切都好辦。我們向有錢的居士們講了，這個學院是由弘一法師主持。」

弘公一驚，問道：

「你向有錢的居士們說了？」

「啊！」棲蓮和尚不以為然地說：「你可以想像得到啊，院長、教務、律師，還不是由你挑嗎？」

弘公把臉一沉，半晌沒言語。

樓蓮生怕大師不滿意，信口補上了一句：

「我和亦幻法師商量過，院長一職，就由你來當。」

弘公苦笑笑，仍然沒講話。

亦幻笑道：「大師就不要推辭了。你是個德高望重之法師，只要你起草一個《緣略》，這律學院很快就可以蓋起來……」

「用我的名義？」弘公斜了一眼亦幻。

「當然啦！」樓蓮哈哈一笑：「院長簽字啊！」

弘公一抬頭，輕輕地正色道：

「我弘一入山以來，一心弘揚律宗。我曾立過誓言：一不做主持；二不化緣；三不收徒弟。因為我的時間，太短促了……」

二法師一聽，愣了。眼看這計畫就要告吹。亦幻法師放下杯子，一捋袖口急忙解釋：

「這化緣之事，由我們承擔。」

「不必。」弘公說：「學院就建在這寺院裡，不更好嗎？再說，除了學院師生的衣食住行，別無用錢之處啊！」

「可是已經化來一千塊了呀！」亦幻脫口而出。

弘公的臉色一沉，半晌才緩緩地說：

「看來，我在這裡掛褡，是無緣了。」

第二天，弘公便揚長而去。回到白衣寺後一直深陷於煩惱之中。

不過，學子劉質平一來，大師樂了。因為質平甚知大師用墨十分考究，特向諸友訪得乾隆年製陳墨二十餘錠送到大師手裡。頓時，大師笑瞇了眼，早把五磊寺的煩惱丟到腦後了。

「大師，」劉質平說著便抖開一個包裹：「您穿穿看，合適嗎？」

大師接過一身新衣褲，綻開了笑容。

「根據您來函開示的尺寸，照單剪裁……」

「很好。」弘公感激地說：「十多年來，由你奉養，實在於心不忍。」

「大師，」劉質平誠懇地說：「師恩厚，無以為報，能許余供養，我心則安矣。」

一九三二年初夏，劉質平幫助大師提包挎籃來到鎮海伏龍寺掛褡。然這裡的誠一法師對大師的迎請、供養、照顧、體貼，完全出於至誠。他們也都知道，弘一法師每次雲遊，大都由劉質平整理、護送，故也都把質平居士當做掛褡僧對待。

「質平居士，」大師說：「此次隨我掛褡能住多久？」

「可與上次隨大師住法界寺一樣，兩個月。」

「啊……正好，我正想寫一批大幅佛經，這必須你在的時候，才能動筆啊！」

「大師這次書寫的計畫？……」

「佛說阿彌陀經……看來，五尺紙要十六張啊。待功德圓滿，願再寫一批字給你，和這彌陀經一起保存。」

「我明白，大師。」

當北斗星還在熠熠閃光的時候，雲板響起，劉質平立刻起身，盥洗之後，來到佛祖殿下，參加眾僧早課。待早齋之後，晨光像錢江濃霧，迷漫著廟宇，漸漸由灰濛濛的顏色摻進了一抹青蓮色的霞光，使寺院顯得格外肅穆而寧靜。質平把硯池洗淨，倒上半池清水，一手持經，一手磨墨，在輕輕圓形旋轉中，全神貫注於佛經。不覺間，經書讀畢，墨也研濃。

「好啦。」大師興致頗濃。而質平對大師的書寫規律也很熟悉。這時，他輕輕把門關好，惟恐別人闖入，以防大師亂神。繼而計算字數、行數、每行字數、上下左右留空多少，一切就緒之後，大師笑道：

「這樣安排甚妥，須知字之工拙，占十分之四，而部局卻占十分之六啊……」

大師說著便潤筆試墨，待書寫時，由質平雙手執紙，口報文字，大師則凝神思之，但落筆遲遲，一點一畫，均以全力赴之。五尺整幅寫完，已過了兩個小時，再看大師的身上，彷彿剛從水裡撈上來一樣，全身濕淋淋的。

如是十六天，一堂《佛說阿彌陀經》書寫完畢。其餘時間，還寫了一些「贊佛偈」及一些對聯。當劉質平要離開大師時，大師講了幾句肺腑之言：

「以後，我每次信中，送你兩幅字，一張請你送人結緣，另一張，你保存。自我入山以來，承你供養，從不間斷，我知你教書以來，沒有積蓄，這批字件，將來信佛居士們中，必有有緣之人出資收藏，你可將此款作養老及子女留學費用……」

「大師！我赴日留學……多虧您的資助，我無以為報啊！您的墨跡，我怎能賣呀！」

劉質平淚汪汪地瞧著大師。

俗話說：六月黃霉天，一天變三變。剛才還是悶熱的氣候，一下子烏雲遮天，頓時黑壓壓的雲層，嘩地下起了瓢潑大雨，而且下個不停。

「噢，」大師像被一陣涼意提醒了似的：「去年你和丏尊說我出家太早，沒人寫歌詞了。」說著便拿出一組《清涼歌》詞。劉質平接過歌詞，連看了數遍。是的，詞意已完全脱俗，在歌詞的構思裡，自然蘊藏著佛家的一種觀念，那就是人們身心與自然界亡人亡我，無物無心，肝膽天地，萬有一體的和諧融化意境。尤其弘公的詩詞，不善白話文字，故歌詞亦頗深奧。

這次他寫了五首歌詞，標題為《清涼歌集》。第一首：《清涼》，歌詞曰：

清涼月，月到天心光明殊皎潔，
今唱清涼歌心地光明一笑呵。
清涼風，清風解慍暑氣已無蹤，
今唱清涼歌熱惱消除萬物和。
清涼水，清水一渠滌蕩諸污穢，
今唱清涼歌身心無垢樂如何，
清涼，清涼，無上，究竟眞常。

第二首：《山色歌》，第三首：《花香歌》，第四首：《世夢歌》，第五首：《觀心歌》。

劉質平帶著這五首歌詞，辭別了大師，回到學校，組織俞紱棠、潘伯英、徐希一、唐學咏等四代師生各譜一曲，先後在上海新華藝專和寧波中學試唱。此時，正是靡靡之音在我國流行的時候，經七年的反覆推敲，終由開明書店印行了。正如夏丏尊在序言中所說：「經過先後七年的試練，始與世人見面，恐是音樂史上的奇談哩！」實際上，這是一部佛學聲樂書。當大師收到這本書時，已經五十八歲了。

由一個翩翩濁世佳公子到一位苦行老僧；從滿江紅唱到《清涼歌》，一晃就是三十多年啊！

隨著年齡的增長，加之營養不良，不久，那瘦弱皮囊裏著的軀體，已漸漸感染著不可抵禦的疾病，尤其那肺部更使老人難以度過這嚴寒的冬天。儘管浙江是佛門盛地，但對大師的氣管炎、老肺病、胃出血是不起作用的，他拄著拐杖，在廟裡轉磨轉磨，曬曬太陽，然而一經入禪，那盤著的膝，合十的手，彷彿進了冷庫，立刻會被凍僵。

然而，頗有心計的廣洽法師，像是與大師早有默契，忽然寫來一信，請大師到閩南過冬。

閩南的冬季，繁花盛開，沖淡了殘冬的冷寂。這些作為比丘的佛子們，冬天很好過，只需一襲袈裟、一件海青，便可安度歲月。

誰知大師剛到閩南，忽接侄兒李晉章居士的一封來信。嚄可了不得！開頭便寫道：

……此信能否收到，還在渺茫中。據上海幾大報紙登載「中國藝術大師——李叔同，棄俗爲僧後，與世人隔絕，據消息人士透露，大師於日前在閩南山中圓寂。」

大師看了這則「噩耗」，悠然一笑。信手回了一信，寫道：

……這種「新聞」已不足爲奇，三年前我已經「死」過一次了，非常感謝他們對老朽的關心，似乎我一死，中國藝術界像是少了點什麼……

大師到了閩南，與瑞今、廣洽、性常、傳貫、廣義、覺圓、仁開、圓拙等青年法侶，建立了至情至性的法緣關係。同時，還結交了個方外的「小朋友」。

那是在閩南佛學院的時候，齋桌上常有一個在廈門同文中學念書的男孩子在這裡搭伙，但他早已知道同桌吃飯的這位老和尚是個藝術家，在《民鐸》雜誌中，早已迷上了大師的古篆。也常常在三門街上，碰見大師拿著拐杖，穿著温州草鞋散步。小傢伙也是面對大師雙手合掌，以示恭敬，而大師也笑顏可掬地還著禮。

「小居士。」大師在飯桌上對小傢伙說：「尊姓大名啊？」

「高文顯。」小傢伙臉一紅。

「啊，你知道西門外有一座晚唐詩人韓偓的墓道嗎？」

「知道。」

「我搜集些材料，你給他寫個傳記好嗎？」

「傳記？」高文顯一縮脖子，笑道：「我怕寫不好。」

「哪有先知先覺的人啊，連佛祖也是經過苦修才達到『了、悟、覺』的呀。」

原來他對韓偓有著獨具的命運之緣。當他在那潘山的路旁，突然發現晚唐詩人韓偓的墓道時，驚喜欲狂，他駐足於這位忠烈的愛國詩人墓道面前，佇立了很久，很久。他少年時，熟讀韓偓的詩章，極為佩服詩人的忠烈。詩人曾任翰林學生、兵部侍郎，很受唐昭宗李曄的信任，後被朱全忠所排擠，貶為濮州（今山東曹縣）司馬，後攜家避居閩南，依王審知，並禁於招賢寺中而終其身，那種深遭國亡的慘痛，而不甘於附逆的忠士，與日月爭光，故唐史稱他為「完人」。誰知大師卻默默地搜集著他的史料，似乎一千年前後的韓偓和弘一，不論其性格、愛國之情都有息息相通之處。

三年之後，高文顯在大師指導下寫完了《韓偓傳》，並由大師親自寫了《韓偓評傳序》，交上海開明書店付印時，不料，「八．一三」以來，日寇一顆炸彈，引起熊熊大火，把開明總廠焚之殆盡，而《韓偓傳》的排印稿子也毀於大火之中。

弘公得訊，奔至韓偓墓前，淚如泉湧，匍伏在地上。高文顯也趕來尋找大師，見大師伏地痛哭，急忙扶起，說道：

「大師，請不要悲傷。我在石壁上又發現了一首韓偓的遺詩。您看，我抄下來了。」

大師接過遺詩，拭乾淚水，戴上老花眼鏡讀道：

微茫煙水碧雲間，掛杖南來度遠山；

冠履莫教親紫閣，袖衣且上傍禪關；
青邱有路蓁苓茂，故國無階麥黍繁；
午夜鐘聲聞北闕，六龍繞殿幾時攀？

「啊！愛國愛家的作品，而美在禪意也。」弘公嘆罷，回到萬壽岩，立即寫入中堂。

儘管閩南的冬天，其溫度總是停在一個度數上，然而人的衰老總是拗不過大自然的擺佈。

大師掉了兩顆牙。

「廣洽法師。」大師把牙齒洗淨，用黃紙包好，托在手中，遺憾地說：「可惜，入山時短，功德未滿就掉了兩顆牙，這個，就交你藏之以為紀念吧。」

廣洽雖然每日侍應大師，忽然覺得面前像是一尊佛像，一位復活的長老，他至誠地接過黃紙包，小心翼翼地珍藏起來。此刻的大師，面若平鏡，彷彿一潭泓水，清澈、見底。廣洽沒說話，好像任何一句話都是多餘的。

幾天之後，大師受城南鄉間草庵寺主持僧的邀請，並由傳貫法師陪著來此過冬，不久，性常法師也趕至草庵，一同度過了春節。

不久，他在草庵患了一場大病，手腳腫爛，這是被閩南鄉間的一種小黑蠅咬後所致，許多鄉間老人經受不住高燒的折磨，便會死去。

廣洽法師一直侍在病榻之前，然而弘公卻把生死看得很淡。病嚴重的那天，正值傳貫法師在跟前。他撐起身子，寫了一段話交給了傳貫法師說：

我命終前，請你在布帳外，助念佛號，但也不必常常念，命終後，不要翻動身體，把門鎖上八小時，八小時後，萬不可擦身、洗面。當時以隨身所穿的衣服，外裹夾被，捲好，送到寺後山谷。三天後，有野獸來吃便好，否則，就地焚化，化後，再通知師友。但千萬不可提早通知。我命終前後，諸事很簡單，必須依言執行……

廣洽見狀，急忙把大師轉到廈門南普陀寺，每日陪大師赴醫院，由著名外科黃丙丁醫學博士治療，從正月到五月底，才轉危為安，逐漸康復。

一天，大師手持拐杖，正在寺院裡散步，迎面遇到一條大漢。只見大漢躬身問道：

「大師，您身體好了？」

「啊，請問……？」

「我是廈門教育局的。」說著，遞上了一封介紹信。內容是：廈門將舉辦運動會，請大師為中華健兒寫一首運動會歌。

老實說，按平時的大師生活，已完全脫離凡塵，但日本侵略軍已攻占了我東北三省，現在已進入河北平原。大師擰緊眉頭，把拐杖揚了揚：「請到屋裡坐。」然而就在這樹葉婆娑的林蔭道上，他彷彿聽到了日本帝國主義的炮聲，眼前彷佛又出現了八國聯軍在中國造成屍山血海的慘景！「啊，中國，不振的中國，四萬萬生靈啊……」他心裡想著這一切，恨不得使中國人民的精神和體魄健全起來。他進了自己的小屋，提筆寫道：

禾山蒼蒼，鷺水蕩蕩，國旗遍飄揚。
健兒身手，各顯所長，大家圖自強。
你看那外來敵多麼猖狂！
請大家想想，切莫彷徨。

此刻，大師彷彿把大漢忘了。大漢只好立在門外，靜靜地等著。弘公此時激動異常，似乎早已把一個和尚應有的修功遺在一旁，置身於兒童們的運動會裡，一種青春的活力，鏗鏘的節奏，豪邁的音樂旋律，像一頭小野馬衝進了他的心房，詞曲貼切，一氣呵成！

「對不起，居士，你拿去試試看。」

大漢接過來，看了看標題：寫著「廈門第一次運動會會歌」。抬頭對大師憨笑笑：「謝謝先生！有這首歌，運動會就成功了一半。」說罷，鞠了一躬，回頭就走了。

弘一法師在運動會的主席台上就坐時，就像一條特大新聞：「弘一法師病癒了。」於是，拜訪、討字、應酬、宴會、講經的事情接連不斷。

然而，弘公卻暗暗地自愧，往往在打坐入定時，感到心煩不安。特別在夜靜人稀，大師便感到自己德性之欠缺，索性不點燈，頗有古德「憐蛾不點燈」的遺風。他感到自己已經成為一個「老叟」了。誠然，一個老人往往易於回憶往事，大師也不例外，但他想的則是另一碼事，這天晚上他連問自己三遍：「你這一生究竟有什麼貢獻？」

天亮之後，他便為自己取了一個別號——「二一老人」。

這名字來源於兩句詩：古詩：「一事無成人漸老」，和吳偉業（梅村）的臨終絕命詞：「一錢不值何消說」。兩句開頭都是「一」字，所以取名「二一老人」。

一九三七年二月十六日，他在南普陀寺佛教養正院，演講了《閩南十年之夢影》。在這次演講中，深為慚愧地說：

「……入山之前，我曾在日本留學，那時真是滿懷抱負，一心實現藝術救國。誰知國氣不振，外來之敵人又如此猖獗，國家至今沒有一天太平。最後，我的理想幻滅了。因為事情失敗，不完滿，這才使我常常大發慚愧！能夠曉得自己的德行欠缺，自己的修善不足。從這兒，我才開始用功，努力改過遷善！一個人如果事情做完滿了，那麼這個人容易心滿意足，洋洋得意，反而增長他貢高我慢的念頭，生出種種過失來……因此，這『二一老人』的名字，也可以算是我在閩南居住了十年的一個最好的紀念！」

青年僧眾聽了弘一法師的自謙號，很是感動，自然地聯想起清帝弘曆（乾隆）晚年也給自己起了一個別號，叫做「十全老人」。同樣是晚年的自稱號，含意卻恰恰相反。乾隆在歷史上的種種過失，不正是被勝利沖昏頭腦的證例嗎？

閩南的初春，早已桃紅柳綠。

弘公吃罷了早齋，收到了一封信。開始，弘公並不在意，豈知打開一看，臉色刷地變紅了。信上寫道：

……我常聽您講經，尤其這「閩南十年之夢影」，很使我感動，我也要時刻檢點，改過遷善。因我見您如此誠心，才不揣冒昧地進一不成熟之言：我認為當和尚的，不可常常宴會，要靜養用功……

十五歲　李芳遠

弘公看罷，頓時憶起前年由他父親帶著來廟聽經的那個十三歲的童子。當然，這位嚴於律己的弘公，對此批評欣然接受。自此，弘公見了眾道友就說：「何以近來竟大改常態，到處演講，常常見客，時時宴會，簡直變成了一個應酬和尚了。」嗣後，大師找到了這位十五歲的童子，當場表示感謝，並深自慚愧地檢討了自己。從此，這位五十八歲的老和尚和一個十五歲的童子結成了莫逆之交。

不久，大師來到鼓浪嶼日光岩，此島風景秀麗，地利人和，登高縱眺，煙籠遠樹，霧壓青巒，彷彿人在畫圖中，大師在此修律，頗是個清靜的去處。

一天，大師拿著手杖，爬上山坡，迎著夕陽的餘暉，飽覽著自然的光圈，忽聽傳貫喊著大師的法名。

「法師，弘一法師。」

「啊，傳貫法師。」

「大師，」傳貫跑得上氣不接下氣：「廣洽法師帶、帶來一位居士。要、要見你。」

大師心想：我多方寫信，言及「年老體衰，閉關謝客」，而今竟有人爬山渡海來此會見，心中既納悶又不快。只得隨傳貫下山，來到日光岩。

廣洽法師迎上來，笑著說：

「這位居士，您認識嗎？」

弘公端詳了半天，搖搖頭。

「我叫郁達夫！」

「啊！……」弘公一合掌，「阿彌陀佛——」念完佛號，把手一擺，說了聲：「請，請快到寮房裡坐。」

傳貫幫助大師點上了一盞小油燈。

「我一看到你呀，」弘公笑著說：「就好像在哪兒見過。你一提名字，啊，我記起來了。那是在浙江一師，牆上掛的畢業合影裡，學生圍著你……對吧？」

「啊，是的。」郁達夫感慨地嘆道：「世道！世道啊，沒有使我和您共事教育，實在遺憾！」

「這也是緣分哪！」弘公笑著說：「我那時，一進學校，夏丏尊居士就告訴我：『可惜呀，魯迅、郁達夫先生剛離開學校。』這不，你親自來到鼓浪嶼，我們見了面，不也是緣嘛！」

「您的律學著作，從開明書店都看到了，因此，對您的持律生活，也是欽佩之至。」

「哪裡。只恨苦修太晚。」弘公謙虛地說：「古人云：『馬行棧道收韁晚，船到江心補漏遲』呀。幸好，閩南有十幾位青年法師，正在沿襲這一律宗，我心安矣！」

進來個小沙彌，問大師道：

「居士的晚齋是否送過來？」

「好，好。」回頭對郁達夫說：「達夫居士，就在這裡吃晚飯吧。」

「極好。」郁達夫笑盈盈地說：「我今日與弘公一道進晚飯，也是緣哪。」

「無緣！」弘公笑著擺擺手：「我是過午不食的。」弘公補上了一句，接著二人便哈哈笑了一陣。

此時，小沙彌端了兩盤素菜和一大碗白米飯，恭敬地說：

「請居士吃飯吧。」

郁達夫拿起筷子，朝傳貫、廣洽兩位青年法師看了一眼，說道：

「弘一大師過午不食。那麼，請您二位法師一道吃，好嗎？」

廣洽法師微微一笑：

「郁達夫居士有所不知，本來我們是每日三餐，自從弘一法師來閩南之後，我們十幾個比丘僧也實行了過午不食戒。」

達夫真有點不好意思了。心想：一個人吃，三個人看，這實在過意不去。於是，他囫圇吞棗地吃了一頓。

當夜，郁達夫被安頓在掛褡僧的單人客房裡。因為郁達夫正擔任著福建省政府參議兼公報室主任啊。

翌日，弘一大師將近日所藏的數部佛經贈給了郁達夫。

達夫當天乘船趕回福州。不久，給大師寄來一信。大師拆閱，竟是詩贈手稿：

丁丑春日，偕廣洽法師等訪高僧弘一於日光岩下，蒙贈以佛法導論諸書，歸福州後續成長句卻寄。

不似西泠遇駱丞，
南來有意訪高僧。
遠公遠法無多語，
六祖傳眞只一燈。
學士清平彈別調，
道宗宏議薄飛升。
中年亦具逃禪意，
兩事何周割未能！

郁達夫

第30章

正月廿九日，大師手拄禪杖在廈門市區買了一雙膠鞋。回來時已是淒風苦雨，寒氣襲人。驀地，一陣口琴聲從街旁傳到大師耳邊，他驚了一下！從這曲調裡立刻聯想到他在日本留學時期所熟悉的日本《國歌》。

老人的面肌在抽搐著，他睜大那乾枯的眼窩，望著吹口琴的地方，一種亡國滅種的酸楚，幾乎使他栽倒。臉上的雨水和淚水混合在一起，順著灰白色的山羊鬍子一滴滴地淌著。回到寺裡換了一件袈裟，默念著佛經上的一句話：「生命在於呼吸間。」國家啊！民族啊！你能正常的呼吸嗎？

三月十一日，他隨廣洽、傳貫諸青年法師移居到萬石岩，並在《佛教公論》上刊登了一則啓事，其中心內容是：「恕不晤談，失禮之罪，諸祈原諒！」

二十三日，夢參法師捧著青島名僧倓虛法師的書函，請弘一法師往青島結夏安居。弘公看罷信，笑了。隨即說道：

「我可以去。但是，要約法三章。」

「您就說吧。」夢參法師豁達而熱情。

「這一，不為人師；二，不開歡迎會；三，不登報。」

「可以，可以。」夢參法師合掌點點頭。

於是，四月初五起程，初七到上海，十一日到青島湛山寺。

不開歡迎會，行嗎？

上午九點，船剛靠岸，湛山寺住持倓虛法師正帶著道俗二眾在這裡迎候。寺中剩下的全體和尚，人人披衣持具，分列在山門兩旁，肅立恭候著。

八輛汽車，「笛——笛」地開到山門刹住了。車門開處，首先下車的是這位精神百倍滿臉笑容的倓虛法師；接著第二位下來的，立刻把大家的目光集中射在他的身上：細長的身材，裡邊穿著半舊的夏布褲褂，外罩夏布海青，光著腳只穿草鞋，儘管海風襲人，但他並無一點畏寒的樣子；儘管他毫無特殊的打扮，卻掩蓋不住他那矍鑠的神氣和慈祥的笑容。尤其那飄然的風姿，很是不凡。小和尚們猜想：這位大概就是大名鼎鼎的、譽滿中外的弘一法師了。

「請！」

「您請！」弘公滿面帶著笑和倓虛法師謙讓了一會，還是先進了山門。倓虛一聲招呼，眾僧一齊向弘一法師合掌致敬。弘公連忙帶笑還禮，輕快地同著倓虛走過去了。

此刻，眾僧與男女居士，蜂擁集中在客堂的階下，進行了歡迎式的最後敬禮。弘公站在客堂門口，雙手合十，很客氣地還了禮：

「不敢當，不敢當，哈哈……勞駕你們諸位。」

這次隨來的弟子有傳貫、仁開、圓拙，還有迎請大師的夢參法師。

卸下來的行李顯得很多，柳條箱、木箱、鋪蓋捲、網籃、提箱，還有條裝著小半下東西、拿麻繩紮著口的破舊麻袋和一個尺來見方的扣盒式的舊竹簍。

這時，一個小伙頭僧問夢參法師道：

「哪件是弘老的衣單①？」

夢參指指舊麻袋和小竹簍，笑著說：

「那就是，其餘全是別人的。」

伙頭僧拎起這兩件衣單，心裡直嘀咕：憑他這鼎鼎大名的一代律師只這麼兩件破……要麼……？

清晨，天濛濛亮，一抹朝霞正從海面探出頭來，彷彿預告著天氣一樣，弘公雙手托著那個小竹簍，小心地托到西牆根下打開來曬太陽。伙頭僧站在遠處悄悄地瞄了一眼，見裡邊只有兩雙鞋，一雙是半舊不新的軟帶黃鞋，一雙是補了又補的草鞋，但那腳上穿的草鞋似乎比這雙還新一點。伙頭僧驀地想起古代有「一履三十載」的高僧，眼前不正是一個對照嗎？

早課之後，紅彤彤的太陽冉冉升起，空氣格外新鮮，小鳥兒穿插在樹林之間，唧唧喳喳地發出動人的歌聲，海面像一副巨大的鏡子，沒有一絲風浪，大師持著禪杖到外頭散步去了，小伙頭僧好奇地溜到了大師的屋裡，企圖看個究竟。啊！這麼簡單？除了原

①指背在身上的褡褳，僧家對行李叫白了，即衣單。

來的桌椅之外，桌上放著一個很小的銅方墨盒，一支禿頭筆。櫥裡有幾本點過的經，幾本稿子。床上有條灰被單和拿衣服折疊成的枕頭，所不同的，地板比以前光滑，窗子比以前明亮了。

雖是結夏安居，比丘們紛紛徵得俠老的同意，便開始要求弘公開示，接著便請他講「戒律」。弘公笑著首肯了。

一天，客堂裡盤膝坐滿了和尚，弘公開頭講的是「律己」。

「……學戒律的，需要『律己』，不要『律人』，有些人學了戒律，便拿來『律人』，這就錯了。記得我年小的時候，住在天津，整天指東畫西淨說人家不對，那時我還有位老表哥，一天，他用手指指我說：『你先說說你自個。』這是句北方土話，意思就是『律己』啊！直到現在我還記得，真使我萬分感激。大概喜歡『律人』的總是看著人家不對，看不見自己不對。北方還有一句土話是『老鴉飛到豬身上，只看見人家黑，不見自己黑』，其實它倆是一樣黑。

「……再說，你如果被人說了，誹謗你了，何以息謗？曰『無辯』。因為你越辯，謗反弄得越深。比如一張白紙，忽然誤染了一滴墨水，這時你不要再動它了，它不會再向四周濺污，假使你立時想要它乾淨，一個勁兒的去揩拭，那麼結果這墨水一定會展拓面積，接連沾污一大片的。」末了，一連說了幾個「慎重，慎重，再慎重。」

一天，朱子橋居士因悼亡友乘飛機來自西安。五月七日，他帶著市長沈鴻烈特來拜望弘一法師。說句老實話，這位市長早就想拜謁弘一高僧了，只恨沒有機緣，今有朱老的介紹，自然高興。誰知，朱老一進寮房，弘公急忙向朱子橋小聲和藹地說：

「你就說我睡覺了。」

市長碰了個軟釘子。

五月八日上午，沈市長請朱子橋居士在寺內擺齋，目的很清楚，是要大師出陪。

「大師，」仁開輕輕來至大師寮房：「市長和朱子橋居士請您赴宴。」

大師一怔，忙問：「在什麼地方？」

「就在寺裡。」

大師研了墨，提筆寫了兩句話：

「為僧只合居山谷，國事筵中甚不宜。」

仁開把條子遞到沈市長面前，二人無奈，冷冷地吃了一頓齋飯，怏怏地回去了。

七月，發生了「蘆溝橋事變」。大師漫步在海邊，望著洶湧的浪滔，佇立著，表情是淡淡的。忽地一陣浪花湧過他的膝蓋，他仍然佇立著，遠望像是一塊突起的礁岩。

這天夜裡，他決定擇日回去。大師的脾氣誰都知道，他要想走是誰也挽留不住的。不過，他統計了一下「求書」的人數，一連寫了三百幅「以戒為師」，分送各個僧侶，這下可了不得了，送紙求書者紛至沓來，大師一一接受，皆以「華嚴經」中的警訓為內容，使大家滿意而歸。

臨行前，弘公在向夢參法師告別時，從夾肘窩下拿出一部四十多頁的手書經典，笑盈盈的低聲對夢參說：「這是送給你的。」

大師走後，夢參喜不自勝的攜回展視，這是一部手寫的華嚴經淨行品。字跡的透朗，用紙的潔白，編寫的美化，處處表現出師精金美玉的精神來。

大師到了上海，為了看望老友夏丏尊，來到開明書局，正巧夏丏尊不在。直到晚上，夏丏尊才在靠近外灘的一家小旅館找到弘公。

「啊，大師……。」丏尊剛講半句話，只聽「轟」地一聲，日本侵略者的大炮，震得房子直晃蕩。

大師在此處逗留了兩天，平均每二分鐘，玻璃窗就「嘩啦」一聲，大師把對侵略者的仇恨埋在心裡，他閉著雙眼，嘴唇微動，心中在念佛。

第二天，丏尊與幾位朋友請大師與其他幾位僧人到覺林素食館吃了一次午餐，又拍了一張照片。

第三天，他乘船返回了廈門，同往的還有從蘇州來的妙蓮法師。此刻的弘一，本著萬事隨緣的態度，不再拘泥於死心塌地閉關潛修了。他突然起勁地講經，似乎有一種奇異的力量。其間，他在自己的寮房題了「殉教堂」三個字，接著便往泉州、晉江的草庵寺、泉州的承天寺、泉州梅石書院，以及惠安、漳州、鼓浪嶼、福州、龍溪、漳州瑞竹岩等處講經。再回漳州時，恰巧接到豐子愷從桂林寄來一信。寫著丏尊最近傷了一個孫子，心情不好，希望大師到內地去，由子愷供養。

當下，弘公回信寫道：

朽人年來，已老態日增，不久即往生極樂。故於今春在泉州及惠安盡力宏法，近在漳州亦爾。——猶如夕陽，殷紅絢彩，瞬即西沉。吾生亦爾，計壽將盡，聊作最後紀念……。

又寫了一信，竭盡精神去安慰了夏丏尊。

一九三八年十月，他回到泉州承天寺。

第二天，溫陵養老院請大師講經。講的是「念佛法門」。最後他聲淚俱下，說道：「吾人吃的是中華之粟，所飲的是溫陵之水，身為佛子，於此時不能共紓國難於萬一，自揣不如一隻狗子！」

之後，用斗大的字，寫了許多副「念佛不忘救國，救國必須念佛」的對聯，貼在各個寺廟。須知，此刻寫出「救國」二字，是冒著生命的危險啊！

一天黃昏，大師散步在寺院的樹叢中，驀地聽到隱隱的歌聲。

長亭外，古道邊，

芳草碧連天。

……

一種淒涼、悲切、哀傷、憂忿之情，像一陣凜冽的寒風吹進大師的心窩，這隻拿著手杖的手也在顫抖了。細聽，這是一個小青年唱出的歌聲，儘管唱的悠然自得，在大師聽來也是淒楚哀怨，充滿了感傷的。

歌聲從哪兒飛來的？大師四處搜尋了一下。

啊，這歌聲是從樹叢中傳來的，大師緩緩地走過去，穿過幾株四人抱的蒼松柏樹，拐進長滿綠色青苔的林蔭小道，抬頭望去，發現一個十六七歲的孩子，像猿猴似地攀著枝幹爬上一條樹杈，置身於無數玉蘭之中。

這裡十分幽靜，四周暗香沁人心脾，靠著一抹斜陽，把花瓣照拂得宛若盞盞明燈。這孩子選了頂梢上的一枝柔嫩的花枝，「咔吧」一聲，使勁一擰，摘下了一束極美的玉蘭花。斜陽耀眼，花瓣雪白，他一低頭，樹下正有個老和尚，他見老和尚沒講話，更無慍怒之色，於是撿了一束多蕊頭的樹枝，正想使勁擰下來，老和尚朝他招招手，和藹地說道：

「樹枝太脆，危險哪！快下來！」

「我坐這玩玩，怕啥子喲。」男孩說著濃重的湖南話。

「快下來，玉蘭樹高枝脆，地上又滑，跌下來就糟啦！快！」

男孩子低頭瞧了瞧，雖然和尚顯得老態龍鍾，但卻眉清目秀，有些仙風道骨的樣子，於是，吐了吐舌頭，把掰下的樹枝用牙一咬，調皮地左右攀援，輕輕地一躍，飄然落地。他拍打了一下身上的灰塵，拿著玉蘭枝，嘻嘻地笑道：

「老和尚，吃過飯了嗎？」

弘公看了看這十七八歲的小傢伙，微笑著說：

「爬樹不好，折花更不好，啊？以後不要上樹啦，危險哪。阿彌陀佛——。」

「那麼多的玉蘭樹，採兩株花，也沒關係，對嗎，和尚？」

「花開花落，了卻生死，乃萬物之靈。你為什麼摘下來呢？」

「老和尚，」小傢伙嘻嘻地笑道：「正因為美，我才拿回去畫呀！」

大師一怔，問道：

「你會畫畫？」

「嘿，不算好，但多少還有點基礎。」

這小傢伙叫黃永玉，本是湖南人，自小酷愛美術，因家境不好，故想投考陳嘉庚先生在廈門創辦的「集美中學」。不料日本侵略者在中國燃起戰火，理想不能實現。聽說有個「戰地服務團」需要文藝人才，為抗戰服務，於是，便由廈門來到泉州，暫住同學家裡，以待時機投奔該團。當地沒有別處好玩，開元寺是個古廟，美術製品頗多，於是黃永玉便溜進廟裡，觀瞻了大殿，又欣賞了壁畫，在後院又被這朝天銀燈般的白玉蘭吸引了。

「聽你口音，」大師說：「不像本地人哪。」

「湖南。」

「到此地來玩的嗎？」

「玩？老和尚，」黃永玉說：「天下大亂了，還有心玩？我住在同學家，準備到戰地服務團，用藝術的武器去抗日！」

「好！小居士，你又會作畫，又會唱歌……。」

「喂！老和尚，」黃永玉悄然說：「剛才我唱的《送別歌》，聽說這個作歌的藝術家，也當了和尚啦！」

「噢？……」

「那肯定是看破紅塵了，你說對嗎？老和尚。」黃永玉說著，忽然覺得眼前這位和尚，似乎具有一種不可捉摸的神秘色彩，於是笑著說：「老和尚，我能到你的禪房看一看嗎？」

「啊……可以，看來我們是有緣的。」

大師的聲調親切、安詳。

黃永玉來到大師的寮房，好奇地環視了一遍，除了禪床之外，只有一個小破桌子，桌上一個鬧鐘和一方硯台。

「請坐。」大師讓他坐在桌前的一把椅子上：「你會畫畫，又能寫字，能不能寫幾筆給我看看？」說著便遞上一塊玉版宣紙。

黃永玉提起筆，蘸飽了香墨，朝大師瞥了一眼，這眼神兒彷彿在說：「你看著！」他在紙上端端正正、嚴嚴謹謹地寫了幾個篆字。放下筆，眼睛還盯在字上，臉上現出一種自我陶醉的得意神色。

然而，他所得到的反應恰恰相反。大師微笑著拿起筆，在他的篆書上比比劃劃地說：「書法藝術形象的創造，必須遵守漢字結構的規律，而漢字區別於世界各國表音的拼音文字之最大特點是它的表意性。你的點線死而無力，缺少漢字表意性的神態。點，是線的收縮，是線的靜態；線是點的延伸，是點的動態。

「瞧你這一筆，死板板，沒有線的生命律動，就缺少漢字特有的一種建築的結構美。當然，就更達不到音樂的節奏美，舞蹈的動態美，暗示著物質和精神品格的意象美了。

「從你的筆力，可以看出你很聰明，只要注意線條的均勻，意態的動靜，表意的神韻，就更好啦！」

黃永玉聽得入了神；連叫「高明啊，高明。」他忽地至誠地望著大師：「大師，你的法號？……」

「弘一，演音。」大師笑笑。

「啊！」黃永玉顧不得僧家的禮節了，他抱著大師削瘦的兩肩，高興得直蹦腳：「原來你就是李叔同啊？大師，我拜你為師。請你收下我這個學生吧！」

「好啊，算是一個方外弟子吧！」

打這以後，黃永玉每天來此習字學畫，也確實進步很快。

至此，弘公到閩南之後，已收了三個方外弟子：李芳遠、高文顯和黃永玉。觸景生情，平日裡最讓他惦念的還是得意門生劉質平啊！

劉質平在二十餘年中，積大師珍品盈千，均由蘇州張雲伯裱家裝池，用獨面樟板製成字箱十二口，特闢一室保存。

不料日寇轟炸海寧。「轟——轟——」的炸彈聲，由筧橋炸到海寧，劉質平家的窗户玻璃被震碎了，然而他知道，如再不逃離，恐怕這十二箱墨寶將毀於一旦。他急中生智，忙叫妻子許靄青幫助，打開箱蓋，將每件珍品的天地軸截去，以壓縮面積。

敵機不斷地投彈，房屋成片地倒塌。

質平叫妻子領著十二歲的女兒雪韻和六歲的兒子雪陽先往蕭山縣奔逃，自己借了個小車，裝上大師的墨寶隨後追到蕭山縣。

豈知，蕭山告急，他又帶著全家和大師的墨寶乘車到了蘭溪山區。

「下車吧，只有這裡安全。」司機說。

質平付了車錢，卸下大師的墨寶，不料，漫天烏雲像無數的野馬，團團蓋在人們的頭頂，忽地瓢潑大雨嘩嘩而下。質平急了，此地乃上不著村、下不著店的野山溝啊！他叫妻子帶著兒女去躲雨，自己脱下衣服蓋在箱子上，然而一眨眼衣服濕透了，索性把身體伏在箱子上，堅持了半小時。大雨過後，字墨寶雖然保全了，但他自己卻生了一場痢疾，幾乎喪了命。

待全家躲到金華山南村時，他隱掉了劉質平的名字，拒絕與敵偽聯繫。這時，他才發現沒帶出任何生活必需品，只有這兩箱截去軸的字件。

當寒蟬停止叫聲時，已到了寒無衣、飢無食的地步了。然而沒有不透風的籬笆，村民們對這位教音樂的先生感到奇怪，不時地朝這間小土房投以奇異的眼光，有人則譏笑地說：

「哪有人逃難不多帶衣被，不多拿值錢東西，現在天冷了，何不把字來穿，肚飢了，何不把字來吃！學藝術的人，愚蠢到如此地步，可笑之至。」

常言道：船到橋頭自然直。劉質平面對飢寒，想起了一個辦法，他掏盡了腰包準備了一套爐灶，做起了烤餅生意。他起早摸黑做著烤餅，並叫十二歲的女兒雪韻和六歲的兒子雪陽，挎著小籃到公路、小鎮去叫賣。雖說賺不了大錢，但卻能維持溫飽。然更重要的則是保住了大師的字件。

這時期，不少學校派人聘請劉質平先生。但誰也不知劉質平的去向。也有人順藤摸瓜來到山南村，也被他擋駕了，因為他要保住這批墨寶。

不過，教書先生賣烤餅，甭說小村子裡，就是大城市也屬稀有，然而善良的農民，都抱以同情的眼光，哪怕去買一個烤餅，也會叫一聲「劉先生。」

劉先生的生意做「大」了，除了烤餅之外，又增加了糖豆、花生米之類的東西。但不久此地也淪陷了，偽軍、偽村政府的地頭蛇們，像一批螞蝗，攪得雞飛狗叫。

一日，一個穿著夏布長衫的人經過這個村口，圍著劉質平的小攤兒兜了一圈。此人年紀不過四十上下，濃濃的八字鬍，瘦高條兒，文縐縐的像個教書先生。他慢悠悠地蹲在劉質平的小攤兒前：

「喂！買包花生米。有酒嗎？」

劉質平苦笑笑：「小本兒生意，販不起酒啊，先生。」說著遞過去一包花生米。

那先生掏了一角錢往攤兒上一丟，順便朝劉質平那方臉盤上打量著，接著把視線移到劉質平雙肩的補釘上。他抓了幾顆花生米往嘴裡一放，一邊嚼著，一邊問道：

「看樣子，你是個讀書人吧？」

「啊，」劉質平謙虛地笑笑：「浙師畢業。」

「怎麼不出去教書？」

「唉，家裡離不開呀。」

「如果我沒猜錯……你，大概叫劉質平吧？」

劉質平一怔：

「你怎麼知道的？」

「唉，我也是受人之託呀。」他詭秘地朝劉質平旁邊湊湊：「聽說李叔同曾經熏沐、虔書一堂巨幅字屏，每日書寫一幅，一連寫了十六天。聽說，在你這裡……？」

「不知……」劉質平含含糊糊地問道：「您問這個幹啥？」

「我告訴你。」這傢伙用手捲個喇叭口，對著劉質平耳語道：「你可以發財啦！」

「噢？發什麼財？」劉質平整理了一下攤上的「貨物」，漫不經心地問道。

「孔祥熙！知道嗎？」

劉質平擰著眉宇點點頭，表示知道此人。

「他叫我帶給你三百六十兩黃金。」

「我不明白，先生。」劉質平故意問道：「您帶給我那麼多黃金，這是什麼意思？」

「用這個數收買字畫，他老先生還是第一次。」

「噢！」劉質平深感四處有音，於是問道：「他老先生為什麼出那麼大的價錢購買這幾個字？」

「說了，你也會高興的。這一堂字屏，是孔祥熙先生想送給美國一家博物館的。」

「是這樣。」

「怎麼樣？兄弟，這個攤兒還擺嗎？」

「擺呀！」劉質平頗不以為然地說。

「有了那麼多的黃金，還擺這個窮攤兒？」

「您搞錯了，先生。如果我有這幾個字兒，不早就踢翻這個攤兒啦！」

「不在你這兒？」

「唉，有的話，也老早炸能紙片了！」

這人把一包花生米狠狠地往土坡上一摔：「下次我再求你吧！」說罷揚長而去。

但是，過了一會兒他又回來了：

「劉先生，」他又換了一副面孔，笑得比哭還難看，「請幫小弟個忙，咱們這個數……」說著便伸手握住劉質平的五個手指頭：「怎麼樣？夠可以的了吧？」

「這是什麼意思？」

「五百兩！」

「哈哈……我如果有，我還過這種窮日子！」

「那好吧，下次見。」這傢伙真的走了。

承天寺裡來了一位省府官員。然而廟宇裡對達官貴人似有司空見慣的樣子：

「居士，有啥事體？」

「我找弘一法師。」

小和尚把他領到大師寮房：「弘一法師，有位居士找您……」

「噢，請進。」大師瞇著眼看了看來人：「你？……」

「我是省府參議廳的。啊……直接說了吧，最近，參議們研究，想請大師參政……」

「嘛事兒？」大師一擰眉，露出了天津話。

「省府考慮，大師德高望重，想請您出山參政。」

大師把臉一沉：「老僧一心向佛，不宜參與國事，何況國土破碎，日寇入侵……」

「這，正是需要您的時候啊！」

「差矣！」大師的語調很低沉：「和尚乃以勸善為己任，對日本軍隊在中國殺生之罪，靠一個老和尚有何作用？請居士不妨到別的廟裡看看。」

弘公本想急於打發他離開，然而他還死乞百賴地不肯走：

「大師，」這位官員又說：「您目前如果不願出山，還有一事相擾。」

「請說。」大師沒抬眼皮。

「省府想請您寫一副對聯，送給蔣總裁。」

「送給誰？」大師的問話雖然很鎮靜，但是一字一頓。

「蔣介石委員長。」他樂呵呵地又補了一句：「請您提雙款。」

雙款？在弘一大師心裡，這蔣介石三個字彷彿與「四．一二」聯在了一起。於是雙手合十，高聲念著「阿彌陀佛——。」

「您答應啦？」

「阿彌陀佛——。」大師乾脆閉上了眼睛。

這傢伙討了個沒趣，灰溜溜地走了。

彈指之間，已是一九四〇年了，這年正是弘一大師李叔同的六十壽辰。在江浙的法侶和故友，因抗戰的硝煙，日寇的狂轟亂炸，不能前來祝壽，便紛紛寄來壽詩、壽詞。

這些詩就像一把抗日的火種，燃燒著大師的心。柳亞子的祝詞是這樣寫的：

君禮釋迦佛，
我拜馬克思，
大雄大無畏，
跡異心豈殊。
閉關謝塵網，
吾意嫌消極。
願持鐵禪杖，
打殺賣國賊。

諸僧見了此詩，無不縮頸咋舌，然大師不以為忤，隨即報柳亞子一首，詩道：

亭亭菊一枝，
高標矗勁節。
云何色殷紅，
殉教應流血。

這年九月，澳門《覺音月刊》及上海《佛學半月刊》均出了專刊，為大師祝壽。豐子愷作成《護生畫集》六十幅為大師祝壽。這次由廣西宜山寄到泉州時，大師又為畫集題詩六十首，翌年出版。其他弟子自費石印《金剛經》及《九華垂跡圖贊》等經書者頗多，以為大師祝壽。

僑居在新加坡的廣洽法師，正在思之何以為大師祝壽。恰巧名畫家徐悲鴻在新加坡開畫展。於是，他搜羅了大師的所有照片找到了徐悲鴻，請他為大師畫像以為紀念。悲鴻欣然命筆。至今《弘一法師畫像》仍懸於泉州開元寺。那慈祥、和藹、憫人的慧眼，一動不動地望著佛門僧界，盼望著律宗真正地弘揚光大。

在浙江的劉質平，當逃難回到海寧時，家裡已被日寇洗劫一空，更令人痛心的是，亡父、亡兄及亡兒的三代棺木全被炸毀，一具無存，然大師的遺墨卻一件無損。

尾聲

閩南，這個四季如春的亞熱地帶，總是那麼生氣盎然。尤其傍晚，當夕陽吻著地面時，它的光輝更加燦爛，那一抹晚霞，總是帶著桔紅色的餘暉，沒入西山。

弘公是一個外若清冰，心如礁岩的理性哲人。當了二十四年的苦行僧，這位身體本來就不結實的人，幾乎沒有一年沒病過。支氣管炎、胃出血、肺病、關節痛、毒瘡、菌痢接連不斷地襲擾著他，雖然病魔沒離身，但他還是把自己鑄造成了一個十分像樣的人。

一九四二年，抗日戰爭的炮火，時時威脅著廈門與泉州。泉州的佛門僧侶和善男信女們紛紛建議，讓大師到鄉間躲避。然而又考慮到，鄉間很閉塞，不易及時得知大師的情況。

末了，一位名叫葉青眼的居士想了個辦法，讓大師到泉州温陵養老院。三月二十五日由覺顯法師、龔天發居士（傳貫法師的俗家外甥）陪著大師到了養老院。並由在福林寺掛褡的妙蓮法師代替傳貫法師侍隨弘公。

弘公住在「晚晴室」，妙蓮等幾位法侶住在另外三間客房。

七月二十一日，附近眾僧紛紛要求大師開示。下午，大師虔誠地教眾僧：「出家人要自尊人格，爭佛體面。」

到中秋節前的兩天，受開元寺之敦請，到開元寺尊勝院講了兩天《八大人覺經》。

不過，大師的聲調，既保持了十多年來的輕微和平靜，但熟人一聽就明白，他的聲調裡夾雜著沉重和愴涼。如果你仔細聽，這聲調裡還帶著離愁的感傷。再看這長期著僧袍的弘公，平時不大出汗，可這兩天的額頭上總是汗漬漬的，不知為什麼。

一個星期過後，慕名求字的就像花間的群蜂，這位「有求必應」的大師，可把妙蓮忙壞了。從早到晚研墨，三個指頭直抽筋，吃飯時拿起筷子就哆嗦，然而他很高興，因為他正在向弘公學字哩。如果稍加統計，這二十幾年來，弘公默不作聲地為善男信女、佛門法侶們寫的「南無阿彌陀佛」和「華嚴集聯」不下一萬幅。內中有頗多閃爍著哲理光彩的聯句，如：

「日日行，不怕千萬里
常常做，不怕千萬事」
「實處著腳，穩處下手」
「身在萬物中，心在萬物上」
「律己宜帶秋氣，處世須挾春風」

這天，他在書寫「念佛不忘救國」的橫卷時，突然放下筆，又悄悄地整理起東西來。

「大師是不是要遠行？」覺願問妙蓮法師。

「說不定，聽大師常說，夏丏尊居士總是讓他回浙江的『晚晴山房』。但是大師沒講去不去。」

八月二十三日傍晚，妙蓮告訴覺顧說：

「大師渾身不得勁，發高燒。中飯只吃了一點。」不過，三天後稍微又能走動了。這時，晉江中學派了代表，背了一捆宣紙，附上一百多個名單，來求大師寫字。

大師能動筆，妙蓮就放了一大半心思。

大師一張一張地寫著，無非都是佛經上的話。

二十六日，飯量突然減掉了一大半。不過，他還寫字，只有那字，還在活蹦亂跳地躍人眼帘。然而再看大師的眼神兒，彷彿這字不是他寫的。

二十七日，妙蓮送來早飯。大師擺擺手，微微說了一個「絕」字。

二十八日，妙蓮悄悄推開大師的門。看了大師還在睡著，正要回身走出，只聽大師微微顫動著嘴唇說：

「妙蓮法師，別走。」他見妙蓮停住了腳步，又低微地叫了一聲：「你過來。」

妙蓮一驚：不對了。心中有著一種撕肝裂肺的難過。

「大師，您會好的。」

「唉！」大師那蠟白的臉上，突然現出夕陽般的紅潤：「你準備好筆墨，我說，你記下來。」

妙蓮臉上掠過一絲愴涼的悲哀，他用戰慄著的手準備了筆墨。

「你聽清楚……」

「我聽得清，大師。」

「——當我還沒有命終以前，或是死後，我的事，全由妙蓮法師一人負責，其他任何人，不必干預。」說完，他喘了口氣，又叮嚀道：「把我的印蓋上。」妙蓮一一照辦了。

妙蓮法師跟隨大師有五年了，心頭的哀傷像海潮一樣地起伏著。

大師絕食、拒醫以後，又交代了妙蓮兩件事：一、我圓寂前後「助念」時，看到眼裡流淚，這不是留戀人間、掛念親人，而是回憶我一生的憾事；二、當我呼吸停止時，待熱度散盡，送去火葬，身上就穿這身破舊的短衣，因為我福氣不夠。遺體停龕時，要用小碗四個，填龕四腳，盛滿了水，以免螞蟻聞臭味走上。應逐日將龕之水加滿，以防螞蟻又爬上去，焚化時，損害了螞蟻的生命。

以後的兩天，大師只是默默地念著「阿彌陀佛。」

一天下午，他使用平生的力氣，命妙蓮研墨，自己攤好信紙，凝神寫道：

質平居士文席，朽人已於九月初四日謝世，曾賦二偶，附錄於後：

君子之交，其淡如水。執象而求，
咫尺千里，問余何適，廓爾亡言。
華枝春滿，天心月圓。

前所記日月係依農曆也，謹達不宣。

音啓（蓋章）

同樣的內容，一式兩份，第二份是寫給夏丏尊的。

此刻，妙蓮法師的面色，早就寡白了。再看大師的神態，安詳自若，筆下穩健如初，心裡更是慌張。

「妙蓮法師，」大師從經卷裡抽出兩只寫好的信封：「這是夏丏尊和劉質平二居士的地址。請你代我寄給他們。」

妙蓮那裡肯接。心想：這偈帖上明明寫著「九月初四日謝世」，啊……。更尤甚者，他隨弘一法師習律已是十分有幸的，怎能忍心使法師謝世啊！

「請你寄出去吧。」弘公又說了一句。

妙蓮無奈，但又不敢隱瞞，只得按照寫好的地址，裝進信封送到了郵局。

大師仍是臥床，不進飲食。

九月初一下午三時，大師顫顫巍巍地從床上撐起來，妙蓮上前扶著大師下了床：

「研點墨。」聲音異常地輕微。妙蓮把大師扶在椅子上坐下，研了墨，攤開宣紙，大師用盡了最後力氣，蒼蒼正正地寫了四個大字：

悲欣交集

大師把這最後一紙墨寶，交給了妙蓮法師。

九月初四這天，晚上七點多鐘，大師的身體已不能支撐了，呼吸異常急促。妙蓮一看弘公的面色，大吃一驚，他急忙靠近大師身邊，輕輕地助念著「南無阿彌陀佛！」漸漸，又有幾個和尚也來助念。聲調是和諧的、舒緩的、安詳的、虔誠的，像一首迷人的「安魂曲」在弘公耳邊迴響著。

他沒有痛苦，沒有世俗之悲情，平靜而安詳地向右斜臥在床上。彷彿一個嬰兒，在母親的催眠曲中靜靜地睡去。念到最後一句佛號時，只見弘公的眼角沁出了水晶般的淚花。

妙蓮走到床前，忍著淚細看，大師已經圓寂了，他按照大師的臨終囑咐做完了，才輕輕鎖上大師的房門。

一九四二年九月初四，弘一大師圓寂於泉州不二祠溫陵養老院晚晴室。他出家二十多年，身邊的遺物，只是一件補了二百二十四個補釘的破僧袍，只此無二。然而，這二百二十四個補釘青灰相間，襤褸不堪，既象徵著舊世界的千瘡百孔，又是一個苦行僧的標誌。我們崇拜他偉大的人格，崇拜他學什麼都到「家」，幹什麼都幹到「底」，做和尚也做到了家，成為一代名僧，為中國近代佛教律宗的代表人物。被佛門稱為「重興南山律宗第十一代祖師」。

對他的一生，趙樸初先生有詩為證：

深悲早現茶花女，

勝願終成苦行僧。
無盡奇珍供世眼，
一輪圓月耀天心。

後記

很巧，為這部書稿寫幾句後記時，正是弘一大師李叔同誕生一百零七周年紀念日。我從孩提時代，便敬仰這位大師。那時，我在天津南開小學讀書，每當下課鈴一響，我們便自動唱起了「長亭外，古道邊，芳草碧連天……。」老師也跟我們一起唱，因為她也喜歡這首歌呀。就打這起，我對作歌的人十分崇拜，溶入了樸素的感情。但後來聽說作歌的人是個「和尚」，又令我泛起了好奇的心理。

在中國文壇上，提起弘一大師李叔同，幾乎人人皆知，他是我國近代新文化運動的早期活動家、藝術教育家；在佛門黃卷中，有著卓越的貢獻，被佛門稱為「重興南山律宗第十一代祖師」，堪稱為我國絢爛之極、歸於平淡的典型人物。

按佛教的說法是有「緣」分，我既和弘一大師是同鄉，又在他出家的杭州工作，加上我長期地從事文藝工作，自然對大師的生平產生了濃厚的興趣。為此，我往返北京、天津、上海、杭州等地採訪了許多有關同志，參閱了一些文字資料和年譜，飽覽了大師的遺墨真跡，雖不全面，然窺豹一斑。這樣一位「二十文章驚海內」的才子，並在音樂、美術、戲劇等方面有著開創性貢獻的藝術家，要求改革社會、報效國家的滿腔熱情，卻被那腐敗黑暗的舊社會吞沒了。理想幻滅，痛苦難言，最後，他選擇了宗教這條道路。看起來，他做和尚似乎是內在的超越，實為屢屢失意之必然。由此，聯想當今的社會，安定團結，尊重知識，尊重人才，與李叔同所處的年代相比較，自然地會喚起人們熱愛自己的國家，熱愛社會主義制度，這也是我要寫這本書的緣故吧！

全書在寫作過程中，自始至終得到李叔同的次子李端、侄孫女李孟娟、孫女李莉娟、李汶娟、侄媳呂子久、兒媳杜惠珍的熱情幫助。同時，還得到李叔同得意門生劉質平之子劉雪陽、豐子愷之女豐一吟和再傳弟子孫繼南教授的全力支持，以及宗教文化界學者郭元興、林子青、王慰曾、陳天日、徐廣中等同志的關心，並提供了不少可貴的材料。每當我赴靈隱寺採訪時，均得到寬願法師熱情接待，然而當我按照約定的最後一次採訪時，誰料竟是一次訣別之約——他圓寂了。我不禁萬感交迸，頓有所失，但願此書能表達寬願智慧之萬一，以表至誠之緬懷。在我採訪的過程中，還得到中國佛協、天津佛協、杭州佛協、虎跑「紀念館」、大悲院「紀念館」和杭州市文化局等許多單位的熱情幫助，在此一併表示至誠的謝意。尤其值得一提的，今年三伏，北京出現了罕見的高温氣候，中國青年出版社的有關同志為本書審改書稿時，如果說「揮汗如雨」，恐怕讀者會相信的。那麽，當這部書奉獻到青年朋友手中的時候，我要鳴謝的是：責任編輯李萍、室主任舒元璋、副總編林君雄。

當然，作者的水平有限，肯定會有缺點甚至錯誤，還望有識之士不吝賜教，謝謝。

作者

一九八七年九月二十日

佛教文學②

弘一大師

著　者：徐星平

發行人：廖雪鳳
發行所：商鼎文化出版社
行政院新聞局局版台業字第 5221 號

編　輯：林志成
校　對：王雯珊・葉淑芳

總經銷：千華圖書出版事業有限公司
地　址／臺北市金山南路二段 138 號二樓
電　話／(02) 3952248　傳眞／(02) 3962195
郵　撥／第 01010213 號　千華出版公司　帳戶

排　　版：華琪電腦排版社　(02) 8382870
製　　版：明國製版有限公司　(02) 3089820
印　　刷：雨利美術印刷公司　(02) 5932801
出版日期：1993 年 3 月 5 日　第一版第一刷

定　價：280 元　ISBN 957-8575-62-9

國立中央圖書館出版品預行編目資料

弘一大師 / 徐星平著 . -- 第一版. -- 臺北市
: 商鼎文化發行 : 千華總經銷. 1993[民82]
面 ; 公分. --(佛教文學 ; 2)
ISBN 957-8575-62-9(平裝)

1. 釋弘一 -- 傳記

229.385 82001053